[校园文化系列丛书]

南京理工大学

南京理工大学发展战略研究

战略引领发展

李春宏 编著

国防工业出版社

·北京·

内 容 简 介

南京理工大学成立六十多年来，先后经历了哈军工炮兵工程系、炮兵工程学院、华东工程学院、华东工学院、南京理工大学等时期，始终以强军兴国为使命担当，坚持育人为本，为国防现代化建设作出了重要贡献。学校在不同的历史发展阶段，战略任务也会根据国家发展战略重点调整，根据学校所处实际而有所不同，特别是改革开放以来，战略目标已经成为学校发展定位和发展层次的明显标志，成为划分学校发展阶段的重要标准之一。

本书在研究学校发展历史的基础上，重点对学校在不同发展阶段，学校发展战略目标的提出背景，以及各项战略任务的具体实施进行研究。每一阶段的研究，通过背景分析（国际、国内，以及高等教育形势任务），研究学校发展战略目标任务，包括目标任务提出、完善的过程和学校主要战略任务实施过程。

图书在版编目（CIP）数据

南京理工大学发展战略研究：战略引领发展/李春宏编著. —北京：国防工业出版社，2023.9
ISBN 978-7-118-12974-8

Ⅰ.①南… Ⅱ.①李… Ⅲ.①南京理工大学—发展战略—研究 Ⅳ.①G649.285.31

中国国家版本馆 CIP 数据核字（2023）第 130425 号

※

国防工业出版社出版发行
（北京市海淀区紫竹院南路23号 邮政编码100048）
北京虎彩文化传播有限公司印刷
新华书店经售

＊

开本 787×1092 1/16 印张 18 字数 410 千字
2023 年 9 月第 1 版第 1 次印刷 印数 1—2000 册 定价 188.00 元

（本书如有印装错误，我社负责调换）

| 国防书店：(010)88540777 | 书店传真：(010)88540776 |
| 发行业务：(010)88540717 | 发行传真：(010)88540762 |

校园文化系列丛书
《南京理工大学发展战略研究》
编纂委员会

主　任	宗士增　李　涛　何振才
副主任	李梦瑶　崔　聪　孙惠惠　曾绍军
委　员	姜　莹　李广都　张佳钊　周　荣
	张爱华　曹　洪　任传惠　沈志廉

前　言

　　战略规划是对带有全局性、整体性、结构性、长远性的目标、方针、任务的谋划,对高校的发展具有引领、动员、凝聚与规范等作用①。国内外成功大学的办学经验表明,大学发展规划的编制与执行对引领大学高质量发展具有重要的战略意义。

　　南京理工大学的前身是1953年成立的中国人民解放军军事工程学院(简称哈军工)炮兵工程系,成立至今已近70年。

　　军队院校时期,学校的建设发展是党和国家意志的高度体现。在作为军事工程学院炮兵工程系、炮兵工程学院的13年里,学院以发展尖端科学技术、建设现代化的军事技术学院(炮兵学院)为使命担当,艰苦奋斗、自立自强,奠定了我国现代军工科技高等教育体系,为我国高等军工科技人才培养和军队现代化建设作出了重要贡献。

　　进入20世纪80年代,美国等西方国家高等教育开始进入"规划"发展时代,"规划"成为一种新的大学治理方式和发展模式。随着我国改革开放的深入,特别是高校办学自主权的扩大,重视"规划"的编制、实施也逐步成为中国高校建设发展的新常态。"规划"内容也从以主观、数字、主体为主,逐步发展到客观、全面、综合,更加强调科学、合理、可持续发展,强调可执行、可操作,强调便于检查、督促和落实,"规划"制订已经成为学校一项综合性、政策性、专业性很强的工作。

　　发展战略规划一般包括发展愿景、战略目标、建设内容、执行与保障等部分。中国共产党领导下的中国高等教育,首先会通过党代会等党的会议,提出学校发展的愿景和目标,这些愿景和目标成为学校制订规划、计划的重要指导和依据。

　　1978年制定的《1978—1985年华东工程学院教育发展规划纲要(草案)》,是改革开放后,也是学校历史上第一个系统、全面、完整的建设发展规划。《规划纲要(草案)》在分析学校的性质和定位基础上,提出了学院到1985年和到2000年建成教学和科研两个中心与高水平全国重点国防工业院校的建设发展目标,开始从以教学为中心,向教学、科研两个中心的重要转变。其后几年,根据上级部门要求和自身实际,学院又陆续制定了几部建设发展规划。

　　1988年6月召开的华东工学院第六次党代会,提出"加快和深化改革,为把我院建成适应社会主义建设需要的第一流大学而奋斗"。这是学校首次提出"一流大学"的建设目标,自此开启了学校"一流大学"建设的新征程。

　　建设一流大学是一个长期、艰巨、复杂的战略任务。在1988—2019年的30多年建设过程中,一流大学的内涵与时俱进,不断丰富,一流大学的目标和要求也越来越高。建设初期,重点聚焦"国内一流多科性(综合性)理工大学";进入21世纪后召开的第九次党代会,提出

---

① 别敦荣.高校发展战略规划的理论与实践[J].现代教育管理,2015,(5):30-31.

"国内一流,并具有一定国际影响的社会主义多科性理工大学"建设目标;2003年学校50周年时,提出:"国内一流、具有较大国际影响,开放式、国际化,多学科协调发展的知名高水平理工大学,具备研究型大学雏形"(2020年),"国内一流、国际知名,开放式、国际化的研究型大学"(2053年);2007年第十次党代会,提出建设"国内一流、国际知名的高水平研究型大学"(2020年);2011年,校党委十届八次全委会提出"特色高水平研究型大学"(2020年)建设目标;2013年第十一次党代会,在明确"特色高水平研究型大学"(2020年)建设目标的同时,提出到2053年,建设成为"国内一流、国际知名的高水平研究型大学"。

在加快建设"国内一流大学"的同时,学校积极实施、推进"世界一流大学"建设进程。2011年6月,学校跻身"'985'国家优势学科创新平台"重点建设高校,开启了建设"世界一流"大学的新一页;2017年9月,学校入选世界一流学科建设高校,兵器科学与技术入选"双一流"建设学科,学校"双一流"建设正式进入建设实施阶段。2019年11月召开的学校第十二次党代会,对十一次党代会以来的工作进行了回顾。指出,第十一次党代会以来,学校党委……,抢抓机遇、开拓进取,全力推进实施第十一次党代会确定的"四大工程""两个行动"和"一项计划",确立的"核心办学指标水平位次稳居全国高校前40位"的目标基本实现,特色高水平研究型大学基本建成。会议在分析了面临的新形势后,提出了学校百年办学目标,即到21世纪中叶建校一百周年之际,把南京理工大学建成特色鲜明世界一流大学。报告还提出了学校"三步走"发展战略。第十二次党代会开启了学校建设特色鲜明世界一流大学新征程。

作为一所具有行业背景,特色鲜明的学校,近70年来,南京理工大学深刻把握现代高等教育发展的形势和规律,紧密结合行业需要和地方经济社会建设发展特点,以战略规划激活发展内生动力,以高水平战略目标引领高质量发展,不断彰显学校服务行业和地方建设发展的特色、优势和潜力。

本书从发展战略的视角对南理工成立以来战略规划提出的背景、发现目标的确立、发展战略的实施等进行了研究,力求全面、准备、客观、真实地反映学校近70年栉风沐雨、创新创业,筚路蓝缕、砥砺前行的发展历程,昭启学校朝着特色鲜明世界一流大学的宏伟目标昂扬奋进,阔步前行!

编著者

2022年12月

目　　录

第一章　建设现代化军工科技学府（1952—1960） ·· 1
　　第一节　学院建立和发展的环境条件 ·· 1
　　第二节　发展目标和发展战略 ·· 5
　　第三节　教学秩序的建立与人才培养 ·· 7
　　第四节　科学研究与技术革新 ·· 11
　　第五节　办学条件建设 ·· 15
　　第六节　党建思政工作引领学院建设发展 ···································· 19
　　结语 ··· 26
　　参考文献 ·· 30

第二章　发展尖端军事科技建设强大炮兵学院（1960—1966） ·················· 31
　　第一节　炮兵工程学院的建立 ·· 31
　　第二节　学院发展目标和发展战略 ·· 34
　　第三节　汇聚武昌与三地办学 ·· 37
　　第四节　办学体制和专业建设 ·· 39
　　第五节　教育教学工作 ·· 42
　　第六节　科研活动 ·· 46
　　第七节　党的建设和思想政治工作 ·· 47
　　结语 ··· 53
　　参考文献 ·· 55

第三章　曲折中前行（1966—1978） ··· 56
　　第一节　政治运动 ·· 56
　　第二节　学院管理运行和党的工作 ·· 59
　　第三节　教学组织和教学活动 ·· 61
　　第四节　科研活动 ·· 65
　　第五节　与林彪、"四人帮"反党集团的斗争 ································ 68
　　第六节　恢复整顿，拨乱反正 ·· 69
　　结语 ··· 71
　　参考文献 ·· 72

第四章 两个中心与高水平全国重点国防工业院校建设（1978—1988） ········ 73

- 第一节 战略目标提出的形势和背景 ········ 73
- 第二节 学校发展目标的提出 ········ 75
- 第三节 科技发展与科研中心建设 ········ 76
- 第四节 学科建设和研究生教育 ········ 83
- 第五节 本科教育教学工作 ········ 87
- 第六节 扩大对外交流合作 ········ 93
- 第七节 改革体制机制 ········ 94
- 第八节 党的建设，思想政治工作和文化建设 ········ 96
- 结语 ········ 103
- 参考文献 ········ 106

第五章 国内一流多科性理工大学建设（1988—2000） ········ 107

- 第一节 建设发展目标提出的形势与背景 ········ 107
- 第二节 发展目标提出的过程 ········ 111
- 第三节 学院发展改革 ········ 113
- 第四节 学科专业与"211工程"建设 ········ 119
- 第五节 本科教育与大学生课外学术科技作品竞赛 ········ 122
- 第六节 科技发展与社会服务 ········ 127
- 第七节 办学条件与改善民生 ········ 131
- 第八节 党的建设与思想政治工作 ········ 133
- 结语 ········ 137
- 参考文献 ········ 138

第六章 国际知名特色高水平研究型大学建设（2001—2019） ········ 139

- 第一节 建设发展目标提出的形势与背景 ········ 139
- 第二节 学校发展目标的提出 ········ 143
- 第三节 综合改革 ········ 147
- 第四节 学科专业建设与研究生培养 ········ 151
- 第五节 人才培养模式的探索创新 ········ 157
- 第六节 科技创新 ········ 166
- 第七节 人才队伍建设 ········ 175
- 第八节 国际化办学与国际交流合作 ········ 180
- 第九节 文化建设 ········ 183
- 第十节 改善办学条件 拓展办学空间 ········ 190
- 第十一节 党的建设和思想政治工作 ········ 195
- 结语 ········ 203
- 参考文献 ········ 203

第七章 特色鲜明,世界一流大学建设(2019至今) ·················· 205

    第一节 面临的形势与新的建设发展目标的提出 ············ 205
    第二节 组织、思想、文化建设 ···················· 208
    第三节 推进特色鲜明世界一流大学建设 ················ 212
    参考文献 ····························· 217

附录 ································· 218

    附录1 历届学校党委和纪委 ······················ 218
    附录2 历任学校党政领导 ······················· 225
    附录3 组织机构沿革 ························· 234
    附录4 学院(系)沿革 ······················· 259

第一章　建设现代化军工科技学府(1952—1960)

1953年9月1日,中国人民解放军军事工程学院(简称哈军工)在哈尔滨隆重举行正式成立暨第一期开学典礼。这是我军历史上开设的第一所综合性高等军事工程技术学院。

哈军工建立伊始,设置空军工程系(一系)、炮兵工程系(二系)、海军工程系(三系)、装甲兵工程系(四系)、工兵工程系(五系)等五大系科。1959年成立导弹工程系,1960年成立原子化学防护系。

炮兵工程系是学院成立时设置的五个工程系之一,是军事工程学院的重要组成部分。它的成立是与我军炮兵技术建设和军械技术装备的发展相适应的,其任务是为炮兵部队、总军械部和其他有关的军事科学技术部门培养专业工程技术干部。

第一节　学院建立和发展的环境条件

新中国成立之初,针对国内外所面临的政治、经济、军事等方面的严峻形势,毛泽东提出"中国必须建立强大的国防军"[1],加快国防建设的步伐。1951年7月,针对抗美援朝战局呈现的态势,毛泽东认为,国防建设必须从国际形势的发展、中国的具体条件出发,要在增强国家经济实力的基础上建立完整的国防工业体系,发展现代化的军事技术装备,独立自主建设强大的国防。

一、学院建立是形势和任务的客观要求

军事工程学院的创建是在党的建军思想指导下,在新中国成立后建设强大国防和现代化军队的客观要求,也是建国初期国内国际形势建设发展的迫切需要。

(一) 学院建立是新中国建设强大国防和现代化军队的客观要求

进入近代以来,建设现代化的国防军成为100多年来萦绕在中国人心头的梦想。最早提出我军的现代化、正规化建设是在抗日战争时期。毛泽东从中日战争的实践中深刻体会到军队现代化、正规化的极端重要性,他在《论持久战》中指出:"革新军制离不了现代化,把技术条件增强起来,没有这一点,是不能把敌人赶过鸭绿江的。"他开始把建设正规军制,武装现代新式装备,提高军政素质,作为八路军、新四军乃至整个抗日中国军队建设的重要内容,提出了建设现代新式军队的主张。

到了解放战争时期,毛泽东紧紧抓住加强组织纪律、统一编制和军兵种组建来推动部队正规化、现代化建设。1948年9月作《在中共中央政治局会议上的报告和结论》报告时指出,"有计划地走向正规化,完全必需,走迟了就要犯错误"。他提出了建立军事学校、加强军兵种建设、建立军事工业基地、加强军事训练、重视军事理论研究等一系列重要思想,我军现代化建设开始起步。

军事学校是加强军队现代化、正规化建设,开展军事技术人才培养的重要渠道。从抗日战争到解放战争,中国共产党陆续在延安成立了自然科学院,在各革命根据地先后分别成立了太行工业学校、胶东工业学校、淮北工业学校、东北军事专门学校、张家口电信工程专科学校等培养各类专门人才的学校。

但由于我军长期处于战争环境中,加之军队现代化需要有强大的国家财政做支撑,因此,在解放战争时期,我军的现代化建设还基本上处在起步阶段。

新中国成立后,我军建设的任务已经由夺取全国政权,变为巩固人民民主专政的国家政权,保卫国家主权与领土完整,这就迫切需要建设一支与大国地位相称的现代化的强大国防军。为此,毛泽东一边抓国民经济的恢复,一边抓军队的现代化、正规化建设。

在中国人民政治协商会议第一届全体会议上的开幕词中,毛泽东提出"我们将不但有一个强大的陆军,而且有一个强大的空军和一个强大的海军"。1950年9月,毛泽东发出了"为建设强大的国防军而奋斗"①的号召。1952年7月10日,毛泽东在给南京军事学院的训词中指出,"我们现在已经进到了建军的高级阶段,也就是进到掌握现代技术的阶段""与现代化装备相适应的,就是要求部队建设的正规化"。1953年先后给军事工程学院,以及总高级步兵学校、后勤学院的训词,都围绕着建设现代化的国防军。1954年10月18日,毛泽东在国防委员会第一次会议上专题讲了建设现代化革命军队的问题,提出一定要自己造出"飞机、大炮、坦克",建设一支现代化的革命军队。

毛泽东的一系列指示,为人民军队建设规定了新目标,为军队现代化建设指明了方向。这标志着毛泽东人民军队建设思想在新时期的丰富和发展。

在这一时期,中共中央、中央军委根据毛泽东的号召,及时推进落实建设革命化、正规化、现代化的国防军。1953年,在北京召开的全国军事系统党的高级干部会议,把建设一支优良的现代化革命军队,以保卫我国社会主义建设,抵御帝国主义侵略,规定为我军建设的总方针和总任务,从理论上回答了如何把我军建设成为强大的现代化、正规化革命军队的若干重大现实问题,形成了系统的人民军队现代化、正规化建设思想。

在毛泽东现代化军队建设思想指引下,军队院校很快恢复和组建,海军、空军以及炮兵、装甲兵、工程兵、铁道兵等军兵种机关陆续建立,解放军由单一兵种向合成军发展,为军队的全面现代化打下了基础,人民军队建设开始从低级阶段走向高级阶段。

(二)国际环境、抗美援朝的形势和任务加快了军事工程学院的建立

新中国成立之初,严峻、复杂的国际形势和周边环境使中央领导更深切地感到,必须加紧进行国防现代化建设,迅速建设一支现代化的人民军队,才能保卫年轻的人民共和国。1949年末毛泽东在访问苏联时,根据苏联政府的建议,中苏双方就已经商定在苏方支持下,建设一所为国防现代化培养高层次技术人才的高等学府。

1950年6月25日,朝鲜战争爆发,战火烧到了鸭绿江畔。在这严峻的时刻,中共中央毅然作出了"抗美援朝、保家卫国"的战略决策,为抗击美帝国主义对朝鲜的侵略,中国政府先后派出了一百多万优秀儿女,组成志愿军赴朝参战。

面对美国为首的强大多国部队,中国军队的战斗力和新中国的综合国力都受到了前所未有的考验。虽然志愿军指战员经过浴血奋战,最终将装备精良的美军拉下了神坛,但面对

---

① 1950年9月,毛泽东为全国战斗英雄代表会议题词。

敌人现代化的武器,志愿军也付出了沉重的代价。此外,由于志愿军缺乏工程技术人才,致使苏联援助装备的战斗力也大打折扣。

抗美援朝战争使中央领导层更加清楚地认识到,缺乏现代化武器装备和大批掌握科学技术、驾驭先进装备的人才是我国国防现代化建设的最薄弱环节。严酷的战争现实,迫切需要新中国创办或组建一批高等军事院校,培养高层次专门人才和研制先进的武器装备,改变部队高级军事技术人才紧缺和国防科学技术落后的状况。

在这样的历史背景下,1952年3月18日,代总参谋长聂荣臻和副总长粟裕联名向中央军委呈送了《关于成立军事工程学院的报告》。一个星期之后的3月26日,军委主席毛泽东就批准了这一项报告。

1952年6月,正在朝鲜前线担任中国人民志愿军副司令员的陈赓奉调回国,奉命筹建军事工程学院。6月23日,毛泽东、周恩来、朱德、彭德怀在中南海接见陈赓,毛泽东说:"朝鲜战争可能成为持久战,相持多久还难预料,我们的武器装备也要在战争中不断改善,需要技术军官是紧迫的。为了适应现代化战争,建设现代化军队,国防现代化建设也需要大批技术军官","我们决心要解决技术装备落后问题。调你回来,是要你创建一所高等军事工程技术学院,你当院长兼政委。"[2]

就此,军事工程学院正式踏上了筹建之路。

二、学院建立的客观条件

(一) 三支队伍成为军事工程学院组建的基础

1952年6月23日,中央人民政府人民革命军事委员会主席毛泽东签署了《关于全国军队院校调整的命令》。根据命令,军事工程学院拟设在哈尔滨,并以中国人民解放军第二高级步兵学校、华东军区军事科学研究室和中国人民志愿军第3兵团部分干部为建院的组织基础。调中国人民志愿军代司令员陈赓负责筹建工作。

1952年9月至1953年2月,中国人民解放军第二高级步兵学校、华东军区军事科学研究室、志愿军第3兵团所有选调干部陆续到达哈尔滨,参与到哈尔滨军事工程学院初期的紧张建设之中。

中国人民解放军第二高级步兵学校(简称二高步校)的前身是西南军政大学。1951年1月,改称西南军区高级步兵学校;3月,根据军委命令,按照全军高级步兵学校序列,再次更名为"中国人民解放军第二高级步兵学校"。西南军政大学是1948年9月成立的中原军区军事政治大学(1949年5月更名为中国人民解放军第二野战军军事政治大学,简称二野军大),在1950年初,由南京孝陵卫驻地转至重庆等地后,与中国人民解放军西北野战军军事政治大学(简称西北军大)部分干部学员会合后成立的。

二高步校具有我军优良的军事传统和战术基础。步校副校长兼训练部部长徐立行、政治部副主任张衍等具有非常丰富的办学和教育经验。1952年8月,军事工程学院筹备委员会成立后,二人均进入由10人组成的筹备委员会,徐立行担任副主任委员,组织机构成立后,又担任教育长,成为军事工程学院的重要组织者和领导者。1952年9月,二高步校1400名排级以上干部和1600多名战士、职工先后抵达哈尔滨,在12月12日前完成了从第二高级步兵学校机构改为军事工程学院机构的整编。

华东军区军事科学研究室,成立于1949年9月,是在上海解放后,在陈毅的倡导下,经过张述祖、祝榆生和许哨子等人的努力,于南京成立的。成员最初有张述祖、马明德、任新民、赵子立、沈正功、张绿康、鲍廷钰、钟以文、张宇建、何乃民、岳劼毅、周祖同、金家骏13位专家教授,后又有刘千刚、党伯印、肖金光等一批年轻的大学毕业生加入进来。

建国初期,在中国科技人才寥若晨星的时候,这个小小的、不起眼的研究室就像一只纯金的聚宝盆,为新中国储备和培养了一批宝贵的军事科技人才。研究室成立后,在经费极其缺乏,设备简陋,人员不足的情况下,张述祖和同事们依然保持高度的政治热情和工作干劲,克服重重困难,积极开始试验研究,完成了军区首长交给的各项任务,为解放初期军事斗争的胜利作出了贡献。

1952年7月,军事科学研究室作为组建哈军工的基础之一,人员设备全部北上。在陈赓任主任委员的筹委会里,张述祖为三个副主任委员之一,胡翔九、任新民、沈正功、赵子立均为筹委会成员,五位来自研究室的成员占到筹委会成员的一半。研究室人员成为哈军工"老教师"的主要来源,广泛参与到各项教育教学活动中,著书立说,成为军事工程学院教学、科研的骨干力量。

中国人民志愿军第3兵团,是由原第二野战军战斗序列的部队所组成的,下辖第12、第15、第60军,陈赓任司令员兼政治委员。1951年3月18日,第3兵团开始入朝参战,先后参加了抗美援朝战争第四、第五次战役,1952年春夏巩固阵地作战,1952年秋季战术反击作战和上甘岭战役等。第3兵团有一批做过学校工作的干部,在朝鲜战争中又积累了现代战争的经验。1952年底,从志愿军第3兵团选调的25名干部先后从朝鲜回国到军事工程学院任职。第3兵团副参谋长李懋之担任哈军工筹委会副主任委员,军务处长黄景文为筹委会委员,成为哈军工初创的重要力量,为哈军工筹建作出了重要贡献。

(二)苏联的援助支持

苏联专家的帮助和支持对学院的创建与发展也起到重要作用。

新中国刚刚成立后的1950年,中苏签订《中苏友好同盟互助条约》。苏联对中国在政治、经济、技术上都给予了大量帮助和支持。苏联的大笔贷款和援建的156项大型工程项目,帮助中国快速建立了相对完整的工业体系,经济得到快速恢复。在技术和人才上,苏联派出大批科学家、技术人员、教育者来到中国,指导帮助中国教育、科技和经济社会发展。1952年6月23日,毛泽东等中央领导在接见陈赓时说,朝鲜战争爆发后,斯大林在援助我们部分技术装备的同时,提出赶快办一所培养技术军官的大学校,我们接受了这个建议,苏联要派各专业的专家来协助我们办学院。[3]

从军事工程学院创建到1958年底中苏开始分裂,先后在哈尔滨军事工程学院工作的苏联专家顾问人数达150多人[4],在新中国的高校中,为全国之最。他们当中至少有6位是苏联武装力量的将军,其中3位将军曾先后担任过陈赓院长的顾问,其正式职务在苏联专家顾问团中称"首席顾问"。

1959年6月,苏联政府撕毁了中苏双方签订的关于国防新技术的协定,拒绝向中国提供原子弹样品和生产原子弹的技术资料。6月20日,苏联领导人决定停止援助中国,至1960年8月23日,苏联专家全部从中国撤离,并带走了重要的图纸资料。

第二节 发展目标和发展战略

哈军工因强国兴军的使命而诞生。从成立的那一天起,她就与党和国家的任务、使命紧紧联系在了一起,"军工的创建是我国国防现代化建设的重要标志之一。"[5]

一、学院发展目标:建设现代化军工科技学府

军事工程学院的建立,是为了适应我军革命化、现代化建设发展的需要,迅速培养大批军事技术专业人才。毛泽东在"对军事工程学院成立与第一期开学的训词"中指出:"中国人民解放军军事工程学院的创办,对于我国的国防事业具有极重大的意义。为了建设现代化的国防,我们的陆军、空军和海军都必须有充分的机械化的装备和设备。这一切都不能离开复杂的专门的技术。今天我们迫切需要的,就是要有大批能够掌握和驾驭技术的人,并使我们的技术能够得到不断的改善和进步。军事工程学院的创办,其目的就是为了解决这个迫切而光荣的任务。"毛泽东的《训词》,既说明了军事工程学院创办的目的和意义,同时为学院建设发展指明了方向,提出了目标遵循。

周恩来等其他中央领导同志也给哈军工的创办题词。周恩来总理题词:"努力学习,建设现代化的国防军、军事工程学院";刘伯承、贺龙、罗荣桓题词都要求建设"现代化国防军";徐向前题词要求:"建设现代化的学院,培养又红又专的科技人才"。

毛泽东的《训词》,以及其他中央领导给哈军工的题词,实际上已经指明了哈军工建设发展的战略目标。这一战略目标概括起来就是:以军工科学技术为特色,以现代化为目标,建设现代化学院和现代化国防军。

二、学院发展战略的正式形成

从学院成立至1956年初,学院成立后的三年左右时间里,军事工程学院在建设中成长,在探索中逐步积累办学经验。发展思路逐步清晰,发展目标和发展战略逐步确立。

1956年2月底至3月底的一个月时间里,学院先后召开了第一届科学技术研究会议、第二次党代表会议、全院教师会议等三次重要会议。第一届科学技术研究会议正式确立了科学研究在学院建设发展中的地位和作用,提出了学院科研工作的基本任务,为科学研究五年规划和十二年规划的制定,科学奖励制度的建立奠定了基础;第二次党代表会议第一次鲜明提出了学院"提高教学质量,开展科学研究,扩大专家队伍"的三大任务;全院教师会议明确提出"我们的总目标,是使军事工程学院不仅成为全军培养军事技术干部的基地之一,而且成为全军军事技术思想的研究中心之一"。

这三次会议形成的决议,明确提出了学院长远发展的目标、任务和要求,制定了计划、规划,建立了相应的制度规定,这标志着哈军工发展战略已经正式形成。

三、学院发展目标和发展战略,落实和体现在人才培养、科研、队伍建设、党建思政、保障服务等方方面面上

在教学和人才培养上。确定培养目标是办学的首要问题。建校初期学院提出了"以教学为中心"的办学思想,并逐步完善了学院的人才培养目标。

毛泽东在《训词》中指出："今天我们迫切需要的，就是要有大批能够掌握和驾驭技术的人"。《训词》指明了哈军工的办学方向和培养目标，培养又红又专，能掌握和驾驭技术，并具有无私奉献和自我牺牲精神的军事工程技术人才成为学院人才培养的指导思想和总体方向。

1953年2月28日，学院党委通过的《关于执行教学任务中几个主要问题的决定》，首次提出了学院的培养目标。1953年8月，军事工程学院《第一期教学计划说明》中对培养目标进一步明确：培养政治上坚定，无限忠于党和人民，忠于祖国，具有高度爱国主义和国际主义精神的军事工程师；精通并善于使用本兵种技术武器，能够独立完成工程任务，并具有高度组织性、纪律性、较高文化程度和一定军事素养的军事工程师；忠诚老实、勇敢顽强，富于主动性、警惕性，不怕困难并善于克服困难的工程师；能够教育与培养其部属，体格坚强，能承受军事勤务中一切艰难困苦的军事工程师。1955年9月1日，从第三期学员起，学制改为5年，五年制教学计划把培养目标概括为：培养政治坚定，对党忠诚，具有高度爱国主义与国际主义精神，能够独立解决本专业的工程技术问题与善于教育部属的军事工程师。这个培养目标一直沿用到1957年。1957年，在学院第一期学员毕业时，陈赓带病给毕业学员写信，信中说，我们的目标是"又红又专"，你们"今后仍应鞭策自己，加强思想改造，明确树立为人民服务的人生观，不断提高业务水平，真正成为一名又红又专的技术军官"。

从1958年开始，政治运动、勤工俭学、教育革命接连不断，在"左"的思想影响下，强调"突出政治"，以教学为中心的办学思想和教学计划受到严重冲击[5]。从1958年9月开始，学院对教学计划进行修改，至1959年5月完成，方案提出的培养目标是"培养具有共产主义觉悟的、有一定军事素养的、有高度科学技术水平的'又红又专'、全面发展的研究设计和维护修理的军事工程技术干部"。修订后的计划执行了一年。

在教师队伍建设上。在1953年召开的学院"七一"老干部、老教师座谈会上，陈赓指出"既要承认两万五千里，也要承认十年寒窗苦"，要办好学院首先要依靠老教师，不能光靠两万五。1957年6月19日，国防部副部长黄克诚在学院党的骨干分子会议上讲话时说，办好学院除了依靠老干部外，还要依靠老教师，离开他们是不行的。1956年学院召开全院教师会议，提出了依靠老教师，大力培养新教师，扩大专家队伍的任务[6]，决定下大力气建设一支适应学院任务需要、高质量的教师队伍。

在科研上。1956年2月29日，学院第一届科学技术研究会议召开。3月1日，教育长徐立行在报告中指出，学院的任务是培养军事工程干部，发展军事技术思想，军事技术学院应当成为军事技术思想的研究中心，推动军事技术的发展。徐立行还提出了学院科学研究工作的4项基本任务。3月26日，刘居英副院长在全院教师会议上再次明确提出"我们的总目标，是使军事工程学院不仅成为全军培养军事技术干部的基地之一，而且成为全军军事技术思想的研究中心之一"。会议通过决议，号召全体教师争取在12年内在军事科学技术领域接近世界先进水平。

1956年6月10日，学院制定了《军事工程学院科学研究工作条例》，确定科研工作的基本任务是培养能为先进科学而斗争的、具有高度技术水平的工程技术干部和科学教育人员；科学研究方向是解决对提高国防力量具有重要意义的科学技术问题，完成人民革命军事委员会和各军兵种所提出的科学研究任务。

在党的建设与思想政治工作上。建院初期，学院根据党委成员来自四面八方的特点，首先加强党委班子建设,统一思想,达到认识一致、目标一致,同心协力办好学院,把党委班子建设成为一个作风好、组织纪律观念强、办事效率高、团结战斗的领导核心。提出了以教学为中心,各行各业为教学服务的思想,统一了全院干部教师的思想认识。

1956年召开的学院首次党代会,还提出了干部队伍建设目标。

学院思想政治工作的对象是全院人员,重点是学员和教员,特别是学员,通过持续开展马列主义、毛泽东思想教育,开展党的路线方针政策教育,使广大师生真正成为党和国家需要的,热爱党、热爱国家,政治立场坚定、高素质的军事技术干部。

第三节 教学秩序的建立与人才培养

教学是高校的首要和中心任务。军事工程学院的办学定位决定了必须在高起点、高站位、高标准上开启学院人才培养新征程。

一、建设高水平师资队伍

(一)全国范围选调优秀教师

学院创建,首要解决的是师资问题。在和平条件下创建大学,就是要贯彻和执行党的知识分子政策,寻找足够多的知识分子,让有名望的专家学者来校工作。

当时,由于新中国成立不久,高等教育师资奇缺,教师队伍远远不能适应教学要求。

为了请调教授,培养助教,建立一支骨干教师队伍,陈赓院长亲自抓,他依靠筹委会的干部、教授,广泛进行调查研究,了解中央人民政府各部、科学院、高等院校的教授、专家和中央军委系统大中学理工科毕业生情况。张述祖教授最早提出了一个37人的推荐名单,后在和其他同志的推荐名单整合后,拟定了一份首批选调的80名专家教授名单,其中18名教授被列为选调重点。

选调教授、专家名单涉及几十个单位,人多面广。经中央军委同意后,陈赓院长向周恩来总理亲自呈送选调教师的报告。周恩来亲自召开有政务院、中央军委有关部门负责人参加的会议,布置选调教授的任务。在周恩来总理的关怀下,从全国高等院校、科研、企事业单位、军队第一批选调了62名专家、教授。

为了选调教授、专家能够顺利来到哈尔滨,参与到学院筹建工作中,为顺利开学做好准备,学院除了做深入细致的思想工作外,还在生活、住房、家属工作安置、子女入学等方面作出合理妥善的安排,尽力解决大家遇到的实际困难。

(二)全军范围选调助教

选调助教的工作同样得到总政治部、总干部部等中央部门的重视。

从1952年10月起,学院仅用两个月的时间,对全军大学毕业和大学3年以上肄业的青年干部分8个考区进行了选考,择优录取了243人担任助教,到年底实际报到232人。

为了提高助教的基础理论水平,所有助教先被分配到各教授会(1953年至1958年称教授会,1959年之后称教研室),从1953年4月13日到9月20日,用了20周时间学习基础课程,后又择优到各系学习专业。经过培训、学习,所有基础课助教都能担任各自课程的辅导工作,少数优秀者已能够胜任讲师任务。

(三) 加强培训,提高教学水平

建院初期,院下各系的编制体制是系、专科两级,系下设教务科和教授会。炮兵工程系共有炮兵步兵兵器、弹药火炸药、射击指挥仪、雷达、火箭炮等5个专科,炮兵兵器、步兵兵器、炮兵弹药、火药炸药、炮兵指挥仪器、炮兵雷达、火箭武器等7个专业,炮兵兵器设计(201)、步兵兵器设计(202)、内外弹道学(203)、弹药学(204)、火药炸药学(205)、炮兵射击指挥仪器(206)、炮兵雷达(207)、火箭炮(208)、射击学(209)等9个教授会,有干部、教师、教学辅助人员111人,其中教师只有51人,教师中曾担任过大学课程教学的仅有12人。1953年调入应届大学毕业生19人,由部队抽调的具有大学毕业学历程度的技术干部20人。其中,除少数曾在国民党兵工大学任教的教师所学专业与新专业的教学要求相近外,大多数教师均缺乏所任专业教学的技术知识,基本上处于"从头学起,现学现教"的状态。

第一、二期学生相继进入专业课后,新开课程逐渐增多,教学任务日趋繁重,学院每年都从应届大学毕业生中增补一批新教师,炮兵工程系的师资队伍也得到相应的发展。到1957年5月,全系教师已达127人,其中教授2人、副教授8人、讲师43人、助教64人,实验室主任、副主任、工程师共10人。[①]

除了努力补充教师外,学院还加大对现有教师的培训力度。第一期学生开学后,炮兵工程系利用学生先学基础课的时间,对教师进行有计划的培训。第一阶段集训8个月,主要采用"自力更生,能者为师"的办法,由教师中的老教师任课,系统讲授炮兵专业基础知识(炮兵兵器与步兵兵器,内、外弹道,火炮设计,公算与射击原理,火药炸药等13门课程)。通过集训,使教师基本掌握了专业基础知识,为进一步学习专业知识打下了较好基础。第二阶段的集训主要采用试讲、讨论的方式,边备课边学习,对于教学计划中所要求的习题、实验、实习、课程设计、毕业设计等各个教学环节都进行试做。集训后期,又组织到工厂、靶场、射击场实习并派个别教师到有关科学教育部门深造。

由于全体教师的刻苦努力,教师集训工作取得了显著成绩,教师不仅获得了系统的专业知识,而且初步掌握了专业课的教学方法,为上好专业课打下了良好基础。

学院非常重视教学方法的研究与业务建设。1955年1月,学院召开了第二届教学方法研究会,交流教师业务进修的经验,通过了关于组织教师业务进修的决定。

至1957年,学院、系教学组织已经基本健全,各项教学业务建设初步走上轨道,各专业教研室实施教学的能力有了很大的提高,教学力量已能基本适应教学要求。新教师中一部分同志经过两年的系统进修和一段时间的教学实践,已经成长起来,可以和老教师一同担任新开专业课程,效果较好。

二、高起点制定教学计划

从学院成立至1957年,其教学计划基本上是参照苏联同类专业的教学计划制定的。全院教职员工坚决贯彻"以教学为中心"的办学思想,把教学计划视为"法律",其他工作都服从于教学计划,并坚决保证教学计划的完成。因而,这一时期的教学计划虽曾作过调整,但教学内容、教学秩序稳定,教学质量较好。

炮兵工程系成立初期,先后有17名苏联专家陆续到该系帮助工作。各专业在苏联专家

---

① 李仲麟主编,《华东工学院院史(1960—1985)》,1986年12月编印,第3页。

帮助下制定了详细的四年制教学计划。教学计划是根据我军现代化建设培养军事高级技术干部的要求,吸取了苏联院校相同专业的教学经验制订的,按照技术学科发展的需要,有较强的基础课程和技术教学的保证。教学内容对各教学环节都有较周密的安排。经过课堂授课、课内及课外作业、实验、实习、野营(部队见习)、设计等一系列安排,理论与实际得到较好的结合。同时教学计划还注意了前后联系、循序渐进、打好基础,以培养学生具有独立解决实际技术问题的能力。

但由于学院缺乏高等军事技术教育的经验,教学计划中也机械地搬用了苏联院校教学的一些经验,致使学生学习的负担过重。

学院各专业的学制,第一、第二期均为4年。根据一期、二期教学实践的情况,为解决课程内容多、时间紧、学生负担重的问题,1955年秋,从第三期开始,学制由4年改为5年,并重修修订了教学计划。五年制一直持续到第六期。

1957年后,教学计划虽然也经过多次调整和修订,但在课程设置、教学内容、教学环节安排等许多方面仍然受到苏联计划的影响。

1958年,在全国"大跃进"形势下,由学院党委统一领导,炮兵工程系开展了勤工俭学、教育革命、技术革命等一系列群众性运动。1958年7月,在军事工程学院首届党代会第二次会议上,传达了军委扩大会议精神,随之在全院开展了反教条主义斗争。

同年10月,炮兵工程系成立教学改革办公室,在学院党委统一领导下,组织开展了教学改革大辩论和群众性的教学改革运动。在这次教改中,根据党的教育方针和学院"教学改革方案",确定了系的培养目标,修订了教学计划,明确了专业设置与专业发展方向,提出了一系列的改革措施。

在学制方面,鉴于学生主要来源是高中毕业生,入学后不再进行预科教育,故确定从1959年第七期学生起取消预科,按照专业需要,多数学制为5年,少数学制为6年,有的专业为5.5年或长于6年。新学制较过去(一年预科,五年本科)相比,大多缩短了半年。

经过教学改革和学生参与勤工俭学的实践锻炼,炮兵工程系教学工作也进入了一个新阶段。

1958年3月,中央军委决定将化学兵部所属的化学兵学校工程系并入军事工程学院组建防化系,在正式建系前将各专业暂并入炮兵工程系,设3个专科,3个专业,后改为5个专业。1958年,遵照中央军委决定,军械部所属的军械科学研究所全部人员和部分设备也迁来学院,并入炮兵工程系。上述两个单位并入后,炮兵工程系发展进入到鼎盛阶段,共设9个专科,12个专业,即炮兵兵器科、步兵兵器科、弹药机械科(含弹药机械专业和火箭武器专业)、火药炸药科、炮兵仪器科(含侦察仪器专业和射击指挥仪器专业)、炮兵雷达科、化学防护科、化学武器与技术装备科、原子防护科(含剂量探测专业和原子防护专业),共有研究人员104人。各专业确定了发展方向,明确了技术课程的设置,适当增加了新课程,调整了部分课程内容。在此基础上,修订了教学大纲,拟定了各专业2、5、8、12年远景规划,并组织了教材编写工作。

三、严格的遴选淘汰制度——高标准招收和培养学员

1952年9月,中央军委在向全军发出通知,调查登记大学、专科学校学生及各种技术人才,为军事工程学院抽调学员作出准备时,已经考虑预科招生与升入本科的差额。1953年

计划预科招生1000人,以保证有880~900人升入本科。当年共录取学员1010人,后实际报到987人。[7]

第一期学生均系全国解放初期参军的青年知识分子,经总干部部选调,部队选送入学。他们一般都在部队中经过几年实际工作的锻炼,思想觉悟、组织性与纪律观念都有一定的基础,其中80%为党团员,上进心强,具有较高的学习热情,特别愿意学习国防科学技术。但由于他们大部分是1950年之前参军的,所学数理课程遗忘较多。在录取的987名学员中,大学一、二年级肄业的365人,高中毕业的369人,高工(学习年限相当于高中,一年内学完高中数理化课程)毕业的165人,高中、高工肄业的88人。

由于学历不同,文化程度参差不齐,在本科教育开始前,必须进行数理化等基础课程的教学,即进行预科学习,为进入本科学习奠定良好的基础。

第一期学员经过6个半月的文化补习后,再经过文化考试和政治、身体复查,首批679人转为本科生,分到各系进行本科教育,之后又有一批同学在经过考核合格后转入本科学习。

1953年8月29日,第一期学员开始入系分科。分到炮兵工程系的共180名。其中文化程度高中毕业的占28%,大学一年级的占46%,高工占26%,党团员占76%。所分专业情况:炮兵兵器、炮兵指挥仪器两个专业各40名,步兵兵器、炮兵弹药、火药炸药、炮兵雷达、火箭武器等5个专业各20名。

从第二至第七期,部分学员在进入本科前均有一年的预科教育。在此期间对学员进行入伍教育、部分军事教育,并进一步帮他们打好高中文化基础。

在建院初期,根据新生部分由部队输送、部分来自普通中学,文化程度参差不齐的情况,为了保证教学质量,开展预科学习教育有一定的必要性。但从总体来看,本科5年学制,时间已经够长,再设置1年预科并非必须。从历史经验和人才成长规律来看,大学本科教育主要是学好基础理论、基本知识和基本技能,学制太长,弊多利少。[8]

1960年分建迁离哈尔滨前,炮兵工程系累计共招收本科学员8期1483名,毕业3期520名。1956—1960年招收研究生7名。1956年和1959年为总军械部举办培训班,培训学员100名。

四、强化实验教学和技能培养

学院筹建伊始,实验室与各项实验保障建设随教学工作同步进行。1952年12月11日,学院成立技术勤务部,下设计划、器材、技术实验室3个处和1个生产实习工厂。学院的教学、科研的实验设备分为普通和专门两个方面,普通设备如化学、物理、机械工艺、金工金相等,专门设备如火炮、舰船、飞机、电子、坦克等,均具有各自教学器材与样品陈列。

1953年,学院仅有院教研室的几个实验室;1954年已基本建成65个专业实验室和陈列室;1955年,已建成与在建的实验室达到143个,陈列室、专修室112个;1957年,全院已先后建成265个实验室、68个专修室、31个实物教室、18个陈列室。1959年,空军工程系"低音速风洞实验室"、海军工程系"舰船强度实验室""螺旋桨、舰用透平机实验室"、装甲兵工程系"坦克理论与结构实验室"等先后建成,有飞机13架,各种发动机14台,各种坦克34辆,重型火炮8门,重型机械、牵引汽艇、推土机等52部,特种车辆、渡河器材、爆炸器材、伪装器材264台(件)。

1954年,根据教学计划,学院开出362门课程,其中177门课需要进行实验。为了保证教学工作顺利进行,学院各教研室自己研究、设计、制作、生产仪器设备。1955年,学院召开第二次教学方法研究会议,在总结教学工作经验的同时总结了实验室建设的经验。

至1957年上半年,炮兵工程系已初步建成实验室和专修教室141个,开出实验177个,实验室已经基本上能够满足教学和部分科学研究的需要,实验人员业务能力和文化水平有了显著提高。1957年10月,在第一期学生毕业前后,系里按照学院党委要求,组织各专业教研室进行了关于教学计划、专业课的开出、生产实习、课程设计和毕业设计等方面的专题总结,组织毕业学生分别就学习方法、培养独立工作能力、全面发展、科学研究等专题进行了总结。

1958年3月,在开展勤工俭学和技术革新运动中,师生自己动手试制和修复了许多教学仪器器材,并制作了一部分支持工农业建设的产品。其中试制成功的电子模拟计算机,参加了1958年北京国庆献礼展览,获得中央领导同志的好评。还试制成功了磁控制实验台、模拟探测器、乙丙射线指示器、百位进位电子计数器等较贵重的电子仪器。

五、研究生培养

建院初期,由于本科教学任务繁重,研究生培养工作还没有提上议事日程。1955年开始,学院先在海军工程系启动研究生招生工作,并拟定了《研究生暂行条例(草案)》。

1956年,学院步兵兵器、炮兵弹药、火药与炸药、炮兵仪器、炮兵雷达、空气动力学、发动机原理、飞机电气设备、坦克、汽车、坦克(汽车)发动机、筑城、非防御建筑等13个专业先后分4批招收了15名研究生,导师分别为许哨子、肖学忠、赵子立、冯缵刚、朱逸农等13人。

1957年4月,苏联专家建议学院、系和各教研室都要创造条件培养研究生,每年培养计划在35~40名。这一项建议因为当时正值反"右"派斗争而被搁置,至1960年分建学院未再招收研究生。

第四节 科学研究与技术革新

从学院成立到1960年分建,哈军工科研工作经历了起步、制度化和组织化、蓬勃发展三个阶段。

一、科研工作起步阶段

军事工程学院成立初期,教学工作成为学院的中心工作。在教学工作初步进入有序状态后,开展科学研究就被提上了议事日程。

1954年1月4日,苏联首席顾问奥列霍夫写信给徐立行教育长说:"学院教学工作已经初步走上轨道,但是科学研究工作还没有开展。目前学院虽无广泛开展科学研究的条件,但应根据现有条件,规定可能开展的科学研究工作的范围和形式。"2月2日,奥列霍夫又对科学研究的课题范围和学员参加科研活动的问题提出了建议。

与此同时,学院科学教育部召开了"如何在学院逐步开展科学研究工作的座谈会"。通过座谈,学院领导和教师对开展科学研究逐步形成了共识,在学院开展科学研究不仅是必要的,而且是必须的。

学院党委认识到,学院的中心任务是培养具有独立工作能力的工程师和研究人才,组织学员进行科学研究是培养学员独立工作能力的重要途径。教员为了更好地完成教学任务,除了进行教学方法研究,不断改进教学方法外,还必须经常提高自身的业务水平,提高教学质量。参加科学研究就是达到这一个目的的最好方法之一。教员自己不参加科学研究,就不能很好地指导学员的研究工作。而且,科学研究工作对教材编写、实验室建设都有利。所以在学院开展科学研究工作是十分重要的,应当引起重视。

学院党委在研究部署1954年工作时,提出了"以结合教学为主,适当地联系解决国防生产中某些技术问题"的科学研究方针,要求部、系领导组织教研室制定科学研究计划,把专业建设和教学工作中遇到的难题作为科研课题进行研究,推动了科研工作的初步开展,同时为学院之后的科研发展奠定了良好的基础。

在这一思想指导下,一批科研成果很快形成。如炮兵工程系209教研室把设计教学模型和形象教具、建设高炮射击室和室外步枪射击场、编写射击原理和公算原理手册等作为科研课题,很快就见了成效;203教研室教员卢景楷用数学解析法找到计算弹丸膛内运动时间的简便方法;机械工艺教研室教员贺孝先在实习工厂的配合下,改进了模具,提高了磨床效率;103教研室把集体备课中遇到的11个难题作为科研题目,指定专人从1954年10月开始研究,仅4个月的时间就将问题全部解决,空军工程系为此召开专题报告会,推动了全系科研工作的开展。

1954年学院虽然没有正式制定年度计划,但全院科研题目达到38个,尽管多是一些实验性的项目。1955年学院制定了年度计划研究项目43个,最后按计划完成的占44.2%,延期完成的占41.9%,没有执行计划的占13.9%。

二、科协的成立,以及科研制度、规划的建立,标志着学院科研工作组织化、制度化的形成

学院从1955年开始制定科学研究工作计划。

1955年1月29日,科学教育部向学院领导呈送了"关于学院开展科学研究中几个问题的报告"。6月10日,学院制定了《军事工程学院科学研究工作条例》,提出了开展科学研究的基本任务,规定了科学研究的方向。

1956年2月29日,学院第一届科学技术研究会议召开,政治部主任张衍在开幕式致辞中指出,要加强学院科学研究工作的计划性,学院的建设和军事科学的研究工作都是一个长远的工作,没有远景计划,我们将失去方向,最终必然会妨碍军事科学技术有计划地发展。要建立学位制度和奖励制度。建立学位制的条件已经成熟。科学奖励制度的实施,必将鼓舞科学研究工作者的积极性,推动科学技术的发展。3月1日,教育长徐立行在报告中指出,学院的任务是培养军事工程干部,发展军事技术思想,军事技术学院应当成为军事技术思想的研究中心,推动军事技术的发展。3月26日,刘居英副院长在全院教师会议上阐述了教学与科研互相促进、相辅相成的关系和正确处理教学与科研关系的原则,同时明确提出学院不仅要成为全军培养军事技术干部的基地,而且要成为全军军事技术思想的研究中心。

在一系列工作基础上,1956年5月5日,学院公布了《科学研究奖励暂行办法》《科学研究工作对外联系暂行办法》《稿酬暂行办法》等三个有关科学研究工作的文件。

之后,学院科研工作也开始走上了全军12年科学研究发展规划的道路。

1956年,陈赓院长批准颁发了《中国人民解放军军事工程学院学员军事科学技术协会条例》(以下简称《条例》),《条例》规定了协会的基本任务。

为了组织和领导学院军事科学技术协会的工作,学院成立了学员军事科学技术协会委员会。炮兵工程系、海军工程系、工兵工程系于1956年、1957年先后成立了学员军事科学技术协会分会,空军工程系、装甲兵工程系成立了若干军事科学技术小组,组织学员参加课外科学研究活动,推动了学院科研工作蓬勃开展。

1957年6月4日,"军事工程学院电子科学技术委员会"成立。这是继学员科协成立后,学院成立的第一个面向教员的科学研究组织。该组织的成立是为了发挥全院电子科学工作者的作用,推动学院电子科学研究工作,保证科研任务的完成。委员会承担的研究项目包括总参谋部通信兵部委托的微波网络及天线、脉冲计数及晶体管电路、雷达导航等21项课题。主任委员为李芯,副主任委员为周祖同、刘景伊、慈云桂,委员为胡寿秋、吴守一、张良起、周兆祺、朱逸农、虞光复等。

科协等组织的建立,标志着学院科研工作组织化、有序化的形成。

三、领导关心指导,科研工作进入蓬勃发展时期

1956年2月至3月,学院三次重要会议的召开,以及科技组织和相关科研制度的建立,推动学院科研工作进入了第一个蓬勃发展时期。科研题目从1954年的38个、1955年的43个,一下子增加到210个,1957年研究计划题目达到239个。

1956年,经学院科学教育部批准,全院各系分配到科研经费:空军工程系19000元,炮兵工程系9000元,海军工程系5000元,装甲兵工程系10000元,工兵工程系15000元,院属教研室13000元。[9]

1955—1956年学院主要科研项目:金属的蠕滑现象、超声速风洞管设计、镀镍及镀铬的研究、钢的火焰表面淬火、枪架刚性测试仪、航路及测速器设计、橡胶火药、舰炮雷达自动跟踪系统、坦克振动测定仪、汽车转速测试台、钢结构安全系数等。

1957年主要科研项目:炮兵工程系的扭转叠钣弹簧缓冲器、空气黏性对弹道和穿甲效应的影响、旋转弹丸围绕其质心运动的问题等,以及院属教研室、空军工程系、海军工程系、装甲兵工程系、工兵工程系的项目。

这个阶段,学院科研工作取得了比较好的成绩。炮兵工程系203教研室鲍廷钰关于"在推进压力与喷口压力相等条件下无后坐力炮弹道设计"的研究成果得到有关专家的一致好评,专家认为:这一研究在测定无后坐力炮弹道设计方法时,所走的道路是独创的,方法简单,便于实用,建议把研究成果介绍给有关设计部门。苏联专家拉金认为:浦发副教授有关"旋转弹丸围绕其质心运动以及运动对散布和偏流的影响问题"的研究成果,优点是原理与实际紧密结合,具有很重要的实际意义,其中有值得火炮与弹药设计专家们参考的内容,可授予研究者军事技术副博士学位。

在科研过程中,学院通过签订协作协议、合同等形式,加强和院外兄弟单位的协作和交流。炮兵工程系与国营724厂在加强火炮弹道学、炮弹构造和设计、引信制造、装药和实验等方面进行合作,还先后与第二机械工业部第三研究所、第四研究所、西北工学院等签订技术合作协议,广泛进行技术和学术交流,开展火炸药、烟火器材、火工品的科学研究工作以及教员进修、学员实习、研究生培养等方面的合作。

学员中的科研活动从1956年开始逐步在高年级中开展起来。全院参加研究活动的有400多人,炮兵工程系有8个组90人;全院参加活动的教研室有38个,其中炮兵工程系有8个,在这8个教研室中,207教研室的科研小组最多。科研活动初期,题目多采取由学员自己命题、教员审查,或由教员出题、学员选择的办法确定。科研活动内容分为实验、实物安装、理论研究以及整理笔记等。仅1957年全院就完成研究题目82个,其中炮兵工程系20个。

学员参与科研活动的积极性,以及教员的悉心指导、领导的表扬鼓励,促进了学员科研活动的持续开展。炮兵工程系适时举办了学员科研成果展览,4个取得成果的科研小组和8名学员受到奖励。242班学员王成科完成的"扭转杆加工过程的研究"课题,结合工厂实际情况,改进工艺规程,对喷砂问题的处理提出了改进意见;238班学员张先萌的"刻度发生器"、241班学员李真的"螺纹起点的理论研究"等课题,都具有一定的创造性。炮兵工程系205教研室所指导的小组,还通过研究扩大了知识领域,丰富了科学知识,形成了科学研究的浓厚氛围。

学院从1955年上半年开始,组织骨干教师撰写关于研制高性能武器装备的决策建议。炮兵工程系任新民、周曼殊、金家骏等3人完成了《对我国研制火箭武器和发展火箭技术的建议》的论证报告。1955年11月25日,归国不久的钱学森访问学院时,充分肯定了学院关于发展火箭技术的建议,推动了我国导弹和火箭武器的发展。

1958年,科研工作掀起第二个高潮,进入全面大发展时期。[10]

随着整风、整改、"双反"等运动的开展,学院贯彻执行教育与生产劳动相结合、理论与实际相结合、脑力劳动和体力劳动相结合、知识分子和工农群众相结合的方针,大力开展技术革新、生产劳动、勤工俭学活动,科研及各种实践活动蔚然成风,学员的毕业设计紧密结合国防建设任务和生产实际需要,"真刀真枪"地进行。

1958年8月1日,学院一批科研成果在北京展出,陈赓院长邀请在京的中共中央、中央军委首长周恩来、刘少奇、朱德、陈云、邓小平、林伯渠、彭德怀、刘伯承、陈毅、叶剑英、林彪,以及各总部、各军兵种的领导前往参观展览。继朱德、粟裕、黄克诚等领导来校后,1958年彭德怀、邓小平,1959年周恩来等领导先后来到学院视察,听取科研情况汇报,察看实验室、实验设备,观看试验、表演等。科研成果展出以及领导亲临视察,是对学院师生强大的鞭策和鼓励,正如1959年1月,徐立行教育长在全军科学研究工作会议上汇报时所说,"大跃进"年代,学院的勤工俭学、技术革命、科学研究和思想改造工作融合在一起,汇聚成了群众性的热潮。

学院为大力推进科学研究,也采取了一系列措施:一是成立科学研究委员会;二是制定年度计划和1959—1962四年规划;三是把有关专业人才组织起来,建立若干研究小组,开展原子能、火箭、半导体、红外线、雷达、电子计算机等尖端科学技术的研究;四是加强科研的情报和资料工作,以及加强技术保密、安全、保卫工作等。

1958年,在大搞科学研究、猛攻军事尖端技术的技术革命中,根据军委及国家十二年规划"大力加强射程远、威力大、机械性能高的新型火炮的研究"的要求,炮兵工程系提出了以双37高炮、240迫击炮、130加农炮、152加农炮、指挥仪的研制为重点,攻克难关,带动一般科研任务的口号。全系各级领导干部、有关教师、毕业班学员、研究员、技工和实验员等300余人投入了研制工作。经过全系同志的努力和有关单位的大力协作,到1959年10月1日共完成科研任务15项,技术革新29项。其中性能优良的技术兵器装备器材有160增程弹、橡胶火药、三无枪等,160增程弹较原弹增程一倍,"照明剂"光强度达到11万烛光。学院研制的许多元件、仪器和技术设备填补了国内空白,有些已经接近国际水平。

四、学术活动

随着学院科学研究工作的开展,学术活动越来越受到全院师生的重视。

1956年2月29日至3月1日,学院第一届科学技术研究会议隆重召开,会议回顾总结了一年来科学研究工作取得的成绩,交流了科研工作的经验。经过院、系、教研室的推选,21篇论文在会议上报告交流,其中包括鲍廷钰的《改进内弹道学基本问题简化分析解法》、张本良的《低伸弹道计算法》等。

1957年2月6日,学院召开第二届科学技术研究会议。这次会议有43位教师作了45个学术报告,数量比1956年第一届会议时多了一倍,质量也有所提高,理论与实际结合比较紧,有一部分研究成果完全适应部队的需要。

与此同时,各系、教研室的学术报告会、专题讨论会也都活跃起来。仅1958年,学院各教研室就先后举办讲座和学术报告会50余次,苏联专家在全院作学术报告10余次。

第五节　办学条件建设

1952年,学院创建伊始,办学条件异常艰苦,一无校址、校舍,二无师资队伍,三无教材设备,但陈赓说:"革命的一切都是从无到有,军事工程学院也能够从无到有。""办不好军事工程学院,誓不为人。"

一、学院基本建设

(一) 地方大力支持,奠定立校基础

建院之初,学院使用的校舍是中央人民政府政务院命令卫生部,从哈尔滨医科大学(简称哈医大)暂借的。哈医大领导顾全大局,不到两个月就提前搬迁完毕,在1952年10月前就将其在南岗区文庙街两侧的校舍全部腾出,共4.7万平方米,移交给了学院。哈尔滨市人民政府还将南岗、道外、道里、沙曼屯、马家沟等地区的一批地方单位搬出,把20多所住房借给学院使用,将文庙街20万平方米的空地划给学院作为永久校舍的建筑基地。从而使学院来自西南、华东及朝鲜前线的数千名干部、战士、职工、家属在严寒的冬季有了栖身之地,保证了人员和物资按照中央军委的要求,于年底前全部搬迁到哈尔滨。

(二) 中央重视支持,基建规划到位

学院的基本建设得到中共中央、政务院、中央军委的关怀和重视。1952年9月5日,周恩来总理、陈毅副总理亲自召集财经委员会、人事部、教育部、建筑工程部、总参谋部、总政治部、总干部部、总后勤部及各军兵种的领导参加的会议,要求各单位大力协助做好军事工程学院的筹建,要人、要钱、要东西,要尽可能无私地慷慨支持。"国内有的优先调拨,国内没有的去国外订货,要尽最大努力满足要求"。

政务院把学院基建工程列为国家第一个五年计划的重点项目之一,在人力、物力、财力上都给予了很大支持。

根据中央军委批准的基建规划,学院党委提出了"坚固耐久、经济适用、朴素庄严、节约经费"的建设方针。陈赓院长还亲自规划指导建筑布局、建设风格、建设理念,提出"五个系要有相对的独立性,学员的学习和生活都由各系管理,学员的宿舍和食堂应设在各系;教师和干部的工作由各系分管,他们的生活可由学院统管。"

1952年12月18日,学院基本建设委员会成立,李懋之副教育长任主任。委员会下设办公室、技术室,负责进行基建规划、地质勘察,组织设计、施工及材料供应等各项工作,营房处长张复明兼办公室主任,高步昆教授和殷之书任技术室正、副主任。

由于当时苏联顾问尚未到院,具体的教学规划、教学用房还没有统筹方案,基建工作暂时无从下手;而教学人员已经陆续来院,急需解决食宿问题。陈赓院长提出:"这45万平方米要争取早日完成。为保证教学,可分三期施工。第一期明年(1953年)开工,建10万平方米,包括5个系的教学大楼和学员宿舍、食堂;学员宿舍和食堂必须在明年8月前完工,保证9月初开学;第二期后年开始,除继续建教学大楼外,争取再建15万平方米,包括实习工厂、教师和干部宿舍、苏联顾问宿舍和物质保障部大楼等;第三期大后年起,建设院办公楼、院领导宿舍和一些辅助建筑物等。各期任务可以重叠交叉,也可略加调整,原则是急需的先建。"

按照陈赓院长的指导意见,学院初步决定的建设步骤是,1953年先建设生活用房,开学后教学设施尽量利用接收的旧房;1954年集中力量建设5个系的教学大楼;1955年建设辅助教学用房,如俱乐部、体育馆、办公楼等;1956年至1957年陆续增建教学用房、生活用房。

先后有4个设计院、6个施工单位参与学院的设计施工。学院的房屋设计任务决定由哈尔滨市建筑设计院(后改为设计公司)承担;公司经理张德恩,总工程师李光耀,负责领导设计工作。

(三)一期建设

1953年4月25日上午9时,第一期建筑工程破土动工,开工仪式在"八一楼"工地举行,陈赓院长铲下第一锹土,扔向奠基石。全院69万平方米建筑工程从此全面动工。

1953年6月,学院73个专业技术教授会用房和399个实验室、专修室、陈列室先后开始建设。

施工开始后,松江省建筑公司5000名工人和学院80名施工检查员并肩劳动。工地建筑工人最多时达到2万余人。

建设期间,松江省委书记李长青、省主席强晓初、哈尔滨市委第一书记王一伦、市长吕其恩等领导多次深入工地现场,会同设计公司、建筑公司研究解决施工进度和质量问题。

为了建筑用地的需要,哈尔滨市先后搬迁居民385户、迁移坟基3万多个,赔偿青苗损失11万多平方米。

(四)二期建设,奠定校园规划格局

1953年7月10日,毛泽东主席、朱德总司令亲自听取陈赓院长学院10个月来建设情况的汇报。7月13日,军委召开扩大会议,确定1954年投入3500万元,开工建设各系大楼等18万平方米。

哈军工教学、办公楼主要有1号、11号、21号、31号、41号、51号楼;住宅楼则从55号楼开始,一直顺延到98号楼。

1954年3月15日,学院开始第二期基建工程,主要任务是修建各系的教学大楼:11号、21号、31号、41号、51号楼。

"大气、宏伟壮观,独具民族风格,而且各有特色和故事"。据哈军工教员殷之书介绍,学院5栋教学大楼大屋顶的设计,是根据陈赓院长、奥列霍夫总顾问及李懋之副院长,提出的具有民族风格等原则要求,由院建筑委员会技术室高步昆、殷之书制定设计详细要求,由哈尔滨建筑设计院李光耀等具体设计。5栋教学楼,中西合璧,雄浑壮丽;大楼的外形极具中国特色,全部宫殿式大屋顶,歇山飞檐,红柱门廊。根据技术人员陈星浩建议:各系大楼挑檐上装饰着由1个骑兵为前导的4个具有代表性的武器模型,作为各系教学楼的识别标志,空军系的教学楼挑檐就是4架飞机跟在骑兵后面,炮兵系为4门大炮,海军系是4艘军舰,装甲兵系是4辆坦克,工兵系则为4辆铁臂高扬的吊车。教学大楼屋脊上一边儿一个回头望月的啸天虎,昂首翘尾、回眸仰视、威武别致。

每座教学大楼内部结构,都是按照苏联教学大楼的样式打造的,正门大厅中,视厅堂大小设有全身或半身毛主席像,门厅两侧设有系总值班室和医生值班室。

大楼的地下室兼作防空洞,钢筋水泥的墙壁厚达60~80厘米,可承受八、九级地震,配上30厘米厚的防爆隔离门,可承受千磅炸弹的轰炸防护。

12月,5个系的教学大楼和部分学员宿舍、食堂、办公室基本竣工,总面积达17.6万平方米。二系的21号楼面积为3.3万平方米。

学院基建工程坚持"先教学、后生活"的原则,始终是在边设计、边修改、边施工、边补料,抢时间、赶进度的情况下进行。1953年,建成宿舍、食堂7.6万多平方米,实验室1.2万多平方米;1954年建成5个系的教学大楼16万多平方米,当年共完成营房17万多平方米;1955年新建院办公楼、俱乐部、体育馆、干部宿舍等近14万平方米;1956年建设3栋可容纳700名学员的学生宿舍,共3.5万多平方米;1957年,在哈尔滨市发生特大洪水,劳力、运输工具紧张、建筑材料供应困难的情况下,建设系实验室、印刷厂、煤气房等10万多平方米。1958年之后,又陆续新建了部分校舍。

(五)高起点、高速度、高质量、有特色

(1)高起点。这五栋教学楼建筑标准,在当时不敢说冠绝全国,也决不会名列三甲之外。苏联专家顾问团团长奥列霍夫中将,第一次走进11号楼时曾情不自禁地惊叹:"就是苏联的军事院校,也没有这样好的房子呀"。

(2)高速度。哈军工自短短几年内,就在一片荒地上建起了一座包括5栋教学大楼、60多万平方米校舍、149个各类实验室、各种设施基本齐全的现代化大学城。钱学森在参观后由衷地赞叹:"短短3年,就建成了现在恢宏而先进的大学,开设了如此众多的尖端专业,真是奇迹!"

(3)高质量。在学院基建过程中,除了建筑工人,还有80名施工检查员并肩劳动。陈赓院长经常到工地了解施工进度,向工人宣传"百年大计,质量第一"的思想,多次爬上正在施工的高层建筑屋顶和50多米高的水塔检查工程质量。

(4)有特色。陈赓院长亲自规划制定学院的建筑布局、建设风格、建设理念。比如"大楼屋顶,用民族形式的",5栋教学大楼4个垂脊上由原蹲兽设计改为采用各系的装备作标志等。

二、其他条件保障

(一)教材建设

建国初期,军事工程科学技术的通用教材极度缺乏,旧有教材也难以满足不断增加的新办专业的要求。为了解决教材问题，学院采取"一选二编，以编为主，随编随印"的方式。"选"即选购既有的合适的教材；"编"即自编教材。自编教材多是在自编讲义的基础上，经过修改、补充、完善，再经过学院教材编审委员会审查后，成为正式出版教材。

（二）实验室建设

学院筹建时，各项技术勤务保障及实验室建设随着教学工作同步开展。1952年12月11日，学院成立工程技术勤务部，成为学院直属、并列的四大部之一，下设计划、器材、技术实验室3个处和1个生产实习工厂，李懋之副院长分管实验室建设工作。1953年6月，学院召开技术勤务保障工作会议，确定教学、科研仪器设备供应方法，当年就采购仪器设备82978台(件)，教具8000余件，各种型号发动机，各种枪炮、战车、鱼雷舰艇、接收机、发射机等武器装备和仪器设备12万余件，共开支500万元。

1953—1959年，学院大量引进苏联和东欧国家仪器设备和军事技术装备，对加强实验室建设和提高教学质量发挥了重要作用。

（三）生产实习工厂

1953年，学院生产实习工厂筹建时只有职工30余人，厂房是几间土屋，主要生产急需的仪器和机械原理、投影几何等基础课教研室的教学、实验模型。1954年5月，投资170万元建设的新厂房竣工，面积8000平方米，分为机工、钳工、锻工、木工车间和电焊、模型、热处理室等。各种设备和机器是从国内外订购的新产品，有各种金属切削机床168台，技工83人，学徒工17人。6月1日举行试车典礼时，陈赓院长亲临剪彩。老一辈的中央领导来学院视察时，都到工厂参观。刘居英、谢有法等领导不但经常关心工厂建设，还深入车间，拜师学徒，参加劳动。

实习工厂在满足学员实习的同时，还参与科研试制生产项目和民用产品的生产。

（四）图书资料工作

学院图书馆是由原第二高级步兵学校及华东军事科学研究室所属的图书馆合并组建的。1952年仅有图书12232册，馆舍面积678平方米，工作人员8名。1953年2月18日，图书馆开始对教师、学员开放。当年购进新书12577册，比原来增加了一倍。在全国院校调整时，又从国内各大学调来图书3014册，使藏书达到27823册。其中中外科技图书占48%；另订购期刊437种，其中69%是科技期刊。

1954年，学院开始为5个系筹建图书室。从1955年3月起，在新建的系教学大楼内建立起5个系的普通图书室。

学院图书馆从创建起，就得到各级领导的关怀与支持。后期，陈赓院长兼任副总参谋长在招待我国驻外大使馆武官时，还在请他们代为采购国外最新的科技书刊资料。徐立行教育长指导建设书库，解决图书馆面积不足的问题。刘居英副院长出国访问时，复制了国外院校图书馆建设图纸，返校后向图书馆工作人员介绍国外图书馆服务态度和娴熟的专业知识。

（五）医疗卫生

学院医疗卫生机构以原第二高级步兵学校的人员、设备为基础，建院初期有医护人员278人，卫生处隶属于物资保障部，下设医院、门诊部以及3个卫生所。1955年春，扩编为3个综合性门诊部及4个卫生所，分担教学区、办公生活区及驻市区单位的医疗防治工作。随着学院人员的增加，为方便群众看病，1957年成立中心门诊部，在各系、预科、坦克营、工兵连、幼儿园等单位设立了10个卫生所。

(六) 膳食

建国初期,国家实行粮食统购统销。学院教职员工及家属2万余人,来自全国各地。为了保障教职工的生活,学院依靠地方人民政府的支持协助,统一采购、调运。为保障副食品供应,军需给养工作人员远赴产地,从全国各地采购大宗副食品运回学院。学院合理调剂非军籍人员的粗细粮比例,做得既不违反政策,不增加教职工负担,又基本上保证如期供应。

学院领导经常下食堂检查工作,听取意见,召开会议,研究改善食堂伙食。刘居英副院长曾亲自主持召开粗粮细作、蔬菜花样评比会议。党、国家、军队领导人来院视察,也都会到食堂检查工作。

第六节 党建思政工作引领学院建设发展

毛泽东军队建设思想,是在中国革命战争的实践中产生、形成和发展起来的。党对军队的绝对领导,是毛泽东人民军队建设思想的核心内容,是中国共产党领导军事工作的特色和优势。

党的建设和思想政治工作始终伴随着哈军工的筹建和成长发展。党组织在学院建设发展中发挥了政治核心和战斗堡垒作用,为学院建设发展提供了组织保障和思想引领。

一、党的组织建设伴随学院建设和发展

1952年8月22日,军事工程学院筹备委员会经中央军委批准成立,9月1日在北京恭俭胡同59号开始办公,9月16日,中央军委就批准学院筹委会成立临时党委,陈赓为临时党委书记,陈赓、徐立行、李懋之、张衍、胡翔九、黄景文等6人为委员。

1953年1月30日,中央军委总政治部批准军事工程学院成立党委会。党委会由陈赓、徐立行、李懋之、张衍、徐介藩、曾炆、张文峰、黄景文、赵唯刚、吴振挺、屈兴栋等11人组成,陈赓为书记。由张衍、李懋之、曾炆、张文峰、吴振挺、贺达、陈怡、邓易非、沙克、安守田10人组成纪律检查委员会,张衍为书记,贺达为副书记。

1954年6月19日,哈军工党委会增补刘居英为院党委第一副书记,刘有光为第二副书记,后来又增补唐凯、贺振新(二系政委)为党委委员。

1956年5月10~25日,中国共产党军事工程学院第一次代表大会召开,正式代表326名,列席代表109名。大会选出由陈赓、刘居英、刘有光、张衍(政治部主任)、张子明(副政治委员)、徐立行(教育长)、李懋之(副院长)、肖新春(未到职)、李焕(技术勤务处处长)、贺达(组织部长)、张友亮(财务处长)、唐铎(空军工程系主任)、于达康(空军工程系政委)、赵唯刚(炮兵工程系主任)、贺振新(炮兵工程系政委)、黄景文(海军工程系主任)、江洪涛(装甲兵工程系政委)、唐凯(工程兵工程系主任)、张文峰(预科主任)等21人组成院党委,党委第一次会议选举陈赓、刘居英、刘有光、张衍、张子明、徐立行、李懋之等七人为常务委员会委员,陈赓为书记,刘居英为第一副书记,刘有光为第二副书记。

炮兵工程系党组织的建设是在学院党委领导下,组建和发展的,在全系建设发展中发挥了重要作用。

1953年12月20日炮兵工程系召开第一次党员大会,听取并讨论了系临时党总支的工作报告,选举了正式的总支委员会,并就今后任务作出了决议。

1955年4月,根据院党委指示,成立了炮兵工程系的临时党委,增设了系政委和政治处。系政委先是沙克,后是贺振新,政治处主任是苏广义。

1956年5月10~25日,在中国共产党军事工程学院第一次代表大会上,炮兵工程系除赵唯刚、贺振新当选为党委委员外,苏广义当选为党的监察委员会委员。

二、党组织的政治核心和战斗堡垒作用

学院成立后,院党委成员来自四面八方,每个人都是曾经多次出生入死,经历战火洗礼,功勋大、资历深。但创办高等军事工程技术学院,培养军事工程师,对每个人又都是一项全新的工作。党委一班人必须首先统一思想,只有这样,才能认识一致、目标一致,同心协力办好学院。

民主集中制是党的组织原则,也是加强党的组织建设的制胜法宝。学院党委成立后,学院的一切重大问题,都经党委集体讨论,充分发扬民主,各抒己见。党委按照组织原则作出决定后,大家都能够坚决照办。在执行中,口径统一,步调一致。

在班子里,陈赓院长虽然最有权威,但在重大问题上,从不一个人说了算。特别是在干部问题上,以陈赓为核心的院党委强调五湖四海,任人唯贤,反对山头宗派。学院党委形成了一种作风好、团结紧,既有民主、又有集中,集体战斗有力,个人心情舒畅的良好局面。

正是有了院党委一班人坚强的党性和强烈的事业心,在组织作风建设中的模范带头和表率作用,部、系党委委员、各级领导干部都能够以身作则,严格要求自己,把各级党组织建设成为了一个个坚强有力的领导集体。

学院党委除强调加强院、部、系党委的建设外,还特别重视基层党支部的建设,加强对支部工作的指导,选派强有力的干部到基层工作。机关深入基层帮助支部开展工作,从而使党支部的战斗堡垒作用不断增强。

1953年4月1日,学院政治部在《关于补习教育中的政治工作指示》中指出:"党支部在贯彻教育计划、完成教学任务上将起着领导与核心的作用"。同年12月9日召开的专科党支部书记联席会议,经过讨论、总结,具体规定了学院各专科(分建之前,专科领导教研室和学员队)党支部对教学工作的4项保证任务。

从1953年开始,至1960年代初,学院在每个系下成立专科,专科负责直接管理学员的政治、行政工作。建院初期,专科成立党支部。后随着年级的不断增加,党员人数不断增多,又开始在专科下设立年级建制,专科成立党总支部,年级成立党支部。党总支(党支部)是专科、年级领导与团结的核心。

在党支部建设中,院党委要求贯彻执行民主集中制原则,在建设强有力的支部工作中,充分发扬党内民主和实行集体领导,把党支部范围内的重大问题提交支部大会讨论,充分开展批评与自我批评,集中智慧,统一认识,然后作出决议;决议一经作出,就要监督决议的执行,任何党员不得借口推脱不做党的工作,不执行党的决议。还要求支部工作要有战斗性。每一次支部大会(或小组会)要有目的地解决一两个问题。通过党的组织生活,开展批评与自我批评,提高党的战斗力。

1953年12月,炮兵工程系召开的第一届党员大会,就今后任务作出了决议。决议强调了加强党的集体领导和加强支部建设的重要意义,要求一切重大问题都需经过党总支讨论,行政首长必须在党总支统一领导下,通过自己的行政职权贯彻党总支决议。决议还明确指

出,专科党支部是党的基层组织,应成为专科领导与团结的核心。在专科范围内,党支部对各项工作起领导作用。

三、干部队伍建设

1953年9月,学院成立时,共有团以上干部122名,营连排级干部1329名,不仅数量不足,而且一部分工农干部文化水平偏低,难以胜任本职工作。1954年至1956年,学院报请总干部部批准,从各大军区和军事学院、总高级步校、政治干部学校选调了622名有实战经验、适合做学院工作的干部和毕业学员,其中军事行政干部387名,政治工作干部150名,后勤干部85名。

学院党委十分重视干部队伍的素质培养和能力建设。强调从政治思想上、军事上、文化上、业务上全面培养干部。1953年2月28日,院党委在《关于执行教育任务中几个主要问题的决定》中指出:"在军事上、政治上有一定素养的,经过长期革命斗争考验的工农干部仍应成为各种工作的领导骨干,绝不能因进行科学技术教育而降低他们的领导责任,忽视他们的领导作用。"

1956年5月学院召开的首次党代表大会,对干部队伍建设提出了明确的目标:为了适应学院工作以及将来分建、改建的需要,所有干部到1957年除了军事政治理论知识的提高以外,要求通过业务学习和总结工作经验等方法,不断提高业务能力,成为初步熟悉本职业务的干部;在文化科学知识方面能够逐步适应工作需要,除少数文化水平较高的干部,应在现有基础上继续进修科学技术知识外,大多数干部,尤其是工农干部,应于1958年求得语文、数学、物理、化学4门课程达到初中毕业文化水平,进一步提高科学技术知识,争取于1962年前达到相当中等技术学校毕业的水平,为进一步掌握本职业务,具有独立工作能力,更好地保证教学任务的完成创造条件。

由于多种原因,学院干部队伍建设的规划目标未能完全实现,但在干部培养方面,仍取得了较大成绩,积累了许多好的经验。如对在职干部的文化教育方面,1956年至1960年,全院有1558名干部分别参加了小学、中学、大学课程的文化补习,占应参加学习人数的96.4%。干部科学文化知识的提高为更好地学习马克思列宁主义理论,提高业务水平和工作效率打下了基础。在参加社会实践方面,1958和1959年,学院抽调近500名干部去农村进行为期9个月以上的劳动锻炼,对干部的思想改造大有好处。

四、党员发展和党员教育

1953年,全院党员总数为1142名,绝大多数是机关干部,学员和教师中的党员极少。学院教学工作全面展开后,院党委要求,根据整党精神,在巩固党的基础上,将一批具备入党条件的积极分子吸收入党,而发展党员的重点应在学员和助教中进行。

学院党委非常关心知识分子的政治进步,要求政治机关也积极在老教师中发展党员。有些老教师因为自己出身、历史、社会关系等问题背上了思想包袱,院领导就给他们讲政策,引导他们加强马克思主义理论学习,努力改造世界观,以实际行动争取早日加入中国共产党。1953年7月1日,陈赓亲自召集要求入党的教授、专家座谈,给他们讲党的优良传统和党的基本知识,鼓励他们为早日加入党的组织而努力。

1953年11月16日,学院政治部发出《关于今后发展党的方针和要求的通知》,要求"本

(学)期发展重点是各系及预科的干部教员及从部队调来的助教。教授可作个别发展"。1954年7月1日,黄明慎、熊正威、刘长禄、张华4位同志成为学院首批入党的教师。到1956年,全院已有52名老教师提出了加入中国共产党的申请。

在教师中做好发展党员的工作,每年都列入学院政治工作计划,每年也都会在教师中发展一定数量的党员。从1953年11月至1954年4月,共发展新党员122名,占全院非党群众的3%,其中学员54名,教授、教员4名,助教6名,机关干部20名,战士、职工38名。1956年在全院教师中发展党员140名,其中老教师8名。这些新党员绝大多数都是觉悟高、学习好的优秀共青团员,"又红又专"的先进分子。

学院发展党员工作的主要做法是:统一思想认识,重视党员发展工作;正确掌握入党条件,严格入党手续,保证发展质量;加强计划性,做到经常性;结合各项工作和日常生活做好考察教育工作;边发展边巩固,发展与巩固相结合;加强党委和政治机关对党支部的领导;团支部根据党的发展计划,在团员中加强党的教育,提高团员对共产主义和共产党的认识,在此基础上在团员中推荐具备入党条件的优秀分子作为党的培养和发展对象。

对党员的教育主要采取上党课(一般每月一次)和总结工作经验的办法,不断提高党员的思想政治水平和工作能力,增强群众观点,克服骄傲情绪,虚心接受群众的批评和监督。要求党员在工作、学习、劳动中起模范表率作用。

举行入党宣誓仪式也是开展党员教育的好的形式。1954年4月10日,院直属队、二系、五系举行新党员入党宣誓大会。会上,院直属队新党员入党宣誓主席贺达、二系党委副书记沙克和五系党委书记吴振挺都进行了讲话。1954年7月1日,学院还为首批入党的熊正威等4位同志举行入党宣誓大会。张衍主持大会,刘居英代表院党委讲话,陈赓、刘有光参加了大会。

五、党的思想政治工作

思想政治工作通过说服教育,启发人们的觉悟,提高人们认识世界和改造世界的能力,使人们掌握正确的思想方法和工作方法,提高思想政治觉悟。思想政治工作是我们党的优良传统和政治优势。通过党直接领导下坚强有力的思想政治工作,确保基层党组织发挥战斗堡垒作用,极大地提高了人民军队的战斗力。

学院思想政治工作的中心是用马克思列宁主义、毛泽东思想和党的路线方针政策教育师生员工,不断提高全院人员的政治觉悟,树立全心全意为人民服务的思想和献身国防事业的精神,培养德智军体全面发展的合格人才。

军事教育是学院的重要特点之一。哈军工的教育是从"学军",强化学员的"军人"意识开始,在对学员进行战略、战术思想和军事知识培养教育的同时,特别强调高度的组织纪律观念,军人生活习惯和作风养成。

根据毛泽东主席的《训词》和中央军委的指示,学院党委把学员的思想政治教育工作放在首位。院、部、系领导经常给师生、员工作报告,宣传党的路线方针政策;深入教室、宿舍、食堂同师生交谈交流,对师生进行时事政策、革命理想和光荣传统教育。陈赓院长多次通过新生入伍教育、各种会议、同老教师促膝谈心等形式给师生讲时事、讲党史、军史,讲我党、我军从无到有、从小到大、从弱到强,成长壮大的光辉历程。这些教育,成为长期鼓舞激励师生员工献身国防事业、刻苦学习、努力工作,不断攀登科学技术高峰的重要力量。

(一) 在马克思列宁主义、毛泽东思想教育方面

对干部、教师主要采用高级班(面向师以上干部)、中级班(面向团级干部和部分师级干部)、初级班(面向营以下干部)的分班学习的形式进行。学习内容、学习方式稍有不同,各有侧重。高级班1953年时主要学习中共党史,《苏联社会主义经济问题》等,1956年主要学习哲学和政治经济学。

(二) 在党的路线方针政策教育方面

1953年下半年,在教育计划中为学员开设时事教育课,讲授国内形势与我们的任务、苏联建军经验等。1954年2月,根据军委总政治部的指示,院政治部把党在过渡时期总路线作为全年政治教育的重要内容,在全院人员中大张旗鼓地进行宣传,并对各类人员的学习作出具体安排。

(三) 在社会实践教育方面

学院将学员下工厂劳动、下连队当兵和下农村锻炼列入教育计划。要求通过生产劳动使学员在技术上达到三级技工水平,并保质保量完成生产任务,在思想上通过同工人接触,增强劳动观点、阶级观点和集体主义观点,进一步提高政治觉悟;为提高学员军事素养,并将课堂上所学的军事工程技术与战术实际紧密结合,学院对每届学员除了组织野营拉练外,还组织学员到战斗连队、机场、舰艇当兵,通过严格正规的军人生活锻炼,增强组织纪律性和战备观念,养成良好的战斗作风。

(四) 在开展艰苦奋斗、勤俭建院教育方面

在建院过程中,陈赓院长经常教育师生要勤俭节约,反对浪费,把每一分钱都用到该用的地方。1953年12月1日,学院党委作出了《关于厉行节俭反对浪费的决议》,学院经常对经费开支情况进行检查,还开展反浪费、反保守的"双反"运动,以及勤工俭学、勤俭生产、勤俭办院的"三勤"运动,促进全院各行业同志发扬艰苦奋斗、勤俭节约精神,形成节约光荣、浪费可耻的风气。

1953年10月初,炮兵工程系讨论了院党委的节约决定,初步梳理了浪费现象,提高了思想认识,并制定了具体执行办法。1954年12月,为了执行院党委关于厉行节约反对浪费的决议,二系党委在全系人员中对铺张浪费、损坏公物的事故与现象进行普遍深入的检查,对检查内容、方式和要求都作出了具体的规定。并组成了三个检查组,对教学人员、工作人员和学员分别进行检查。1955年5月2日至7日,二系学员在各专科的党、团支部领导下,掀起了拾废铁的运动。6天之内,共拾到废铁2502.6公斤。1956年12月15日,二系翻译室和系直团支部为响应党厉行节约的号召,给全院青年团员写了一封公开信,倡议全院青年要带头在生活上力求简朴节约,在新年、春节中不大吃大喝,少吃些猪肉,好让副食品多供应些给居民,以发扬我军艰苦朴素、与人民群众共甘苦的光荣传统。

1958年3月15日,根据中共中央的统一号令,院党委在全院学员中掀起了勤工俭学运动。4月,二系四科教授会试制的硝胺炸药、醋酸纤维、细菌肥料、油墨和高级胶水等都已经成功。四科还成立了勤工俭学领导小组,专门负责细菌肥料和胶水的生产。细菌肥料可以满足全院蔬菜生产的需要,胶水则可供全院办公使用。邢郁明、张德符、王泽山等同志积极设法提高胶水的产量和质量。二系还办起了硫酸亚铁厂和醋酐厂。这次勤工俭学活动一直持续到9月1日结束。

(五)在开展革命传统和革命英雄主义教育方面

学院重视组织师生学习黄继光、邱少云等英雄模范的先进事迹,进行革命英雄主义教育,从1956年开始,坚持开展"先进工作者和优秀学员""先进集体暨积极分子",四好单位、三好学员、五好战士(职工)等评选表彰活动,表彰在教学、科研、生产、工作中取得优异成绩的先进集体和个人。1956年10月24日,二系举行了授奖大会,全系共有302人分别受到军旗前照相、通令嘉奖等各种不同的精神和物质奖励。其中有68名工作人员被评为先进工作者,99名学员被评为优秀学员。系政委贺振新在会上作了发言,号召全体同志向受到奖励的同志学习。201教授会教员张德符和三科学员梁正智代表受奖励的同志讲了话。二系一科团支部还给受奖同志的家庭写信贺喜。

(六)在拥政爱民等主题教育方面

学院政治部在每年春节前后开展"拥政爱民月"宣传教育活动;1956年2月6日,根据总政治部文件精神,学院发出动员全院人员支援社会主义建设的12条指示,组织大批人员分别到哈尔滨市以及阿城、双城两县的20多个农业合作社参加农业生产劳动;1954年9月,学院政治部发出关于执行总政治部防汛救灾紧急指示的通知,全院人员从9月1日起到1955年2月止,每人每天节约一两粮捐献给灾区人民;1956年8月,以及1957年夏,松花江连续两次发生特大洪水,哈尔滨市人民生命财产受到洪水威胁时,全院上下立即行动起来,在刘居英副院长带领下,学院学员、教师、干部、战士两次均投入一万多人,与哈尔滨市人民一起,奋不顾身,修堤、抢险、防洪,分别连续奋战20多天和一个月,终于治服了洪水,确保了人民生命财产的安全。1957年抗洪抢险胜利后,哈尔滨市政府给学院1466位同志记了功,成为哈尔滨市1957年防汛模范,每人获"防汛模范"奖章一枚。1958年3月19日,二系的胡其廉等30余名学员乘哈尔滨开往大连的92次列车去鞍山实习,20日晨在沈阳车站开车后,主动要求帮助列车员进行大清扫。一个小时紧张的劳动后,列车卫生焕然一新,受到旅客的纷纷称赞,列车长曲宝安和全体乘务员还给学院写了感谢信。

(七)在教书育人工作方面

学院在1953年9月公布的《军事工程学院教学过程组织基本条例》中规定:"所有的教学人员都是学员的教养者,他们应该以对党、对人民的无限忠诚及高度的爱国主义精神教育学员","并以高度的思想理论水平及科学水平教课"。1956年5月,学院第一次党代表大会决议明确提出:教师应通过各个教学环节和学员的各项活动培养学员独立工作能力,进行品德教育,树立教师对学员全面负责的观念。既教书又育人,寓德育于智育之中,教师们严格、严肃、严谨的教学作风,一丝不苟的治学态度,潜移默化每个学员,也促进了学员"三严"作风的养成。

(八)学院还开展丰富多彩的文化活动,寓教育于活动之中

1958年11月23日晚,二系举行了歌咏比赛。为了这次比赛,各科都创作了很多新歌曲,如《过好共产主义关》《四管高射机枪》《歌唱学习和劳动》等。其中六科创作的《祖国乘着东风飞翔》一歌,歌词优美,旋律轻快,加之小提琴、手风琴伴奏和全科同志的努力演唱,在比赛中赢得了热烈的掌声。

六、党的作风建设

学院成立后,学院党委十分重视全院干部师生作风建设和党风廉政建设。1953年1月

30日,中央军委总政治部在批准成立学院党委会的同时,成立了学院的纪律检查委员会。

1956年5月学院第一次党代表大会,选举产生了学院党委,同时选举产生了学院党委监察委员会。监察委员会由刘有光、贺达、张子明、李焕、陈信、张复明、伊阳、刘东平、杨川、戴其尊、苏广义、冯捷、安守田、赵本源、张广义等15人组成,刘有光为书记,贺达为副书记。1958年5月,增补王坚为党的监察委员会委员,并任副书记。

学院党委组织开展了一系列加强干部师生作风建设的活动。

1958年4月4日,学院党委召开的四级干部(院、系、专科、年级)会议,政治委员谢有法作动员报告,布置并开展检查"三风""五气"(官僚主义、主观主义、宗派主义和官气、阔气、暮气、骄气、娇气)活动,至6月9日结束。同时在党外开展"灭资兴无、破旧立新、向党交心"运动,于7月下旬结束。

1958年8月12日,哈军工第一届二次党代表大会召开,会议的主要内容是,以反教条主义为纲,贯彻军委扩大会议精神。

在开展作风建设的同时,学院各级党组织对党内的不良倾向积极地进行批评教育,对个别腐化堕落、蜕化变质分子坚决清除出党。从1953年到1955年,全院受到党纪处分的党员有55人。

七、专科和学员队的思想政治工作

专科和学员队干部是学员思想政治工作第一线的指挥员和战斗员,在帮助学员从老百姓到军人、从普通学生到成长为一名合格军工毕业生的过程中,发挥着十分重要的作用。

军事工程学院在系下成立专科,负责直接管理学员的政治、行政工作。主要任务是:采取领导教育与自我教育相结合的方法,提高学员军人素质;及时表扬积极因素,教育、培养学员树立严谨的学风和刻苦学习的精神;引导学员,尤其是低年级学员,运用辩证唯物主义的方法论正确处理学习和生活中的矛盾;积极慎重地做好培养、发展党员工作。

学院任命团级干部为专科主任、政治委员,营级干部为年级干部,把思想政治工作做到教学过程中去。1955年6月,学院专门召开专科政治工作会议,系统总结了专科思想政治工作经验。

八、学院建设发展时期的一些重要政治活动

学院的建设发展无疑受当时客观政治环境的影响,特别是作为一所党领导下的军事院校,政治思想建设与当时党的政治路线和思想路线密不可分。1955年之后,全党、全国进行的肃反运动(1955年)、整风与反右派运动(1957年)、反教条主义(1958年)、"大跃进"和人民公社(1958年)、反对右倾机会主义(1959年)等一系列政治运动对学院的建设发展产生了重要的影响。

学院成立后,特别是在1955年后,根据军委总政治部的统一部署,学院先后开展了一系列政治运动。

结　　语

历史选择了哈军工,历史锻造了哈军工,历史铸就了哈军工。哈军工从1952年筹建到1960年第一次分建先后8年,从1953年正式成立到1966年退出军队序列,前后办学13年,积累了丰富办学经验,也形成了一种独有的精神——哈军工精神。

哈军工办学经验主要体现在以下八个方面:

(一)中央重视,各界支持,形成一盘棋

学院创建之初,校舍、师资、学员几乎都是空白,要想在短短一年左右时间里实现从筹建到正常开学,除了筹建人员和所有参与者的辛勤努力外,离不开中央的集中统一领导和全国各地的大力支持。

为使军事工程学院迅速建设起来,政务院、中央军委将学院建设列为国家第一个五年计划的重点建设项目。

请调教授、专家名单涉及全国几十个单位,人多面广,周恩来总理亲自召开有政务院、中央军委有关部门负责人参加的会议,布置选调教授的任务。在二期工程建设计划实施关键时刻,毛泽东主席、朱德总司令亲自听取陈赓院长学院10个月来建设情况的汇报,指示军委召开扩大会议,确保了二期各系大楼的如期开工建设。

由于总政治部、总干部部的重视,学院仅用两个月的时间,从全军大学毕业和相当学历程度的学生中,择优录取了243名担任助教。

学员的选拔、招收同样得到中央军委、各大军区领导的重视和支持,从中央军委发出通知,进行调查登记,到学员的考试、审查,总干部部组成8个工作组,分赴6大军区、特种兵部队和军事直属队开展工作,保证了第一批符合条件的约1000名学员被选拔出来,进入学院学习。

此外,学院建设,还得到哈尔滨医科大学,哈尔滨市委、市政府,以及松江省委的关心和大力支持,为学院落脚哈尔滨,各项建设工作顺利开展,教学工作有序实施提供了保障。

(二)以现代教育思想指导办学

学院虽然创建于1950年代新中国成立后不久,但从筹建到之后的办学实践过程,始终是以现代教育思想和教育理念为指导,处处体现出人本主义思想、实用主义思想,以及科学教育、素质教育、创新教育、实践教育、终身(全过程)教育和全员教育等教育思想,体现了一种鲜明的现代教育特征。

(三)以教学为中心,科研促进教学发展

在学院筹建过程中,院党委就指出:"学院的中心任务为完成国防技术教育,培养各兵种高级技术人员。这一项繁重而艰巨的任务,如无各种工作的有力保证,是不可能胜利完成的。因此在院党委的统一领导下,加强对教学工作的保证,应成为各部门的中心任务。"全院同志只有工作的分工,没有任务上的不同,各项工作都要服从中心任务,配合中心任务,保证中心任务的顺利完成。各部门应经常根据教学任务来检查自己的工作,以教学业绩作为衡量各种工作成绩的主要标准。

（四）严格、严密、严谨（三严）的办学理念

"三严"即严格要求、严密组织、严谨治学。作为中国共产党领导下的一所军事工程技术学院,"严"字体现在革命军队的严格的组织纪律性上。弘扬我军优良传统,从严治校,体现在学院教育、管理的方方面面上。严把学生入学、升级、毕业关口,学生尊师重道,刻苦学习,发奋求知,自觉遵守教学规章制度,使哈军工培养出来的学生,素质优、能力强、声誉好,出类拔萃。学院完善各项教学制度,做到有规可依,有章可循。从备课试讲、课堂讲授,到辅导答疑、考查考试,以及课后与学生交流,在教学活动各个环节的组织上,干部、教师和学生紧密协同,一丝不苟,形成严密的教学长效机制。教师恪尽职守,求真务实,以科学严谨的态度开展教学和科研活动。

（五）艰苦奋斗,勤俭建院

在建院过程中,学院党委教育全体师生员工要自觉养成艰苦奋斗、廉洁奉公、遵守财经制度、爱护国家财产、厉行节约的优良作风。1953年9月,学院建院伊始,即作出"厉行节约、紧缩开支的决议",12月1日,学院党委又作出了"关于厉行节俭、反对浪费的决议"。陈赓院长也经常要求,师生要在平时养成廉洁、勤俭、艰苦奋斗的优良作风。学院还加强对日常经费开支情况的检查,及时制止各种铺张、浪费和违规、违纪行为的发生。

（六）依靠"两老办院"和尊师重教

哈军工的特色之一就是依靠"两老办院",即陈赓院长所讲的依靠有"长征两万五"的老干部和有"十年寒窗苦"的老教授办院。讲革命理想,论品德操守,"两老"都是楷模,但"要办好军事工程学院,首先要依靠教师,不能光靠'两万五'"。团以上干部是老干部,教授和一些老讲师是老教师,老干部既要做好领导工作,也要做好保障工作,使老教师心情舒畅,充分发挥自己的聪明才智,做好教学工作。老干部和老教师只要团结协作、一心一意,就一定能办好学院。

在"哈军工",陈赓从来不以领导自居,他和这些来自全国各知名大学的教授平等相处、推心置腹、亲如手足。每次有新来的教授,他都亲自登门去看望慰问。一些从国外回来的知识分子,因家庭出身等原因受到质疑,被发难时,陈赓等党委领导班子成员却对他们无比信赖,让他们在教学科研中挑大梁,令他们深受感动。

"教授是掌勺的大师傅,我们干部是端盘子的","善之本在教,教之本在师"是陈赓教育思想的集中体现,这也充分体现了一位革命家尊重知识、尊重人才的博大情怀和团结、求是的办学精神。

（七）学习借鉴与独立自主

在学院创建过程中,苏联政府给予了大力支持和帮助,一大批苏联专家为学院建设发展作出了重要贡献。

1952年6月3日,粟裕向周恩来总理呈送《关于军事工程学院聘请顾问的报告》,并草拟了周恩来总理致苏联部长会议副主席兼国防部长布尔加宁《关于军事工程学院聘请苏联顾问》的函件,决定聘请苏联顾问,协助军事工程学院的建院工作。信函经周恩来总理审批后于同日发出。

7月8日,苏联政府即派出以瓦·伊·奥列霍夫中将为首,包括炮兵少将、海军少将、内

燃机专家和一名翻译的苏联专家设计组抵达北京,对总参谋部提出的建院初步方案进行论证和修订。经过20多天的考察后,提出了一个更具体的方案。

10月4日,陈赓院长向中央军委呈送了《关于聘请苏联顾问问题的报告》,根据学院任务和当时的条件,请求向苏联政府延聘50位顾问。以后,根据专业建设的需要,申请增加顾问名额,总人数为84名,每人工作期限2年,到期轮换。

1953年4月28日,苏联顾问团第一批8名成员及3名工作人员抵达北京。包括:首席顾问瓦·伊·奥列霍夫,副首席兼科学教育顾问依·依·叶果洛夫,空军工程系主任顾问勒·维·费道洛夫,炮兵工程系主任顾问尼·比·贝日科,海军工程系主任顾问包·德·季莫非耶夫,装甲兵工程系主任顾问彼·尼·卡普斯金,工程兵工程系主任顾问亚·波·舍尔巴科夫,合同战术教授会顾问谢·古·舒里加。

炮兵工程系先后由以贝日科为首的17名苏联专家来系协助教学①。1954年夏,各专业苏联专家陆续到系,他们帮助培训了部分专业教员,并带来了一套教学资料。在苏联专家的帮助下,各专业制订教育计划、教学大纲、编写讲义,进行了备课及有关实验室建设的各项准备工作。

毛泽东主席在《训词》中指出,"向苏联学习,这是我们建军史上的优良传统""我们必须学习苏联的先进科学和技术知识,学习苏联军事工程建设的丰富经验,学习苏联顾问同志的学习态度和工作态度,学习苏联顾问同志高度的爱国主义和国际主义精神。"当时的204教授会一位助教曾经回忆说:"我们教授会无论在哪一方面所取得的成绩,哪怕是点滴的成绩,都是和向苏联学习分不开的。"

关于向苏联学习,毛泽东还指出,"在军事科学技术方面要全学人家的,咱们不懂,没有办过这样的学校,在学习过程中随着我军的发展实际不断提高,吸取精华为我所用,这就是'洋为中用'的方针,不能说是教条主义;在军事行政管理与训练方面主要是学习人家的正规化建设与训练方面的经验,不要怕有点形式主义;在思想政治工作方面,要发扬我军数十年来行之有效的思想领先、政治挂帅的传统,不搞一长制、命令主义。不学的地方也要讲究方式方法,不卑不亢,多做耐心解释工作,不能影响团结。"[11]学院党委也强调,要树立以我为主的思想。陈赓院长多次告诫各级干部,学习别人的经验要同自己的独创相结合。

(八)边建、边教、边学

学院创建之初,周恩来总理对学院提出了早出人才、早出成果的要求。军事工程学院从创建到开学必须在一年内完成。条件异常艰苦,一无校址、校舍,二无师资队伍,三无教材设备,特别是各级干部毫无办高等军事工程技术教育的经验。

1952年9月16日,学院临时党委成立后,分析了办好学院的有利条件和不利因素之后,即提出了"边建、边教、边学"的建院方针。

在党中央、中央军委的关怀下,在地方人民政府的支持下,在苏联顾问的指导下,陈赓院长率领创建者们在实践中不断探索,不断总结经验,克服了无校舍、无教师、无设备等巨大困难,从无到有,由外行变为内行,在短短一年时间内,筹建就绪,开始了正规化的教学工作,建立起了我国第一所综合性高等军事技术院校———中国人民解放军军事工程学院。

---

① 王子淳、宫载春主编,《校史钩沉——南京理工大学往事回忆录》,第13页。

(九)哈军工精神及其传承发展

哈军工在积累了丰富办学经验的同时,也逐步孕育形成了哈军工精神。

哈军工精神具有强烈的时代感。这种精神在一定的时代背景下产生,在一定的发展阶段中丰富完善,又在时代发展进步中凝练升华和传承创新。

哈军工精神的基本内涵可以概括为"强军卫国的爱国热情、高度忠诚的政治品质、不畏艰难的奋斗精神、自力更生的创新精神、教学为本的治学理念和服务人民的高尚品格。"[12]

哈军工精神的本质来源于党中央和中央军委关于创建哈军工的目的、意义,以及对于学院办学思想、办学理念,发展目标、发展战略的指导上,具体体现在毛泽东主席对学院的《训词》中。哈军工精神直接来源于陈赓的教育思想和教育理念。哈军工精神的本质是强军、报国、忠诚、奉献的时代精神,和团结、拼搏、创新、自强的民族精神。

哈军工作为新中国高等教育和高等军事技术教育的历史已经结束,但学院积累的办学经验对现代高等教育的发展仍将具有重要的指导和借鉴意义,形成的哈军工精神将永远激励哈军工后人和现代高校师生求真务实、拼搏奋进,为我国国防建设和高等教育事业建设发展不懈努力奋斗。

参 考 文 献

[1] 中共中央文献研究室、中国人民解放军军事科学院. 建国以来毛泽东军事文稿(上卷)[M]. 北京:军事科学出版社,2010:217.
[2] 李懋之. 陈赓大将创建哈军工[M]. 黑龙江:黑龙江人民出版社 19993.
[3] 国防科学技术大学回忆史料(1953—1988)[G]//李懋之. 陈赓将军受命创建军事工程学院. 长沙:湖南科学技术出版社,1989.
[4] 赵阳辉. 哈尔滨军事工程学院的筹建与苏联援助(1952—1953)[J]. 哈尔滨工业大学学报(社会科学版),2006,8(5):1-6.
[5] 国防科技大学校史编委会. 1953—1993 国防科技大学校史[M]. 长沙:国防科技大学出版社,1993:26.
[6] 同[5]87.
[7] 同[5]6.
[8] 同[5]33.
[9] 同[5]103.
[10] 同[5]100.
[11] 陈赓传编写组. 陈赓传[M]. 北京:当代中国出版社,2003:699.
[12] 谢璐妍,窦隽勇. 论"哈军工精神"的基本内涵及其现实意义[J]. 黑龙江高教研究,2015,(5):114-117.

第二章　发展尖端军事科技
建设强大炮兵学院(1960—1966)

为了克服我军尖端技术的落后状态,加快军事技术人才培养,迅速发展我军尖端技术,需要调整培养军事工程技术干部的院校。1959年12月,中央军委正式决定,以武昌高级军械技术学校为基础,与中国人民解放军军事工程学院的炮兵工程系合并,组建中国人民解放军炮兵工程学院。

炮兵工程学院自成立,至1965年7月,一直隶属中央军委炮兵领导;1965年7月起改属国防科委领导。从合并组建到1964年初第二次党代会召开的四年时间里,学院经历了两校合并、落脚武昌、三地办学、迁址南京,以及教学秩序重构等过程,是学院办学史上条件最困难、环境最复杂的阶段。1964年后的两年多时间里,学院又经历了隶属关系调整、教育改革、院校整风、"四清"运动等重要活动。

第一节　炮兵工程学院的建立

炮兵工程学院的建立是党中央和中央军委着眼军事工程技术干部培养和军队建设全局作出的重大决定,也开启了学院建设发展新的征程。

一、中央军委决定创建炮兵工程学院

早在1952年3月,经中央军委批准的军事工程学院建院方案中就提出,学院各系应尽量包括未来"各军兵种军事工程学院"教学组织的全部雏形,在条件基本具备时单独成立各军兵种的军事工程学院。

在军事工程学院基本建成和培养的学员远远不能满足各军兵种需要的情况下,陈赓院长开始考虑学院的分建问题。1959年11月19日,陈赓向中央军委书面报告,建议将学院的炮兵、装甲兵、工程兵3个系和防化兵的3个专业,以及空军、海军工程系的5个专科(机场建筑、气象、海岸炮、舰炮指挥仪、鱼雷水雷舰船消磁)分给有关军兵种,单独成立工程学院或并入有关工程学院。

1959年12月29日,总政治部肖华副主任将陈赓院长的报告提交军委第15次办公会议进行了讨论。12月31日,军委办公会议正式决定:以武昌高级军械技术学校为基础,与中国人民解放军军事工程学院的炮兵工程系合并,组建中国人民解放军炮兵工程学院。

1960年3月初,根据军委指示,成立以总后勤部政委李聚奎、炮兵司令员邱创成为首的筹备委员会,领导炮兵工程学院的筹备工作。

4月16日,军委总参谋部、总政治部发出"关于炮兵工程学院名称"的电报,宣布学院的名称为"中国人民解放军炮兵工程学院"。学院以武昌高级军械技术学校和军事工程学院

炮兵工程系为基础组建,建制属军委炮兵领导,训练、党建、行政等工作均由军委炮兵直接管理;后勤供应以及具有共同性、地区性的党政工作和行政管理工作,则由所在军区负责。

8月13日,炮兵司令员邱创成、政委陈仁麒命令:"炮兵工程学院正式组成……于1960年7月1日正式建院,8月20日启用印章。"

二、武昌高级军械技术学校(简称武高)

武昌高级军械技术学校是随着我军军械装备的发展需要,在第四野战军后勤青年干部学校基础上改建和成长起来的。1948年冬在沈阳建立,至1960年合并建院,前后存在12年,其中经历了四地转战,七次易名。武高在我军办学史上占有重要地位,特别是在我军军械装备和炮兵武器建设方面做出过重要贡献。

(一)战火中诞生

1948年11月2日,历时52天的辽沈战役胜利结束,东北全境获得解放。当时,东北野战军后勤部下辖46座兵工厂、58所医院、3个汽车团和20多个大型仓库。为了管好这庞大的"家底",做好大兵团、多兵种、长距离、高速度作战的后勤保障工作,特别是为解决部队迅速壮大和后勤保障工作对干部的需要,东北野战军于1948年12月在沈阳创办了后勤青年干部学校,编制为正团级,校址设在沈阳市和平大街东侧原中正大学(现辽宁省人民政府)内。办学之初,东北野战军后勤部政治部要求学校"尽量吸收大量知识分子",所以招收的学员大多为高中毕业,少量为初中、大学毕业,年龄18岁左右。12月初,学校开始招收第一期学员575名,于1948年12月5日开学。第一期学员共编为5个中队,其中第五中队为女学员中队。

(二)转战四地,定址武昌

1949年2月,随着平津战役的结束,东北野战军后勤青年干部学校(简称青干校)随军入关南下,3月来到天津,先后驻扎在天津南开女中、天津原英租界马场道大礼堂办学。

根据中共中央军委1949年1月15日《各野战军番号按序数排列的指示》和3月7日东北野战军《通报》精神,东北野战军于3月11日改编为中国人民解放军第四野战军,东北野战军后勤青年干部学校随即更名为第四野战军后勤青年干部学校。1949年3月,第一期学员在天津结业,并分配工作。同时开始在天津招收了第二期学员,第二期学员共385名,设一个政训队,校址设在志同里大院。

1949年5月6日,第四野战军机关前梯队乘火车由北平出发,经天津、徐州,9日抵达开封。与此同时,四野后勤青干校也奉命从天津出发继续南下,到达河南郑州。在郑州,第二期学员结业。5月下旬,学校随军继续南下,来到汉口,驻扎汉口沿江大道88号,在武汉招收了第三期学员689名。成为武汉解放后第一所在当地招收学员的军校。

6月10日前后,学校由汉口沿江大道88号迁往汉口中山大道1976号原三元里首义中学。7月9日,第三期学员开学典礼在汉口上海电影院(今中原电影院)隆重举行。9月10日,学校再由汉口中山大道1976号迁至武昌张之洞路268号(原国民党30兵工厂旧址,今紫阳路701研究所所在地)。

(三)七易其名,发展壮大

1950年3月10日,学校在武昌张之洞路268号大礼堂举行三期学员毕业典礼。

1950年5月学校更名为第四野战军后勤干部学校,去掉了原校名中的"青年"二字,主要负责短期轮训后勤系统在职连排干部。1950年7月,学校奉命改属中南军区建制,第三次更名为中南军区后勤干部学校,编制仍为正团级。1951年2月,学校经历了第四次更名:中南军区后勤干部学校更名为中南军区后勤军械学校。5月,学校根据中央军委决定,又第五次更名为中国人民解放军第四军械学校,以培养初级军械技术干部为主要任务,隶属关系上,也由中南军区改由中央军委炮兵领导。1952年6月23日,中央军委颁布了《关于调整全国军事学校命令》,按照命令精神,10月28日,中央军委总参谋部决定,中国人民解放军第四军械学校改称中国人民解放军高级炮兵技术学校,这是学校第六次更名。主要任务是培训步兵、炮兵营以上军械技术干部,编制上升格为正师级。1953年1月,武昌高级炮兵技术学校正式成立,这是我军第一所专门培训军械领导干部的高级学校,陈亚藩任校长,徐青山任政治委员。

根据上级对军队建设正规化、现代化的要求,在当时的形势条件下,学校教学大纲、教学计划、教学管理基本上都严格搬用苏联模式。8月,学校主要领导再作调整,廖成美任高级炮兵技术学校政委。11月,贾克任高级炮兵技术学校副校长,次年,贾克接替陈亚藩任高级炮兵技术学校校长。

1956年2月4日,根据国防部决定,学校第七次更名,高级炮兵技术学校改称武昌高级军械技术学校,编制进一步升格为军级,番号为5201部队,隶属上改为中央军委总军械部,主要任务是培养部队军师团军械业务领导干部。贾克任武昌高级军械技术学校校长,廖成美任政治委员。

1959年12月,中央军委第15次办公会议决定,以武昌高级军械技术学校为基础,与中国人民解放军军事工程学院炮兵工程系合并,组建中国人民解放军炮兵工程学院,从此开启了武昌高级军械技术学校崭新的一页。

三、学院建立之初面临的形势

"当时,在国际上,一个超级大国对我们进行着全面战略封锁,与我为敌,千方百计企图扼杀我们的人民共和国。另一个超级大国,企图从政治、军事、经济上控制我们,停止援助,撤走专家。在国内我们遇到了连续三年的严重自然灾害,加上我们党在经济建设指导上犯了'左'的错误,造成了国民经济比例的严重失调,国家和人民生活遇到了难以想象的困难。炮兵工程学院就是在这样的历史条件下开始组建的。①

哈军工时期,炮兵工程系有苏联专家协助教学,提供一些教学资料,帮助培训了部分专业教员,炮兵工程学院组建时,苏联专家已全部撤离,以往培训的师资和遗留的教学资料远远满足不了教学工作的需要,一个全新的教学秩序亟待建立。

1959—1961年,由于"大跃进"和人民公社化运动的严重"左"倾错误,加上中国农田连续几年遭受大面积自然灾害,导致全国性的粮食和副食品短缺,成为新中国成立以来面临的最严重的经济困难。

国家经济困难,也直接影响到刚刚成立的炮兵工程学院的教学、科研,以及师生的工作、生活。原武高虽然具有一定的基础,但由于处于经济困难时期,学院人员由原来武高的2000人骤增到大约5000人,使学院教学组织、实验实习,以及人员物资、生活方面的供需矛

---

① 王子淳、宫载春主编,《校史钩沉——南京理工大学往事回忆录》,第7页。

盾变得十分突出。

虽然通过"挤、修(隔)、借、建"等方法,基本解决了教学、工作和生活的急需用房,但师生用房情况十分拥挤,每人住房面积6.2平方米,仅为原武高每人平均30平方米的1/5。干部教师普遍实行办公室兼为单身宿舍,宿舍兼为辅导室,几个首长共室办公,学生睡双层床,部分干部三代挤在一间10平方米的宿舍里。

国家经济严重困难,食品极度匮乏,按照定量标准只能勉强饱腹。学院师生理解国家暂时的经济困难,主动要求与人民群众同甘共苦渡难关,把粮食标准降了下来,并且"缺少蔬菜和油水,鱼、肉、禽、蛋几乎绝迹,肚肠里终日'紧锣密鼓'作响,唱起'空城计'"。①

物质生活的困难,对学院干部、学生的身体健康也带来了一定的影响。由于工作紧张繁重,肚子经常吃不饱,营养长久缺乏,不少同志体重减轻,体质下降容颜憔悴。有的同志则积劳成疾,患上肝病、胃病、浮肿病等多种疾病。学院党委及时采取积极防治措施,作出劳逸结合的八项规定,开设营养灶:清水煮黄豆、煮海带,这些食品无油无盐等佐料,食之乏味,但对于生病的同学来说,已经是改善生活,特别照顾了。通过这些努力使情势得到了扭转。

第二节 学院发展目标和发展战略

1961年5月20日至27日,学院召开第一次党员代表大会。会议审议通过的党代会报告指出:"目前,我院仍处在建院初期,炮兵党委交予我们的任务是要在军委战略方针指导下,鼓足干劲,争取时间,大抓尖端技术,建立强大的科学技术队伍,高速度地把我院建设成为培养'又红又专'的现代炮兵科学技术干部的基地之一。"这段讲话,明确地提出了学院成立后的建设发展目标,即大力发展尖端科学技术,建设现代炮兵技术学院。

一、学院建设发展目标

(一) 发展尖端军事科学技术

哈军工从成立至1960年炮兵工程系分建,已经办学七年,培养了一批优秀军事技术人才,积累了丰富的办学经验,科学技术研究水平也达到了一定的高度。彭德怀曾在视察后说,学院"结合我国的地形、气候特点和我军的战略、战术,独立地进行了国防科学技术的研究设计工作,已经设计成功一些新式武器和战斗器材,并且有些已达到了或者已经超过了国际先进水平。"

1959年11月,陈赓在给中央军委的报告中指出"从长远考虑,尖端技术方面的任务必须扩大""无论尖端或常规,今后所需工程技术干部的数量都会增长很快,全军只办一所综合性学院无论如何不能满足需要,势在必分。"

成立炮兵工程学院,正是为了改变我军尖端技术落后状况,在迅速发展我军尖端技术方面,培养更多军事工程技术干部和人才。这是军事工程学院分建,也是中央成立炮兵工程学院的重要目的之一。

(二) 建设现代炮兵技术学院

1951年4月,毛泽东给中国人民解放军炮兵学校(简称军委炮校)题词:"为建设强大的

---

① 王子淳、宫载春主编,《校史钩沉——南京理工大学往事回忆录》,第348页。

人民炮兵而奋斗"。这一题词,既是给炮兵学校的,也是给全军炮兵部队、炮兵干部战士的,体现了毛泽东和党中央对我军炮兵部队建设的殷切希望。

这一题词,无论对哈军工炮兵工程系,还是炮兵工程学院的建设发展,都具有十分重要的指导意义。炮兵工程学院曾经把这一题词书写在二道门上,作为学校发展建设任务和战略目标,作为凝聚全校师生员工的思想基础和精神动力。

1962年2月5日,毛泽东在中南海接见炮兵工程学院院长孔从洲时,说道:"炮兵工程学院办学宗旨应当是什么呢?我看应当是培养具有现代化知识的炮兵科技人才①"。

"建立炮兵工程学院是人民炮兵建设史上的一件大事。"②

炮兵曾有"战争之神"的称号。中共中央和毛泽东一直十分重视炮兵人才培养和炮兵干部队伍建设。

我军炮兵诞生于1927年8月1日南昌起义。1938年1月28日组建第一个较正规的炮兵团——八路军总部炮兵团。1944年11月,我军第一所炮兵学校——延安炮校在八路军炮兵团的基础上正式成立。1945年日本投降后,根据中央命令迁往东北,并先后更名为宣化炮校、东北军区炮兵学校、朱瑞炮兵学校,1949年2月迁驻沈阳。后更名为高级炮兵学校、沈阳高级炮兵学校等。1955年至1960年,孔从洲任高级炮兵学校校长。

1950年8月1日,中国人民解放军炮兵司令部在北京正式成立,军委炮兵的成立标志着炮兵正式成为中国人民解放军的一个兵种。军委炮兵是中央军委领导全军炮兵部队的业务部门,同时又是炮兵直属部队、院校和科研试验、后勤保障单位的领导机关,负责归口管理全军的炮兵业务。

我军炮兵的正规化训练是从1953年开始的。朝鲜停战至1966年是炮兵正规化建设的一个重要阶段。这期间,炮兵部队利用转入和平时期的有利条件,认真学习苏军炮兵经验,促进了军事训练的深入发展,并先后掀起了四次大的训练高潮。第一次是1956年前后,开展了分队基础训练、干部射击训练和全军炮兵连射击竞赛;第二次是1958年开展了"全能炮手"和"一专多能"等训练活动;第三次是1960—1961年,开展"精训细练"活动,并普及了营(群)教练;第四次是1964年前后,全军炮兵学习郭兴福教学法,自下而上开展了军事技术大比武。经过这四次训练高潮,炮兵部队的战术技术水平达到了前所未有的高度。

与部队训练相适应,这一阶段炮兵院校建设和教学工作也有了较大发展。1953年前,炮兵仅有8所院校。在正规化训练开始后,全军陆续新办了一些炮兵预校等。到1957年底,全军炮兵已有包括炮兵最高学府——炮兵学院在内的各级各类院校20所,达到炮兵有史以来院校数量的最高峰。为我军培养了数万名炮兵干部和炮兵技术人才。

1960年,在炮兵工程学院组建的同时,根据中央军委指示,年底在沈阳成立了炮兵科学技术研究院,至1965年,该研究院已发展为4个部、6个研究所、5个实验工厂、45个实验室共数千人的宏大规模,完成设计定型40多项,年产火炮达14200多门。

二、发展战略实施的两个阶段

学院成立后,到1966年转为地方建制,在6年时间内,学院发展战略的实施可以分为以

---

① 李春宏编著,《中流砥柱——孔从洲将军在南京理工大学的创业时代》,2006年9月编印,第9页。
② 王子淳,宫载春主编,《校史钩沉——南京理工大学往事回忆录》,第6页。

下两个阶段。

（一）1960—1963年底

学院首次党代会提出"三四年内把我院基本建成"。炮兵工程学院成立后，临时在武昌原武高校址办学，由于武高校址太小，学院成立后，努力寻找新的办学之地，最后确定在西安，并开始了一定的建设。1961年5月，学院第一次党代会在武昌召开时，学院正处于武昌、哈尔滨、西安三地办学的时候，会议根据上级党委的指示和学院的具体情况，提出了今后的任务："高举毛泽东思想的伟大红旗，继续深入贯彻军委扩大会议的决议，贯彻勤俭建院和边建边教边学的方针，为争取在三四年内把我院基本建成而努力。"从这一指导思想出发，会议还具体提出了到1964年学院建设的主要目标任务：

（1）办学规模上，建院初期提出的学生人数规模是6000~8000人，这次党代会调整为4000~4500人；学院各级机构基本健全；教师数量与质量能够基本上与学院发展需要相适应；要摸索出一个比较完善的教育计划。

（2）教材、图书、资料、教学设备和实习工厂、实验室等各项建设亦要基本上能够满足教学需要。要依靠发动群众，自己动手，自力更生初步编写出适合学院需要的成套教材、讲义、教科书，工厂、实验室的建设要实行全院一盘棋，全院配套，分清轻重缓急。

（3）专业建设方面，根据调整、巩固、充实、提高的方针，在师资、设备比较紧张的情况下，在近几年内没有特殊需要一般不增设新专业，应集中精力建设好现有专业，保证重点，提高质量。同时要积极为增设新专业创造条件。各专业的人数应适当增加，每个专业每年招生一般以30~40人为宜，个别特殊情况，可以适当增减。

（4）学术研究方面，根据学院教学发展需要，应大力开展学术研究工作，不断提高学术水平。学院拟成立学术研究委员会，以加强对学术研究工作的组织领导，通过教师进修、学术研究报告会、学术讲座等方式，促进学术研究工作的开展。

（5）物资保证工作方面，在建院初期提出54万平方米的营建规划目标，这次党代会调整为35万平方米（新建院舍25万平方米左右），基本上能满足教学、工作、生活的需要。建立一个与学院发展相适应的农牧场，确保全院人员的副食品供应及其生活福利的需要。

会议还要求，到1964年，学院教学工作运行一个周期时，在思想政治工作、组织领导训练、培养"三八作风"、行政管理、生产、生活等各方面探索建立一套适合学院特点的管理方法与规章制度。

（二）1964—1966年

学院第二次党代会提出"把学院建设推向一个新阶段"。学院第二次党代会于1964年1月召开，是在学院定址南京，各项工作已经基本就绪，一个教学周期即将结束，并且在新的办学环境条件下，学院建设发展面临新的机遇和挑战的情况下召开的。大会回顾和总结了第一次党代会以来的主要工作，同时提出了"把学院建设推向一个新阶段"的目标任务。具体任务包括：坚持毛泽东思想挂帅，坚持"四个第一"，加强思想政治工作；加强党的建设，改进党委领导；改进教学工作，提高教学质量；加强干部队伍的建设与教师队伍的培养；继续开展"四好"运动，加强基层建设，改进机关作风；进一步培养优良作风，加强组织性与纪律性；贯彻勤俭建院方针，做好物资保障工作等。

第三节　汇聚武昌与三地办学

炮兵工程学院建立之初,学院一方面需要按时完成迁移合并,做好各种复课、开学准备工作;一方面需要着手解决并校后带来的各种困难和问题,尽快寻求改善学院办学环境和条件,推进学院走向平稳、有序发展之路。

一、汇聚武昌

炮兵工程学院成立后,最初落脚在武昌原武高校址上。

1960年6月,哈军工炮兵工程系(不包括防化学部分和军械研究所)接到军委炮兵指示,要求在6月份分批南迁,与武昌高级军械技术学校合并组建学院。在经过充分动员和准备后,9月,炮兵工程系包乘4列火车,携2700多箱物资开始南迁武昌。随炮兵工程系迁走的专业12个,教职员工1219人,其中教员270人,实验室工作人员174人,学员775名。[1]

武高亦在4月初根据炮兵的指示,对合并建院工作进行了研究布置,积极进行营房、营具、伙食、副食品供应等各项准备工作,保证了合并建院工作的顺利进行。

为了确保教学秩序的连续性,学院师生团结动员起来,克服各种困难,自己动手安装实验设备,依靠自己的力量迅速建立起有关专业,使学院正常教学秩序快速得到恢复。

同年7月,开始了合并建院后的首次招生。炮兵工程学院首届共招生400人(又称第六期),均为保送的应届高中毕业生。10月8日,学院举行第6期开学和第1期(1955级)毕业典礼。这一天,其后也曾经被确定为炮兵工程学院,以及华东工程学院、华东工学院的院庆日。

二、三地办学

合并建院后,原炮兵工程系一、二年级学生暂时未迁武昌,留在哈尔滨军事工程学院继续学习基础课。高年级学生来武昌后,继续进行课程设计和毕业设计。

1961年夏,根据总政指示,学院代表炮兵派出4个工作组分赴上海、陕西、山东、广西4个地区进行合并建院后的第二期招生,共招收学生1014名,招生规模比前一年多出一倍以上。这一期录取的学员,没有参加全国高考,录取标准是根据当年毕业考试成绩,由地方党委报送,军区统一组织审查。由于他们在高中学习期间正值全国"大跃进",有的学校组织参加劳动过多,课程没有教完,学生的学业成绩受到了一定影响。

第二期招生规模的扩大,加之在哈军工完成基础课学习的原炮兵工程系低年级学生也来到了武昌,致使学校人员剧增,武昌校舍容纳不下,教学组织实施一下子变得非常困难。

学院院长孔从洲与学院其他领导商定,并经炮兵首长同意后,决定暂借沈阳炮兵政治干部学校协助进行训练教学。主要安排学院基础课部分(一至三年级)学生的学习。

1961级学生在经过入学考试和一周时间的入学教育后,于8月下旬下连当兵3个月,于11月底当兵期满后来到沈阳报到。到达沈阳后,经过文化课复习,按照高考标准进行的考试,综合新生入学前的学业成绩,最后有555名新生进入本科学习,30名女生调剂到科学研究院,30名学生组成数理班以培养基础课教师,还有399名拟经预科教育补习后转入本科学习。由于学院当时已经确定迁址南京,所以学院决定将这399名学生组成预科大队先行至南京,借用炮兵文化预校和高射炮兵学校校舍实施预科教育。

因此,1962年上半年,学院处于专业课在武昌、基础课在沈阳、预科班在南京三地教学(施训)的局面。

三、择地建校

武昌高级军械技术学校原校址面积仅有350亩(1亩≈666.67平方米)左右,已经没有扩建的余地;住房使用面积只有53592平方米,远远不能满足建院后的最低需要。

建院伊始,筹委会就决定另外选址新建。并派人先在成都附近勘察,后又去河北满城西部山区勘察,最后在秦岭山脚、西安以西约25公里的花园村获批一片土地,获陕西省委支持后,定为炮兵工程学院新址,但这块地方没有什么房舍,只能从头开始展开营建工作。

1960年6月,学院党委决定成立炮兵工程学院基建处,具体领导在西安的基建工作。基建处由杨国治任主任,刘吉林任政委,冉影任副主任。

1960年6月4日,邱创成司令员率领炮兵领导机关各部门负责同志来到学院。5日,邱创成代表炮兵党委在学院领导会议上宣布了学院临时党委的组成,并向学院提出了"边筹建、边教学"的初建方针,要求学院"既能建得快,也能建得好"。6日,邱创成在系以上干部会议上,听取了关于西安营建工作的汇报,并批准了营建方案。7日,邱创成在全院干部、学生大会上宣布了院领导名单并作了报告。

此后一年左右时间里,西安校区按照计划有序推进建设,已建成营房10810平方米,并进行了道路、线路、水管、营具等基础建设工作,开垦耕地1000多亩。就在奔赴各地的师生翘首盼望西安基建早日完成之时,1961年6月,时任解放军副总参谋长的张爱萍上将在视察西安院址时,认为学院院址和建筑规划不符合军委"山、散、洞"的营建方针,没有进山,不够分散,不符合防护要求,建筑规模偏大,占地较多。同时陕西省委提出意见认为突然增加这么多学院,供应上也保证不了。因此从6月下旬开始,按照军委决定,学校停止了在西安的营建。至1962年10月底,西安基建收尾工作结束,建制撤销。

西安营建停止后,学院分散在三地教学施训,办学条件十分困难。孔从洲院长号召大家集思广益,为学院发展献计献策。祝榆生提出了与南京高射炮兵学校对调校址的想法[2]。时任总参谋长的罗瑞卿大将到学院视察,他在听取了孔从洲院长的汇报后,说:"南京高射炮兵学校的校舍很多,用不了,我看你们学院与高射炮兵学校对调一下校址,既不影响他们办学,又可解决你们的问题。这件事,回北京后我与炮兵领导同志商量。"

四、定址南京

1962年1月5日,中央军委办公会议研究决定,中国人民解放军炮兵工程学院与驻扎南京孝陵卫营区的高射炮兵学校互调校址。

7月,在北京召开"炮兵院校合并、迁移准备工作会议",学院开始准备搬迁南京。从8月份开始,炮兵工程学院分散在武昌、西安、沈阳三地的大队人马陆续向南京集中。

搬迁工作不仅工程浩大复杂,而且时间紧迫,为了保证能够在9月份如期开学,搬迁工作必须在暑假期间完成。为此学院领导兵分三地:孔从洲到沈阳、廖成美在南京、李仲麟在武昌,顶着酷暑,夜以继日拆卸、装箱、搬运,先后动用800~1000吨货轮9艘,大型客轮3艘,火车车皮100节,汽车行程17.8万公里,耗油4.4万升,终于将人员5449名(其中家属1939名),既有精密易损的贵重仪器设备,又有易燃易爆和剧毒的化学品,以及大量的笨重营具约 4790 吨物资,运抵南京①。

抵达南京后,专家教授们又因陋就简,自行设计、自行施工,将房屋改造利用为实验室用房和科研场地 3 万多平方米,并自己动手将实验设备重新拆箱、安装,节省了大笔经费。炸药专家张宇建教授,带领青年教员和试验人员将弃置的厕所改建为试验用房,一开始总后有关部门的人员认为是在破坏营房设施,在了解真相后,拨专款给学校作为改造旧房之用。

迁址落户南京,从此改变了学院四处为家的艰难局面。1962 年 9 月 6 日,由军委炮兵有关领导参加,高射炮兵学校尹珙校长、刘平政委,与炮兵工程学院孔从洲院长,以及政治委员廖成美、副院长祝榆生、副政治委员林胜国,政治部主任齐陶等,在今天的公共事务学院、马克思主义学院办公楼会议室,就两校校址对调形成正式会议纪要。9 月 7 日,炮兵工程学院在孝陵卫校址正式开学,高射炮兵学校同时正式迁入湖北武昌张之洞路 268 号落户。

在定址南京,教学秩序正常恢复后,各种生活配套设施也在逐步建设改善。为了进行体育教学与锻炼身体,1964 年 1 月,学院自行设计、施工,开始修建游泳池,全体学员利用业余时间轮流参加劳动,警卫分队积极参加施工,工程兵学院无偿支援挖土机,经过半年多的紧张施工,当年 8 月,一座 50 米×20 米的标准游泳池就建成并投入使用了。

孝陵卫地处南京东郊,距离市区医院较远,师生看病很不方便,学院又自力更生,自己动手,自行筹款,很快建成了一座面积 2100 平方米,既有门诊各科,又有 100 余张床位的医院。

第四节　办学体制和专业建设

在 6 年多的办学实践中,炮兵工程学院办学体制主要经历三次重要调整,涉及学院组织机构和专业的调整变化。

一、合并建院之初

1960 年,两校合并后,按照总参批示,学院在体制上设院办公室,训练、政治、院务、科学研究、技术 5 个部,兵器、弹药、火药炸药、仪器、雷达、火箭武器、军械勤务 7 个系,24 个专业。其中一至六系,按照新建制在原炮兵工程系 8 个专业的基础上,扩建和新建为 20 个专业和 3 个专门化;原武高的学生,组并为七系,继续分为地炮、高炮、枪械、火弹 4 个专业上课,如表 2-1 所示。

表 2-1　1960 年学院系和专业设置

系名称	专业数	专业
炮兵兵器系(一系)	3	炮兵兵器,步兵兵器,动力传动及稳定装置
炮兵弹药工程系(二系)	3	弹丸药筒,引信,射击公算及外弹道
火药炸药工程系(三系)	4	火药,炸药,火工品,内弹道
炮兵仪器工程系(四系)	5	指挥仪器,侦察仪器,红外线仪器,自动控制,计算机
炮兵雷达工程系(五系)	5	炮瞄雷达,侦察雷达,侦察干扰,引导,电视侦察
火箭武器工程系(六系)	4	火箭弹体,火箭发动机,火箭发射装置,飞行力学
军械勤务系(七系)	4	地炮、高炮、枪械、火弹

---

① 王子淳,宫载春主编,《校史钩沉——南京理工大学往事回忆录》,第 14 页。

至 1961 年 5 月中旬,学院各级领导机构除专科一级外,已搭起了基本框架,各级行政干部已有 643 名,其中处级以上领导骨干 113 人。

1961 年 5 月,炮兵陈仁麒政委在学院调研时,要求迅速建立专科,加强基层组织建设。根据这一个要求,6 月 9 日,学院颁发命令建立 17 个专科,即炮兵兵器科、步兵兵器科、动力传动及稳定装置科、弹丸药筒科、引信科、火药科、炸药工艺科、炸药应用科、光学红外科、指挥仪电子计算机科、自动控制科、雷达科、侦察干扰科、遥测遥控科、火箭弹体科、火箭发动机科、火箭发射设备科。每个专科设正副主任、正副政委,既领导教研室,又领导学生班,并以专科为单位建立党支部,自此逐步搭起了一部分专科班子。

二、1961 年下半年至迁址南京

1961 年下半年,根据上级关于院校调整的指示,七系移交到后勤学院,一系二科(步兵兵器科)移交后勤工程学院。七系工作人员 107 名,学生 300 名,在系政委夏则然,副主任赵铁良、刘存厚带领下,于 1962 年 2 月去北京,其中 200 名学生去南京军械学校进行训练。一系二科工作人员 29 名,四、五年级学生 20 名,在科主任程尔康带领下,也于 1962 年 2 月赴重庆,该科一、二、三年级学生仍由学院代训。

1962 年 1 月,军委和炮兵党委决定学院迁驻南京。6 月,军委炮司召开了院校编制工作会议。这次会议上,根据全军编会议精神,对学院编制体制进行了研究,并拟制了新的编制体制方案。确定学院体制为三部、四系、一处,学院总定额为 3012 人(其中学生 1500 人),工作人员与学生之比为 1∶1,教师与学生之比为 1∶3,教师、教学辅助人员与学生之比为 1∶2.4。

根据这一项编制方案,学院系机关和人员均需进行较大程度的精简。在炮兵编制工作会议后,学院即进行整编准备工作,1962 年 9 月学院迁驻南京前,即根据新的编制方案精神,与湖北地区部队和地方机关联系,调出和安置了 333 名干部。

8 月和 9 月,学院完成了从武昌、沈阳、西安三地人员和物资往南京驻地的搬迁。9 月 20 日,学院正式在南京办公。迁宁后,各机关已逐步精简,各系已开始按照新编制合并办公。

根据新编制体制,撤销了院办公室、科研部,科研工作由训练部教务处接管;撤销技术部,技术部改为技术处归训练部建制;政治部撤销秘书处、青年部,政治部所属各部改为处;院务部改为物资保证部,原院务部军务处改属院首长直接领导;撤销生产处、行政管理处;营房管理处改为管理处,兼管行政管理工作;原行政管理处之车辆管理部分与原技术部装备处合并成立军械车管处属物资保障部建制;撤销训练部、院务部下属之政治处、行政管理处;实习工厂由编外改为编内,属训练部建制。原炮兵步兵兵器系与炮兵弹药工程系合并为炮兵兵器系,火箭武器工程系改为火箭武器系,火药炸药工程系改为火药炸药系,原炮兵仪器工程系与炮兵雷达工程系合并为炮兵仪器系,撤销系下属之政治处、教务处、行政管理处;撤销专科建教育班,教研室直属系领导。

调整后,学院设炮兵兵器系、火箭武器系、火药炸药系、炮兵仪器系 4 个系,14 个教育班,34 个教研室,炮兵兵器(分地炮、高炮专门化)、动力传动、弹药、火箭弹、火箭发射装置、外弹道、火药、炸药、内弹道、光学仪器、指挥仪、雷达、红外仪器等 13 个专业,如表 2-2 所示。在学制上,雷达、红外仪器、光学仪器专业为 6 年,其余专业为 5 年。培养目标明确为德智体全面发展,"又红又专"的国防技术人才。

表 2-2 1962 年 6 月炮兵院校编制会议确定的学院系及专业

系名称	专业数	专业
炮兵兵器系(一系)	3	炮兵兵器(分地炮、高炮专门化),动力传动,弹药
火箭武器系(二系)	3	火箭弹,火箭发射装置,外弹道
火药炸药系(三系)	3	火药,炸药,内弹道
炮兵仪器系(四系)	4	光学仪器,指挥仪,雷达,红外仪器

为了加强和充实基层建设,在调整中,从院、系机关抽调了一批干部到教育班担任正副主任、正副指导员,配齐了基层领导干部。同时组织了241名干部,分两批,经过集训后统一分配到地方商业部门工作。

三、归属国防科委后

1965年7月,中央军委办公会议决定,学院隶属由军委炮兵划归国防科委领导。根据科委领导指示,7月3日,学院党委向科委书面报告,请示扩大办学规模,增设新专业等问题。国防科委8月25日发文批准,学院办学规模为4500人,每年招收本科生850人,研究生100人。除原来炮兵兵器、动力传动、弹药、火箭弹、火箭发射装置、外弹道、火药、炸药、内弹道、光学仪器、指挥仪、雷达、红外仪器等13个专业外,新增自动武器、机械制造工艺与设备、精密机械、火工品、普通引信、非接触引信、解算装置等7个专业,专业总数为20个,如表2-3所示。

表 2-3 1965 年 8 月国防科委批准设立的学院系及专业

系名称	专业数	专业
炮兵兵器系(一系)	4	炮兵兵器(分地炮、高炮专门化),随动系统(动力传动),火箭发射装置(发射架)(由二系调入),内弹道(由三系调入)
火箭武器系(二系)	3	火箭弹,弹药(由一系调入),外弹道
火药炸药系(三系)	2	火药,炸药(分炸药与烟火、火工专门化)
炮兵仪器系(四系)	4	光学仪器,指挥仪,红外仪器(夜视仪器),雷达
新增专业(计划)	7	自动武器,机械制造工艺与设备,精密机械,火工品,普通引信,非接触引信,解算装置

3个多月后的1965年10月19日,军委向中央报告,并经中央批准,军事工程学院、炮兵工程学院,以及电讯工程学院自1966年4月1日起,脱离军队建制,改为地方院校,仍归国防科委领导。

1966年3月31日,学院召开大会宣布中央和军委的决定,炮兵工程学院脱离军队建制集体转业,改为地方院校,更名为华东工程学院。大会同时宣布了有关人事任命。

由于办学体制的调整,学院机构设置略有改变,由原来的3部、1处、4系,调整为3部、1室、5系,即政治部、训练部、院务部、院办公室,原4个系不变,增加留学生系(五系)。专业设置上与原来科委批复的方案略有改变:由13个调整增加到16个,原13个专业中的内、外弹道专业不招生,尚有11个专业。新建和分建机电引信、无线电引信、火工品、精密机械制造、自动武器等5个专业。为部队培养的军械维修人员拟在火炮、炮弹、指挥仪、光学、随动系统、火药等6个专业内设立维修小组，每年招生180名。

这些计划，也因随后发生的"史无前例"的十年内乱，未完全实现。

第五节　教育教学工作

"炮工设置的各专业学科，当时在国内皆属首创"。①围绕"高速度地把我院建设成为培养'又红又专'的现代炮兵科学技术干部的基地"的目标，在办学过程中，学院克服并校搬迁、师资不足、环境影响等困难，保证了教育教学工作的有效实施。

一、建院初期的教师队伍建设和教学组织工作

"建院之初，教学工作面临的繁重任务是，一方面要进行迁移合并、设备安装和组建各级机构，一方面要进行复课、开学、备课和收生。"②

合并建院时，除政治和军事教研室以外，原武高和二系都没有基础课教研室，仅有军事工程学院调来的19名基础课教师，根本不能搭建起基础课教研室的架子。在即将迎来1960级新生入学后进行基础课训练教学的迫切形势下，学院党委决定，立即从原二系专业教师、水平较高的实验员及原武高教师中，抽调出70人，加原有的19人，共89人初步组成基础课教师队伍，组建起数学、化学、物理、理论力学、材料力学、机械原理与机械零件、机械工艺、金工金相、画法几何、电工、无线电、外语等12个基础课教研室。7月份新生入学后，"将低年级的战术野营、下连当兵提前集中进行，为基础课腾出了三个月的开学准备时间"，进行紧张的备课活动，保证了新生返院后及时迅速开课。

与此同时，学院抓紧外引内留，充实教师队伍。孔从洲院长亲自给老战友、教育部部长杨秀峰打电话请求支援，要求将国内著名高校的优秀毕业生优先分派到炮工，还将一部分没有毕业的学生提前招入，将哈军工炮兵工程系1960届的毕业生106人全部留校。

至1961年5月中旬，学院党委除向上级请调，自己调整解决外，还采取以老带新，在教学实践中培养，院内院外进修，抽调高年级学生等多种办法，扩大了教师队伍。教师由合并建院初期的202人，发展到专业教师加基础课教师323人（其中讲师以上42人，助教及等同助教的281人），政治教师31人，战术教师26人，七系教师31人，进修学生（教师培养方向）185人，共计596人，增加了一倍多。另有实验员和教学辅助人员205人。

为了抓好教师的培训、备课与试讲，学院对145名教师，其中包括39名基础课教研室教师，分别进行校内进修和校外进修。进修的方式主要是随学员班听课，以及在教研室进修和参加科研等方式。培训之后，还要经过反复多次的备课试讲才能走上讲台。之后还要通过听课查课制度保持水平并不断提高。先后担任学院基础部部长、教务长、副院长的沈正功教授，每个星期至少听课一次，每次听课，都要"先去借教材，他要看，听两个小时的课，然后组织学生座谈会，谈对教师的反映，然后与教师见面，讲优缺点，每次都是这个程序。"③

---

① 王子淳、宫载春主编，《校史钩沉——南京理工大学往事回忆录》，第13页。
② 1961年5月20日，孔从洲在炮兵工程学院第一次党代会上的报告。
③ 王子淳、宫载春主编，《校史钩沉——南京理工大学往事回忆录》，第34页。

1961年8月,根据暂借沈阳炮兵政治干部学校进行训练教学的决定,学院基础课教研室和二、三年级学生,以及部分机关工作人员迁往沈阳。按照院党委决定,副教育长祝榆生代表学院与沈阳炮兵政治干部学校党委共同主持学生基础课训练工作,学院同时派出3名系副主任、10名专科领导干部到沈阳参加学生大队和中队的领导工作。11月底,1961级学生当兵期满后如期来到沈阳进行文化课复习和考试。当时沈阳的基础课教学面临着教研室新建不久,大部分是新教师开课,教学任务紧,实验室没有建立起来,政干校骤然担负技术训练,教学设备、物资供应难等诸多困难和问题。基础课的教师们努力克服这些困难,刻苦备课,认真试讲,并通过加强辅导、答疑等活动,从各方面改进教学、提高授课质量。沈阳基础课教学工作一直持续到1962年8月迁往南京校区为止。

由沈阳来到南京的399名学生组成的预科大队,在南京借用炮兵文化预校和高射炮兵学校校舍继续实施预科教育。南京预科于1962年2月开课。399名学生共编为4个队、5个教学班,主要是补习高中文化课。开课两个月后,由于原升入本科的一年级学生,有152名因基础较差,不能跟班上课,又调来预科补习文化。后又由炮兵文化预校接收32名学生,预科编制调整为5个队、7个教学班。经过6个月的预科学习教育后,学生成绩普遍得到提高。按照全国高考要求,342名学生参加升学考试,其中102名升入本科1962年级。对其余仍不能升级的学生,按照炮兵指示要求分别作了处理。预科完成施训任务后,于1962年10月正式撤销。

二、教师队伍发展

建设一支"又红又专"的教师队伍,是学院建设的中心一环,是不断提高教学质量的根本保证。

建院之后,通过多措并举,学院教师队伍有了较大发展,由建院初期的223人,至1966年上半年发展到829人。不仅数量增大,教学水平也有了一定的提高。

从建院开始,学院党委就比较重视教师队伍建设。"'三材'(人才、器材、教材)建设是学院的基本建设,而对教师队伍的培养提高,是第一位的,是提高教学质量的重要关键"。①在发展教师数量的同时,注重从政治上、思想上、业务上、生活上关心教师,贯彻执行党的知识分子政策,调动教师的积极性,完成了建院初期的教学任务。

早在1956年哈军工时期,炮兵工程系有8人被确认为教授和副教授:教授沈正功、肖学忠,副教授鲍廷钰、浦发、张宇建、许哨子、赵子立、金家骏。定址南京后,1962年学院举行第一次职务晋升,鲍廷钰、浦 发、张宇建等3人晋升为教授,冯缵刚、崔有信、吴洪鳌、张枌等4人晋升为副教授。

1960年军委扩大会议《关于加强军队政治思想工作的决议》提出:"以青年学生为主要对象的学校应当把改造知识分子的工作列为学校的一项基本任务"。1966年之前,党对知识分子的政策是"团结、教育、改造"。因此,学院党委把思想政治工作的重点放在改造知识分子和青年学生方面。

其中,全院15名副教授以上的非党高级知识分子和少数老讲师,成为学院执行"团结、教育、改造"政策的重点对象。他们大多数在教研室和部系担任领导职务,同1953年前后大

---

① 1964年1月11日,孔从洲在炮兵工程学院第二次党代会上的总结报告。

学毕业的约 100 名教师一起,在教学、科研中发挥着骨干作用。对于他们,学院采取了"要主动团结他们,关心他们政治上的进步,担任行政领导的,要使他们有职有权。在生活上给他们适当照顾"。

学院教师的特点是青年教师多,助教、见习助教、未评教师职务的教师和进修教师,占83%。按照当时的指导思想,他们是"军工培养出来的和近几年大学毕业的青年知识分子,许多同志是工农家庭出身",对这一支"新的知识分子队伍",主要是通过政治教育、业务实践和同工农相结合,进行思想改造。政治上通过政治教育、政治运动和下放锻炼,使他们确立共产主义理想和为人民服务的人生观;业务上通过进修等,提高业务技术水平。

这一时期,由于一些历史原因,一些错误思潮的影响占了上风,很多知识分子受到不应有的批判和待遇,使一部分教师(绝大多数是业务骨干)长期背负了政治包袱,影响了积极性。①

三、教学改革

1963 年 2 月 18 日至 23 日,学院召开了第一次教学工作会议。出席会议的代表共 235 名,其中来自各教研室的教学人员 111 名。这次会议的主要议题:一是总结两年来教学工作经验;二是统一认识,进一步提高教学质量。孔从洲作了教学工作报告和会议总结,林胜国就加强教学工作中政治思想工作作了专题发言。

会议围绕贯彻"少而精"的教学原则,在教学指导思想、教学计划大纲、教学方法、教材等方面统一了思想,确立了具体改革举措:一是修订教学计划,二是狠抓日常施训。

1964 年后,学院教育教学工作,根据毛泽东关于教育工作的指示要求,整风、"四清"等运动需要,教育教学计划较之前有了较大程度的调整变化。

1964 年 2 月 13 日,毛泽东在人民大会堂出席春节座谈会时,对学制、课程、教学方法、考试方法等提出了批评建议。毛泽东的这些指示要求,推动了学院新一轮教改运动的开展。

对照毛泽东关于教育工作的指示要求,学院先后召开三次常委会议,1965 年 6 月 2 日、7 月 16 日,又先后召开党委扩大会和领导干部会,传达学习毛泽东关于学生负担过重问题的指示,作出贯彻毛泽东指示的决议;会议检查了学院在教学改革中存在的不彻底、课程多、内容繁等问题,针对存在的问题,提出对教学工作党委要抓总,以及进一步搞好教学改革等措施。1965 年 6 月 4 日,学院党委会通过了教改动员提纲。

1963 年后,学院开展的主要教学改革活动有以下四项。

一是推广郭兴福教学法。郭兴福教学法,是中国人民解放军步兵第 100 团副连长郭兴福,在单兵进攻战术教学中逐步形成的一套把练思想、练作风与练战术、练技术有机结合起来的练兵方法。主要内容:从实战需要出发,从难从严训练;民主教学,官兵互教;摸清底细,因人施教;突出重点,精讲多练;循序渐进,逐步提高;启发诱导,形象直观;评比竞赛,树立标兵;既练战术、技术,又练思想、作风。从 1964 年 2 月 22 日开始,学院先后号召干部、教师、学员学习郭兴福教学法,提出"军政齐动手,上下一起攻"的口号,要培养典型,拿出样板。5 月上旬,学院召开了郭兴福教学法现场比武大会,为出席军委炮兵郭兴福教学法比武大会做

---

① 李钟麟主编,《华东工学院院史(1960—1985)》,1986 年 12 月编印,第 37 页。

了准备。

二是对学制、教学计划、教学大纲进行改革试点。试点从火箭弹专业开始,在学习指示、思想发动、调查研究、征求意见等基础上,从1964年11月至1965年2月,火箭弹专业完成了全部教学大纲修订。修订后的大纲,减少了课程门数,由32门减少到20门;精简了技术课内容,在19门技术课中,主干课占10门,专业课占5门;缩短了总学时数,由3228学时减少到1499学时;增加了自学比例,平均自学比由原计划的1.36增加到1.46。

根据这个试点方案,又确定了一系炮兵兵器专业、三系火药专业、四系指挥仪专业进行重点改革试点。

三是全面改革教学方法。1965年9月,在全院,对96门课普遍开展了单元排课,灵活运用"八个环节"(提示、读书、讨论、讲解、作业、实验、小结、单元总结)的新的教学方法。党委把教学法的改革,作为整个教学改革的中心环节来抓,从机关抽调大批干部到4个系蹲点,指导教学法的改革。

四是对考试方法和毕业答辩进行改革试点。在考试方法上,试行公开出题,笔试为主,口试和笔试相结合;在毕业答辩上,用民主评议代替毕业答辩。

四、教学实验、实习等保障条件建设

建院初期,因为学院面临着高年级学生需要做实验,暂留哈尔滨的学生学完基础课来武昌后,进入专业学习,也需要进入实验室的问题,所以安装实验设备,建设实验室,开出实验课刻不容缓。而学院实验室和实验设备几乎一无所有,必须从头建起。学院立即组织人员在上海、北京、广州等地设立采购组,积极采购仪器设备,争取在1960年底,建立起一批基础课实验室。为了保证安装质量和节约经费,学院干部和教学人员自己动手,顶着武汉六七月份的炎热高温,鼓足干劲,不顾疲劳,夜以继日,终于在一个月左右的时间里,将设备安装到位。

1960年两校合并时,学院仅有实验室17个,能开出实验117个。至1961年5月中旬为止,全院已建立起基础课教研室14个(除政治教研室外),基础课实验室7个,能开出实验238个①。到1965年有实验室24个,能够开出实验600个。专职实验人员达到177人。

在教材建设上,到1966年上半年,采取"选、编、借"的办法,已基本上满足教学需要,达到系统性、完整性。

此外,学院还初步建立健全了教学管理制度。

五、培训越南留学生

哈军工的留学生培养自1958年开始,均为越南学生。1958年8月,越南40名留学生进入哈军工。哈军工在预科设立了越南留学生队,在进行为期一年的预科学习后,1959年9月,这批学生全部升入本科。

第二批40名越南留学生于1960年1月进入哈军工。经过半年预科学习后,于1960年9月全部升入本科学习。

1960年炮兵工程系从哈军工分建出来时,在系学习的两期11名越南留学生同时转入

---

① 李仲麟主编,《华东工学院院史(1960—1985)》,1986年12月编印,第12页,第23页。

炮兵工程学院继续学习。

学院定址南京后,越南人民军又先后派出4批117人继续到学院学习:1962年9月4人、1964年8月48人、1965年3月39人、1965年8月26人。

第六节 科研活动

这一时期的科研工作,主要分为以下两个阶段。

一、建院初期,开展以三项任务为中心的群众性科研活动

合并建院后,学院成立了专门组织领导全院科研工作的科研部,下设科研处和情报处。

当时全国正大搞科学研究运动。在全国群众性科研运动的推动下,院党委根据全军第八次院校会议和炮兵科学研究工作会议精神,决定从原军工二系承担的155项科学研究任务中筛选出有关国防急需的项目30多个,按100公里大威力火箭及其控制系统与火箭火药、中程地炮雷达、122毫米双管自行水陆两用滑膛炮分类,作为学院科学研究的三项重点任务(又称"三条龙"),以此为中心,推动学院群众性科研活动的开展。

1960年9月和10月,全院掀起了以"三条龙"为主的大搞科研的群众运动,参加设计方案讨论和技术设计工作的人员达到500人,建立了28个技术设计组。在科研中,一方面贯彻自力更生、奋发图强的精神,集中力量,重点突破;另一方面,在确保教学工作按照原定计划正常开展的同时,加强科研与教学相互结合,边教学、边科研、边教改。

这次群众性科研活动,历时两个多月,后由于当时人员、设备和科研手段还不能适应大规模开展科研工作的要求,再加上正遇紧缩编制,1962年迁址南京后,科研部撤销,仅在当时的教务处指定两名同志兼管科研工作,科研活动此后停滞近两年时间。

但通过这次群众性科研活动,锻炼了教师队伍,丰富了教师的专业知识和实际技能;为新建专业探索了发展方向、积累了技术资料,丰富了教学内容;带动了新建专业实验室建设,充实了部分实验设备和实验内容,提高了实验质量;三项重点项目研究,均拟定了初步设计方案,其他非重点项目,如一系的新型自动枪、二系的布雷弹、三系的微秒雷管、四系的红外线等方面,也都取得了一定的成绩,这些成绩,为之后继续进行的研究工作打下了基础。

在群众性科研活动中,涌现出一批突出的典型案例。哈军工第一期毕业生屈大壮,在创建了计算机教研室后,于1960年下半年,结合学员的毕业设计,研制出一台可解2×12阶微分方程的电子模拟计算机,并编写了教材;1962年,他又提出自行研制一台数字计算机的计划,获得学院支持,学院为该项目投资14万元,1965年底,炮工-1(PG-I)型电子管计算机研制成功并投入使用。这台计算机字长32位,内存1024字节,速度为5000次/秒。除满足教学应用外,还为院外有关单位的科研工作提供了支援[1]。

二、1965年后,科研工作呈现较快发展趋势

科研工作经过近两年的停滞后,1965年,学院结合1960级学生的毕业设计,又开始安

---

[1] 王子淳,宫载春主编,《校史勾沉——南京理工大学往事回忆录》,第13页。

排了一些科研项目。同时,组织了一部分专业和军事战术教师,经过调查研究和论证,提出了一批能发挥我军近战夜战特长的科研课题。

为了加强对科研工作的领导,学院又重新在教务部设立了科研处。组织工作的加强,促进了学院科研工作的较大发展,也为科研骨干队伍的形成和发展奠定了基础。

祝榆生,1959年进入哈军工炮兵工程系(二系)任副主任,1960年后担任炮兵工程学院教育长,1962年3月任副院长兼训练部长,分管学院科研工作。1964年秋季开学后,祝榆生针对国外最先进的坦克资料报道,提出学院应当研制出一种能和坦克对抗的先进火炮,他召集有关专业科研人员,最初提出了设计营82毫米无后坐力炮的总体设计思想。此后,学院成立了八二科研组,该项目覆盖了当时学院火炮、弹丸、引信、火箭、火炸药、内外弹道、瞄准镜等几乎所有专业①。经过两年的不懈努力,在研究基础上加工出了弹道炮和样品炮,以及几百发试验用弹,进行了多次探索性试验。火炮总体技术方案日趋成熟,初步具备了炮、弹、瞄具的总体雏形,于1967年获得国家立项②。

几年来,在"自力更生,发愤图强"精神鼓舞下,学院取得科研成果39项。到1966年上半年,列入研究的项目42个,参加科研的专、兼职教师近百人。在专业教研室指导下,高年级学生开展业余研究活动,结合毕业设计进行科学研究。科研工作也促进了教学工作开展和教学质量的提高,带动了实验室建设。

1966年4月,学院转制更名后的一系列政治运动,使学院科研工作再次陷于停顿状态。

第七节 党的建设和思想政治工作

"坚定正确的政治方向,艰苦朴素的工作作风,灵活机动的战略战术""团结、紧张、严肃、活泼",是毛泽东同志为延安中国人民抗日军事政治大学(简称抗大)提出的校风,也是炮兵工程学院建院后的校风③。学院继承和发扬我军光荣传统,重视和加强党的建设和思想政治工作,教育广大师生员工走"又红又专"的道路。

一、第一次和第二次党代会

1960年6月4日,在炮兵工程学院成立的同时,中共炮兵工程学院临时委员会成立,临时党委由孔从洲、廖成美、贺振新、黄延卿、林胜国、徐宗田、冷新华、祝榆生、杨国治、刘吉林、苏广义、曹瑛、林革等13位同志组成,孔从洲为代理党委书记,廖成美、贺振新为党委副书记。

6月7日,邱创成司令员在全院干部、学员大会上宣布:孔从洲为炮兵工程学院院长,贺振新、黄延卿为副院长,廖成美、林胜国为副政委,徐宗田为教育长,祝榆生为副教育长,冷新华为政治部主任,曹瑛为副主任。

临时党委和行政班子成立后的近一年时间里,"高举毛泽东思想红旗,贯彻勤俭建院、边建边教边学的方针,依靠全院同志,团结一致,鼓足干劲,克服种种困难,胜利地完成了各

---

① 王子淳,宫载春主编,《校史勾沉——南京理工大学往事回忆录》,第182页。
② 同①第18页。
③ 李仲麟主编,《华东工学院院史(1960—1985)》,1986年12月编印,第28页。

项任务。"①

"加强党委建设,建立坚强的各级党的领导和团结的核心,是学院党的建设的首要问题。"无论学院在分散施教、搬迁、整编过程中,还是定址南京后,学院"各级党组织仍然是健全的,基本上贯彻了党委统一的集体领导下的首长分工负责制,贯彻了党的民主集中制的原则,集体领导不断加强。"②

1961年5月20日至27日,学院召开第一次党员代表大会。炮兵政委陈仁麒出席了20日上午的开幕会并作讲话。孔从洲代表学院临时党委作了工作报告,林胜国代表临时监委作了工作报告,廖成美作了大会总结。

在工作报告中,孔从洲在讲到学院建设时指出,要"认真贯彻勤俭建院和边建边教边学的方针";大力加强干部、学员思想作风建设,"思想建设和培养作风是学院建设的根本问题";要加强团结,"团结就是党的生命和力量所在,提倡谦虚谨慎,互相学习,互相尊重"的优良作风。

在加强党的组织建设方面,孔从洲特别强调加强党支部建设,"加强基层建设的根本问题,就是要发挥党支部的核心领导和战斗堡垒作用","部、系以上领导干部联系支部可与'种试验田'相结合,解剖麻雀,指导全面工作";关于党员发展工作,孔从洲指出,"做好党的发展工作,关键在于正确认识并坚决贯彻积极慎重的发展方针"。

在思想政治建设方面,孔从洲指出:"做好思想教育,要紧紧跟上形势,跟上党的政策,跟上中心工作,抓住时机,打主动仗";要求要"发扬艰苦深入、实事求是的工作作风,大兴调查研究之风,加强面对面的领导。机关要为基层服务,坚决克服五多现象,工作要一竿子插到底。"

在教育教学方面,孔从洲指出,"要保证教学质量,必须要提高授课质量,而提高授课质量的主要关键又是备课、试讲";还要"加强教学中的思想政治工作,坚持调查研究、备课、试讲、评教评学的群众路线。"

在开展科学研究和学术活动方面,孔从洲要求,要"大抓尖端技术,高速度地把我院建设成为培养'又红又专'的现代炮兵科学技术干部的基地之一";"在安排科研工作时,必须根据一主二从三结合的原则,务必使科研服从教学,服务于教学"。要"在积极慎重、先立后破的原则下,开展学术批判"。

孔从洲特别讲到要处理好科研与教学的关系:"必须大力开展科学研究工作,一方面由于院校是国家科研队伍中最有群众性最广大的一支力量,另一方面,科研与教改也是相辅相成的,科研是教学和教改工作不可缺少的部分……要不断以新的科研成果充实和改革教学内容。"

会议还提出了"为争取在三四年内把我院基本建成而努力"的奋斗目标。

会议选举产生了新一届的党委和监委,最后通过了大会决议。

1964年1月4日至11日,学院召开了第二次党代表大会。廖成美代表上届党委作了工作报告,林胜国代表上届监委作了工作报告;孔从洲代表大会主席团作了总结。会议选举孔从洲等18人为第二届党委委员;选举刘乾等11人为第二届监委委员。炮兵党委3月18

---

① 1961年5月20日,孔从洲在炮兵工程学院第一次党代会上的报告。

② 1964年1月4日,廖成美在炮兵工程学院第二次党代会上的报告。

日批准了两个委员会的组成。

二、党支部建设

炮兵工程学院时期,学院在院和部、系两级设置党委,按照民主集中制原则,实行党委领导下的首长负责制。

根据党章规定和我军传统,党支部设在教研室、教育班、警卫连和机关处室(建院初期,教研室和学生班合建为专科时,党支部设在专科)。

建院初,党支部设在专科时,强调基层党支部的全面领导作用。1961年11月17日总政在全军正式颁布施行《中国共产党连队支部工作条例》等4个条例,根据《连队支部工作条例》,学院党委明确了党支部的主要任务是抓思想领导与思想教育,抓教学方针的贯彻和教学作风的培养,抓共青团和革命军人委员会的工作。在教研室党支部与学生班党支部分建后,明确教研室党支部属机关性质,设协理员,专职做思想政治工作和支部工作;教育班党支部在统一的教学计划下,对学生实行全面领导;警卫连党支部对全连工作实施全面领导。

为促进党支部组织建设和思想建设,发挥支部战斗堡垒作用和党员先锋模范作用,1960年下半年、1963年"五反"运动以后和1965年3月,学院党委三次对基层党支部工作进行了整顿。

在基层党支部,每周星期六下午是规定的党日活动时间,用来进行党的教育;召开党的小组会,开展批评与自我批评;召开党支部大会。

三、党员发展

根据积极又慎重地发展党员的方针,学院党委注重在教师和学生中发展党员。在学生中,要求"一年级物色培养积极分子,二年级个别发展,三年级成立党小组"。据统计,1960年7月至1964年1月,全院发展党员355名,其中教学人员和学生占65%。1964年,全院党员人数为1128人,占全院总人数的32.7%。

四、思想政治工作

在党的领导下,我军形成了思想政治工作的优良传统。在学院快速发展的同时,学院干部、教师将这一传统不断发扬光大。

(一) 干部深入教学第一线

即深入到学员班、教研室,深入到课堂、实验室和实习场所,摸教学规律,抓活的思想,传播经验,表扬先进,及时解决教学中的各种问题。

(二) 教员做思想政治工作

在日常教学活动中,通过教学的各个阶段、各个环节,宣传毛泽东思想,传授唯物辩证观点和革命观点;培养学员热爱专业的思想;培养学员严谨认真、实事求是的科学态度和作风;促使学员不断端正学习态度;教育学员正确处理学习、工作与生活的关系。教员真正做到既教书又教人,通过教书去教人。

(三) 实行"一统三结合"

教育班党支部统一领导下的干部、教员、学员三结合,是学院一项重要的政治工作形式,是我军"教学政治工作群众路线的根本方法之一，"①对于解决教学过程中的矛盾，调动各方面积极因素，更好地完成教学任务，提高教学质量，在当时条件下发挥了积极作用。

同时，结合时事，针对学生特点组织毛泽东著作的学习，政治课相对集中排课，开展"四好"运动、"四个第一"等做法，对加强党对军队的集中统一领导，促进我军革命化、正规化、现代化建设都起到了重要的促进作用。

1964年，党中央号召"全国都要学习解放军"，军队高校也成为了地方高校对口参观学习的对象。从1964年2月至4月，学院先后共接待48所院校522人次来院交流学习，其中有11批地方院校，两批省委组织的29所高校275人。学习交流的一个重要内容，就是我军的优良传统和军队思想政治工作的做法和经验。

五、学习教育活动和政治运动

（一）学习毛泽东著作

党支部学习和政治思想教育，以学习毛泽东著作，《论共产党员的修养》《怎样做一个好的共产党员》，以及其他规定的内容为主。

1960年10月1日，《毛泽东选集》第四卷出版。10月20日，中央军委扩大会议作出了《关于加强军队思想政治工作的决议》，把"高举毛泽东思想伟大红旗，把毛泽东思想真正学到手"，提到高于一切的地位。根据《决议》精神，学院同全军一样，持续开展了学习毛泽东著作的群众运动。

学院学习高潮掀起后，在一周之内，兴起了257个学习毛著小组，参加学习的人员达到80%以上。在学习过程中，逐渐形成了一整套制度，按照"理论联系实际"，"以现实问题为中心，活学活用"，"在用字上狠下功夫"等要求，开展了一系列理论联系实际的学习活动。

（二）厉行节约和"五反"运动

1962年1月七千人大会后，中央根据国家经济生活中存在的一些问题，为保证国民经济计划和国家财政预算圆满完成，并争取经济情况进一步全面好转，健全制度，改进思想作风，在全国各城市开始试点的基础上，决定有领导、有步骤地展开以增产节约为中心的反对贪污盗窃、反对投机倒把、反对铺张浪费、反对分散主义、反对官僚主义（简称"五反"）运动。

1963年3月1日，中央颁发了《关于厉行增产节约和反对贪污盗窃、反对投机倒把、反对铺张浪费、反对分散主义、反对官僚主义运动的指示》。根据部署，"五反"运动分三个阶段进行。其后，随着"五反"运动陆续在全国的开展和深入，中央又下达了一系列有关政策。

根据中央和总政指示，炮兵工程学院于1963年4月29日到10月12日，开展了厉行节约和"五反"运动。

学院的运动分为两个阶段：第一阶段，重点是前"三反"，进行领导干部整风。前后进行了两个月，先是院、部系和处三级领导干部自觉"下楼""洗澡"，然后开展群众性的自我教育。廖成美代表学院领导在党委扩大会上检查了学院在两校合并、西安营建，以及领导干部在工作、生活中存在的本位主义、分散主义、积压浪费、官僚主义等现象，并进行了深刻检查。

第二阶段，重点是后两反。这一阶段，通过发动群众，检举揭发出了有贪污盗窃、投机倒把错误行为的人和现象。其中贪污千元以上的两人，分别给予了党纪、军纪等处理。在领导

---

① 1964年1月5日，廖成美在炮兵工程学院第二次党代会上的工作报告。

"下楼""洗澡"和群众性揭发贪污盗窃投机倒把的基础上,学院于1963年9月7日至10月12日,在全院人员中进行了以反腐化堕落为重点的反不良倾向斗争。

(三) 军队院校整风

新中国成立后,中国人民解放军借鉴外军经验开展正规训练,促进了军队现代化、正规化建设进程。1958年,中央军委扩大会议把学习外军过程中的某些缺点视为"教条主义",并在全军开展了反对"教条主义"运动,成为建军新阶段指导思想出现"左"的偏向的起点,对当时和后来的军队现代化、正规化建设产生重大消极影响。运动也为1964年军队院校整风、1965年批评"大比武"等作了铺垫。

1964年10月,军委先后在长沙召开了院校政治工作会议和第十次院校工作会议,即"两次长沙会议"。两次会议的主要内容是,推广长沙政治学校的办学经验,以长沙政治学校为样板,开展院校整风。长沙政治学校的经验主要是,高举毛泽东思想旗帜,把活学活用毛泽东思想的著作摆在第一位,强调兴无灭资,改造思想;"四个第一""三八作风""三大民主"和"四好"运动都落实得好。军委指出,这次院校整风,是院校工作的一次革命,是一次深刻的社会主义教育运动,也是一次生动的毛泽东思想教育运动。会议明确了这次院校整风的内容,提出了工作要求。

"两次长沙会议"后,按照军委统一部署,院校整风运动开始。

学院整风从1964年12月开始至1965年6月结束。整风运动是学院在1964年底至1965年上半年的中心工作,军委炮兵党委非常重视,1964年12月8日,炮兵党委派出刘何副政委率领的工作组到达学院,指导学院整风运动的开展。

这次整风分三个阶段进行:

第一阶段1964年12月至1965年2月,为学院领导干部整风,主要是整顿领导干部和领导机关的作风。首先是发动群众"大鸣大放",在"鸣放"期间,学生教师提出了6万多条意见,平均每人20条。有些意见,明显受到当时"左"的形势影响。但某些具体意见,如学生负担过重、过分看重分数,以及领导上的官僚主义,还是有一定针对性的,这些存在的问题是值得改进的。在群众"鸣放"的基础上,党委常委会进行了检查。1965年1月11日至2月5日,院党委召开扩大会议,对学院领导干部和党委常委的问题进行揭发批评,统一了对学院存在问题的认识:军委扩大会议的决议没有充分落实,思想政治工作薄弱;主席、军委提出的一套训练方针、原则没有落实;勤俭办院的方针没有落实;领导作风革命化很不够,存在比较严重的官僚主义,骄傲自满,生活上有特殊化等。

第二阶段自1965年3月至4月,为整顿教师队伍,进行教学改革。主要是以教学改革为中心,在学习文件的基础上,统一教学思想,发动教师、学生进行"四查"(查课程内容、查课程设置、查教学方法、查教学质量)。以毛泽东思想和军委指示为武器,开展"大鸣大放""大辩论",划清两种教育路线界线,检查毛泽东思想和少而精、短而少教学原则落实情况,以及教学中存在的教条主义表现及其弊病和危害。在此基础上,研究确定教学计划、实施改革的初步方案。

第三阶段,是在干部、教师、学生、工人、家属中进行社会主义教育运动,即"四清"运动。学院"四清"运动又分为院内"四清"和参加地方"四清"。

(四) 社会主义教育运动("四清"运动)

1962年9月召开的中共八届十中全会,决定在全国城乡发动一次普遍的社会主义教育运动。运动从1963年9月至1966年上半年,又称城乡社教运动。运动的内容,前期在农村中是"清工分,清账目,清仓库和清财物",后期在城乡中表现为"清思想,清政治,清组织和清经济"。后简称为"四清"运动。

1964年9月,中央发出了"组织高等学校文科师生参加社会主义教育运动"的通知,10月,高教部提出"把阶级斗争锻炼作为一门主课,将参加'四清'和军训正式列入教育计划"。

院内整风中的"四清",是在院、部系领导干部以及教研室领导层层"下楼""洗澡"之后,在教改"四查"之后,在广大教职员工中进行的"清政治、清思想"的运动。机关干部集中了四五天时间,教师集中了三周,学生集中了两周。

全院前后97.6%的教师参加了"四清"。"四清"贯彻以阶级斗争和两条路线斗争为纲,首先,反复学习毛泽东关于阶级和阶级斗争的论述和中央"二十三条",发动群众忆苦思甜,进行揭发、批判、划线,引导群众抓"大是大非"问题,在小组会上上纲上线作检查。

根据中央文件指示精神和军委炮兵通知精神,学院党委决定,全院干部师生又分为两批在1965、1966两年内参加了地方"四清"。

第一批于1965年3月23日至5月9日,1959级学生与部分教育班干部、政治教师共176人,采取"中途插队"的办法,在无锡县安镇公社参加了社教运动中的经济退赔、夺权和对敌斗争几个阶段,上了这一堂"阶级斗争主课"以后才毕业。

第二批从1965年8月开始,学院先后组织干部、教师376人,1961年级学员340人,由冷新华、徐宗田带队,去扬州专区江浦县参加"四清"运动。冷新华在县总团工作,徐宗田在点上工作。学生于1966年1月10日前返院,历时5个月;干部、教师参加了"四清"全过程,于1966年4月返院,历时8个月。

在参加地方"四清"中,干部和师生长时间与农民同吃、同住、同劳动,接触农村,接触农民,接触实际,对改造思想,锻炼实际工作能力确实起到一定的促进作用。但由于"四清"运动是当时全党"左"倾错误的产物,在参加"四清"运动中,干部、师生难免执行"左"的路线,受到"左"的影响。

1965年共有2728人参加"四清"运动,其中250人交代了新问题,占参加"四清"总人数的10.9%。[3]

结　　语

炮兵工程学院从 1960 年创建到 1966 年 4 月脱离军队建制转为地方院校,前后历时 6 年,是学校办学史上条件最困难、环境最复杂的阶段,也是南京理工大学建设发展史上最为重要的时期之一。学院全体师生员工发扬我党、我军优良传统,继承、弘扬哈军工精神,艰苦创业、励精图治,积累了丰富的办学经验。特色鲜明的军工专业优势和一批学术精湛、德高望重的大家巨擘奠基了学院学科专业的"四梁八柱"。南京校区的选定也为学校长远建设发展奠定了坚实基础。

学院主要办学经验如下:

(一)严格要求、严密组织、严谨治学的教育教学理念

学院延续哈军工办学的成功经验,坚持以教学为中心,重视基础课教学。为保证教学质量,严格"一备三试讲"制度,通过反复的教学实践、科学实验、交流借鉴,不断丰富教学经验,改进教学方法,培养教师严谨细致的教学作风。

在教学组织工作中,学院还强调严格执行各种教学规章制度,按照教学计划有序实施教学,严格教学管理,在各个教学环节都要严格地按照培训标准、训练计划和教学大纲进行训练。

严格要求也是保证教学质量和培养优良教风学风的有效途径,"严格"既体现在对教学规章制度、教学组织实施的严格,也体现在对培养学生业务素质、作风养成的严格,正是由于严格要求,也才能够培养出一大批合乎规格的学员。

(二)抓尖端科研,教学科研相辅相成

发展尖端科学技术,建设现代炮兵学院,是学院建设发展的目标和要求。"炮兵党委交予我们的任务是要在军委战略方针指导下,鼓足干劲,争取时间,大抓尖端技术,建立强大的科学技术队伍,高速度地把我院建设成为培养'又红又专'的现代炮兵科学技术干部的基地之一。"

在开展科研工作的同时,学院同时注意处理好科研与教学工作的关系,不断以新的科研成果充实和改革教学内容,做到科研与教学相辅相成,互相促进。

(三)自力更生,勤俭办院

在学院建设过程中,特别是在早期的艰苦创业过程中,学院党委团结带领全院师生员工弘扬我党、我军,以及哈军工时期的优良传统和作风,坚持自力更生、勤俭办院,克服一个又一个困难,按期完成了并校、搬迁等任务,迅速恢复了教育教学秩序,最终使学院走上稳定有序发展的道路。

(四)思想建院,作风建院,团结建院

建院之初,学院党委就提出了"以培养'三八作风'为纲,带动以合并建院为中心的各项工作持续跃进"的口号,"反复强调思想建设和培养作风是学院建设的根本问题,并且强调

团结的重要性,团结就是党的生命和力量所在,提倡谦虚谨慎,互相学习,互相尊重"。①

当时正值全军贯彻军委扩大会议《关于加强军队思想政治工作的决议》。学院党委在分析学院当前实际和面临的任务后,首先抓住思想建设和作风建设②,及时组织开展一系列思想政治教育,迅速建立健全各级党组织,发挥党组织的战斗堡垒作用和党员的先锋模范作用,为之后战胜各种困难和问题提供了组织保证和思想保证。

炮兵工程学院是由哈军工炮兵工程系和武高两校合并成立,学院领导深刻认识到"在共同政治目标的基础上形成的坚强团结是建院胜利的基本保证和战胜困难的力量源泉"。③

合并后的全体同志都十分注意团结一致共同奋斗。特别是那些领导建院工作的老同志,在战争年代,他们为人民解放事业建立过功勋;为了我军现代化建设,他们又受党委托,为培养人才而呕心沥血。由于历史的原因,他们自己文化水平不高,但他们尊重知识,尊重人才,虚心向专家学习,做专家的支持者和知心朋友,成为整个队伍的组织者和团结的核心。

（五）尊重知识,重视教师,关爱人才

"尊重教师,团结和依靠教师,是办好学校的前提"。学院党委和各级领导对教师政治上尊重,生活上从优,物质上照顾。如副教授以上的教师,政治学习集中到院进行,由院首长主持,宣传部部长协助组织。重大节日为他们举办茶话联欢会,其夫人子女一起参加;在住房与营具配备上与部、系领导相同;粮、油等供应,服务上门。对广大讲师的营具配备也优于一般干部,如为他们配发五斗桌和冬夏两用椅。学院专设教师食堂,为教师、实验员服务,给有课不能及时就餐的教师留菜留饭。④

学院对教师业务上的提高也很重视,通过组织教师进修、进行科研活动和在日常施训中提高等途径,加强对教师的培养。

（六）办建、边教、边学

炮兵工程学院从决定组建,到落脚武昌;从三地施教,到定址南京,始终是在边建设、边组织、边教学的状态下进行。1961年5月,孔从洲在炮兵工程学院第一次党代会上的报告中,在总结建院以来的工作时指出,"贯彻勤俭建院、边建边教边学的方针,依靠全院同志,团结一致,鼓足干劲,克服种种困难,胜利地完成了各项任务"。其后的两年多,学院坚持"四好"为纲,在勤俭建院和边建边教边学的思想指导下,完成了以教学为中心的各项任务,各方面建设取得了显著成绩"。⑤

---

① 1961年5月20日,孔从洲在炮兵工程学院第一次党代会上的报告。
② 李仲麟主编,《华东工学院院史(1960—1985)》,1986年12月编印,第11页。
③ 王子淳,宫载春主编,《校史勾沉——南京理工大学往事回忆录》,第8页。
④ 王子淳,宫载春主编,《校史勾沉——南京理工大学往事回忆录》,第15页。
⑤ 1964年1月5日,廖成美在炮兵工程学院第二次党代会上的工作报告。

参 考 文 献

[1] 国防科技大学校史编委会. 1953—1993 国防科技大学校史[M]. 长沙:国防科技大学出版社, 1993:148.
[2] 王虹铈. 孝陵卫营房漫话[M]. 南京:东南大学出版社,2011:151.
[3] 南京理工大学校史编纂组. 南京理工大学纪事(1952—2012)[M]. 南京大学出版社,2013:44.

第三章 曲折中前行(1966—1978)

1966年3月31日,学院召开大会宣布中共中央和中央军委的决定:炮兵工程学院脱离军队建制集体转业,改为地方院校,命名为华东工程学院。大会同时宣布:李仲麟任院长兼党委书记,祝榆生任副院长,齐陶任党委副书记,林革任政治部主任,苏广义任教务部长,钟文综任院务部长,以及其他干部的任命。1966年4月1日,学校启用新印章,正式脱离军队建制,改为地方院校。

学院刚刚改制更名,即陷入长达十年的内乱时期。在处处"政治挂帅""斗私批修"的政治环境中,学院按照上级部署开展各种政治运动,"为把学院建成一个红彤彤的毛泽东思想大学校而奋斗"。①其间,学院仍有一大批干部、教师通过各种不同形式与林彪、"四人帮"反革命集团进行斗争,在十分困难的条件下坚持教学和科研,推动学院在曲折中不断前行。

第一节 政治运动

1966年5月16日,中共中央政治局扩大会议在北京通过了《中国共产党中央委员会通知》(即5.16通知);8月8日,党的八届十一中全会通过《中国共产党中央委员会关于无产阶级文化大革命的决定》(即《十六条》),规定了运动的目的、任务和组织领导。

两个文件的发表标志着运动的全面发动。在"左"的方针指导下,在"怀疑一切、打倒一切"思潮影响下,全国迅速兴起了一个声势浩大的红卫兵"造反"运动。

十年内乱,使党和国家遭受到建国以来最严重的挫折和损失。而教育战线则是这场内乱的突破口,成为名副其实的重灾区。

一、运动初期

1966年6月12日,南京某大学召开的所谓"造反"大会,对南京其他高校的"造反"运动,起了推波助澜的作用。

6月13日,学院党委迫于形势发展和部分师生的强烈要求,召开了停课"闹革命"动员大会,李仲麟代表学院党委作报告,宣布了学院停课的决定。

随之,全院各部、系,自发成立了各种五花八门的群众性组织,采取"大鸣、大放、大字报、大辩论"的形式,大造所谓修正主义的"反",斗争矛头首先指向了学院的教育路线和学院领导。

1966年8月19日,祝榆生、沈正功、苏广义等首先受到冲击,被扭送到群众组织接受批斗。其后,党委书记李仲麟、副书记齐陶,受到轮番批斗,各部系主要领导也遭到批斗和打

---

① 1970年11月15日,中国共产党华东工程学院革命委员会核心小组第一次全体会议纪要。

倒。10月22日,学院召开全体人员大会,李仲麟代表党委宣布中断学院党委领导。

与此同时,一批老知识分子也被打成"反动学阀"和"牛鬼蛇神",被戴高帽、挂牌子、游街,直至抄家,开除一些人党籍,关进"牛棚",从精神上到肉体上遭到折磨和摧残。

1967年1月初,上海"一月风暴"后,全国各地刮起了夺权之风,各种群众组织相继建立,形势更加严峻。

1967年1月21日,受"一月风暴"影响,学院一派组织"八一红卫兵团",逼迫院领导将机关各部门负责人和掌印工作人员召集在一起交出印章,宣布夺权。一派夺权,当即遭到另一派"革命造反兵团"的反对。27日,"革命造反兵团"冲砸"八一红卫兵团"总部,迫使"八一红卫兵团"交出学院和部门印章,实现了再夺权。

以两派群众组织夺权为开端,学院打起了"派仗",并开始走出校园,走上社会,参加南京地区的派性斗争和打砸抢行动。1967年夏,学院少数人以"武装保卫华工"为名,还擅自动用封存的枪支弹药,生产纸壳手榴弹,使斗争形势更加复杂和险峻。

二、"斗、批、改"运动

"文革"全面发动后,全国拉开了"斗、批、改"(斗争、批判、改革)大幕。"斗、批、改"三个字可以概括并贯穿十年内乱全过程,随着运动的不断推进,"斗、批、改"的内容也不断有所变化。至1971年"九一三"事件发生后,"斗、批、改"运动才销声匿迹。

(一)"清队"运动

1968年5月25日,根据中央文件精神,全国陆续开展了"清理阶级队伍"运动。

1968年11月,根据中央和江苏省革命委员会指示,学院开展"清队"运动。"清队"处处体现出"左"的指导思想和方法。

运动一开始,便采取集中吃住的封闭式管理方法。与外界隔绝,"约法八章""大轰大嗡",要求每个人坦白交代,检举揭发,个个过关。对重点人则实行轮番"轰炸",组织小分队轮流进行批斗,施加压力,迫使其交代。为了打造声势,达到所谓威慑"敌人"的目的,还多次召开"宽严"大会,为了集中审查"有问题"的人,还建立了群众专政队,采取隔离审查的方法,非法关押、刑讯干部、教师。

"清队"运动伤害了不少好同志。据统计,从1968年革委会成立至1969年底的仅一年多一点的时间里,全院就审查322人,其中定为敌我矛盾的就有19人,全部都是冤假错案。

(二)深挖"5·16"运动

1968年中共中央成立清查"5·16"专案领导小组,在全国范围内开展清查运动。清查严重扩大化,致使全国很多干部、群众受到迫害和错误处理。

根据中央文件精神和江苏省的部署,1970年3月,学院组织开展了深挖"5·16"反革命分子运动。设立了清查办公室。

运动一开始,就采取唯心主义态度,在一无人证、二无物证、三无旁证情况下,认定40多人是"5·16"分子,并把他们非法关押起来,大搞逼供信,迫使被关押人员乱咬乱说,致使运动面越来越宽,受审查人员越来越多,造成人人自危,互相猜忌。

至1972年运动结束,学院共有535人被怀疑是"5·16"分子,292人被错定为"5·16"分子(其中定案处理17人,非法关押60人,半隔离审查和以各种方式点名批判215人),共计827人,占全院总人数2295人的36.03%。

1974年,学院开始重新审查"5·16"等运动中被批判、处理的人员问题,成立落实政策办公室。至1975年5月,学院党委决定为被错误打成"5·16"分子的292人平反,恢复名誉。为535名被怀疑是"5·16"分子的人员平反,给予信任。5月26日,学院召开"平反团结大会",齐陶代表党委宣布平反决定。

三、"批陈整风""批林整风"和"批林批孔"

1970年11月16日,中共中央发出《关于传达陈伯达反党问题的指示》。《指示》发出后,全党开展了"批陈整风"运动。1971年10月4日,根据省委指示,学院革命委员会党的核心小组和解放军、工人毛泽东思想宣传队决定举办党员干部"批陈整风"学习班。4日开班,15日结束,共计12天。全院22级以上党员干部465人入班学习。

1971年9月,中共中央陆续下发《关于粉碎林彪集团反革命政变斗争》等三批材料和文件,在全国全面开展"批林整风"运动,从党内到党外,动员广大干部和群众揭发批判林彪集团的罪行,清查与林彪集团阴谋活动有关的人和事。根据中共中央文件,学院进行了"批林整风"运动。全院教职工1985人,全体学员和家属分成三批进行,开展革命大批判。

1974年1月,中央下发文件,开展"批林批孔"运动。学院整个运动经历4个阶段。第一阶段通过学习中央文件,围绕学习钟志民,批判学院一些干部为子女工作走后门的不正之风;第二阶段围绕着教育革命"回潮",批判齐陶关于教育工作方面的两个讲话;第三阶段联系学院深挖"5·16"分子,进行辩论;第四阶段"评法批儒",学"朝农经验",进行开门办学。

四、学院遭受的破坏和影响

十年动乱对学院的破坏主要表现在以下几个方面:①

(一) 破坏党的领导

运动开始后,林彪、"四人帮"就鼓吹种种反党谬论,搞乱人们的思想,把党的路线领导同党的组织领导对立起来,把中央领导和各级地方组织的领导对立起来,给各级组织强加各种莫须有的罪名,煽动把各级党组织"踢开""砸烂"。学院各级党组织被破坏,党的生活中断,各级领导干部被打倒,大批热爱党、拥护党的老党员、老工人、老教师被打成"保皇派""保守组织"。党的理论、原则、法规被肆意歪曲、践踏。党的威信受到严重挫伤,党的观念在干部、党员、群众中被大大削弱。

(二) 制造了冤假错案

林彪、"四人帮"打着批判"阶级斗争熄灭论"的旗号,大搞阶级斗争扩大化,颠倒敌我关系,混淆两类矛盾,对广大干部、群众实行封建法西斯专政。在学院开展的所谓"整党""清队""拔钉子、揭盖子""清查5·16"等政治运动,使一批又一批的党员干部和群众被关、被打、被斗,产生了一大批冤假错案。

(三) 煽动资产阶级派性

林彪、"四人帮"结帮营私,以帮代党,大搞资产阶级派性,挑动群众之间的对立、仇视,无休止地打内战。造成学院群众被分裂、干部闹对立,迫不得已卷入派性,造成党内党外长期不团结,完全违反了党的生活准则,破坏了党的优良传统,损坏了党的声誉。

---

① 李仲麟主编,《华东工学院院史(1960—1985)》,1986年12月编印,第53页。

（四）破坏党的知识分子政策，摧毁党的教育事业

林彪、"四人帮"炮制"两个估计"，全面否定前十七年党的教育路线和教育成果。捏造种种罪名，疯狂迫害广大知识分子，把他们与地富反坏右并列在一起，称为"臭老九"，罗织"白专道路""技术挂帅""反动学术权威""修正主义苗子"等一顶顶帽子，鼓吹"知识越多越反动"。学院几乎所有教授、工程师、老医生都被抄家、游斗、关进"专政队"，被监督劳动，下工厂、农村接受"再教育"。在林彪、"四人帮"破坏下，学院有相当长的一个时期陷于无课堂、无教材、无教师、无学生的"四无"状态。

第二节　学院管理运行和党的工作

1966年4月，学院改制更名后，机构设置也作了相应调整：设置4部1室5系。4部为政治部、教务部、院务部和基础课部。1室为院办公室。5系为一系（炮兵兵器系）、二系（火箭武器系）、三系（火炸药系）、四系（炮兵仪器系）、五系（留学生系）。学院专业由原来的13个调整增加到16个。4月13日，国防科委、学院下达各部、系干部任命令；5月16日，学院下发文件通知，任命了教研室主任、教育班干部；6月2日，学院下达189位教师职务任命通知。

其后，文化大革命开始，学院陷入长达十年的内乱时期。

一、建立革命委员会和党的核心小组

（一）建立革命委员会

运动开始后，全国各级政权，从省级到工厂、高等学校的政权机构全部统一为革命委员会。革命委员会实行一元化方式，取消党和政府的分别，二者合为一体，人员采取"三结合"（即由部分没有被打倒的"革命干部"，群众组织代表，和"工宣队""农宣队"或部队军管代表组成）方式。到了运动后期，工农兵代表逐渐撤出革命委员会。

根据《关于无产阶级文化大革命的决定》，1966年8月4日至8月中旬，学院各级组织中成立"文革筹委"，负责领导整个运动。

至1968年7月，根据"工人阶级必须领导一切"的论述，江苏省革委会先后向学院派进工人宣传队和解放军宣传队。工、军两队进院后，首先帮助群众组织实行了大联合，建立起学院的大联委。在此基础上，经过大量的工作，并报请江苏省革委会批准，于1968年9月24日，成立了由27人组成的华东工程学院革命委员会。10月，又相继成立了各部、系革命委员会（领导小组）。10月14日，华东工程学院成立"红卫兵师"。

（二）成立党的核心小组

1969年4月，中共九大提出整党和建党。12月2日，中央《关于整顿、恢复、重建党的组织的意见和问题》下发各地。文件建议在革命委员会中建立"党的核心小组"，基层成立支部和小组，来实施党的组织领导。

1969年7月28日，遵照中共中央文件及省革委会《关于整顿、恢复、建设党的组织的通知》精神，学院向江苏省委递交《关于建立华东工程学院革命委员会党的核心小组问题的报告》，申请在革命委员会建立党的核心小组。

1970年11月4日，江苏省委文件批准，中共华东工程学院革命委员会党的核心小组成

立。核心小组由齐陶、李浮泉、陈忠、周光照、马振英、狄有命等6人组成,齐陶任组长,李浮泉任副组长。增补李浮泉为华东工程学院革命委员会常委、副主任,陈忠为华东工程学院革委会常委。

11月12日,学院党的核心小组召开了第一次全体会议,在传达学习上级指示精神的同时,"讨论了关于继续加强学院党的思想建设和组织建设等问题。"①

其后,江苏省委陆续又对学院革委会成员和党的核心小组成员进行了调整:1971年12月7日,中共江苏省委下发通知,增补唐廷治为华东工程学院革命委员会党的核心小组副组长,革命委员会委员、常委、副主任。1972年7月7日,江苏省委批复,国海任中共华东工程学院革命委员会核心小组副组长,革命委员会委员、常委、副主任。王方滋任中共华东工程学院革命委员会核心小组成员,革命委员会委员、常委。1973年2月19日,中共江苏省委发文任命林连章为华东工程学院革命委员会副主任。

(三)学院领导班子改组

1975年9月18日,江苏省委会同五机部共同决定对学院领导班子进行改组,新的领导班子组成:周伯藩为华东工程学院党委书记,革委会主任;霍宗岳为副书记,革委会副主任;林天木、耿柏青为党委常委,革委会副主任;祝榆生、李子寿为革委会副主任。免去齐陶华东工程学院党委书记、革委会主任职务,另行分配工作;免去李奋程党委副书记,革委会副主任职务,任顾问;免去吴运福革委会副主任职务,另行分配工作;免去张尔登党委常委、革委会副主任职务,任顾问;任命徐宗田为顾问,免去周光照党委常委职务,另行分配工作。

二、学院第三次党代会

1970年10月28日,中共中央发出《关于召开地方各级党代表大会的通知》,提出要陆续召开地方党的代表大会,产生新的党委。截至1971年8月,地方各省级新的党委先后成立。新成立的各级党委没有另设办事机构,革命委员会的办事机构基本上就是党委的办事机构。新党委和原来的革命委员会多是两块牌子,一套人马,各级党委会的第一书记基本上都兼任同级革命委员会的主任。

1973年5月15日,经江苏省委批准,学院第三次党代表大会召开。这次会议的主要议题是总结党的核心小组建立以来的工作,讨论确定今后任务,选举产生学院第三届党的委员会。出席本次会议正式代表140人,列席代表76人。会议历时三天半,于18日闭幕。会议期间,齐陶代表革命委员会党的核心小组作了工作报告。会议选举出马振英等21名党委委员。马振英、王方滋、齐陶、张尔登、吴运福、李奋程、周光照、林连章、徐尚信9位为常委。齐陶为书记,李奋程为副书记。

这次党代表大会,"由于是在错误的理论和方针政策指导下,因而对过去运动所做的结论和大会形成的决议都是错误的"。②

三、学院组织体制调整变化

运动中期,生产劳动成为学院干部、师生的主题。1969年9月16日,学院成立"五七"

---

① 1970年11月15日,中国共产党华东工程学院革命委员会核心小组第一次全体会议纪要。
② 李仲麟主编,《华东工学院院史(1960—1985)》,1986年12月编印,第50页。

红校领导机构,主要职责就是分期分批组织学院干部、教师参加生产劳动。

(一) 厂校合一

1970年1月29日,国务院、中央军委决定,国防科委所属的华东工程学院划归国务院第五机械工业部,由所在地省革命委员会和主管部门实行双重领导。

3月4日,五机部军事管制委员会同意华东工程学院成立一个机械工厂和电子、光学两个分厂。27日,工厂与学院基础课部率先合并。工厂革命委员会新领导班子由原工厂和基础课部革命委员会领导成员共同组成。

在全国大办工厂的形势下,学院学习清华大学经验,开始实行校厂合一。4月13日,五机部军管会批准华东工程学院为国防工业序列工厂,学院使用国营5328厂代号。学院革委会即是工厂革委会。

(二) 大队体制

1971年1月8日,学院革命委员会党的核心小组下发通知,决定实行新的组织体制。启用1~5大队、1~5分厂革命委员会印章。各系、教学组、实习工厂和"五七"红校的印章作废。3月12日,按照清华大学先进经验,驻院宣传队和学院革命委员会调整机构体制:学院设办事组、政治工作组、教育革命组和行政后勤组4个组;辖5个大队,5个大队分别为1大队(炮兵兵器)、2大队(火箭弹药)、3大队(火药炸药)、4大队(电子仪器)、5大队(光学仪器)以及外生训练队等二级单位。

大队体制持续一年半左右。1972年下半年,为适应即将重新开始的招生和教学工作需要,8月21日,学院召开体制编制会议,决定取消大队恢复各系体制,机关设政工组、教育革命组和院务组,基础课部、工厂、外生训练队不变。9月起,学院开始按照新的机构体制运行。

1975年9月25日,学院再次对组织机构进行调整:取消组的机构设置,成立政治部、教务部、院务部、办公室,同时调整了部系领导班子。

第三节　教学组织和教学活动

1966年6月13日,迫于形势发展和师生强烈要求,学院宣布了停课决定,全院进入到停课闹"革命"的混乱状态。

一、恢复招生与教学工作

1966年十年内乱一开始,就取消了全国高考,高校招生工作停滞。其后,原在校学生陆续毕业离校:1967年12月毕业分配学生415人;1968年3月,1961级学生484人、1962级学生159人毕业离校,9月,1963级学生322人毕业离校,12月,1964级学生322人毕业离校,全年毕业离校学生四届1245人;1970年9月,1965级学生470人毕业离校。至此,1966年之前招录的学生已经全部毕业,分配参加工作[1]。

1970年,运动初期的混乱场面已渐渐平息。而关于恢复大学招生的议论,也成为当时

---

[1] 相关数据与《华东工学院年鉴(1990)》有不一致,此处采用《南京理工大学纪事(1952—2012)》数据(第50、51、55页)。

社会日益关注的焦点。5月27日,北京大学、清华大学提交《北京大学、清华大学招生(试点)具体意见(修改稿)》。6月27日,中共中央批转了《关于北京大学、清华大学招生(试点)的请示报告》,决定废除考试制度,"实行群众推荐、领导批准和学校复审相结合"的办法,从工农兵中选拔大学生,并决定先在以上两校进行试点。后来人们把这些从工农兵中选拔的学生称为"工农兵大学生"。

1971年开始,北京大学、清华大学招生试点的经验开始在全国大面积推广。1971年9月16日,华东工程学院向第五机械工业部提交招生计划,申请1972年招生规模为850人。五机部根据中央军委国防工业领导小组关于国防工业院校招生的相关指示精神,按照专业下达给学院的分省招生计划指标最后是840人。

1971年底至1972年初,学院为重新开始招生、迎接首批工农兵学员,积极进行各项准备工作。

1972年1月8日,学院颁发了"内务、卫生、作息制度""生活秩序制度""请销假制度""生活待遇等几项规定""医疗规定""教材文具用品供应管理办法"和"保密规定"等相关制度规定。

2月9日,院革命委员会党的核心小组听取汇报,审查研究重点专业教育计划,专业课程设置一般为10~13门。全院第一学期开课30门,准备讲义220万字。3月27日,学院领导、机关各组组成检查组,再对各个大队、基础课部的开学准备情况进行检查。各项开学准备工作均基本就绪。

2月27日,学院组织40人,赴全国各地招生。当年共招收17个专业837名学员,其中解放军学员170名。4月25日,第一批工农兵学员入院报到,5月2日开学。按照学员文化程度,采取甲、乙、丙三班编班教学。

1972—1976年,学院共招收了5届工农兵大学生2487人,其中小学程度约占15%,初中程度50%,高中程度35%。这种高低不齐的文化水平,给教学组织工作带来了很大困难。学院采取的主要教学组织措施:按照学生文化程度分别编班,分类施教;从专业教研室抽调一批教师下班辅导;开展互帮互学;用一定时间补习中学文化课。

工农兵学生在校期间,广大教师和干部起早贪黑,编写教材,认真备课讲课,耐心细致辅导,带领学生到工厂实习,到农村调查,和学生打成一片,同吃同住,继承和发扬了党的优良传统,因而深受学生爱戴。

除极少数学生外,大多数学生在校期间,学习用功,生活艰苦,思想上严格要求自己,尊重老师,服从领导,具有较好素质和能力,并顺利完成学业,走上工作岗位。

二、专业建设与发展

运动期间,学院专业建设在困难中前行。1967年10月9日,学院成立15人组成的近炸引信专业调查组,深入到一线部队调查研究,此次调研推进了学校无线电引信专业建设。

重新招生开始后,为做好教学准备工作,1971年初,学院两次召开座谈会,研讨专业设置等相关问题。2月26日,学院结合迎接全国教育工作会议,召开教育革命有关问题座谈会。3月6日,学院召集炮兵兵器、火箭炮、炸药、火工品、指挥仪、数字计算机、光学仪器、夜视仪等专业教师,数学、外语、物理、材料力学、机械工艺、机械零件、电工、无线电等基础课教研室教师,及外训队主管教学工作的人员召开座谈会,研究讨论领导体制,学校与工业布局,专业设置与学院体制等问题。

1971年6月,学院开办自动武器专业的申请,获得第五机械工业部批准,开办经费38万元同时获批。8月,经五机部批准,太原机械学院轻武器专业的90余名专业人员调入学院,其中包括我国著名轻武器专家于道文教授。随同移交学院的还有设备4台套。

根据中央军委国防工业领导小组《关于国防工业院校招生问题的请示》精神,1971年11月1日,五机部下发了《关于院校专业设置的通知》,批准学院设置火炮、随动系统、炮弹、火箭弹、火箭发射装置、外弹道、火药、炸药、内弹道、军用光学仪器、指挥仪、雷达、军用夜视仪器、轻武器、触发引信、非触发引信、火工烟火和计算机18个专业。

1973年2月14日,按照上级机关要求,学院编制院校建设规划。根据规划,1973年至1975年期间,学员学制为3年,教职员工2656人,学员规模3000人,建筑面积217299平方米。4月23日,学院又编制了1973年至1975年教材改革规划,计划在3年时间内完成编制228种教材。

1973年3月31日,学院革命委员会下发文件,决定调整部分教学单位:金工、机工两个教研室划归基础课部。1970年基础课部与工厂合并时,金工金相和机械工艺两个教研室下放到工厂,属工厂建制。随着教育革命的深入发展和工农兵学员入学,为便于教学组织领导,学院作出机构调整决定,两个单位重新划归基础课部。

5月22日,学院向省教育局申请增设火炮瞄准具设计与制造、枪弹设计与制造、药筒设计与制造、炸药应用、弹丸空气动力等专业,建议筹建机械制造专业。

1976年5月下旬,学院党委决定成立各系专业委员会,撤销基础课部。将物理、数学、理论力学、材料力学、机械零件、制图、电工、无线电9个基础课教研室的干部、教员、实验员256人分配到各专业,在专业委员会领导下统一组织教学。

三、教育改革和生产劳动

1969年、1970年,学院先后派出三批50多个小分队,450多名教师,到五机部指定的工厂,以及地方与专业有联系的工厂和有关部队进行教改调查实践。调查实践的方式主要有三种:一是以工厂生产的典型产品为主,通过参加生产劳动,进行专业调查;二是带着科研项目或协作任务下厂,在生产实践中开展研制活动;三是在专业调查中,协助工厂开办业余技校或短训班,边调查边教学。

这次专业调查,是学院建院以来教师下工厂最多的一次教改实践,对于广大教师深入实际,了解情况,接受工人阶级再教育,以及做好迎接工农兵大学生入学的工作,从实际出发制订教学计划,编写大纲和教材,进行教育革命探索,有的放矢组织教学,都是有一定益处的。

1969年3月至8月间,中苏边境接连爆发了几起冲突事件。在此背景下,1969年8月28日,中共中央发布疏散命令,要求充分作好反侵略战争的准备,随时准备对付武装挑衅,防止敌人突然袭击。

根据中央指示精神,以及10月中旬,军委办事组的战备命令(又称"一号命令"或"第一号号令"),10月20日,按照江苏省革委会进行"战略疏散"及参加生产劳动的要求,学院组织1156名教职工战备下乡,赴江宁县上坊、淳化等公社,后移至湖熟、龙都等公社,进行战备和劳动。至1970年3月,人员陆续返回学院。这次历时五个多月的战备下乡,大批教职工直接深入社会实际,参加农业生产劳动实践锻炼,也具有一定的积极作用。

1971年2月,为了贯彻落实毛泽东主席"野营训练是一种好方法"的"1124"指示,学院革命委员会党的核心领导小组决定,组织全院人员分期分批进行以政治内容为主的野营拉练。17日,第一批400人野营拉练开始,编成6个连,经江苏六合、盱眙、金湖和安徽天长等县,抵达江苏洪泽县。往返行程600公里,历时达3周时间。

学院贯彻毛泽东"五七"指示,开办"五七"农场和砖厂,成为学院教职工轮流下放劳动的基地。"几年来,组织了18批1560人次的教职员工到农场锻炼,扩大耕地面积80亩,旱改水55亩。1972年产量14万斤,比1969年的6万多斤翻了一番。"①

1973年11月,学院组织1362名师生员工,前后10天,赴江宁县上坊公社支援农业生产,接受贫下中农再教育。1975年10月,1975级4个班的150名学员赴江苏江阴华西大队,以开门办学的形式进行为期一周的入学教育,教育的主要内容是无产阶级专政的理论。在华西大队期间,参观农田、养殖场、饲养场、政治夜校、大队企业,开展调查研究253人次,请大队做报告3次。

1975年11月,学院派出42名同志参加了江苏省委派往灌云县的"农业学大寨"工作队,深入农村和田间地头,进行了为期一年的"学""帮"工作。

为解决孝陵卫地区和学院的水患,1976年2月9日至3月3日,在近一个月时间里,学院组织1700多人,和孝陵卫镇居民、紫金山公社社员一道,共同开挖了"友谊河",共挖2.5万多土方(1土方=1立方米),16个单位336人受到表扬。

四、通过开设培训班等多种形式服务社会

进入20世纪70年代,运动初期的混乱场面渐渐平息后,部队和社会企事业单位科研、生产逐步开始恢复,迫切需要提高人才和技术水平。

1971年,学院连续举办多个短训班为部队和企事业单位培训人才,提供服务。3月12日,为洛阳矿山机械厂开办小口径高炮专题短训班,班期39天;4月2日,为南京军区炮兵部队高炮66师、75师举办高射炮短训班,班期3个月;4月至12月,先后为内蒙古、新疆、贵州、福建工厂和部队开办炸药、外弹道、无线电、高炮随动、指挥仪、光学仪、雷达等短训班,参加培训200多人;5月10日,学院为解放军白城兵器试验中心举办内、外弹道、无线电等三个短训班,参加学习学员55人,班期7个月;9月1日,学院举办TNT炸药制造短训班,110名短训班学员接受培训教育。

1973年9月,学院根据第五机械工业部要求,为部内单位培训40名内、外弹道进修生,进修班学制1年。12月10日至次年1月14日,为来自全国各地工厂、院校的27名学员举办"棱镜、透镜干涉仪短训班"。1974年2月至10月,学院还先后派出41名教师到北京军区开办高地炮、光学、指挥仪、雷达短训班,培养兵器维护修理人员。1974年3月至七八月,学院为第五机械工业部"七二一"大学举办数学、物理、电工、机床液压、金属材料和热处理6个师资培训班,共培训师资238人。

五、留学生教育

十年内乱期间,在国内高等教育受到严重冲击,正常教学、科研秩序遭到严重破坏的情

---

① 1973年5月15日,齐陶在院第三次党代会上的报告。

况下,学院按照国防和外事部门要求,继续开展留学生教育。留学生来源国主要是越南和赞比亚。除继续进行炮兵工程学院期间来院的留学生的培养外,1970年3月学院又接收越南留学生20人。1971年10月3日至12月5日,接收赞比亚6名军事留学生来到学院进行短期培训,进行人民军队、弹药勤务、炸药、枪械等课程的学习。

为了做好对留学生的专门管理,1966年4月,学院改制地方后,将留学生班改设为系,即五系,五系设置直至1973年3月结束。

学院尽力为留学生创造良好学习、生活、实践环境。1967年4月,学院组织在院学习的越南留学生112人到湖南毛泽东故乡进行政治教育,历时20多天。7月正值南京高温暑期,又组织91人到安徽黄山避暑。

1973年8月,学院专门向上级申请经费新建留学生的教学、生活用房,新建筑面积达4500平方米。在越南重要庆典日期间,学院也会组织相应活动,1971年3月19日为"越南全国反美日"21周年,学院隆重召开纪念大会;同年9月1日,是越南共和国成立26周年,学院又在大礼堂隆重召开庆祝大会,院及总字340部队、南京河床实验站的越南留学生及相关单位人员1700余人参加大会。

越南留学生在校学习期间,越南政府相关人员多次来到学院看望留学生,进行调研指导。1972年1月19日,越南大使馆副武官谢玉湖到学院;4月12日,越南驻华武官阮同上校来院;1973年5月3日,第11期20名越南军事留学生毕业时,越南驻华武官阮同上校来院参加毕业典礼。

第四节 科研活动

十年内乱期间,学院教学、管理秩序遭到严重破坏,科研工作曾经一度中断。但一大批干部、教师顶着各种政治风险,克服各种困难,继续顽强开展各种科学研究工作。1969年珍宝岛事件后,为了改善我军武器装备,开始大搞战备科研,科研工作才重新受到重视,为师生真正开展科研工作提供了契机,学院科研活动也取得了一批突出成果。

一、承担科研任务,开展科学研究情况

1966年4月,学院刚刚转制更名,即接受了国防科委下达的1045-Ⅰ型数字指挥仪的科研任务。此项任务由指挥仪专业承担,计算机教研室主任屈大壮负责。但由于运动初期局势混乱,直到1969年,学院才正式成立1045-Ⅰ型数字指挥仪科研"五七"分队,与苏州无线电工业局开展合作,王德臣、冯缵刚先后担任科研分队队长。至1971年1月8日,1045-Ⅰ型57毫米高炮数字指挥仪样机研制成功。8月,正式完成了1045-Ⅰ型、1045-Ⅱ型数字指挥仪科研任务。该项目科研工作同时为1972年恢复计算机设计与制造专业奠定了基础。

1971年6月底,由学院四大队承担的4021指挥仪第1台科研样机也完成了总装。4021指挥仪是37毫米高炮用简易机电指挥仪,研制经费5万元。

早在1965年,时任炮兵工程学院副院长的祝榆生就拟定了"科82无后坐力炮反坦克武器课题",研究工作开始后不久,便因运动不断而暂时停了下来。直至1969年才重新恢复成立科研小分队,继续进行这一科研项目研究。1979年"科82"经中央军委正式批准设计定型,命名为78式82毫米无坐力炮(包括炮、弹和引信),1989年3月完成该项目,进行生产

并正式列入我军装备序列。

与"科82"同时开展研究的,还有62单兵火箭杀伤钢珠弹研究。"342"科研分队克服无数技术、试验困难,以创新精神、顽强毅力,于1978年顺利通过零下30摄氏度极寒区和零上40度极热区验收试验,并于1979年被批准设计定型,列入三北地区部队单兵装备系列①。

1967年6月13日,北京召开"6·13"会议。会上第五机械工业部机械科学研究所下达给华东工程学院、中国兵器工业集团第五二研究所(简称五二所)等单位科研任务,学院接受了"非实弹射击方法鉴定与身管寿命有关的钢材性能"和"火炮身管破坏机理的研究"两个课题任务,具体负责"模拟试验机""热力学参数及内弹道参数测试研究"专题。

1970年5月3日,为了贯彻上级"127"项目会议精神,华东工程学院革命委员会决定,组成"127"项目9人小分队,承担火箭增速规律部分的研究。

1971年3月,学院承担了中国人民解放军总后勤装备部下达的"轻武器设计理论的研究"任务。

1971年,学院自动武器专业与安徽9336厂合作研制弹壳后坐间隙式7.62毫米自动步枪。至1981年,设计、实验、试制出11代样枪。1979年,该项目获得安徽省科学大会成果奖。

此外,学院各分厂发挥现有设备能力,承担了第五机械工业部下达的65式无后坐力反坦克炮、棱镜透镜干涉仪、测试仪、正弦机、风砂轮、四号活动顶针6项生产任务和为23个科研项目加工零部件的任务②。

在科研实践中,学院"初步建立了教学、科研、生产三结合的体制,从1969年至1973年,学院承担国家科研项目13个,参加了工厂科研协作项目10个。"③

二、建立一批科研机构和实验室

(一)建成火炸药实验室(南炮场)

1970年11月,学院拟规划建设火炸药综合实验室,并为此向第五机械工业部申请建设经费75000元。1971年8月,学院收回出借的南炮场用地,开始规划建设火炸药实验场。1972年5月20日,南炮场火炸药综合实验室正式开工建设,规划建筑面积1250平方米。至1975年,火药、炸药综合实验室基本建成。实验室建筑总面积1200平方米。实验室又称火药分厂、炸药分厂。

1976年7月12日,国务院第五机械工业部批准学院成立非电量测量和火炸药工艺研究室。

(二)建设汤山试验场

1972年9月15日,第五机械工业部批复同意学院购置弹道测试站建筑用房及设备,用于科研;12月10日,学院正式与南京军区签署协议,接收汤山南京军区炮兵弹道测试站。1974年,弹道测试站正式交付,学院命名为"汤山试验场"。

---

① 王子淳、宫载春主编,《校史勾陈——南京理工大学往事回忆录》,第170页。
② 1973年5月15日,齐陶在院第三次党代会上的报告。
③ 1973年5月15日,齐陶在院第三次党代会上的报告。

（三）设立十个研究室

1973年5月10日，学院向第五机械工业部提出申请，研究建设内弹道、外弹道、射击公算、夜视仪器、无线电引信、电子测量技术、火炮、固体火箭、炸药、指挥仪10个研究室，设置编制人员237人，其中教员186人，实验员43人，工人8人。作为学院开展科学研究工作的组织和骨干力量。

（四）扩建风洞

1974年3月5日，学院根据风洞科研实际，拟定风洞扩建计划，并向第五机械工业部提出申报，获得第五机械工业部同意批准。第五机械工业部指示："学院风洞扩建，作为部里的风洞实验中心，由学院代管。每年任务由部里下达。"

三、产生一批科研成果

1966年5月，三系研制的"三石-1"火药通过炮兵和第五机械工业部有关厂、校、所的联合鉴定。鉴定认为"它是当时国内能量最高的双基火药，它的研制成功为双基火药进一步提高能量打开大门。"鉴定后期工作因运动不断而停止。

1970年4月13日，第五机械工业部军管会批准华东工程学院为国防工业序列工厂，学院使用国营5328厂代号，在1972年至1990年期间，生产火炮、弹药、仪器仪表等产品，其中测时仪曾出口欧、亚、非等多个国家。实现工业产值5000余万元，净收入3300余万元。

1971年至1972年间，学院多项研究项目研制成功。1971年1月28日，学院4大队随动专业研制成功ZX-104型正弦机。该仪器用晶体管可控硅线路50周正弦机，替代电子管正弦用于中、大口径高射炮随动系统作等速正弦实验之用。

1972年4月，学院三大队完成"3021"混合炸药技术总结报告。该炸药供营82毫米无后坐力炮系统使用。"3021"炸药是高凝聚黏结粉，可作反坦克破甲弹装药，1977年炮兵军工产品定型委员会批准设计定型，1978年获江苏省科技成果三等奖。同月，完成常压法制乙烯二硝胺炸药研究报告。常压法制乙烯二硝胺炸药的小型、中型工艺研究，1977年获江苏省科技成果奖。

1972年5月12日，"1041"高射炮单向400周可控硅随动系统在57毫米高炮上调试成功。

1972年11月，学院六分力推力偏心实验台研制成功，开始承担科研项目测试任务。该实验台是学院自行设计、制造的大型实验设备。1971年开始设计、研制。1972年3月，完成实验台安装、调试和电测系统校准。4月，进行了40余次试车，并且对增程火箭发动机进行测试。10月，完成几何精度测量。

1974年4月，以国营5328厂名义生产的65式82毫米无后坐力炮经国家鉴定合格。1970年4月，工厂开始筹备制造65式82毫米无后坐力炮，经过两个月努力，试制出第一门炮。经过两次大型射击实验检验，开始小批量试生产。截至1974年2月，共试生产55门。1974年全年生产制造65式82毫米无后坐力炮110门。

1975年6月11日，炮兵军工产品定型委员会同意华东工程学院、国营528厂共同研制的0.5米测距机定型，命名为"1974年式地面炮兵0.5米测距机"，简称"74式地炮0.5米测距机"。1972年，学院就开始研制供团、营属炮兵使用的0.5米测距机。1974年研究成功定型样机，12月完成设计定型。

第五节　与林彪、"四人帮"反党集团的斗争

1967年1月"一月风暴"后,全国各地刮起了夺权之风,行势更加严峻。2月前后,中央政治局和中央军委一些领导同志,对运动中的错误做法提出了强烈的批评,对林彪的罪恶阴谋进行了大义凛然的斗争。然而这场斗争当时却被污蔑为"二月逆流"。

"二月逆流"事件,使一大批老一辈革命家受到压制和打击。

林彪的倒行逆施,激起了全国广大人民的义愤,老一辈革命家的斗争精神,鼓舞和鞭策了亿万人民群众。刚刚改制更名的华东工程学院是一所具有解放军光荣传统的学校,广大教职员工对于运动中一系列"左"的做法,以及林彪煽动"怀疑一切,打倒一切",看在眼里,急在心里,表现了深深的忧虑和不安,对于打倒党内一大批久经考验的老一辈革命家,尤其感到无法理解和不能接受。怀疑和不满的情绪强烈起来,站出来抵制和斗争的师生逐渐增多起来。二系1965级学生栗炜就是一个典型代表。

更多同志,采取了消极抵制的态度。当林彪集团横行肆虐,派性斗争升级以后,学院不少干部、教师以养病、备课学习、搞科研、抓生产为名,拒绝参加打派仗,抵制打砸抢。宁肯让人给戴上"保皇派""逍遥派"的帽子,也决不干助纣为虐,损害国家和人民利益的事情。这也是在特殊历史条件下的一种斗争方式,是抵制错误路线、反抗林彪、江青反革命集团的无声行动。

1976年1月8日,伟大的马克思主义者、杰出的无产阶级革命家、中共中央副主席、国务院总理周恩来与世长辞。他的逝世引起全党全国各族人民的无限悲痛。

人民深切怀念周恩来,自发采取各种不同方式开展悼念周恩来的活动。但是,"四人帮"却以种种借口加以限制和破坏,对悼念群众进行迫害。"四人帮"的倒行逆施进一步激起了全国人民的义愤和反抗。

1976年3月下旬,学院广大师生员工和南京市民一道,在院内、孝陵卫,以及市区张贴"不朽的纪念""誓死捍卫周总理""周总理永远活在全国亿万人民的心中""周总理永垂不朽"等标语和大字报,以赤诚炽热的感情表达对周恩来的崇敬和怀念,以嘲弄和蔑视的口语怒斥"四人帮"的极端罪行。

1976年4月4日,学院团委冲破重重阻力,组织了1500名共青团员和青年前往雨花台,在烈士墓前举行凭吊仪式,怀念周总理,反对"四人帮"。

"四人帮"对广大群众革命行动极端仇视和恐惧,下令追查、镇压各地群众悼念周恩来、反对"四人帮"的强大抗议运动。同"四人帮"的愿望相反,广大党员和人民群众并没有因为追查和镇压而屈服,反而更加看清了"四人帮"的反革命面目,从而加速了"四人帮"的灭亡。

第六节　恢复整顿，拨乱反正

十年内乱，林彪、江青两个反革命集团严重破坏了我国安定团结政治局面和国民经济发展，极大挫伤了广大干部、群众的积极性，使我党在思想建设、组织建设等方面都受到了严重损害。

1976年10月"四人帮"反革命集团被粉碎后，党和国家面临的迫切任务就是揭发、批判"四人帮"反革命集团的罪行，清查他们的反革命帮派表现，彻底肃清其流毒和影响，平反冤假错案，在政治上、组织上拨乱反正。

一、开展揭批查运动

从1976年10月粉碎"四人帮"，到1978年12月十一届三中全会召开，在这两年多的时间里，在中共中央领导下，全国开展了一场声势浩大的"揭批查"运动，揭发批判江青集团及其帮派体系的罪行，清查与江青集团帮派体系有关的人和事。

根据中央的统一要求和部署，在江苏省委领导下，从1976年11月开始，分为三个阶段，学院广泛开展了"揭批查"运动。运动至1978年7月结束[1]。

在这一斗争中，学院广大教职员工愤怒揭发了"四人帮"残酷打击迫害干部、党员和群众的严重罪行，批判了"四人帮"在教育领域里推行的反动政策，澄清了他们炮制的"老干部就是民主派、民主派就是走资派""全面专政论""唯生产力论""文艺黑线论"以及否定教育战线十七年的伟大成绩的"两个估计"等谬论。

通过这一项运动，被"四人帮"搞乱了的路线是非基本上得到了澄清；资产阶级派性受到了打击；无政府主义，歪风邪气受到批判；教学秩序、生活秩序和规章制度逐步恢复建立和健全，教学、科研和其他各项工作都加快了步伐。

在"揭批查"运动中，特别在清查过程中，由于受到当时"两个凡是"思想的影响，也发生了一些"左"的错误做法。

二、平反冤假错案

多年来，在"左"倾思想影响下，特别是在十年内乱期间，林彪、江青一伙利用"左"倾错误，在党内外制造了大批冤假错案，造成了空前严重的恶果。

1976年10月粉碎"四人帮"后，特别是在1977年1月至7月，邓小平多次强调提出要完整、准确地掌握和运用毛泽东思想的体系，坚持群众路线和实事求是，指出了"两个凡是"的错误，为全党拨乱反正、平反冤假错案在政治上指明了方向，逐步打开了平反工作的新局面，此后，党的历史上一大批重大冤假错案逐步得到平反和纠正。

在平反冤假错案过程中，学院党委冲破重重阻力，进行政治上和组织上的拨乱反正。在平反工作中，学院一方面在政治上、思想上否定了"两个估计"，把知识分子看作工人阶级的一部分；另一方面，逐步落实知识分子政策，对长期分居两地，子女入学入托、住房有困难的知识分子优先解决，恢复了科技人员的技术职称。

三、恢复招收应届高中毕业生，教学、科研秩序逐步走上正轨

自 1977 年开始，学院 14 个专业恢复招收应届高中毕业生。1977 年 10 月，恢复了基础课部，撤销专业委员会。成立五系——兵器制造系，系设兵器制造工艺与设备、兵器材料及热处理两个专业。

从 1978 年起，学院全面修订了教育计划，在计划中加强了基础理论教学。重新建立健全教学管理制度。调整、充实实验技术队伍，加强实验室建设和管理。

1978 年全国科学大会后，学院逐步确立了既是教学中心，又是科研中心的办学目标，科研工作被提上重要议事日程。恢复成立科研处、组织出版学报等工作，助力学院科研工作走上快速发展的轨道。

四、解放思想，开创各项事业建设发展新局面

粉碎江青反革命集团之后，我国进入了社会主义现代化建设新的历史时期。在"揭批查"运动和平反冤假错案过程中，特别是在 1977 年 8 月党的十一次全国代表大会前后，党中央统一全党、全军和全国人民的思想和行动，调动各方面积极因素，逐步推动各项事业的整顿和发展。

1978 年通过关于真理标准问题的讨论，和对"两个凡是"的批判，特别是通过党的十一届三中全会精神的学习，全院同志在思想上、政治上重新确立了马克思主义实事求是的思想路线。停止使用"以阶级斗争为纲"的口号，把工作重点真正转移到以教学为中心上面来，从以运动为主转移到抓好经常性的细致的思想政治工作上来，从一切照"本本"办事转移到从实际出发，研究新情况，解决新问题上来。

根据中央关于揭批"四人帮"同恢复被破坏的国民经济结合起来进行，加快教育事业发展的要求，学院研究制定了 1978 年至 1985 年教育发展规划纲要，为学院各项工作全面恢复，开创学院各项事业发展新局面提供了指导和依据。

结　　语

　　十年内乱期间,学院与全国一样,建设发展事业受到严重影响。

　　在各种困难条件下,学院一大批干部、教师顶着各种政治风险,继续顽强开展教学和科研工作,默默坚守在岗位上。"在内乱初期也参加了一些活动,后来慢慢感觉到不太对头,所以就慢慢离开了'文革'的漩涡,开始偷偷地研读、学习。""1972年开始恢复招生,学校就安排我进行教学,当时我非常兴奋,因为已经很长时间没有登上讲台了。所以,自己非常认真,全身心地进行教学准备和课堂教学工作。"为了挚爱的科研工作,因为不甘心与国外的差距,因为心里着急,开始偷偷到图书馆等地方查资料,开始偷偷从事现代光学的实验……

　　以上贺安之老师的情景,或许就是在当时环境条件下,学院大多数教师的真实写照。

　　正是有了这些老师的默默坚守和努力,即使在极端不利的环境条件下,学院科研工作还是取得了一系列令国内外广泛关注的重要成果。1969年,研制成功LJY-80型棱镜透镜干涉仪;1971年,研制成功常压法制备乙烯二硝胺;1972年,贺安之在实验室用最简单的设备实现了全息实验,1974年真正做出了50千克重的全息实验仪器;1974年,无坐力炮破甲弹弹道一致性标准研制成功,多个单位协同攻关、众多科研人员参与的破甲弹研究取得重要进展……正是有了持续不断的奋斗和努力,才有了1978年全国科学大会上学院科技事业辉煌的一页。

参 考 文 献

[1] 赵艳来."揭批查"运动研究[D].北京:中共中央党校,2009.

第四章 两个中心与高水平全国重点国防工业院校建设(1978—1988)

十年内乱结束,特别是改革开放后,全党工作的着重点转移到社会主义经济建设上来。高校正常教学秩序逐步得到恢复。随着国家促进科技建设和高等教育事业发展的一系列政策、措施出台,高校也在不断调整自身办学定位,在服务国民经济发展、推进四化建设中探索前行、展现作为。

第一节 战略目标提出的形势和背景

新中国成立后,我国教育事业曾经走过一段曲折的发展历程。经过解放初期的接管改造和以高等学校院系调整为中心的教育改革,一举把旧中国的半殖民地半封建教育转变成为新中国社会主义教育事业。从20世纪50年代后期开始,由于"阶级斗争为纲"的"左"的错误思潮的影响,教育事业频繁受到政治运动的冲击。1966—1976年期间的十年内乱更使这种"左"的错误影响走到极端,我国教育事业遭到严重破坏,广大教育工作者受到严重摧残,我国教育事业同世界发达国家之间的差距显著拉大。

十一届三中全会以后,教育事业建设发展的指导思想得以拨乱反正,党中央对教育工作做出了一系列新的论断和决策,我国教育事业得到了恢复,开始走上了蓬勃发展的道路。

一、建设一批重点大学,形成教育、科研两个中心

1977年,再次复出的邓小平"自告奋勇抓教育与科技"。7月29日,邓小平在听取教育部工作汇报后,作出了具有历史性意义的指示:"要抓一批重点大学,重点大学既是办教育的中心,又是办科研的中心。"8月4日,邓小平在人民大会堂主持召开了粉碎"四人帮"后的第一次科教工作座谈会,这是邓小平复出后主持的第一个重要会议。会上,邓小平再次强调:"高等学校,特别是重点高等院校,应当是科研的一个重要方面军,这点应该定下来。他们有这个能力,有这方面的人才。"

1978年3月18日,全国科学大会在北京召开。这次大会是中国共产党在粉碎"四人帮"之后,国家百废待兴的形势下召开的一次重要会议,也是中国科技发展史上一次具有里程碑意义的盛会。邓小平在开幕式上讲话,阐述了科学技术在社会发展中的地位和作用,明确指出"科学技术是生产力",知识分子"已经是工人阶级自己的一部分","四个现代化,关键是科学技术的现代化",从而澄清了一系列长期束缚我国科学技术发展的重大理论是非问题。号召"树雄心,立大志,向科学技术现代化进军"。

4月22日至5月16日,教育部在北京召开全国教育工作会议,邓小平在会议开幕式上发表重要讲话,指出:教育事业必须和国民经济发展的要求相适应,学校要造就具有社会主

义觉悟的一代新人,要在全社会形成尊师重教的风气。

进入20世纪80年代后,中央关于高等学校两个中心建设的要求更加明确。

1982年9月,党的十二大把农业、能源和交通、教育、科学作为经济发展的战略重点。从此,确立了教育在整个社会主义现代化建设中的战略地位。1983年9月,邓小平为景山学校题词:"教育要面向现代化,面向世界,面向未来。"邓小平关于高等学校"两个中心",以及教育的"三个面向"的论述在教育界,特别是高校引起强烈反响,为随后我国教育体制的改革和发展指明了方向。

1985年5月15日至19日,中共中央、国务院在北京召开改革开放以来第一次全国教育工作会议。会议的主要议题是讨论《中共中央关于教育体制改革的决定(草案)》。5月27日中共中央会议通过了《中共中央关于教育体制改革的决定》,吹响了我国教育改革的号角。《决定》明确了"高等学校担负着培养高级专门人才和发展科学技术文化的重大任务","有计划地建设一批重点学科。重点学科比较集中的学校,将自然形成既是教育中心,又是科学研究中心"。

二、系列激励科技发展的重大制度和政策

科学技术奖励制度是我国科技政策的重要组成部分,是党"尊重劳动、尊重知识、尊重人才、尊重创造"方针的具体体现。新中国成立以来,我国的科学技术奖励制度从初创开始,已发展成为由国家最高科学技术奖、国家自然科学奖、国家技术发明奖、国家科学技术进步奖、中华人民共和国国际科学技术合作奖构成的五大奖项,形成了独具中国特色的科技奖励制度。国家科学技术奖励制度的实施,对激励广大科技人员投身于"提高自主创新能力,建设创新型国家"的伟大征程,发挥着重要作用。

1949年9月,中国人民政治协商会议第一次全体会议通过的《共同纲领》即明确规定:"努力发展自然科学,以服务于工业、农业和国防建设,奖励科学的发现和发明,普及科学知识。"1950年后,国务院(前为政务院)陆续发布了《保障发明权与专利权暂行条例》《有关生产的发明、技术改造及合理化建议的奖励暂行条例》《中国科学院科学奖金的暂行条例》《发明奖励条例》等。十年内乱期间,我国科技奖励事业受到重创,被迫停顿。

1978年3月,全国科学大会胜利召开,科技事业迎来了春天。大会通过了《1978—1985年全国科学技术发展规划纲要(草案)》,这是我国的第三个科学技术发展长远规划。《纲要(草案)》提出了我国科学技术工作的八年奋斗目标,确定了全国科学技术研究的108个重点项目(1982年调整为38项国家级攻关项目)。要求把农业、能源、材料、电子计算机、激光、空间、高能物理、遗传工程8个影响全局的综合性科学技术领域、重大新技术领域和带头学科,放在突出的地位,集中力量,作出显著成绩,以推动整个科学技术和国民经济高速发展。

会上对862个先进集体、1192名先进科技工作者和7675项优秀科研成果举行了盛大隆重的颁奖活动,标志着国家科技奖励制度的恢复。

1978年12月,国务院发布《中华人民共和国发明奖条例》,恢复国家发明奖。此后的1979年11月、1984年9月,国务院又先后发布了《中华人民共和国自然科学奖励条例》《中华人民共和国科学技术进步奖条例》。1984年3月,全国人大常委会通过《中华人民共和国专利法》。

1985年3月18日,教育部发出通知:建立科学技术进步奖励制度,奖励高等学校在推

动科学技术进步中作出重要贡献的集体和个人。

1980年后,随着科学技术迅速发展,许多国家为了在国际竞争中赢得先机,都把发展高技术列为国家发展战略的重要组成部分,不惜花费巨额投资,组织大量的人力与物力。1983年,美国提出了"战略防御倡议"(即星战计划),欧洲提出了"尤里卡"计划,日本也提出了之后十年科学技术振兴政策。

基于此,1986年3月3日,王大珩、王淦昌、杨嘉墀、陈芳允四位科学家向国家提出要跟踪世界先进水平,发展中国高技术的建议。经过邓小平批示,国务院批准了《高技术研究发展计划("863"计划)纲要》。之后30年(2016年,随着国家重点研发计划的出台,"863"计划结束了自己的历史使命),"863"计划成为中国高技术发展的一面旗帜,也成为了中国科学技术发展的一面旗帜。

第二节 学校发展目标的提出

十年内乱结束后,华东工程学院教学秩序、生活秩序逐步恢复,各项规章制度不断得以建立、健全,教学、科研和其他各项工作加快了建设发展的步伐。1978年2月,国务院印发《关于恢复和办好全国重点高等学校的报告》,学校被列为国家重点院校。3月,全国科学大会召开后,高校科研形势发生了重大转折,科研工作在高等院校中的地位和作用迅速得到凸显,学校对科研工作的认识迅速提高,把科研工作提升到与教学工作同等重要的中心地位势在必行。在这个阶段中,学校逐步明确提出了建设教学、科研两个中心的建设发展目标,发展成为名副其实的全国重点大学、高水平全国重点国防工业院校,到综合性理工大学。

(一)第一阶段

十年内乱结束后,学校党委认识到,由于"四人帮"的破坏,我国"教育与科研同国防现代化严重不相适应"。"我院是多科性国防科技高等院校。既是教育中心,又是科学中心","在成为教育中心的同时,也要成为战术兵器范畴的技术科学(应用科学理论)和新技术的研究中心……发挥国防科学研究一个重要方面军的作用"。1978年初,学院党委常委会研究决定,"为了多出人才,快出成果,为改变我国兵器的落后面貌作出贡献,急需把我院有限的人力、物力组织起来,用到主攻方向上,这就需要从全局出发,制订我院的长远发展规划"[①]。

为此,学院党委常委会决定,由院革委会副主任林天木负责,组成领导、专家、群众三结合的规划小组,负责制定学院教育科研的长远发展规划(1978—2000)。规划制定工作分为三个阶段:学习中央精神和有关文件,统一思想,提高认识;讨论规划纲要(分成10个问题);全院群众充分讨论。同时要求"各系、专业要订出自己的发展规划,在此基础上形成院发展规划草案,再交全院讨论定稿"。

经过半年多的工作,7月14日,华东工程学院革命委员会印发了《1978—1985年华东工程学院教育发展规划纲要(草案)》,《规划纲要(草案)》在分析学院的性质和定位时指出:"实现四个现代化,关键在于科学技术现代化。科学技术现代化,又在于科学技术人才的培

---

① 制订《华东工程学院发展规划(1978—2000年)》情况通报,华东工程学院简报。

养,基础在教育。我院担负着培养国防科技人才的重任,又是国防科学技术研究的一个重要方面军。多出人才,快出成果,对加速我国的国防现代化具有重大意义。"

《规划纲要(草案)》提出学院"总的战略设想是:三年打基础,八年大提高,二十三年实现赶超"。在经过三年的打基础和大力整顿后,从1980年至1985年,"要基本建成与教育相适应的科研体制,在主要学科的研究方面达到70年代的世界先进水平,在某些基础较好的重点技术基础理论、新技术和测试仪器的研究方面要有新突破,达到或接近当时世界先进水平。使我院初步形成国防科学技术的教育中心和科研中心"。《规划纲要(草案)》同时提出,到2000年,"建成拥有世界水平的、教授专家为骨干的教师队伍和最先进的科学实验基地。在技术基础理论和新技术方面有重大的发明创造,大部分学科领域接近当时世界先进水平,部分要赶上,某些领域处于领先地位。实现既是教育中心,又是科学中心的目标"。

1979年12月24日至1980年1月3日召开的第四次党代会,是在党粉碎"四人帮"之后学院召开的第一次党代会。会议分析了学院面临的形势和任务:"党的十一届三中全会决定把全党的工作着重点转移到'四个现代化'建设上来,这是一个战略性的转变。实现'四个现代化',是我国今后相当长一个时期最大的政治、压倒一切的中心。我们是一个学校,实现工作重点转移,理所当然的就是要转到以教学为中心上面来。我们是一个重点高等院校,还要努力办成科研的中心。按照《高教六十条》的精神,形成教学、科研两个中心,以教学为主,是适合我院情况的。"明朗同志在报告中提出了"动员全院人员为提高教学、科研质量,为培养'又红又专'的国防工业现代化高级技术人才而奋斗,力争把我院建设成为名副其实的全国重点大学"的奋斗目标。

(二) 第二阶段

1984年7月,学校召开第五次党代会,会议总结了上届党代会以来的工作经验,讨论了学院近期工作和愿景规划,提出了学院近七年总的设想:到1990年,要把学院办成一所以工为主,理工管结合,具有特色,机、电、光、化、数、理、文、管门类齐全,军民结合,结构合理的高水平全国重点国防工业院校。

1985年,院党委对学院教育事业发展规划重新作了修订,制定了学院"教育事业发展十年规划(1985—1995)"。根据这个规划,"在未来的十多年时间里,要在着重提高质量的同时,加快数量的发展;要按照保军转民的方针,积极开展科学研究,实现'两个中心'的要求",今后的奋斗目标:"到1990年,把我院建成理工管结合,以工为主,保军转民,具有特色,学科门类较为齐全,结构更为合理的教学、科研中心,成为一所有水平,有特色,有影响的全国重点国防院校。"[①]

第三节 科技发展与科研中心建设

在1978年全国科学大会上,华东工程学院共有16项重大科学技术成果获得全国科学大会奖状。"82科研分队"(科"82")代表张秉钊作为获奖集体代表光荣出席了大会。"科82"于1979年正式列入军事装备序列,"62单兵火箭杀伤弹"和"地炮指挥仪"也被批准设

---

① 1985年4月,冯缵刚院长在学院首届教职工代表大会上的报告。

计定型。

以全国科学大会为标志,学校科研工作进入了一个蓬勃发展的时期。

从1978年学校被列为全国重点院校,特别是全国科学大会后,学院对科研工作地位和作用的认识上升到一个新高度,及时提出了既是教育中心,又是科研中心的建设发展目标,并在实际工作中逐步把科研工作和教学工作并列为学院两大中心工作。至1988年的10年时间里,不断推进体制、机制改革,健全和完善促进教学、科研和各项事业发展的政策措施,学院科研工作与教学工作同步发展,在实现两个中心建设目标的进程中取得了显著成效,成为全国重要的军工科研基地之一。

一、一批科研和学术机构相继成立

1981年3月4日,第五机械工业部批准,华东工程学院弹道研究所建立。弹道研究所的成立,标志着中国的弹道研究开启了新的征程。系(工程热物理与飞行力学系,八系)所合一的体制也开创了学院教学、科研有机结合的新模式。

1982年10月11日,经兵器部批准,学院民用爆破器材研究室建立,1985年4月3日,经兵器部批准,民爆室扩建为民爆器材研究所,对外名称为"兵器工业部民用爆破器材研究所"。1984年11月9日,经兵器部批准,学院计算机应用研究所成立。1985年1月12日,由三系和核工业部903所联合组建的应用化学研究所成立。1987年5月28日,经兵器部批准,学院兵器系统分析研究室成立。1988年一年内,经江苏省、原机电部等批准,学院先后成立地炮-火箭研究所、弹药研究所、近感技术研究所、C^3I系统研究所、近代光学研究所、稀土科学研究所、机器人研究所、计算机集成制造研究所、软科学研究所、光电技术研究所等10多个研究所。

除一批挂靠在学院的全国和地方性专业学术组织外,一批学院内部学术组织也相继成立。1985年5月26日,学院思维科学研究会成立大会暨首次学术讨论会召开,曲作家副院长代表院领导表示热烈祝贺并积极支持开展跨学科的学术活动。1986年11月6日,华工仪器仪表学会成立大会暨首届学术报告会召开。同时,学院软科学研究会、留学教工联谊会成立。1987年5月29日,院青年学者协会成立大会召开。1988年4月20日,学院科学技术协会经院务会议批准成立,并于7月2日召开了首次代表大会。

二、科研和实验条件得到加强

1980年以前,学院仪器设备仅8651台(套),价值2310万元;至1989年,学院共有各类仪器设备达到21634台(套),总价值7318万元[①]。

经过持续不断投入建设,学院科研实验条件具有较大改善,建成了MV-8000高档小型计算机为主的计算中心,汤山靶场试验基地,以3号、4号风洞为主的空气动力学试验中心等。此外还建设了一批具有特色的专项研究的试验设备和模拟实验室。

学院拥有了高速摄影机、脉冲X光摄影仪、振动信号处理和模拟分析系统、高分辨电子显微镜、核磁共振仪、X射线衍射仪、外弹道测速雷达、气相液相色谱仪、红外探测仪、各种型号的瞬态记录仪和磁带机等。

---

① 华东工学院"八五"建设规划。

除一大批当时较为先进的数据采集和信号分析处理系统外,微型计算机在日常科研工作中也得以迅速普及和应用,对于提高科研工作效率,加快科研工作进程发挥了积极作用。

1984年12月1日,院弹道研究所研制的风洞测试、控制、数据处理自动化系统顺利通过了技术鉴定,该系统在国内同量级风洞中达到了先进水平。1985年10月20日,时任国家科委主任宋健等一行6人来校视察,了解弹道研究所的重大发明——序列脉冲激光瞬态全息摄影仪研制情况。

三、科研队伍逐步巩固

随着学院科研项目的增多,科研任务的加重,科研工作的广泛开展,一支以中年教师为骨干的科研队伍迅速成长壮大起来,至1988年,科研编制人数达到500左右。在光学、激光、火工品、内外弹道、力学、控制、测试技术等科研领域涌现出一批学术带头人,他们具有较高的学术造诣,熟悉领域内国内、国际发展动态;长期的科研工作实践使他们养成了严谨的科学态度和团结协作的高尚风格,具有较强的科研组织和领导才能;他们拥有强烈的事业心,对国防现代化建设具有强烈的紧迫感和责任感。

四、科研项目数,科研经费大幅提升

1978年之前,学校每年科研项目20项左右,科研经费约100万元,到1988年,科研项目数达到421项,科研经费达到1089万元。科研项目数和科研经费,均已处于全国高校先进行列。如表4-1所示。

表4-1 1978—1990年科研项目、科研经费统计表①

年度	1978年之前	1978—1982	1983	1984	1985	1986	1987	1988	1989	1990
项目数(项/年)	20	60	97	114	136	237	283	421	463	397
经费数(万元/年)	100	200	309	419	738	729	874	1089	1537	1757

与此同时,学院还组织较大力量申请"863"高技术、国家自然科学基金,以及"火炬计划"等高层次课题和高(新)技术项目。1988年9月,化学工程系汪信博士获得"霍英东教育基金会"首批颁发的金质奖章,并获得该基金会青年教师基金资助。

学院在科研工作中,注意把基础理论研究、应用技术研究和产品开发研究结合起来;把承担国家计划任务和广泛开展对外协作结合起来。至1990年,学院在研的科研项目中,应用基础理论研究项目约占40%,测试技术和方法研究占21%,产品及工艺研究约占23%。

五、改革科技经费管理办法和奖励政策,提高科研管理水平

1979年,学院恢复科研处,负责管理全院的科研计划、经费、成果、学术交流、情报研究和学报出版等工作。

(一)改革科研管理办法

从1984年下半年开始,学院在科研管理方面推行了科研人员编制随科研任务浮动、有偿合同制和基金申请制形式相结合的项目承包制、科研人员有领导的自由结合、经费使用权

---

① 《华东工学院年鉴(1990)》第159页。

下放到项目组等一系列改革举措。

(二) 设立科研发展基金

为加速学院科研步伐,为争取高层次科研基金打好基础,1986年,学院设立了科研发展基金(含青年科研基金),主要面向从事基础科学研究的教师、青年科技工作者、各种横向联合研究会的教师,以及研究新技术、高技术的教师,用于支持开展有深远影响和应用前景的基础研究、应用性基础研究、新技术、交叉技术的预先研究。

为鼓励青年教师积极参与到科研工作中来,基金还优先支持35岁以下的青年科技工作者,自拟科研项目,开展主题新颖和有独创性的课题,效果良好。

(三) 开展科研成果表彰奖励

1986年12月25日,1986年度科研工作和成果授奖大会召开。会议对1986年科研工作进行了总结,研讨了1987年科研工作计划。与此同时,对1985—1986年度学院科研成果进行了集中授奖。对获得国家发明奖、国家科技进步奖、全国发明展览会金银奖以及江苏省科技进步奖等各个获奖项目颁发了奖章、奖牌、奖状和荣誉证书。

(四) 开展获奖学术论文评选活动

1988年初,经作者本人申请、室系两级评议,院统一评定,共评出1987年度获奖学术论文一等奖3篇、二等奖21篇、论文奖89篇。参评论文大多数是发表于国内及国际学术刊物以及国际、国内的学术会议上,一定程度上反映了学院的学术水平和学术面貌。通过评选,调动了广大教师参与学术研究的积极性,促进了学术论文的发表。

六、科研成果产出势头增强

1978—1988年,学院共获得省部级以上奖项204项,其中包括1978年全国科学大会奖16项,其他国家级奖励17项。1977年,78式82毫米无后坐力炮系统、双基推进剂嵌入轴向金属丝、JQ-200型激光全息干涉仪、微波测速雷达等15项科研项目研究成功。1978年,学院62毫米单兵火箭空炸钢珠弹、72式85毫米高射炮、130火箭练习弹、内弹道势平衡理论、格拉菲斯裂纹问题的幂级数解法及应用等23个研究项目研究成功。之后,学院每年都有一批科研成果通过鉴定。如表4-2所示。

1980年,全院教职工发表学术论文228篇,其中仅有4篇在国际学术刊物(会议)发表,到1988年,发表论文数达到594篇,国际学术刊物(会议)发表达到73篇。如表4-3所示。

表4-2 科研成果获奖统计表(1978—1990年)[①]

年度	获奖数(项目数)	国家级						省部级							
		发明奖		科技进步奖			科技大会奖	科技进步奖					技改奖		科技大会奖
		二等	三等	四等	一等	二等	三等		特等	一等	二等	三等	四等	一等	二等	
1978	39(39)							16								23
1979	9(9)											4	5			
1980	13(13)									1	3	7	2			

---

① 《华东工学院年鉴(1990)》第167页。

续表

年度	获奖数(项目数)	国家级							省部级							
		发明奖			科技进步奖			科技大会奖	科技进步奖					技改奖		科技大会奖
		二等	三等	四等	一等	二等	三等		特等	一等	二等	三等	四等	一等	二等	
1981	4(4)												2	1	1	
1982	8(7)										3	2		1		
1983	7(7)		2								1	4				
1984	14(13)								1	2	3	7	1			
1985	36(34)					3	7			3	11	11	1			
1986	36(29)								3	20	3	9	1			
1987	26(26)				1	1	1	1		8	11	3				
1988	12(12)	1			1					2	5	2	1			
1989	17(17)			1						5	7	4				
1990		1	2			2	2		5	10	20	5				
总计	268(252)	4	3	2	6	10	16	1	9	55	96	59	8	3	23	

表4-3　1980—1989年发表论文统计表①

年　度	1980	1981	1982	1983	1984	1985	1986	1987	1988	1989
发表总数	228	269	411	563	451	635	464	655	594	557
国际学术刊物（会议）发表	4	7	5	8	16	11	10	34	73	70
国内学术刊物（会议）发表	224	262	406	555	435	624	454	621	521	487

（一）在科研成果中，多项成果成为国内第一，填补了国内空白，达到、接近或相当于国际水平

1982年，四系研制成功的内弹道测速雷达已生产6台并投入使用，填补了我国测定膛内弹丸速度方面的空白，具有国内先进水平。1982年，302教研室与上海南汇化工厂合作，经过一年多的刻苦努力，对甲苯二胺催化加氢关键技术进行了开发研究，终于研制成功甲苯二胺催化加氢技术，填补了我国相关研究的空白。

1983年9月，学院401教研室和工厂合作，在南京、上海有关单位的大力协助下，研制成功我国第一台口径为150毫米的棱镜透镜干涉仪，在南京通过了部级鉴定。该仪器的质量达到了国外的同类型产品的水准，它的研制成功，为我国填补了高精度、大型光学仪器生产的空白。同时一台样机送入国家计量科学研究院投入使用。

1987年10月22日，由学院机器人研究室承担研制的我国第一台实用防爆型机器人——"QYR"防爆机器人通过了国家机械委的技术鉴定，这个机器人在防爆性、经济实用

---

① 《华东工学院年鉴(1990)》第168页。

性等方面均达到国内先进水平。它标志着我国研制的机器人已经开始逐渐从科研单位走向生产第一线。

1988年1月,由学院机器人研究室与南京微分电机厂合作研制的HW-PJ-1型工业喷漆机器人通过了南京市组织的技术鉴定,这是我国第一台经济型喷漆机器人,具备工业喷漆作业所必需的功能。

(二) 多项成果开创了学院的第一次

1981年,学校105教研室协助某厂研究的某轻机枪冷热平均弹着点偏移问题和303教研室研制的火工药剂,均获得国务院国防工业办公室重大技术改进四等奖;六系的MCS-O52微型计算机系统和物理教研室的HQ-1全息照相试验台,分别获第五机械工业部技术改进成果一等奖和二等奖。1984年1月,陈舒林教授和李凤生助理工程师合作完成的《双基推进剂嵌入长金属丝的技术》和《金属丝涂层和制备工艺》,分别获得国家发明三等奖。这是学院首次获得国家发明奖。

化工学院火药研究室主任赵宝昌领衔的课题组研制的"硝铵胍火药"继1983年获得国防科工委重大科技成果一等奖,1986年获得国家机械委科技进步一等奖后,1987年"硝铵胍三基发射药"又获得国家科技进步一等奖。

1987年4月9日,第十五届日内瓦国际发明与新技术展览会发布了发明者获奖名单,并举行了授奖仪式。学院参展的3个项目全部获奖。其中三系的吴杉楠等发明的《高效干粉泡沫灭火弹》以及吉法祥等发明的《新型充气式水上个人救生装置》获得大会银奖,一系王宗支等发明的《保险式气枪》获得大会铜奖。这也是学院首次获得国际发明展览会奖。

(三) 一系列的科研成果不仅为兵器行业,也为江苏、南京争得了荣誉

101教研室唐治等与湖南某厂合作研制成功新一代的迫击炮,全炮质量、射程、散射散布、弹身等各项指标全部符合要求。这次研制成的新一代迫击炮,前后经历15次不同的试验,其中包括国家靶场试验等,该炮与国外同类型炮相比较,如和法国的MO-60-63炮及芬兰的太普勒炮相比,重量轻,射程远,射弹散布方面不相上下。新式迫击炮在1984年湖南省科工委国庆35周年科研成果表彰大会上,荣获一等奖。

1985年3月,学院接受了研制新式礼炮的任务,为此专门成立了礼炮弹研制小组。1986年5月,该项目通过了国家有关部门的技术鉴定。新式礼炮具有能够充分利用能量,污染性小,声音浑厚,性能稳定等特点,在1986年10月13日,我国举行的一次重要外事接待中,首次使用这种新式礼炮。

1986年10月20日,贺安之教授等发明的瞬态流场高速多幅干涉仪在第二届全国发明展览会上获金奖。这是南京地区参展的29个项目中唯一获金奖的项目。学院5项参展项目中另有两项获银奖。

(四) 一些成果被列入国家标准

七系章渭基副教授等人制定的"不合格品率的计量抽样检查程序及图表"被国家标准局国标(1986)193号函定为国家标准,编号为GB—637886,该标准自1987年5月1日起施行。

七、学术活动氛围浓厚

1977年10月,经过倪明谦、张家新和王天运等同志前期筹备,学院学报编审委员会成

立,《华东工程学院学报》创刊出版,成为学院师生发表最新科研成果论文,开展学术交流的重要窗口。1988年10月,《华东工学院学报(哲学社会科学版)》出版,为学院加强哲学、社会科学、人文科学研究,加强党的思想理论和社会主义精神文明建设提供了又一个重要平台。1981年,学院还创办了教学研究刊物《高教研究》,是国内最早创办的该类刊物之一;1984年创办了弹道学专业刊物《弹道学刊》(1989年1月更名为《弹道学报》);1985年创办了以兵工高教研究为主的《兵工高等教育研究》、大型文摘期刊《高教文摘》等。

从1977年开始,学院每年举办科学报告会。在1977年7月4日至12日举行的1977年科学报告会开幕式上,学院党委书记周伯藩作了"树雄心、立壮志、勇攀科学技术高峰,向世界先进水平进军"的讲话。这次报告会分为5个会场,共举行了20场报告,50余个专题报告,有167篇论文在会上进行了学术交流。1980年10月15日,学院召开"庆祝建院20周年大会",作为庆祝建院20周年活动的重要组成部分,学院举行了第二届学术报告会,共有233篇论文在会上交流。

在1981年10月26日至12月3日举行的年度科学报告会上,收到学术论文280多篇,其中选出187篇作为会议交流报告。1983年科学报告会论文达到369篇,1985年达到402篇,1990年达到671篇。如表4-4所示。

表4-4 历年科学报告会论文统计[①]

年份	1977	1980	1981	1982	1983	1984	1985	1990
论文篇数	167	234	195	220	369	54(微机专场)	402	671

八、科技服务迅速发展

"我们注意把科研方向引向直接为经济建设服务的主战场"[②]。在"经济建设必须依靠科学技术,科学技术必须面向经济建设""军民结合、平战结合""保军转民"等一系列方针政策指引下,学院发挥科技和人才优势,积极面向国民经济主战场,主动开展科技支持和服务,取得了较好成绩。

1979年12月25日至27日,学校"HQ-1型全息照相实验台鉴定会"召开,这是国内首次向高等院校供应的价格便宜的全息实验仪器。

1981年6月9日,学院使用聚能爆破切割技术,成功实现聚能爆破,协助"渤海二号"沉船解体打捞,使沉垫顺利浮出海面。这也是我国非电导爆系统用于深水起爆首次成功,标志着我国进入了这一技术领域的国际先进行列。"渤海二号"钻井船是1973年由国外引进的一艘自升式钻井平台,1979年11月25日,在渤海湾迁移井位拖航作业途中翻沉,死亡72人,直接经济损失达3700多万元。

1985年至1988年承建的上海港1号煤码头大型自动化控制工程,其先进的技术和装备水平,可与外国同类工程媲美,得到建设单位的赞扬,为学院赢得了荣誉。

1984年5月,学院成立了科技服务部,统筹协调学院对外科技服务和协作。

---

① 来源:《华东工学院年鉴(1990)》第167页。
② 1988年6月,曲作家书记在校第六次党代会上的工作报告。

科技服务的形式,从单项成果转让、协作,发展到联合开发、合资经营、项目承包;从单位与单位之间的合作,发展到地区、行业间的长期合作;从已有军工技术的推广应用,发展到吸收消化、开发创新;从单个接收进修、代培、举办各类短训班,发展到有计划的长期代培、联合办学;从单纯用行政办法、无偿转让,发展到有偿转让、运用市场机制进行调节,进而发展到各种公司、中心的建立,开辟了多形式的技术市场。

科技服务的范围,先是在江苏南京、盐城、连云港、无锡等市县,后在湖南醴陵、浙江等十多个市县建立了长期、广泛、全面的合作关系。

建立教学、科研、生产联合体。通过建立华工淮安车辆厂、江宁陶吴火工品厂、江宁营房水处理剂厂、靖江第二阀门厂等,较好地实现人才技术和管理的转移。与湖南醴陵联合成立华工醴陵烟花研究所、与四川903所联合成立应用化学研究所等,共同研究开发新产品。

在科技成果的推广应用上,通过签订配方、推广协议等,实现技术上的产销结合,加快了技术商品化的速度,扩大了技术转移的规模。

此外,还通过开展业务代培、举办各类短训班、大专班等,实现了智力交流和服务。

第四节 学科建设和研究生教育

改革开放后,学院学科建设和研究生教育经历了从起步,到快速发展阶段。随着教育事业发展和教育培养制度的健全,学院在推进学科、专业调整发展的同时,逐步建立和完善研究生教育培养体系。

一、构建学院研究生教育体系

学院研究生教育1978年开始起步。

1978年,中国实行改革和对外开放政策以后,立即恢复了招收培养研究生制度。当年9月,学院招收的首届55名研究生入学。初期,学院研究生招生、培养和日常管理工作由院教务处负责。

1980年,学院在教务处设立师资研究生科,负责师资培养和研究生教育。1981年2月,师资培养工作归属院人事处后,在师资研究生科基础上成立了研究生科。

1981年11月,首届涉及13个专业的51名研究生全部通过答辩,顺利毕业。

1983年,学院在校研究生已接近200人。为适应研究生教育培养的需要,1983年10月,经兵器工业部教育局批准,学院成立研究生部,建立了研究生部党总支委员会。研究生部下设部办公室、招生培养办公室、教育班,统筹学院研究生的招生、培养、教育、管理、分配等工作,从此,学院研究生教育管理体制逐步健全,学院、部、系到教研室的管理机制日趋完善。

研究生部成立后,学院研究生教育进入了一个较快发展阶段,1985年、1986年各类研究生录取总数都在240人以上;1987年,在校研究生总数超过700人。

为改善办学条件,学院于1984年建成了两栋可供800名研究生住宿的宿舍楼。

1988年之后,随着国家治理整顿方针政策的实施,研究生教育进入调整发展规模、巩固和提高办学质量的时期。学院研究生规模进入一个相对稳定的发展时期。

在研究生培养方面,1979年后,初期入学的几届研究生,由于学历、经历的不同和基础理论水平的差异,在入学后,学院对他们进一步加强基础和科研能力训练,强化了16门以上基础课和专业课的学习。

1982年,学院对研究生培养方案进行改革开放以来的第一次全面修订。在总结前几年研究生教育实践经验的基础上,编制了研究生课程目录和350余门研究生课程的教学大纲,制定了研究生教学组织、学籍管理、成绩考核等规章制度。1983年开始,学院对照教育部《研究生外国语学习和考试的规定》,将研究生外语学习分为语言基础、阅读、听说写作三门课,并将外语教学课时增加到三学期216学时。在专业课程设置上,根据现代科学发展的特点和趋势,注意学科间的横向渗透和边缘学科的发展。大纲更加注重培养研究生自学能力,应用外语能力,科技情报检索、获取和应用能力,综合运用所学基础理论分析、解决问题的能力,科学实验和计算机应用能力,论文写作与表达能力,组织管理与社会活动能力等。

1986年,根据研究生招生专业扩大的情况,学院再次组织人员对研究生课程目录进行修订,研究生课程的教学大纲扩展到了650余门。外语教学时间由三个学期改为两个学期,由大班上课改为小班上课,对硕士生进行分级教学,为研究生提供了三次学位考试机会。

为适应工矿企业、工程建设单位对高级专门人才的需求,1986年起,学院开始开设培养工程型硕士生的试点;1989年,扩大了工程型硕士生培养试点规模,并制订了各专业工程型硕士生培养方案。

二、学位授权点与学科建设发展

1980年2月12日,中华人民共和国第五届全国人民代表大会常务委员会第十三次会议审议通过了《中华人民共和国学位条例》,并于1981年1月1日起施行。1981年2月24日,国务院学位委员会颁布了《关于审定学位授予单位的原则和办法》;5月20日,国务院又批准了《中华人民共和国学位条例暂行实施办法》,制定了学士、硕士、博士三级学位的学术标准,中国学位制度从此建立。

1981年5月20日,学院向兵器工业部提交了关于建立学位评定委员会的报告,12月28日,得到兵器工业部学位委员会批准,学院学位委员会正式成立,沈正功教授任首任主任。与此同时,学院制定建立了《学位授予工作条例》和《答辩工作细则》等工作制度。

1981年11月3日,国务院学位委员会批准了我国首批授予硕士学位单位及其学科、专业,硕士学位授予单位358个,硕士学位的学科、专业点3185个。学院通信与电子系统等12个学科获硕士学位授予权。

11月25日,国务院学位委员会批准了我国首批授予博士学位单位及其学科、专业和博士生指导教师名单,这次批准的首批博士学位授予单位共151个,博士学位授予单位的学科、专业点812个,可以指导博士研究生的导师1155人。学校弹道学、含能材料、火炮与自动武器等3个学科为首批博士学位授予专业;浦发、鲍廷钰、肖学忠、张宇健、于道文5位教授为博士生指导教师。

1986年8月,国家教委同意授予学院教师职务评审委员会副教授任职资格审定权。1978年至1990年学院博士学位授权学科与硕士学位授权学科变化情况如表4-5所示。

表4-5 1978—1990年学院博士学位授权学科与硕士学位授权学科变化情况

时间	变化情况	获批博士学位授权学科、获批博导			获批硕士学位授权学科	
		数量	学科名称	博导	数量	学科名称、专业
1981年11月	国务院学位委员会批准了我国首批授予博士、硕士学位单位及其学科、专业和博士生指导教师名单。学院有3个学科获博士学位授予权;12个学科获硕士学位授予权;有5名教授被批准为博士生指导教师。	3	火炮与自动武器 含能材料 弹道学	于道文 肖学忠 张宇建 鲍廷钰 浦发	12	物理化学(含化学物理) 通信与电子系统 信号、电路与系统 电磁场与微波技术 自动控制理论及应用 固体火箭发动机及推进剂 火炮与自动武器 炮弹、火箭弹及导弹战斗部 引信技术 含能材料 弹道学 军事技术运筹学
1984年1月13日	国务院学位委员会第二批批准,学院李鸿志为博士生指导教师;兵器结构与制造工程、兵器系统工程、军用光学等3个学科为硕士学位授权学科、专业。	3	火炮与自动武器 含能材料 弹道学	于道文 李鸿志 肖学忠 张宇建 鲍廷钰 浦 发	15	物理化学(含化学物理) 通信与电子系统 信号、电路与系统 电磁场与微波技术 自动控制理论及应用 固体火箭发动机及推进剂 火炮与自动武器 炮弹、火箭弹及导弹战斗部 引信技术 含能材料 弹道学 军事技术运筹学 兵器结构与制造工程 兵器系统工程 军用光学
1986年7月28日	国务院学位委员会第三批批准,学院炮弹、火箭弹及导弹战斗部,引信技术,军用光学,兵器火力控制系统等4个学科为博士学位授权学科;陆家鹏、张月林、王泽山、李福平、陈舒林、汤明钧、金志明、徐明友、魏惠之、陈庆生、陶纯堪、冯缵刚等12人为博士生指导教师;固体力学,流体力学,振动、冲击、噪声,计算机应用,火箭、导弹发射技术,火工、烟火技术,爆炸力学,光电技术,兵器火力控制系统等9个学科为硕士学位授权学科、专业。	7	火炮与自动武器 含能材料 弹道学 炮弹、火箭弹及导弹战斗部 引信技术 军用光学 兵器火力控制系统	于道文 李鸿志 陆家鹏 张月林 肖学忠 张宇建 王泽山 李福平 陈舒林 汤明钧 鲍廷钰 浦 发 金志明 徐明友 魏惠之 陈庆生 陶纯堪 冯缵刚	24	物理化学(含化学物理) 通信与电子系统 信号、电路与系统 电磁场与微波技术 自动控制理论及应用 固体火箭发动机及推进剂 火炮与自动武器 炮弹、火箭弹及导弹战斗部 引信技术 含能材料 弹道学 军事技术运筹学 兵器结构与制造工程 兵器系统工程 军用光学 固体力学 流体力学 振动、冲击、噪声 计算机应用 火箭、导弹发射技术 火工、烟火技术 爆炸力学 光电技术 兵器火力控制系统

续表

时间	变化情况	获批博士学位授权学科、获批博导			获批硕士学位授权学科	
		数量	学科名称	博导	数量	学科名称、专业
1990年10月	国务院学位委员会第四批批准，学院兵器系统工程，火箭、导弹发射技术，火工、烟火技术3个学科为博士学位授权学科；朱明武、郭锡福、赵有守、张清泰、张保民、郭治、黄治同、张福祥、戴实之、刘国岁、方大纲等11人为博士生指导教师；测试计量技术及仪器，应用化学，环境化工，金属材料及热处理，模式识别与智能控制，兵器安全技术等6个学科为硕士学位授权学科专业，原"兵器结构与制造工程"调整分成机械制造和机械学两个学科专业，原"信号、电路与系统"调整分成电路与系统和信号与信息处理两个学科、专业。同时，"固体火箭发动机及推进剂"学科专业更名为"火箭发动机"；"炮弹、火箭弹及导弹战斗部"学科专业更名为"弹药战斗部工程"；"爆炸力学"学科专业更名为"爆炸理论及应用"；"光电技术"学科专业更名为"物理电子学与光电子学"；"兵器火力控制系统"学科专业更名为"火力控制系统"。	10	火炮与自动武器 含能材料 弹道学 弹药战斗部工程 引信技术 军用光学 火力控制系统 兵器系统工程 火箭、导弹发射技术 火工、烟火技术	于道文 李鸿志 陆家鹏 张月林 朱明武 肖学忠 张宇建 王泽山 李福平 陈舒林 汤明钧 鲍廷钰 浦发 金志明 徐明友 郭锡福 魏惠之 赵有守 陈庆生 张清泰 陶纯堪 张保民 冯缵刚 郭治 黄治同 张福祥 戴实之 刘国岁("通信与电子系统"系无权学科，挂靠西安电子科技大学) 方大纲("电磁场与微波技术"系无权学科，挂靠电子科技大学)	32	物理化学 通信与电子系统 电磁场与微波技术 自动控制理论及应用 火箭发动机 火炮与自动武器 弹药战斗部工程 引信技术 含能材料 弹道学 军事技术运筹学 兵器系统工程 军用光学 固体力学 流体力学 振动、冲击、噪声 计算机应用 火箭、导弹发射技术 火工、烟火技术 爆炸理论及应用 物理电子学与光电子学 ☆火力控制系统 测试计量技术及仪器 应用化学 环境化工 金属材料及热处理 模式识别与智能控制 兵器安全技术 机械制造 机械学 电路与系统 信号与信息处理

第五节　本科教育教学工作

改革开放后,教学、科研逐步成为学院的中心工作。继 1963 年、1972 年第一、第二次教学工作会议之后,学校分别于 1980 年、1983 年召开了第三、第四次教学工作会议,对专业调整、师资队伍建设等作出规划,提出工作目标和要求。

一、加快专业建设调整步伐

重新恢复高考后,中国的高等教育逐步得到全面改革和调整。为适应经济社会发展对专业人才的需求,各高校开始对相关专业进行恢复、调整或重新设置。对于一些已经明显不适应当时社会发展需要的陈旧专业予以削减,并新增了一批学科专业。

学院由军工专业起家,军工专业的基础条件比较好,有较强的教学和科研能力,形成了一定的特色和优势。但是军工专业面向的局限性,一定程度限制了学院更好地为社会主义建设服务,加之学院一度处于军工保密的封闭系统内,与社会接触和交流很少,这与教育要为社会主义建设服务的要求极不适配。

为了改变这种状况,在专业建设上,既要保持军工特色,发挥、发展军工专业的技术优势,更好地为国防现代化服务,又要下大工夫面向通用领域开展科学研究和技术开发,向力所能及的技术应用领域延伸,拓宽专业面向,建立新的专业,构建多种教育层次,扩大服务面向和范围。因此,调整、改造老旧传统专业,建设、发展新专业势在必行。

根据国防工业办公室 1979 年专业调整会议精神,1980 年 4 月 4 日,学院召开了第三次教学工作会议,着重研究教学体制和专业调整问题。经过讨论,会议确定学科专业调整大的方针是,系的体制不做大的变动,对部分专业做出调整:

一系火炮随动专业、四系指挥仪专业与计算机系合并,成立计算机与自动控制系,系设硬件、软件和自控三个专业。

二系非接触引信专业与基础课部的无线电教研室调整到四系,成立电子工程与光电技术系,系设电子技术、雷达信号处理、无线电引信、夜视、工程光学 5 个专业。

五系机械制造与工艺设备专业改为机械制造工艺及设备自动化专业,扩大专业范围,更新专业内容。基础课部机械原理与机械零件、机械制图两个教研室调整到五系。

申请新建环境工程、电子技术、微波技术、应用数学和应用力学专业。

这次教学工作会议,使学院专业设置向着拓宽专业口径、增强专业适应性,推进军民结合和改造专业结构的方向迈出了重要一步。

改革开放后,由于一度缺乏对学科专业的统一规划,面对学科专业的急剧变革要求,一些高校对学科专业的设置带有较强的随意性和盲目性。

为规范学科专业的科学发展,及时修订原有学科专业目录,从 1982 年开始,教育部组织研究修订本科各学科的专业目录。1985 年《中共中央关于教育体制改革的决定》中明确指出,要"重视国民经济和社会发展急需的短线、薄弱专业","扶持新兴和边缘学科的成长"。

1985 年 4 月 25 日,教育部下发了《高等工业学校工科本科专业名称整理调整方案》,这次专业名称调整,"主要是为了解决专业划分过细,拓宽专业业务氛围",除了一些专业名称的调整外,还涉及一些专业的合并及一些专业的分设。文件要求"从 1985 年秋季起,各校原设专业招生时的名称即应按照这次批准的整理调整的方案"①。《方案》中,华东工学院涉及调整专业名称的专业共23个,如表4-6所示。

表4-6　华东工学院涉及调整专业名称

序号	专业编号	调整后的专业名称	学院原设专业名称
1	0401	金属材料与热处理	金属材料及热处理
2	0501	机械制造工艺与设备	机械制造工艺、设备及自动化
3	0602	光学仪器	光学工程
4	0901	无线电技术	电子技术
5	0902	电子工程	雷达
6	0910	计算机及应用	电子计算机
7	0911	计算机软件	计算机软件
8	0912	自动控制	自动控制
9	1401	环境工程	环境工程
10	军0201	弹药与战斗部工程	炮弹
11	军0202	火箭弹	火箭弹
12	军0205	火工与烟火技术	火工品
13	军0206	引信技术	机电引信
14	军0207	近感引信及检测技术	无线电引信
15	军0208	火炮	火炮
16	军0209	自动武器	自动武器
17	军0211	火箭导弹发射技术与设备	火箭发射装置
18	军0501	固体推进剂	火药
19	军0502	炸药及有机化工	炸药
20	军0801	光电成像技术	夜视技术
21	军1006	内弹道	内弹道
22	军1007	外弹道	外弹道
23	试31	系统工程	火力控制系统工程

5月,经教育部批准,学院新建环境监测、仪表及测试系统、机械设计及制造、机械制造电子控制与检测、工业会计、工业统计、科技情报工程7个专业。

1985年5月4日,学院召开教学工作会议,根据教育部批复的专业设置调整情况进行学习动员。邱凤昌副院长就学院专业设置的演变,专业设置面临的形势与问题,专业调整改造和新建原则,调整、改造、新建专业的方案4个方面内容作了报告。

在专业建设上,既要保持军工特色,发挥、发展军工专业的技术优势,更好地为国防现代化服务,又要面向新的世界性的技术革命的挑战,根据国内经济体制改革和"四个现代化"建设需要,下大工夫拓宽专业面,建立新的专业和多种教育层次,扩大服务面向和范围。为此,学院按照兵工系统保军转民的方针,加快改造老专业,建设新专业。

一是建立以工为主,理工结合,工管结合,兼有财、文、政的综合性专业结构。为此,增设了应用数学、工程力学等应用理科专业,并为增设人文、管理工程、社会科学方面的专业积极创造条件。

---

① 关于批准高等工业学校工科本科专业名称整理调整方案的通知(教高二字〔85〕008号)。

二是发展新兴学科、边缘学科和前沿学科,并逐步推出这些学科专业或以这些学科为主干的工程技术、技术科学专业。

三是改造和建设老专业。按照保军转民方针的要求,对现有军工专业逐步实行军民结合、亦军亦民的建设发展政策,培养军民两用人才。

至1985年12月,按照调整后的工科本科《专业目录》,学院已设置10个系,27个专业,办学规模初步扩大。

1986年之后,学院系及专业调整、改造势头进一步增强。1月,学院成立社会科学系(十五系),开设本科或专科的马克思主义基础理论、思想政治工作、政治理论、秘书等专业。其培养方向主要为兵器工业部所属单位输送党政干部。

1986年2月14日,兵器工业部批准学院增设5个本科专业:数学(师范)、热能工程(由原"内弹道"专业改建)、工程力学(由原外弹道专业改建)、工业统计(由原筹建专业改为正式专业)、工业会计(由原筹建专业改为正式专业)。至此,学院本科专业增至33个。

1987年2月,国家机械工业委员会组建后,学院划归国家机械委管理。学院加快系和专业改革、加快传统专业改造的步伐进一步推进。1987年10月,学院先后成立枪炮、弹药和引信、弹道3个专业教学指导委员会,负责研究制定专业人才培养大纲和专业课要求规范。10月22日,教育部批准火箭弹专业改建为机械设计及制造专业;10月31日,学院决定撤销基础课部,所属十一系、十二系、十三系、十四系由学院直接领导,十二系的学生归八系统一管理。

1988年2月13日,经机械委教育司批准,学院火工与烟火技术专业改为工业化学专业,固体推进剂专业改为化学工程专业。同年7月23日,根据国家机械委批复精神,学院成立化工学院。11月2日,经国家教委批准,学院增设工业外贸本科专业。

"根据面向整个经济建设,保持军工特色,积极发展通用专业的指导思想",经过连续几年持续不断地专业改造和调整,至1988年6月,"军工专业比例由4年前的60.9%降到了38.2%"。[①]

二、壮大师资队伍

1978年初,在制定学院年度工作要点时,把"加快师资队伍建设,提高教育质量",作为"加快学院建设速度"的首要任务[②],认为"加快师资队伍建设,是当务之急","必须争时间,加快师资队伍建设"。

经过持续不断建设,学院教师队伍有了较快增长,经过十多年发展,教职工总数由1976年的2243人、1978年的2542人,增加到1988年的3714人(1990年达3791人),专任教师由1976年的851人、1978年951人,增加到1988年的1255人(1990年达1344人)[③]。

在规模扩大的同时,学院采取一系列措施,加速提高师资队伍水平,助力广大教师促进

---

① 1988年6月27日,曲作家《加快和深化改革,为把我院建成适应社会主义建设需要的第一流大学而奋斗——在中国共产党华东工学院第六次代表大会上的工作报告》。

② 1978年工作要点。

③ 《华东工学院年鉴(1990)》第108页。

知识更新,完善知识结构。1980年代前后,学院先后举办了青年教师基础理论进修班、算法语言培训班,及英语、德语、法语进修班、俄语提高班等,全院700多名教师先后参加。通过进修,有效地提高了教师的基础理论水平、计算机和外语应用水平,较快缩小了教师在知识结构上的时代差距。特别是通过外语培训,为各教研室、研究室的教师出国深造、参加国际学术交流创造了条件。

1983年召开的学院第四次教学工作会议,对加快师资队伍建设提出了新的目标和要求:

(1) 争取在几年内,学院的数学、物理、化学、力学、电学五大学科和各专业主干学科,以及决定专业发展的主要分支学科都能够形成学术梯队,其中一批副教授能够达到教授水平,讲师达到副教授水平。

(2) 中年教师进修提高的主要方向是改善知识结构和能力结构,提高科研水平。要结合教学、科研任务,通过在职进修,参加讨论班、读书班,缺什么,补什么。学院也将根据专业和教研室学科发展的需要,有计划地安排一些教师离职深造。教师自身要明确学科方向,参加学术梯队;扩大知识领域,改善知识结构;积极承担科研任务,改善能力结构。

(3) 精心培养青年教师。要求大学本科毕业生从毕业之日起,在五年内先过教学关、基础理论关、外语关。要求硕士研究生从毕业之日起,在五年内除过好教学关、外语关外,还要过好实验关,参加科研任务。

(4) 提高实验技术人员水平。在实验技术人员中,急需充实和大力培养高级技术人员,精密贵重仪器维修人员,配备大型设备操作人员。培养提高实验技术人员的方式主要是参加短期培训。

根据这次教学工作会议精神和要求,学院教师队伍建设的力度不断加强。至1985年,学院就已确定学术带头人及导师59人,建立起学科17个,其中重点学科12个,新兴学科5个,组建学科梯队36个。

1978年,学院仅有正副教授等高级职称人员32人,1988年正副教授等高级职称人员已达到481人(1990年达713人),一大批学术骨干逐步成为各专业和学术梯队的带头人。

三、加快教学改革,努力提高教学质量

随着改革开放深入发展,社会对人才的需求也越发强烈。这种需求不仅体现在数量的增长上,还体现在不同层次和不同规格上。这对学院办学提出了新的更高的要求。

改革开放之后,学院招生人数、毕业人数和在校生数都在逐年增加。1978年在校生规模2443人,到1988年达到9072人(1990年达10450人)①。办学层次也从本科生为主,发展到涵盖博士研究生、硕士研究生、专科生和夜大、函大等继续教育各类学生。

为适应国家和社会发展对人才要求的不断变化,在办学规模扩大的同时,为了确保教学质量,学院加强教学改革,不断完善各项教学保障措施,努力提高教学水平。

(一) 三次修订教学计划

从1978年至1988年的10年,学院分别于1981年、1984年和1988年进行了三次较大、较全面的教学计划修订工作。

---

① 《华东工学院年鉴(1990)》第133页。

1981年的修订,主要是加强学科基础,拓宽专业面,改善学生的知识和能力结构,增强学生对毕业后工作的适应能力。这次修订中,将全院专业按照学科性质归并为10大类,每个大类体现一个工程技术学科,如机械工程类、化学工程类、自动控制类等。属于同一工程类的专业,用三年或更多一点的时间,打好共同的学科基础,用不到一年的时间学习有关专业知识,且专业知识也着重在专业基础方面。这次修订,使当时占全院专业总数60%的军工兵器专业,向着军民相通、亦军亦民的方向过渡迈出了重要一步,极大地改善了学生的知识和能力结构,扩宽了专业面向和服务范围,为军工专业的调整、改造和新专业的增设打下了较好的基础。经过其后几年的调整、改造和新建,学院专业结构发生很大改变,从之前单一色的军工专业发展成为以工为主,军民相通,理、经、管多学科相结合的专业结构。

1984年的修订,主要是减少课内讲课时数,增加学生的自习时间;开始实施学分制,增加学生学习的灵活性和自由度;为落实能力培养作出全面安排。教育计划全面修订后,各专业普遍减少课内200学时左右,在增加管理课、情报检索课的情况下,四年课内总学时从原来的2700~2800学时,降为2500~2600学时,开设选修课200多门,为学生能力的培养创造了有利条件,促进了学生各种能力的提高。

1988年的修订,主要是为适应坚持社会主义办学方向的要求,把德育放在首位,努力培养社会主义事业的建设者和接班人,根据对德智体几方面的要求对教学计划进行修订调整,明确德育系列课,落实在教学时间、教学环节上。这次修订,同时强化了学生的能力培养,尤其是工程实践能力的培养。

经过三次较大、较全面的教学计划的修订,调整了各类课程时数的比例,思想政治教育以及德育教育课时有所加强。在保证必要的公共课和基础课时数的前提下,突出并落实了学生能力的培养,改善了学生的知识和能力结构,增强了学习的灵活性和毕业后对工作的适应性,更好地满足了社会对专业人才政治、业务素质的需要。

(二) 开展以培养学生能力和提高教学质量为中心的课堂教学改革

学院从1981年开始,连续在1980级、1984级和1987级中,组织开办教学改革试点班。在试点班中,减少理论讲课课时,改进教学方法,增加学生自学时间;改革实践性教学环节,增加设计型实验等。通过试点,积累了经验,又推动了面上的改革。

(三) 试行学分制

1981年9月,继学院研究生试行学分制后,该学期又在三系1981级本科生中试行学分制。

1985年,学院决定在1985级入学后,开始全面实行学分制。6月,学院制定了《学分制教学管理工作细则(试行)》。

(四) 开展教学成果奖评选

1985年10月,学院印发"教学改革成果奖评定试行办法"。12月12日,公布了年度教学改革成果奖的评定结果。评选奖励制度进一步激发了广大教师大胆尝试,积极探索,更新教学内容,改革教学方法,提高教学质量的积极性,至1990年,教职工发表教学研究和改革论文达到1007篇,创造了良好的社会效益①。

---

① 《华东工学院年鉴第(1990)》128页。

（五）不断完善各种教学管理规章制度

几年时间里，学院在抓紧制订完善教学计划、教学大纲、实施计划的同时，推进计算机辅助教学管理系统、教学信息库的不断完善。教学统计和分析工作逐步规范。每个学期开展三次教学检查，坚持和完善各级领导听课、查课制度。从1981年开始探索实施学生给老师打分评教制度。狠抓考试纪律和课堂纪律，治理教学环境，整顿教学秩序。坚持学籍处理严而有格，活而有度。在学生中推进竞赛、评优、推免等制度，在教师中设立教学质量奖、实施教学工作量制度，鼓励教师开展教学研究等。

四、实验实习，图书教材，学生住宿等条件保障取得较快发展

1977年后，学院基本建设投资加快，新建了8栋学生宿舍楼，18栋教职工宿舍楼，以及教学楼、电工楼、计算机楼、化工和化学楼、民爆楼、弹道所楼、学生食堂等，教学和生活用房有了较大改善，基本保证了教学、科研所需。

1987年5月，图书馆（现致知楼）、第二教学楼正式交付使用，两楼总面积为26780平方米，总投资1317.26万元。8月17日，学院投资99.22万元，新建的3850平方米（建筑面积）学生宿舍提前竣工验收，并交付使用。10月13日，学院紫麓宾馆正式验收，该宾馆建筑面积为2500平方米，投资205.98万元。1987年9月10日，学院教学主楼（现致远楼）打下桩基，工程开工，该楼总面积19023平方米。9月19日，学院风雨操场（原第一运动场）破土动工。

学院还大量投资，购置更新了一大批实验仪器设备。1981年后，首先对物理、化学、力学、电学等主要基础实验室进行了重点投资，使其实验环境条件得到较大改善。至1990年，学院教学、科研用仪器设备达到20000余台（套），价值6550万元，其中5万元以上大型、精密、贵重仪器设备115台（套）。

学院重点建设一批实验室，新组建了振动中心、仪器仪表分析中心、电教中心、计算中心、靶场试验中心等。对中间弹道实验室、弹药实验室、自动武器实验室、风洞实验室、火箭发动机实验室、无线电技术实验室、非电量测量研究实验室、烟火研究实验室、多相云爆研究实验室、含能材料实验室、计算机集成制造中心实验室、近感技术与检测实验室等重点专业、重点学科实验室加大了建设力度，实验室条件得到较大改善。

经过几年的建设投入，已基本建成适应学院教学、科研所需要的实验平台，实验条件得到较大改善。一些实验室和实验项目，在国内处于领先水平。至1990年，学院共有实验室、研究室82个，靶场1个，其中基础实验室5个，技术基础实验室15个，科研实验室11个，专业实验室45个。长年稳定工作在实验室，具有高、中、初级专业技术职务的人员550余人。

1987年开出实验课139门，实验总人时数达298007；1988年开出实验课145门，总人时数达329385；1989年开出实验课170门，总人时数达327635。

学院新图书馆启用后，图书资料建设也得到较快发展。图书馆新馆建筑面积达到12792平方米，设置计算机房、视听资料、复印等现代化设施。至1989年，图书馆藏书总量，中文书达到60.7万册，外文书12.55万册，期刊、资料24万册件。

从1978年至1990年，学院共编写出版教材1194种，不仅解决了学院自身教学需要，也一定程度满足了社会需要。学院每两年开展一次优秀教材评选，促进了教材编写质量的提高。

五、发展专科及成人教育

在推进学科建设,主动布局院系调整的同时,学院适应经济社会发展对各层次人才的要求,主动开办专科层次人才教育和成人教育,构建新的教学组织体系。1981年6月,兵器工业部批准学院开设夜大学,规模320人。1984年2月,经教育部批准,学院增设函授部,招收专科学生。1985年底,学院成立继续教育部,统筹继续教育学生的招生和管理。

第六节 扩大对外交流合作

1979年8月,经国务院工办和国防科工委批准,学院正式对外国学者开放,从此学院建设发展进入了一个新的历史进程。

对外开放初期,学院在院办公室设置专人负责外事工作,为方便与国内涉外部门和兄弟单位的工作联系,院办公室同时使用"华东工程学院外事办公室印章"。

随着对外交流活动逐年增多,专职外事工作人员也在逐步增加。1984年10月,学院决定外事办公室单列为处级机构,负责全院外事管理工作。

1987年8月,建设初期定义为外国专家招待所的紫麓宾馆落成,经院长办公会议研究决定,自1988年7月1日起宾馆划归外事办公室管理。

(一) 改革开放后,学院国内外学术活动逐步活跃起来

一批国内著名专家、学者,如钱伟长、任新民、唐敖庆等来院讲学和开展学术交流,受聘学院荣誉教授或兼职教授。一些会议开始邀请国外专家学者与会,开展学术交流与合作。

为开辟对外交流合作渠道,学院沈正功、肖学忠、鲍廷钰等一批拥有海外校友和朋友关系的老教授,主动出面邀请海外杰出华裔学者来学院访问讲学,同时推荐学院青年教师、研究生出国进修或攻读学位。同时,利用留学回国教师邀请境外学者来校讲学、开展合作研究。

1979年,学院首次聘用加拿大多伦多大学教授旺哈姆来校进行短期讲学。随之,李远哲等一批批国(境)外专家学者来院讲学和开展学术交流。在院内的交流讲学也由短期为主逐步转变为讲学、任教等多种形式。陈景仁等一批国外知名学者受聘学院,或在院设立奖学金。

(二) 与境(国)外高校的合作不断加快

20世纪80年代,学院即开启了与港澳地区的合作。与此同时,与有关国家的合作交流也呈现出多元化趋势,既有美国、英国、加拿大、联邦德国、日本等西方发达国家,也有巴西、巴基斯坦等发展中国家。

从1985年开始,学校陆续与美国伊利诺伊大学、艾奥瓦大学、香港中文大学、比利时SRC公司等签订合作协议,开展校际交流、学生交换、合作办学、科技合作等。

(三) 学院走出去的步伐加快

1979年,学校在改革开放后,首次派出4名学生到英国布里斯托大学、帝国理工学院,美国曼彻斯特大学、德雷塞尔大学进修或攻读博士学位。1名教师赴国外参加国际学术会议,进行专业考察和技术培训。1984年9月,为适应不断增长的出国留学、交流的需要,学校举办了出国预备人员英语培训班,前后共五期。

截至1990年,学院已先后与国外11所大学或公司签订友好合作协议。接待600多名专家学者来院访问讲学;派出近400名教师出国留学、参加国际学术会议、进行专业考察和技术培训。主办了3次国际学术会议。对外交流合作,促进了学院学科建设、师资队伍建设、实验室建设和科学研究工作。

(四)开展留学生教育

1986年5月31日,首批来自美国伊利诺伊大学厄巴纳-香槟分校的10名交换学生来学院学习汉语并在学院工厂实习两个月。这是改革开放后,学院首次接收来自西方国家的留学生来院学习,开启了学院开展外国留学生教育工作的新篇章。

1987年11月9日至13日,学院召开了对外开放以来第一次外事工作会议。会议贯彻全国留学生工作会议和全国外国文教专家工作会议精神,总结了学院对外开放以来外事工作情况,研究制订了"七五"计划后三年学院外事工作目标和任务。邱凤昌副院长做了题为"稳定发展,加强管理,保证质量,提高效益,努力开创我院外事工作新局面"的工作报告。会议还通过了学院外事工作细则。

第七节 改革体制机制

自改革开放之后的十多年时间里,学院体制机制改革不断推进,重大改革有三次。

(一)1978年至1980年

改革开放之初,学院仍继续沿用1966年转制地方院校后,三大部的管理体制。这种体制已经远远不能适应改革开放形势和高等教育快速发展任务的要求。

1978年4月,全国教育工作会议召开,10月,教育部对1961年9月制定的《教育部直属高等学校暂行工作条例(草案)》(高教60条)进行修订,形成了新的《全国重点高等学校暂行工作条例(试行草案)》,规定"今后高等学校实行党委领导下的校长分工负责制",在"系一级实行党总支领导下的系主任分工负责制"。文件同时要求"高等学校要设立学术委员会"。

与此同时,学院开始起草制订《华东工程学院发展规划(1978—2000)》。结合贯彻落实全国教育工作会议精神和《全国重点高等学校暂行工作条例(试行草案)》要求,学院开始对内部管理体制进行调整。在群团和党政管理机构上,决定撤销教务部、政治部、院务部三大部建制。在行政管理方面,设立院长办公室、人事处、教务处、科研处、生产设备处、总务处、基建处、附属中小学办公室等;在党务工作方面,设立党委办公室、组织部、宣传部、保卫部、统战部、人武部等;设立机关党总支,同时在各系、基础课部,以及生产设备处、总务处等设立党总支。

在系设置和学科、专业建设上,总体思路:一是加强基础,增设理科专业。"拟在1982年之前,在基础课部数学、物理、力学教研室的基础上,创造条件,设立应用数学、应用物理、应用力学三个理科专业",为能够顺利实现这一目标,"1982年前三个专业先办四年制的师资班,1982年后可正式招收普通班"。二是按照学科为基础,调整系的设置和专业方向。"在保留兵器专业的情况下,调整和明确专业的学科方向,将学科基础相近的专业合并为系",初步决定成立"八个系一个部"。后又规划按照学科基础调整为7系1部。三是创造条件,逐步设立新专业,如三废处理、激光技术、计算机外围设备、工业自动化等专业。

1980年初,经第五机械工业部批准,学院最终设置为机械工程系、飞行器工程系、化学工程系、电子工程与光电技术系、机械制造工艺系、计算机与自动控制系等6个系21个专业。

1980年2月,经第五机械工业部批准,学院组建企业领导干部进修系(干部培训系,七系)。1981年3月,成立弹道研究所,该所与系(工程热物理与飞行力学系(八系))所合一体制,当时的定位为以科研和研究生培养为主。

1979年12月,学院成立学术委员会。主要任务为审议重点学科、专业建设发展规划和师资建设发展规划并提出建议;受院长委托代表学院与国内外学术团体进行学术交流;对院内重大学术问题进行决策咨询等等。

1980年11月8日,学校召开工会会员代表大会,选举产生了学院首届工会组织。

（二）1984年至1985年

"没有改革,就没有新局面。要搞好改革,我们首先要统一对改革指导思想和改革目的的认识。""改革的目的是为了调动全院教职员工的积极性,更好地贯彻党的教育方针,提高教学质量和科研水平,多出人才,快出人才,出好人才,多出科研成果,把我院办成高水平的中国式的社会主义大学。"[1]

1983年4月中下旬,学院召开中层以上干部会议,传达了部和省有关会议精神,联系学院实际情况,参考上海交通大学办学经验,在广泛讨论基础上,明确了学院当前改革的几个重要问题。决定以三系及食堂、印刷厂、招待所等单位作为改革的试点。

1984年7月17日,兵器工业部批准华东工程学院更名为华东工学院。从1984年开始,学院在教育教学上,与全国高等教育一样,开始从以传授知识为主向以能力培养为主的转变,与此同时,学院管理改革也在加快推进。

在全国改革形势推动下,1984年6月2日,学院召开部、处、系等领导干部改革动员大会,对改革工作进行部署和动员。自1984年下半年开始,改革在全院逐步推进:在三系试行了系主任负责制;在马列主义教研室、306教研室试行了教师聘任制;从院到系实行党政分工,在党委领导下,强化院长行政管理职能;建立各类人员的岗位责任制和考核制;进行人员定编;在车队、食堂、房产试行经济承包责任制;在教学计划、教学内容、教学方法、教学管理等方面进行了改革;在科研管理上实行人员编制浮动、科研项目承包、队伍由领导自由组合、财权下放等改革。

1985年1月23日,学院印发《关于实行系主任负责制和扩大系主任管理权限的决定》,决定"自1985年1月起,全面实行系主任负责制,扩大系主任的管理权限。"文件明确了系主任的9项主要职责和10大权限。

1982年5月,第五机械工业部更名为兵器工业部。1985年,中央基于对当时国际形势的判断,提出了国防科技工业全面实行战略性转变,提出了军民结合、保军转民的战略指导思想。

作为兵器工业部直属高校,贯彻"保军转民"战略方针,要求在加强科学研究,开展先进武器装备研制的同时,加强民品开发,主动为国民经济建设服务。

随着改革开放的不断深入,高校内部和外部环境已经发生较大变化,高校内部治理已有

---

[1] 1984年7月,汪寅宾在校第五次党代会上的工作报告。

了很大进步,校长的地位提升,教职工在办学中的重要性受到重视。1985年《中共中央关于教育体制改革的决定》,提出了改革高等学校招生计划和毕业生分配制度,扩大高等学校办学自主权。同时要求"建立和健全以教师为主体的教职工代表大会制度",强调教职工代表大会要参与到学校民主管理中。根据《决定》精神,学校第一次教职工代表大会遂于1985年4月10日召开。

1985年,学院恢复年级主任管理体制。在1985级学生入学后,开始全面实行学分制。

1985年3月,学院决定,将401、403、408教研室由电子工程系(四系)分出,建立光电技术系(九系)。将原计算机科学与工程系(六系)604、605、607、610(一部分)教研室分出,建立自动控制系(十系)。当年底,基础科学系分建成应用数学系、应用力学系、应用物理系、科技外语系,成立社会科学系。至此,学院直属系增加至15个。

1986年4月,学院决定,五系由机械制造工艺系更名为机械制造系。

(三) 1987年至1988年

1987年4月,学院颁发了《关于改进学院管理工作,加强系一级责、权的规定》的文件,明确把人事、财务、教学行政管理等方面34项责权下放到系。这标志着学院管理体制再次作出了重大改革。该文件的主要精神就是,通过简政放权,扩大系主任责、权来完善系主任负责制,从而提高工作效率、改善学院管理,推动全院各项工作。

1987年9月,学院决定,科研处和科技服务部合并,合并后称科研处;总务处与行政处合并,仍称总务处,合并后下设医疗卫生中心和膳食服务中心,两个中心均为副处级机构(1988年10月,医疗卫生中心撤销,医院改归学院直属);成立课程建设委员会,该委员会由19名同志组成,任期两年,统筹全院研究生、本科生、大专生等各类课程的建设;以兵编部与科研处的学报编辑室为基础,再调集力量增设教材编辑室,归为一体,称编辑出版部,为副处级建制。以一、二系为基础,筹建压制兵器研究所;组建兵器论证研究室;在香港京科公司内建立激光全息测试中心。

1987年8月,学院党委研究决定:从1987年下学期起,在1987级新生中全面实行奖学金和学生贷学金制度。

之后,学校又多次调整机构设置,对体制机制进行改革。这轮改革一直持续到1988年底。

第八节 党的建设,思想政治工作和文化建设

党的十一届三中全会,从根本上冲破了长期"左"倾错误的严重束缚,重新确立了马克思主义实事求是的思想路线,开启了我们党历史上具有深远意义的伟大转折。

一、三次党代会的召开

改革开放至1988年,学院先后召开了第四、第五、第六次党代会。三次会议,处于学院三个重要发展节点上,是学校建设发展历程中的三次重要大会。

1979年12月24日至1980年1月3日召开的学院第四次党代会,是在我党粉碎"四人帮"之后,全党工作着重点转移到社会主义经济建设上来的伟大历史转折时期召开的。对于及时总结与林彪、"四人帮"阴谋集团作斗争的经验教训,加强党的领导和党的建设,端正

认识,同心同德,实现学院工作着重点的转移,按照教学规律办事,提高教育质量,动员全院人员为提高教学、科研质量,培养"又红又专"的国防工业现代化高级技术人才而奋斗具有重要的意义。会议提出了"力争把我院建设成为名副其实的全国重点大学"的奋斗目标。会议选举明朗为党委书记,霍宗岳、李仲麟、杜石生为副书记,霍宗岳为纪委书记。明朗、霍宗岳、李仲麟、杜石生、林连章、林革、冯缵刚为党委常委。

1984年7月2日至4日召开的学院第五次党代会,是在把学院工作重点转移到教学、科研工作上,贯彻实事求是思想路线,高标准、严要求开展整党,加快改革步伐,推进两个中心建设,努力开创学院工作新局面形势下召开的。会议提出学院近7年的奋斗目标是,到1990年,把学院办成一所理、工、管结合,以工为主,具有特色,系所结合,相互促进,机、电、光、化、数、理、文、管门类齐全,军民结合,结构合理的高水平全国重点国防工业院校。会议选举汪寅宾为党委书记,王德臣、何可人为副书记,何可人为纪委书记。王德臣、冯缵刚、何可人、邱凤昌、汪寅宾、邹积芳、周炳秋为党委常委。

1988年6月27日至29日召开的学院第六次党代会,是在经济发展向外向型转变,传统兵器工业向军民融合转变,要求高等教育要适应商品经济发展,解放思想,引进竞争机制,实施分层次发展的形势下召开的。会议提出学院今后四年的发展目标:发挥军工优势,努力向通用科技领域拓宽,在民用专业的某些方面要创造条件,形成优势,把学院建成以工为主,理工结合,机电光化相互配套、理工文经管相互渗透,结构合理的综合性理工大学。会议选举曲作家为党委书记,何可人、周炳秋为副书记,邹积芳为纪委书记。曲作家、何可人、李鸿志、邹积芳、周炳秋、赵忠令、葛锁网为党委常委。

二、整党

1983年10月,党的十二届二中全会通过了《中共中央关于整党的决定》,确定从同年冬季开始全面整党。这次整党的主要任务有四项,即统一思想、整顿作风、加强纪律、纯洁组织。10月21日,中共中央整党工作指导委员会(简称中指委)发出第一号通知,标志着整党拉开序幕。

根据中央整党决定和中指委、江苏省委的部署,学院参加了第二期整党,从1984年4月开始,至1985年5月结束。共分四个阶段进行,即学习整党文件,个人对照检查,集中整改,组织处理和党员登记。

学院党委把学习文件贯穿到整党全过程,始终强调领导骨干层层带头,对照检查,起表率作用;始终坚持以思想教育为主,上下之间、党内外之间开展广泛的谈心活动,摒弃以往政治运动中"左"的错误做法;坚持在调查研究基础上,制订符合实际的措施,做到有的放矢;坚持高标准、严要求,注重实际效果。

学院通过这次整党,进一步消除了"左"的影响,统一了思想认识,增强了同党中央在政治上保持一致的自觉性;使广大党员受到了一次比较系统的党的基本知识教育、党员标准教育、实事求是的教育和党的十一届三中全会以来路线、方针、政策的教育,增强了为共产主义理想而奋斗的信念,提高了思想政治素质和理论水平;促进了教学、科研、管理工作发展,和学院改革不断深入。

按照部署要求,在整党中核查了"三种人"。按照边整边改的精神,解决了一些存在的问题。

三、加强大学生思想政治工作

1980年代,在改革开放力度骤然加大,商品经济思想猛烈冲击下,国门大开,国外各种资产阶级自由化思想大量涌入,学院和整个社会一样,"党内外思想都比较活跃,各种思潮都有不同程度的表现,特别是在青年和学生中反映较多。干部群众中大量的思想认识问题,是改革和四化建设的复杂性、艰巨性在人们头脑中的一种必然反映"①。1986年底发生的学潮,及其之后在1989年春夏之交发生的严重政治风波都是意识形态斗争在高校和教育领域最集中的反映。

1986年9月25日,党的十三届六中全会通过《中共中央关于社会主义精神文明建设指导方针的决议》。《决议》指出,精神文明建设包括思想道德建设和教育科学文化建设两个方面,培养"四有"新人,提高整个中华民族的思想道德素质和科学文化素质是根本任务。

1987年5月29日,中共中央发出《关于改进和加强高等学校思想政治工作的决定》,提出了在改革开放条件下改进和加强高等学校思想政治工作的指导方针与措施。

高校思想政治教育在取得一定成绩的同时,也面临着如何快速应对形势发展要求,坚持正确政治方向,维护安定团结政治局面,增强针对性、有效性等问题。

(一)探索新时期思想政治工作有效途径

改革开放后,学院积极探索新时期有效开展学生思想政治教育的方法和途径,建立了对学生进行思想教育的主渠道。1979年后,在学生中开展了"思想好、学习好、身体好"的"三好"活动,加强对学生马列主义理论课的教育和现实思想教育,坚持党课、团课教育制度。1982年又在全院学生中试行品德考评制度,建立综合测评制度,把学生在校的德、智、体等表现,按照一定权重,采取科学计量的方法,折合成一定的分数,对一个单位的学生表现予以排序,排序结果与学生评优、评定奖学金及毕业分配有机结合在一起,促进学生德、智、体全面发展。同时开设的马列主义理论课、思想品德课、形势政策课,对帮助学生树立共产主义理想、坚持四项基本原则,为"四化"建设发奋学习,有着重要意义。

1981年10月、1983年12月,学院先后两次召开学生思想政治工作会议,专题研究、总结在学生中如何进行思想政治工作,探索运用适合青年特点的科学方法教育管理学生。

在工作方法上,加强好人好事、先进典型宣传教育,促进后进的转化。

对毕业班学生,举办思想交流会,向英雄模范人物学习,开展为母校作贡献活动。培养宣传去边疆工作的典型等,强化毕业生服从分配的思想准备。

发挥团学组织作用,推进自我教育、自我管理、自我服务的"三自"活动,吸纳学生兼职食堂副主任、图书馆义务馆员、宿舍管理员等。对图书馆的部分管理、教学楼及环境维护、宿舍区卫生等服务性工作,面向学生开展"勤工助学"活动。

积极开展丰富多彩的"第二课堂",推进大学生社会实践活动,有目的地引导和组织学生参加各种有意义的科技、文体、公益活动,举办"时代与我们""大学生的形象与责任"专题活动,组织赴老山前线学习慰问团,举办"峥嵘岁月电影回顾周""大学生不文明行为点滴展览"等,把学生精力纳入到德智体全面发展的轨道,自觉抵制资产阶级思想的侵蚀。

在助学金使用上打破"大锅饭",建立奖学金制度。

---

① 1988年6月,曲作家书记在校第六次党代会上的工作报告。

制定了《学生行政处分条例》,完善学籍管理制度,整顿教风,推进学风建设。

实施公寓化管理,建立统一、规范的学生生活秩序。

建立大学生心理健康咨询服务中心,为大学生开展心理健康知识的普及、教育,开展心理咨询与心理治疗,及时帮助学生排解心理健康问题。

将学生军训作为一门必修课列入教学计划,强化培养学生服务国家,献身国防的品格和意识。

成立多种学生社团,为学生多方面潜能和特长发挥、发展提供舞台。1983年冬,院大学生科技协会成立;1984年3月被誉为"华工的歌莺"学生广播台正式开播;1985年11月《华工团讯》创刊;1987年11月,学院电视台开播。

1988年4月大学生活动中心正式成立,有活动面积约500平方米,下设美工组、音乐组、服务组、宣传组和活动组等工作小组,成为全院学生开展多种文化活动的场所。

在1986年底学潮发生之后,学院党委及时在全院组织学习中央1987年一号文件和四号文件,广大党员干部深入学生做思想政治工作,开展坚持四项基本原则的教育,维护了学院安定团结的政治局面。

(二) 建设一支德才兼备的学生政工干部队伍

高等学校的学生思想政治工作队伍,既是党的政治工作干部的一部分,又是学校教师队伍的一部分,担负着全面培养学生的重要任务。校第五次党代会特别强调,"加强和改善思想政治工作,必须建立一支强有力的专职政工队伍,要明确认识思想政治工作是一门科学,思想政治工作干部必须既懂政治,又懂业务,'又红又专',具有很高的文化程度和政治素质,才能真正胜任大学师生的思想政治工作"。①

改革开放后,学院继承了哈军工和炮兵工程学院设置教育班主任、指导员的优良传统,继续在校、系、教育班三级配备专职学生政工干部。

1983年12月20日至24日召开的院学生思想政治工作会议,是学院历史上一次十分重要的会议。院党委副书记何可人在会议开幕式上作了主题报告,学院全体教师参加了24日的闭幕大会。

何可人在报告中,回顾了1979年以来学生思想政治工作的成绩,分析了新形势下面临的问题和挑战,提出要从三个方面,"坚定信心,努力开创学生思想政治工作新局面":一是建设一支德才兼备的学生政工干部队伍;二是全体教师要做好教书育人的工作;三是发挥党团组织作用,开设"第二课堂"。

报告强调,"学生思想政治工作,是大学教育的一个重要组成部分,是一个十分重要而光荣的岗位。"报告明确指出,"教育班和教研室一样,是科室一级的行政机构。年级辅导员就是这一级的领导干部,主要担负学生的思想政治工作,还要兼做一些教学行政工作。因此,他们在政治上应按科级干部待遇。"从1983年开始,教育班干部改称年级辅导员,"把这支队伍归入德育教师行列,成为我院师资队伍的一部分,列入教师编制。德育教师和其他专业教师一样,享受同样的物质待遇。"

1985年年级辅导员又改称年级主任。1985年9月8日,学院制定《年级主任工作职责(暂行)》,提出,"年级主任,是管理学生的基层机构,科级单位。年级主任对本年级学生的

---

① 1984年4月,汪寅宾在校第五次党代会上的工作报告。

思想政治工作及教学、行政管理工作全面负责",同时规定"年级主任在系主任和党总支领导下工作,并在思想政治工作上接受院党委宣传部的指导"。文件规定了年级主任的九项职责任务。

为稳定这支队伍,有利于他们长远发展,学院将他们归入德育教师行列,作为教师队伍的一部分。为提高理论和业务水平,学院有计划地对他们开展培训。培训考核成绩,计入个人业务档案。

除专职年级主任队伍外,学校还建立了一支兼职年级主任队伍,他们一边学习,一边从事学生工作,减轻了专职年级主任的事务负担,成为专职队伍的主要后备力量之一。

四、加强和改善教师队伍党建与思想政治工作

1982年5月,学院召开教研室党支部书记工作会议,专题研究如何加强和改善教研室党支部建设和教师思想政治工作。

(一) 加强教研室党支部建设

为加强教研室党支部领导班子建设,学院在1979年下半年开始,将之前教研室党支部的领导作用,调整为保证作用;教研室党支部书记由专职改为兼职。在配置党支部书记时,选择那些党性好、思想好、作风正派、联系群众、以身作则,愿意为党做工作,热心服务职工群众,具有一定业务水平和政策水平的同志来担任。在支部领导班子调整时,不做大换班,确保支部工作的连续性。

明确党支部的工作职责。支部书记与教研室主任,既有分工,又有协作,互相支持,互相配合,防止分工分家和"两张皮"。对行政工作中的一些重大问题,采取由教研室主任召开联席会议的形式,共同研究协商。对思想政治工作方面一些较重大问题,召开支委扩大会议,教研室主任参加,共同研究解决。

贯彻落实教育部关于"双肩挑"教师的有关政策规定,为兼职党支部书记创造必要的工作条件。在职称晋升上,侧重考察他们的思想政治表现、政策水平、组织领导能力和工作成就。把他们党政工作情况,列入教师业务考核内容,计入考核档案。

(二) 明确教师教书育人的工作任务

"教师是学院思想政治工作中一支十分重要的力量"。"新中国成立后,我们党向教师提出了教书育人的要求,收到了良好的效果,既加强了学生思想政治教育,又促进了教师自身的提高"。[1]

改革开放后,学院党委重新提出"教书育人"的口号,重新恢复了对教师教书育人的传统和要求。教师既要为学生传授知识,发展智力,培养能力,在教书的过程中,同时还要做一些思想政治工作。明确要求教师要通过教书,进行组织纪律教育,培养学生勤奋严谨的学风和良好的道德品质;通过教书,进行革命理想和人生观教育,培养学生正确的开拓、进取的奋斗精神;通过教书,进行辩证唯物主义观点的教育,培养学生正确的思维方法和实事求是的科学态度。

为将教书育人职责落到实处,取得实效,切实发挥教师教书育人的作用,学院明确教师教书育人的职责,把其中管教、管学、管思想的工作情况作为考核晋升专业技术职务的依据

---

[1] 1983年12月20日,何可人在华东工程学院学生思想政治工作会议上的讲话。

之一;在每个学年,组织评选"教书育人先进教师""教书育人先进教研室",大会表彰,广泛宣传;有计划安排一部分教师兼任学生班的班主任,既抓学生的学习指导,也抓思想教育,并在一、二年级的班级里,均设立班主任。

(三) 改进教师思想政治工作

学院把教师思想政治工作的重点落实在增强教师的荣誉感、成就感、自豪感,尊重教师的劳动、地位和作用,开展"为人师表"活动上。要求教师热爱党、热爱祖国、热爱教育事业,全心全意为人民服务;勤奋学习、精通业务,有强烈的事业心;全面贯彻党的教育方针,既教书又育人;大公无私、品德高尚、作风正派、严于律己、言传身教、堪为人师;具有尊重事实、坚持真理的科学气节。

针对教师工作的特点,学院把思想政治工作做到教学、科研中,做到各家各户去。对刻苦钻研业务技术,在教学和科研中作出贡献的教师广为宣传,大力表彰,形成一年一次总结评比表彰先进的制度;与教师谈工作、谈思想,从政治上关心他们的进步,工作上改善条件,生活上努力帮助解决困难,把温暖送到教师家中去,送到教师心坎上。

五、文化建设

(一) 确立了团结、献身、求是、创新八字校风

"校风建设是社会主义精神文明建设的重要内容,它对每个人的思想、品质和行动规范起着潜移默化的促进作用"①。在改革开放新的建设发展时期,在"发扬光荣传统的基础上,提出符合我院特点和要求的校风",已经成为学院十分迫切的重要任务。

1984年2月29日,在经过多次讨论基础上,学院在院报发布了校风"团结、献身、求是、创新"。"八字校风"是以毛泽东同志为哈军工颁发的训词为指导,集中广大师生的智慧和意愿总结提炼出来的。

团结,就要全院上下同党中央在政治上保持一致,就要团结友爱、密切协作,就要发扬尊师爱生的传统作风。只有全院团结一致,努力奋斗,发挥集体优势,才有希望在短时间内把学校的各项工作搞上去,赶上国内具有先进水平的重点院校。

献身,全院同志都要有献身精神,要为党的事业献身,为国防教育事业献身。干部、教师、工人、学生,都要牢固树立献身国防的思想,为国防建设争做贡献,都要为兵器工业的现代化埋头苦干、刻苦学习、努力钻研、勇攀科学技术高峰。

求是,就是要实事求是。"实事求是"是毛泽东思想的精髓,是学院一切工作必须遵守的原则。若没有实事求是的精神,没有严肃认真的作风,没有严谨的治学态度,要想取得科研成果和培养出高水平的人才是不可能的。

创新,这是时代的要求。为在本世纪实现国防现代化的宏伟目标,国防工业的生产和科研都要发生历史性的转变,对人才也提出了新的要求。学院师生应该破除保守思想,提倡创新精神,大胆改革,勇于探索,活跃学术空气,培养出创新型的人才,在教学、科研上作出创造性的成果。

(二) 举办文化艺术节

1987年,学院举办了首届文化艺术节——"我爱华工"文化艺术节。活动的主题是"革

---

① 1988年6月,曲作家书记在校第六次党代会上的工作报告。

命传统、文明校风、振奋精神、爱我华工"。院党委在文件通知中,提出活动的宗旨是,通过艺术节,"宣传党的'十三大'提出的路线、方针、政策,及十一届三中全会以来学院的改革成就;检阅近几年来校园文化建设情况,树立文明校风,促进'四有'人才成长和精神文明建设"。

12月5日的开幕式,举办了纪念"12·9"文艺汇演。其后历时一周多时间里,举办了电影展映、戏剧演出、附校中小学生专场演出、纪念"12·9"歌咏比赛等活动。各系也根据本单位实际,举办了邮展、风光摄影展、音乐欣赏会、书画讲座、演讲比赛等活动。这届艺术节成为建院以来"规模最大、内容最丰富、反响最强烈"的校园文化艺术活动。

从第一届开始,此后学院每年举办一次艺术节。艺术节活动的举办,丰富了师生文化生活,浓厚了校园文化氛围,提升了师生文化素养,促进了学校精神文明建设。

结　　语

　　改革开放后,为适应迅速发展的新形势和现代高等教育改革发展新要求,学院对学科专业、体制机制都进行了规模空前的改革。

　　1979年6月开始的内部管理体制的调整,正式撤销了教务部、政治部、院务部三大部建制,开始建立与现代普通高等教育协调一致的管理和运行体系。这次体制机制调整范围大、涉及广、程度彻底,是顺应高等教育发展形势和学校自我发展需要,进行的一次自觉地调整革新。

　　1979年底至1981年,六系至八系的建立;1985年初至1986年初,学院直属系增加至15个。15个系的设立,不仅仅是学校办学体制的调整,更是落实第五次党代会和学校规划要求,对学科专业的全新布局,标志着学校以工为主,理工管结合,军民结合,具有特色,机、电、光、化、数、理、文、管门类齐全的专业结构体系的基本形成。

　　学院"始终把贯彻党的教育方针,为'四化'培养合格人才,作为学院的根本任务,把教学科研作为工作中心,积极进行教学科研改革……科研的发展对促进教学、培养人才、学科建设作用明显"①。经过十多年的建设发展,科研在学院中心工作的地位逐步确立,科研实力和水平有了较大提升。

　　1988年6月召开的华东工学院第六次党代会,曲作家同志代表上届党委所作的工作报告中,对学院两个中心和重点大学建设,实事求是和客观地指出,"我们在保持军工特色的同时,不断拓宽科研服务面,科研经费稳步上升,已提前达到学院七年规划预定的800万指标,处于全国高校较先进行列","七年前规划制订的'要把我院办成一所理工管结合,以工为主,具有特色,系所结合,互相促进,机电光化数理文管门类齐全、军民结合、结构合理'的重点大学,现在已有一个良好基础"。

　　1990年中国管理科学研究院"高等院校比较研究"课题组对"我国重点高等院校科学计量多项指标排序及其分析",根据国家教委科技局汇编的《高等院校科技统计资料汇编》中国家级成果奖、在国外和全国性刊物上发表的学术论文和专利批准三项指标数据统计分析,排出了全国(不包括港澳台地区)86所重点大学中理、工、农、医类各高校的综合次序,华东工学院在52所工科重点大学中位列第15位②。如表4-7所示。

　　科学研究和科技工作是一个长期的、动态的、发展的过程。尽管在改革开放后的十多年时间里,学院科研工作获得了长足发展,两个中心建设取得了重要成绩,但在经济社会快速发展的时代背景下,高等教育开始引入竞争机制,学院即将迎来更加激烈的竞争和发展环境。特别是对于一所以两个中心建设为目标的国家重点大学而言,教学、科研作为最重要的

---

① 1988年6月,曲作家书记在校第六次党代会上的工作报告。
② 《华东工学院报(1990)》3月25日第3版。

两大职责,加强科研工作和两个中心建设,不断提高科研质量和水平必然成为相当长一个时期学院的中心任务。

表4-7 五十二所工科重点大学科学计量三项指标排序

综合位次	学校名称	国家级科研成果奖(项)		国外及全国性刊物发表学术论文(篇)		专利批准数(件)		平均等次 $\bar{P}=\dfrac{\sum_{i=1}^{n}P_i}{n}$
		三年总数	P_1该项位次	三年总数	P_1该项位次	三年总数	P_3该项位次	
1	清华大学	59	1	2195	2	100	1	1.3
2	西安交通大学	21	3	2252	1	36	4	2.7
3	浙江大学	13	7	1997	3	64	2	4.0
4	天津大学	14	6	1602	5	26	6	5.7
5	华中理工大学	16	4	1529	7	24	8	6.3
6	大连理工大学	14	6	1261	11	30	5	7.3
7	东南大学	3	14	1526	8	54	3	8.3
8	上海交通大学	32	2	1156	13	16	11	8.7
9	东北工学院	3	11	1555	6	24	8	9.3
10	中南工业大学	9	9	1764	4	10	16	9.7
11	哈尔滨工业大学	15	5	1356	9	10	16	10.0
12	北京科技大学	12	8	802	19	25	7	11.3
13	北京航空航天大学	16	4	830	16	10	16	12
14	重庆大学	8	10	1205	12	11	15	12.3
15	华东工学院	12	8	780	20	17	10	12.7
16	同济大学	8	10	1266	10	4	21	13.7
16	北京理工大学	9	9	560	25	25	7	13.7
17	河北工业大学	14	6	834	18	7	18	14
18	华南理工大学	1	16	835	17	17	10	14.3
18	成都科技大学	6	11	1016	15	8	17	14.3
19	华东化工学院	5	12	1109	14	4	21	15.7
20	南京航空学院	6	11	724	22	6	19	17.3
21	中国矿业大学	4	13	551	27	12	14	18
22	中国纺织大学	3	14	710	23	6	19	18.7

因此,在1988年之后的一段时间内,教学、科研两个中心建设仍作为学院的重要工作任务。

1988年3月,李鸿志院长在学院教育改革动员大会上的讲话中指出:"我院近期(4年)发展目标应当是努力建成教学与科研两个中心的重点院校。"

1991年1月,学院在上报机电部教育司的《华东工学院1991—1995发展规划》("八五"规划)中,在"第一部分 指导思想"中提出"贯彻治理整顿、深化改革的方针,稳定办学规模,调整学科、专业结构和运行机制,改善办学条件,提高教育质量和科学研究水平,真正建成教学、科研两个中心"。3月2日,在全院教职工大会上,李鸿志院长代表院党委就1991年的工作进行部署,提出学院工作要以"教育、科技"为中心,"为把华工建成社会主义的第一流理工科大学而不懈奋斗"。

1991年,国家开始提出"211工程"建设计划后,学院迅速认识到,"211工程"无疑将成为学院建设一流大学的重要平台和抓手,进入"211工程",将成为学校真正建设成为社会主义一流理工大学的最切实的步骤。为此,1992年6月5日,学院在向上级部门提交的关于支持学校创建一流大学的报告中指出:"学院已初步建成教学和科研两个中心,成为一所以工科为主体,以军工学科为特色,军民结合,理工结合的理、工、文、经、管多学科的综合性大学。"

1993年10月,在学校举行的纪念哈军工创建暨校庆40周年庆祝大会上,李鸿志校长在讲话中指出:"学校作为兵工院校首批综合改革试点单位,已经具备相对规模,真正成为了教学、科研两个中心,成为兵器工业直属院校中规模最大、军工专业最为齐全,以军工学科为主,军民结合,理工文经管等多学科配套的综合性理工大学。"

参 考 文 献

[1] 赵艳来."揭批查"运动研究[D].北京:中共中央党校,2009.

第五章　国内一流多科性理工大学建设(1988—2000)

1988年至2000年的这十多年,是中国改革开放和政治、经济生活急剧发展变化的阶段。中国经受了东欧剧变、苏联解体、海湾战争等复杂外部环境的影响,实现了香港、澳门的顺利回归。

高等教育也经历了一个不平常的发展过程。在经历了1986年学潮之后,1989年春夏之交又发生了一次更大范围、更大规模的政治风波。1991年国家提出"211工程"建设计划,1995年正式启动"211工程"建设;1999年,国务院批转教育部《面向21世纪教育振兴行动计划》,"985工程"正式启动建设。《面向21世纪教育振兴行动计划》同时宣布全面实施高等教育扩招政策,标志着我国高等教育大众化进程的起步。

在这十多年里,学校隶属关系经历了从兵器工业部、机械工业委员会(1987)、机械电子工业部(1988)、兵器工业总公司(1991)、国防科工委(1999)等5次变化;经历了变更校名(1993年,由华东工学院更名为南京理工大学)、最高领导人题写校名、国家领导人来校视察等重大事件;跻身首批国家"211工程"建设行列;产生了两项国家科技进步一等奖、一项国家技术发明一等奖;涌现了李鸿志、王泽山两位中国工程院院士;举办了第五届"挑战杯"等有影响的重大活动。学校内部进行了规模空前的体制机制改革,对学校之后一个较长时期的发展产生了重大影响。

第一节　建设发展目标提出的形势与背景

在改革开放不断深化,国内、国际环境发生重大变化的情况下,国家不断深化高等学校办学体制、教育机制,以及教育教学、招生、毕业生就业制度,学校内部管理体制等改革,高校发展面临着前所未有的机遇,也面临着激烈的竞争、严峻的挑战。

一、加快和深化教育改革步伐

(一) 加快改革开放步伐

1987年11月,中国共产党第十三次全国代表大会召开后,政治与经济体制改革加快向各个领域推进。

为了适应经济体制改革和政治体制改革的需要,切实担负起培养高级专门人才和发展科学技术文化的任务,1988年初,国家对高等教育加快和深化改革提出了明确要求,"一是要把培养符合社会主义建设需要的人才作为高等学校的主要任务;二是要把竞争机制引入高等学校;三是高校要根据社会需要,在不同层次上办出各自特色和水平;四是进一步发挥高等学校潜力,提高办学效益;五是积极开展各种形式的社会服务,进一步发挥学校的作用;

六是党政分开,逐步实行校长负责制"①。

根据党中央部署,高等学校的改革逐步推进,在分配制度上,学生选择职业、用人单位择优录用的"双向选择制度"代替了国家包分配的制度;在学生资助激励上,助学金改为了奖学金;在教师岗位和职务上,开始实行聘任制。高校开始实施分层次办学。为了满足社会对不同层次人才的需要,"支持高校举办招收应届高中毕业生的函授、夜大、电大以及招收走读生等多种形式的高等教育,一些有条件的高校,还可以举办分校"。高校开展形式多样的社会服务,"也包括有偿服务",有偿服务的收入,不但可以用于改善教学条件,也可以用于改善教职员工的生活待遇。

1988年之前,高校一般实行党委领导下的院(校)长(分工)责任制。1988年初全国高等教育工作会议后,各校根据会议精神和要求,陆续创造条件向院(校)长负责制过渡。1989年全国高校党建工作会议以后,停止了过渡。

1992年新年伊始,中央宣布为期三年的治理整顿目标已基本实现,自1992年开始将积极、稳妥地在改革开放方面迈出更大的步伐,真正依靠科技第一生产力来促进中国经济建设的发展。1月17日到2月21日,邓小平在南巡视察时就深化改革、加速发展发表了一系列重要讲话,提出"要抓紧有利时机,加快改革开放步伐,力争国民经济更好地上一个新台阶"的要求,为中国走上有中国特色社会主义市场经济发展道路奠定了思想基础,对1990年代中国经济改革与社会进步起到了关键性的推动作用。邓小平南方谈话后,全国迅速掀起了又一轮改革开放的热潮。1993年11月,党的十四届三中全会召开,大会通过了《中共中央关于建立社会主义市场经济体制若干问题的决定》,勾画出社会主义市场经济体制的基本框架。

(二) 深化改革,扩大办学自主权

在全国又一轮改革开放大潮中,伴随着中国高等教育改革的加快和深化。

1985年5月,中共中央作出《关于教育体制改革的决定》,明确指出"当前高等教育体制改革的关键,就是改变政府对高等学校统得过多的管理体制。在国家统一的教育方针和计划的指导下,扩大高等学校的办学自主权,加强高等学校同生产、科研和社会其他各方面的联系,使高等学校具有主动适应经济和社会发展需要的积极性和能力。"

根据《决定》精神,1988年后,国家开始进一步扩大学校自主权,逐步推行学校经费任务包干制,"学校在保证完成任务的前提下,有权自主安排经费的使用②。

1992年8月21日,国家教委发出《关于国家教委直属高校深化改革,扩大办学自主权的若干意见》,提出加大高校改革力度,激活办学机制。1993年9月,兵器工业总公司印发了《关于加快兵工院校改革和发展的意见》。

1993年2月13日,中共中央、国务院印发《中国教育改革和发展纲要》。制定了我国教育1990年代发展的目标、战略和指导方针。这是我国改革开放时期最有指导意义的教育改革与发展决策性文件。1994年7月3日,国务院发出《关于<中国教育改革和发展纲要>的实施意见》,要求各级党和政府,各级教育行政部门和各级各类学校认真贯彻实施《纲要》。

1994年6月,党中央、国务院在北京召开改革开放以来第二次全国教育工作会议。会

---

① 1988年1月30日,李鹏在全国高等教育工作会议上的讲话:"振奋精神 深化改革把高等教育工作推向前进。"
② 1988年1月30日,李鹏在全国高等教育工作会议上的讲话:"振奋精神 深化改革把高等教育工作推向前进。"

议的主要内容是,以邓小平建设有中国特色社会主义理论和党的基本路线为指导,贯彻党的十四大和十四届三中全会精神,进一步落实教育优先发展的战略,动员全党全社会认真实施《中国教育改革和发展纲要》,为实现1990年代我国教育改革和发展的任务而奋斗。

1995年7月19日,国务院办公厅转发国家教委《关于深化高等教育体制改革的若干意见》。《意见》提出,要着重抓好高等教育管理体制的改革。其目标是,争取到2000年或稍长一点时间,基本形成举办者、管理者和办学者职责分明,以财政拨款为主多渠道经费投入,中央和省、自治区、直辖市人民政府两级管理、分工负责,以省、自治区、直辖市人民政府统筹为主,条块有机结合的体制框架。

1997年全国高校招生并轨完成,实行所有新生都缴费上学的制度。

1998年颁布的《中华人民共和国高等教育法》在中国高等教育史上具有里程碑意义。首次以法律的形式,明确提出了高等学校具有七个方面的办学自主权:制定招生方案,自主调节学科招生比例,依法自主设置专业和调整学科、专业,自主制定教学计划,自主开展科学研究、技术开发和社会服务,按照国家有关规定,科学研究、行政部门等内部组织机构的设置和人员配备,按照国家有关规定,评聘教师和其他专业技术人员的职务,调整津贴和工资分配。几年来,随着改革开放的深入,市场经济的发展,政府管理职能不断收缩,改变了"统、包、管"状况,向"服务型"政府转变,高校依法自主办学的权力更大了,充分发挥了学校的优势,增强了办学活力,调动了教学、科研为社会服务的积极性。

(三) 两个重要转变

新的发展形势下,中国高等教育既需要尽快改革办学体制,提高办学质量和效益;又需要全面适应现代化建设对科技、人才的需求,主动面向经济建设主战场,为社会主义现代化建设服务。

1985年5月,中共中央作出的《关于教育体制改革的决定》,明确指出"教育必须为社会主义建设服务,社会主义建设必须依靠教育。"

1993年1月12日,国务院批转国家教委《关于加快改革和积极发展普通高等教育的意见》,要求高等教育必须面向经济建设主战场,改革办学体制,积极发展以高新技术产业为主的校办产业。

1995年3月18日第八届全国人民代表大会第三次会议通过的《中华人民共和国教育法》第5条指出,党的教育方针是,"教育必须为社会主义现代化建设服务,必须同生产劳动相结合,培养德、智、体全面发展的建设者和接班人"。

1996年3月28日,江泽民同志在与四所交通大学领导座谈时指出:"教育工作必须进一步解决好两个重要问题,一是教育要全面适应现代化建设对各类人才培养的需要;二是要全面提高办学的质量和效益。简单说,一是适应问题,二是提高问题,这是当前全国教育工作面临的两个重要转变"。这一讲话"不仅深刻阐述了教育与经济建设相互依存、相互促进的关系,也为在社会主义市场经济条件下高等教育改革和发展指明了方向。"[1]

二、国家"211工程"与一流大学建设

"211工程"是指向21世纪、重点建设100所左右的高等学校和一批重点学科的建设工程。这是新中国成立之后由国家立项在高等教育领域进行的重点建设工作,是党和政府在中华民族面对世纪之交国内外形势下作出的发展高等教育的重大决策,也是实施"科教

兴国"战略的重大举措。

1991年7月27日,为落实国家规划,国家教委向国务院正式上报了《关于重点建设好一批重点大学和重点学科的报告》。报告中提出:"建议由国家教委设置重点大学和重点学科建设项目,该项目简称为'211工程'计划。"[1]

1991年12月31日,根据国务院总理李鹏对国家教委有关文件的指示,国家教委、国家计委和财政部联合上报了《关于落实建设好一批重点大学和国家重点学科的实施方案的报告》。报告明确:两委一部经过讨论,"一致同意国家设置与国家经济、社会发展相适应的'重点大学和重点学科建设项目'(简称为'211工程'计划)。"

1993年1月,国务院批转了国家教委《关于加快改革和积极发展普通高等教育的意见》,正式提出了分期滚动实施国务院已原则批准的"211工程"。2月,《中国教育体制改革和发展纲要》明确指出,为了迎接世界新技术革命的挑战,要集中中央和地方各方面力量办好100所左右重点大学和一批重点学科、专业,力争在下世纪初,有一批高等学校和学科、专业,在教育质量、科学研究和管理方面,达到世界较高水平,同时要求"高等教育的发展,要坚持走内涵发展为主的道路,努力提高办学效益",要区别不同地区、科类和学校,确定发展目标和重点,制订高等学校分类标准和相应的政策措施,使各种类型的学校合理分工,在各自的层次上办出特色。4月9日,全国人大七届四次会议批准了《中华人民共和国国民经济十年规划和第八个五年计划纲要》,明确提出:"有重点地办好一批大学。加强一批重点学科点的建设,使其在科学技术水平上达到或接近发达国家同类学科的水平。"7月1日,国家教委正式印发《关于重点建设一批高等学校和重点学科点的若干意见》,提出面向21世纪重点建设100所大学和一批重点学科点的计划,简称"211工程"。

1995年11月,经国务院批准,原国家计委、国家教委、财政部联合发布《"211工程"总体建设规划》。标志着该工程正式列入国民经济和社会发展中长期规划和第九个五年计划,并由规划设计阶段转入全面实施阶段。

"211工程"开始实施时,我国教育发展的一个基本现状是,在一个发展中国家、一个穷国需要办世界上最大规模的教育。"211工程"的正式实施,"预示着当前高等院校的格局正面临新的挑战和分化","'211工程'已经成为推进高等教育分层次建设和发展的重要途径和方法"[2]。"进入'211工程'将是学校继'七五''八五'获得较快发展之后的又一次极好的历史机遇,错过这一机遇,学校在未来十年甚至更长一段时期内的发展将受到极大的影响"[3]。因此,争取早日进入"211工程"建设行列,获得国家投入支持,就成为包括南京理工大学在内的国内一大批高校必须充分重视并积极努力争取的重大任务。

"211工程"实施后的十多年里,经过三轮持续不断投入和建设,高校人才培养质量不断提高,学科建设取得明显成效,创新能力得到提升,一些学科接近国际先进水平,产生了一大批有影响的成果,使我国高等教育的整体实力明显增强。

1999年,国务院批转教育部《面向21世纪教育振兴行动计划》,"985工程"正式启动建设,这是党中央和国务院在世纪之交为建设具有世界先进水平的一流大学作出的又一重大决策。

---

[1] 龚放,"211工程"建设:中国高等教育的战船略决策南京理工大学学校(哲学社会科学版)1998年第1期
[2] 1996年9月,李鸿志校长在校第七届八次全委(扩大)会议上的讲话。
[3] 1996年9月,徐复铭同志在校第七届八次全委(扩大)会议上的讲话。

第二节　发展目标提出的过程

国内一流多科性理工大学建设目标的提出,前后经过三个阶段。

一、第一阶段

一流大学建设目标的提出最早始于1988年6月召开的华东工学院第六次党代会。在这次会议上,时任党委书记的曲作家,代表第五届党委所作的工作报告,标题就是"加快和深化改革,为把我院建成适应社会主义建设需要的第一流大学而奋斗"。报告最后号召,"在'十三大'路线指引下,团结一致,充满信心,勇于开拓,脚踏实地努力工作,为把我院建成适应社会主义建设需要的一流大学而奋斗"。报告提出的学院今后四年的发展总目标:"发挥军工优势,努力向通用科技领域拓宽,在民用专业的某些方向要创造条件,形成优势,把我院建成以工为主,理工结合,机、电、光、化相互配套,理、工、文、经、管相互渗透,结构合理的综合性理工大学,建成教学和科研两个中心的国家重点院校。"

在随后10月召开的学院第二届教代会和第三届工代会上,李鸿志院长在工作报告中谈到"关于学院四年发展规划和改革的设想时"指出,要"把我院建成以工为主,理工结合,军民结合,机、电、光、化相互配套,理、工、文、经、管相互渗透,结构合理的综合性理工大学。"报告还提出了"提高办学水平和突出办学特色"、为"把学院建设成为国内第一流,国际有影响的全国重点大学"必须要落实的各项重点工作任务。

1988年11月,在学院制定的《1988年至1991年发展规划》中,李鸿志院长上述发展规划和改革设想作为学院发展战略目标被写入学院《发展规划》中:办学水平上要"发挥军工科技优势,努力促进军工科技向通用领域拓展,重点发展有一定基础、能上水平的新兴学科和边缘学科;进一步加强基础,积蓄力量,为今后创办理科、文科专业准备条件;促进经济管理学科的发展,把学院建成以工为主,理工结合,军民结合,机、电、光、化相互配套,理、工、文、经、管相互渗透,结构合理的综合性理工大学"。

二、第二阶段

1991年1月,学院在上报机电部教育司的《华东工学院1991—1995发展规划》("八五"规划)中,在"第一部分　指导思想"中提出,"贯彻治理整顿、深化改革的方针,稳定办学规模,调整学科、专业结构和运行机制,改善办学条件,提高教育质量和科学研究水平,真正建成教学、科研两个中心","加强国内外教育及学术交流与合作,提高学院知名度,为把我院办成第一流的高等学府而奋斗"。在"第二部分奋斗目标"中提出,"加强各项基础建设,促进各学科相互渗透和协调发展,把我院办成以工科为主体,军民结合,理工结合,包含理、经、文、管等学科的综合性理工大学"。在"第三部分具体任务及保证措施"中提出,"通过科学研究及时吸收当代最新科研成果……以适应经济建设、国防建设和社会发展的需要及科技进步的趋势,形成教学、科研相互促进的运转机制,建成教学、科研两个中心"。

1991年2月23日,学院党委召开中层以上干部参加的全委(扩大)会议。会议根据中共中央《关于制定国民经济和社会发展十年规划和"八五"计划的建议》和江苏省、中国兵器工业总公司领导机关的指示,重点研讨了学院1991年的工作。3月2日,学院召开全院教职工大会。李鸿志院长代表院党委总结了1990年的工作，并就1991年的工作进行了部署，提出学院工作要以"教育、科技"为中心，"为把华工建成社会主义的第一流理工科大学而不懈奋斗"。

在1991年10月召开的学院二届三次教代会上，李鸿志院长再次就"八五"规划作出说明："学院党委和行政在充分调查研究的基础上，确定今后五年我院发展的总目标是，在办学水平上，要发挥、发展军工科技优势，使之在国内继续保持领先地位；努力提高民用学科（专业）水平，重点支持几个有一定基础、能上水平的通用学科，努力建设重点学科和重点实验室，使之逐步达到国内、国际先进水平；促进各学科相互渗透和协调发展，把我院办成以工科为主体，军民结合，理工结合，包含理、经、文、管等学科的综合性理工大学"，"到2000年，争取进入全国一流院校的行列"。报告在分析了之后十年（1991年至2000年）学校建设发展将面临的形势后，指出："要达到全国一流院校的水平，就是要按照国家教委的高等院校办学水平综合评估指标体系进行评估，到2000年，我院的综合指标排序应列入全国高校前50名之内。"

1992年1月，华东工学院第七次党代会召开时，学院在校本专科生规模6000余人，研究生近700人，成人教育各类学生3000余人，"形成了以本科教育为主，又有研究生、专科生和成人教育的多层次、多形式的办学格局"。党委书记曲作家代表第六届党委所作的工作报告，标题就是"迎接两个挑战，为在本世纪末把我院建设成为社会主义的一流理工大学而继续奋斗"。报告在回顾过去三年多来的工作时指出"院第六次党代会向全院各级党组织、全体共产党员和广大师生员工提出了把我院建设成为社会主义一流大学的号召。完成这一光荣任务，需要十年以上的艰苦努力，我们已为此奋斗三年半了"。

报告提出学院今后的发展目标是："到2000年，把我院办成……办成以工为主、理工结合、军民结合，理、经、文、管等学科配套的社会主义一流理工大学"。报告同时提出了两步走的发展战略。"我们坚信，有党中央的正确领导，只要我们统一思想，振奋精神，团结带领广大师生员工奋力攀登，就一定能在本世纪末实现把我院建设成社会主义一流理工大学的目标"。报告还指出，为建设一流社会主义理工大学，必须集中精力做好四个方面的工作。

9月，李鸿志院长在校二届四次教代会上作报告《深化校内管理体制改革，创建一流理工科大学》，表示学院将围绕"上一流，进工程"，"深化改革，调动广大教职工的积极性和能动性，建立自我发展、自我激励、自我约束的运行机制，增强学院办学实力与活力。"

1991年，国家开始提出实施"211工程"建设后，学院迅速认识到，进入"211工程"建设行列，是加快学校发展建设，促进学校实现一流大学建设目标的重要契机。为此，1992年6月，学院专题向上级主管部门提交报告，请求支持学校"进入国家教委制定的重点支持计划建设高校行列（即"211工程"）"，"创建一流大学"。

1993年11月，李鸿志校长在三届一次教代会上作工作报告《面向21世纪，创建社会主义一流理工大学》，李鸿志在报告中指出："我们的奋斗目标是，争取1995年以前进入'211工程'，经过十年左右的努力，把南京理工大学建设成为以工为主，军民结合，工、理、文、经、管相互配套的具有国内先进水平，有广泛国际影响的社会主义理工大学，军工学科达到国际水平，通用学科达到国内先进水平，学校总体实力进入全国高校综合评估排序前50名。"李鸿志特别指出："争取'211工程'和它的建设给我校建设史上又带来了一次新的机遇。我校第七次党代会提出用十年左右的时间，把我校建成一流社会主义理工大学这一目标。实际上,如果争取到'211工程',这一目标就得到了落实。"

三、第三阶段

1993年,"211工程"正式启动后,为了和国家高等教育发展战略和"211工程"建设步调协调一致,根据国家"211工程"建设目标和规划,学校发展目标和发展战略进行了适当调整。

在1994年制定的学校"211工程"建设规划中,提出的"211工程"建设的总目标是,在建设有中国特色社会主义理论指导下,坚持党的基本路线,全面贯彻党的教育方针,到2013年,将南京理工大学建设成为代表我国国防和兵工科技教育水平,在国际上有一定影响,军工学科达到国际水平,通用学科达到国内先进水平,以工为主,工、理、经、管、文多科综合协同发展的国内一流理工大学。这是首次将学校一流大学建设的时间节点调整到2013年学校建校60周年之际。

这一调整,也落实和体现在学校建设发展规划中。1995年,学校制定《关于"九五"及至2010年发展规划》,再次明确将建设"国内一流理工科大学"作为发展目标。规划提出学校自"九五"至2010年建设的总目标是:"……到2013年,将南京理工大学建设成为代表我国国防和兵工科技教育水平,在国际上有一定影响,军工学科达到国际水平,通用学科达到国内先进水平,以工为主,工、理、经、管、文多学科协调发展的国内一流理工科大学。"

1995年4月,兵器工业总公司组织的专家组对学校"211工程"建设规划进行了预审。

在1996年9月召开的校七届八次全委(扩大)会议上,李鸿志校长在分析"211工程"建设和学校发展面临的形势、学校"九五"发展思路时指出,"'211工程'作为一个长达10~15年的建设过程,必然是本世纪末和下世纪初高等教育领域内的中心议题和主要旋律""启动实施'211工程',恰恰与学校'建设一流理工大学'的奋斗目标是并行不悖的"。

1997年4月召开的南京理工大学第八次党代会上,徐复铭代表上届党委作工作报告,报告明确把创建"一流理工科大学""建设成为社会主义多科性理工大学"作为学校发展目标。

在分析学校面临的发展形势时,报告认为:"学校经过四十多年的建设,尤其是近十年的迅速发展,逐渐形成了自身的办学优势和特色,基本具备了争创一流理工科大学的基础和条件。"

报告提出:"根据学校提出的分三步实施'211工程'建设的战略部署,学校'九五'的奋斗目标是,到2000年……反映学校整体实力和水平的可比指标位居国内理工科院校的先进水平,为在21世纪初叶把学校建设成为社会主义多科性理工大学奠定坚实的基础。"

第三节 学院发展改革

十一届三中全会以来,随着国家经济、政治体制改革的不断深入,迫切要求逐步建立起一个适应社会主义市场经济的、能够迎接世界技术革命形势的、有中国特色的社会主义的教育体系。"我们要通过全面深化学院的各项改革,建立学院内部的科学管理体制和运转机制,以适应竞争形势和培养优秀人才的要求。"①

一、第一轮改革

1987年11月,中国共产党第十三次全国代表大会提出了党在社会主义初级阶段的基本路线:领导和团结全国各族人民,以经济建设为中心,坚持四项基本原则,坚持改革开放,自力更生,艰苦创业,为把我国建设成为富强、民主、文明的社会主义现代化国家而奋斗。这条基本路线,概括为"一个中心,两个基本点"。

党的十三大召开后,政治与经济体制改革加快向各个领域深化。1988年1月召开的全国高等教育工作会议,及机械电子工业部《关于深化教育改革努力提高教育质量和办学水平的意见》,均就加快与深化高校改革提出了具体步骤和要求。

华东工学院的学科专业脱胎于哈军工和炮兵工程学院,一直以军工工科专业为主,在相关领域均有比较强的特色和优势,但在通用学科,文科、经管学科方面基本上是零起点。因此,加快和深化改革,既是高等教育时代发展的需要,也是学校自身发展的客观要求。

1988年初,学院党委常委会研究决定,将加快和深化教育改革作为学院1988年的中心工作。

从2月24日开始,学院党委用3天时间召开全院中层干部会,学习十三大精神,结合学院实际,研讨教育改革的步骤与措施。会议围绕当前形势与学院的地位和任务、体制改革、提高教学科研水平、增强办学活力4个方面的问题,分7个小组展开了热烈讨论。"这次中层干部会揭开了我院1988年加快与深化改革的序幕"②。这次会议也为3月5日召开的全院教职工大会,作了思想和组织的准备。在3月5日的大会上,李鸿志院长作了题为"加快与深化我院教育改革"的动员报告。

1988年3月24日,为了组织、推进、协调全院改革工作,学院成立了改革办公室。并列出7个专题作为全院进行深化改革的研讨主题,其中包括"围绕建设两个中心,我院科研政策、组织措施、管理办法应作哪些调整""在学科建设上如何保持军工优势又力创民用特色,建设几个民用的带头学科""怎样组织力量加强新兴学科和边缘学科建设"等。

与此同时,学院还决定召开"教育工作会议",会议任务就是要"认清形势,提高认识,增强主动为国民经济和社会发展服务的自觉性,进一步端正办学的指导思想","提出适应国民经济和社会发展需要的学科发展规划及专业调整、改造的意见"③。

3月份为动员和学习文件阶段;4月至5月中旬为集思广益、研究讨论、拿出方案阶段;6月上旬召开教育工作会议。为了开好这次会议,在学院统一领导下,还专门成立了有相关部门参加的德育组、智育组、体育组、实践组4个专题筹备组。各系同时成立领导小组。

正式会议从6月3日至11日召开,会议期间,安排了分管教学工作的副院长葛锁网作专题报告、相关领导专家专题发言、小组活动、大会发言等,10日,还专门安排"研究生教育工作专题报告会"及专题小组讨论。

6月11日,大会闭幕式在大礼堂举行,李鸿志院长对这次教育工作会议进行了总结,在

---

① 1988年10月,李鸿志院长在第二届教代会和第三届工代会上的工作报告。
② 1983年3月5日,李鸿志在全院中层干部会上的总结讲话—加快和深化我院教育改革为振兴华工而奋斗。
③ 关于召开教育工作会议的通知(院教字〔88〕第15号)。

总结报告中归纳出会议形成的"统一认识":"必须下大决心进行专业改造,尽快扭转专业面太窄的状况""研究生要从研究型转向应用型""必须克服只注重智育教育不注重德育与体育等全面教育,只强调知识传授,忽略能力培养的倾向,树立全面育人的思想观念""必须把培养人作为全院最主要任务,加强本科教育"。

在具体实施方面,为了"拓宽本科专业、改造军工专业、创造新专业",决定"自1988年新生入学开始,按照机械、化工、光电、电子、力学等十几个宽口径本科专业大类制定的教学计划,组织教学","自1989年开始,即按大类招生"。

在军工专业改造上,"使军工专业由一个学科相近的通用专业覆盖或采用双专业名称。努力拓宽专业面,充实内容,使军、民专业名副其实"。

在新专业建设上,提出"积极储备条件,试办符合社会需求的新专业。这些新专业可以从老专业中扩展、派生出来;从多学科交叉中发展起来或者从科研、硕士学位点生长起来"。

报告还就落实德智体全面发展的教育计划、任课教师聘任工作采取基础课教师双向选择制、研究生导师遴选制等作出安排,并决定自1988年暑期后恢复早操及课外活动。

报告还提出,要"加强多层次办学,开办自费、走读生及各种成人、继续教育"。

加快改革的思想和理念也很快贯穿在6月底召开的华东工学院第六次党代会中。在大会报告的第二部分"加快深化改革的意见"中,指出"改革是振兴中国的唯一出路,也是我们华工兴旺发达的唯一出路。要进一步加快和深化改革,首先要进一步解放思想,更新观念"。报告还就"集中精力抓好改革的中心环节,推进两个中心建设",深化其他配套改革等,作出了部署。

从1988年下半年开始,学院各项改革举措开始大力推进:

(1)进行管理体制改革。精简机构,定编定员,提高工作效率。1988年6月,学院还参照联邦德国高等工业大学办学经验,与南京机械专科学校合作创办了华东工学院技术学院,这也是学院在新形势下的一种办学模式尝试。

(2)整顿校纪校风,搞好校园校貌建设。包括严格执行学籍管理规定,严肃处理违纪学生;恢复早锻炼制度;采用宿舍管理员制度;抓好军训试点工作;整顿校容校貌,建设文明校园。

(3)落实教育改革方案,狠抓教学管理,提高教育质量。包括按照17个专业大类组织本科教学;成立课程建设委员会,抓重点课程建设;建立奖励制度,调动教师积极性等。

(4)以提高学科水平为中心,加强科研、学科和学术梯队建设。包括设立学科建设基金,支持重点学科、新学科、交叉学科建设;重点支持建立学术水平高、年龄和知识结构合理、有较多科研题目作保证的学术梯队;重视青年教师的选拔、培养和使用等[①]。

在1988年11月召开的学院第二届教代会和第三届工代会上,李鸿志院长在工作报告中指出,"把学院建设成为国内第一流、国际有影响的全国重点大学,必须抓好七个方面的工作",其中"搞好重点学科建设是学院发展建设的一件大事",要"抓紧抓好学科建设"。李鸿志同时提出,"学科建设要以'三个面向'为指导方针,与'四化'建设的要求和新技术革命发展动向相适应,建立适应科技发展、合理的学科和专业体系",报告同时提出"到1991年要增建2~4个本科专业、3~4个博士学位专业。"

---

① 我院88年下半年工作要点(院字[88]159号)。

在关于学科建设发展的方向和学科专业布局上,李鸿志提出,总的指导思想是,"根据我院学科结构与原来的基础和特色,办学水平首先应保持和发挥军工科技的优势,并努力促进军工科技向通用领域拓展,重点发展有一定基础、能上水平的新兴学科和边缘学科,逐步创造条件创办理科、文科、经济管理学科、改善专业结构和布局,把学院建成以工为主,理工结合,军民结合,机、电、光、化相互配套,理、工、文、经、管相互渗透,结构合理的综合性理工大学"。

在1992年初召开的第七次党代会上,报告在回顾总结过去几年的工作时,指出,学院"在教学改革方面取得了显著成绩,根据面向经济建设,保持军工特色,积极发展通用专业的指导思想,不断抓紧专业改造和学科建设,全院新建本科专业5个,在现有本科专业中,民用专业占67.6%,军工专业占32.4%,初步形成了军民结合,以工为主,兼有理、经、文、管的专业结构体系"。

二、第二轮改革

国家教委直属院校在前期酝酿准备的基础上,于1991年9月正式批准南京大学、东南大学为第一批校内管理体制改革试点院校;1992年1月,又批准清华大学、浙江大学、上海交通大学等7所院校为第二批试点院校;8月正式决定在教委36所高校全面铺开。与此同时,江苏省也在推进地方高校"作为招收委培生和自费生、基本放开学校管理权限的综合改革试点"。邓小平南方谈话和中央2号文件,又给高校综合改革带来了"东风",创造了良好环境。

1992年3月,兵器工业总公司在学院召开直属院校首次综合改革研讨会。与会代表围绕着高校综合改革有关问题展开了广泛研讨,介绍交流了各校的改革经验和做法。学院领导详细汇报了学院综合改革的思路、重点举措、具体方案等。化工学院、应用数学系、科技外语系还向工作组汇报了改革试点情况。

根据"八五"计划和《中国教育改革与发展纲要》关于实施"211工程"的精神,1993年起国家教委将对全国1075所高校进行综合评估,实施分层次办学,并对重点大学实行非"终身制"的动态体制管理。其中50所左右的高校将成为教学、科研两个中心,在我国科技发展和高层次人才培养中起到带头作用。

贯彻落实《纲要》,实施"211工程",一时成为政府、地区,尤其是高校普遍关心并为之努力的热点。为了争取进入"211工程",高校迅速展开激烈竞争,争先主动增加投资,改善条件,加快改革步伐,创新发展思路,开展各种形式宣传活动,全力争取抓住这次促进学校建设发展上台阶的重要机遇。

形势和任务,让学校深刻认识到,要"上一流,进工程",必须进一步深化改革,通过改革,调动广大教职工的积极性与能动性,增强学院的办学实力与活力,将学院各项工作提高到一个新水平。

为了使学院在激烈的办学竞争中处于有利地位,"达到一流目标,必须实现四个转变:由速度数量型向水平效益型转变,着重解决高水平学术队伍的基础建设问题;由学科单一优势向综合优势转变,努力提高竞争激烈的通用学科水平;由主要靠国家支持向自主发展转变;综合办学水平实现量到质的转变"。为此,必须进一步加大改革力度,增强学校办学实力,"广泛深入动员,解放思想,抓住时机,加快改革步伐,从劳动、人事、分配制度的进一步改革入手,为学院建立充满活力的运行机制"①。

1992年12月,学院制定印发《华东工学院校内管理体制改革方案》,这是一次系统、综合、全面的改革。在改革的指导思想上,将以"有利于调动广大师生员工的积极性和创造性,有利于以学科建设为龙头的教育、科研两个中心建设,有利于转换内部机制,增强办学活力、提高办学效益、促进队伍整体优化和学科优势组合,最终保证学院'八五'规划的实施和一流理工大学目标的实现"。

这次综合改革的目标,就是要在管理体制、人事制度、分配制度、后勤服务制度等方面达到:精简合并机构、转换内部机制;优化队伍结构、突出学科优势;健全聘任制度,强化考核考评;体现按劳取酬、改善生活待遇;完善服务体系、改进保障措施;增强经济实力、提高办学效益。

总体思路为,总体设计、试点先行;分块处理、协调平衡;积极推进、分布到位。在具体实施过程中,以人事、劳动制度改革为突破口,以聘任制考核为核心,以分配制度改革为杠杆,以住房、医疗、退休养老基金改革相配套,形成系统完整的改革思路。

改革的内容涉及体制、机构、人事、劳动、分配、住房、医疗等制度。1993年3月,开始成立综合改革领导小组和办公室,开始制订方案、讨论论证修订方案、教代会通过方案等准备动员工作。随之以化工学院为校内管理体制改革的试点,以五、六、十系组建信息自动化与制造工程学院为学科建设与体制改革的试点,以成立生活服务中心作为生产、服务与后勤保障制度改革的试点。9月,在院、系的试点工作全面实施展开。

《华东工学院校内管理体制改革方案》包括定编总则、教师职务岗位设置暂行办法、校内分配制度改革方案、党政管理干部考核聘任细则、精简机构实施方案、深化后勤改革总体方案等22个文件(方案)。

在这轮管理体制改革中,为了下放权力、加强指导、搞活基层、分级管理、提高办学水平,实行了定编定岗、人员流动及校内分配制度改革为特征的劳动、人事、分配制度改革。

(1)对院、系、所实行"三定一评"责任制,即定任务、定编制、定经费,学校定期对其进行办学水平综合评估;对专业技术人员、管理岗位科以下干部实行聘任制,管理岗位实行分级制,各类人员分流,从质和量两方面进行全方位考核;实行工资津贴总额承包等一系列新政策和新措施,促进宏观调控和微观搞活相结合;建立国家工资、校内津贴双轨运行的结构工资制,激励政策向骨干教师和高层次优秀人才倾斜。

(2)在机关、机构精简方面,在理顺体制、转变职能、精兵简政、提高效率的前提下,实行"四定一评",即定职能、定岗位、定编制、定工资津贴总额,评估管理水平、服务质量和工作效率。陆续调整成立了研究生院(筹)、对外协作办公室、国际交流合作处等党政管理机构。

(3)在管理体制改革方面,按照按学科组建分院的原则,陆续组建了信息自动化与制造工程学院(1992年7月)、电子工程与光电技术学院(1992年10月)、理学院(1993年2月)、机械学院(1993年2月)、动力工程学院(1993年3月)、人文学院(1994年6月)等一批能覆盖某些学科、和发挥学科综合优势的学院,形成了校、院、系三级管理体系,初步形成了以工为主,工、理、经、管、文多学科综合发展的办学模式,完成了由原来多科性工科大学向以工为主的综合性大学的转变。

---

① 李鸿志院长在校第七次党代会上的讲话。

(4) 在后勤改革方面,注重加速社会化进程,引入市场机制,理顺产权关系,实行经营承包责任制和租赁制与多种经营方式,成立了生活服务中心、总务办公室、科技发展总公司等服务、经营机构①。为了缓解教职工居住、生活上的困难,积极争取建设解困住房等。

从1993年9月开始,建立了校机关负责人星期一例会制度。

内部管理体制改革的同时,文化建设同步推进。1993年12月,学校制定了《南京理工大学校风建设规划》。

三、第三轮改革

"九五"是学校发展和建设的关键时期。面临世纪之交,把一个什么样的南京理工大学带入21世纪,是当时摆在每一个南理工人面前必须思考的重要问题。

1990年代初,学院改革的重点是完善系主任负责制,增强系一级办学活力。面向21世纪,形势和任务再次要求学校要主动适应社会主义市场经济体制建设的需要,实现高等教育"两个重要转变",继续突出教育在全校工作的中心地位,持续深化教学改革和内部管理体制改革,坚持走内涵发展的道路,切实提高教学质量和办学效益。

1997年,学校开始新一轮综合改革。7月16日,机械学院和经济管理学院被确定为学院综合改革试点单位。李鸿志校长同两个学院院长分别签订了"学院综合改革试点协议"。

试点改革近一年后的1998年6月,根据院(系)综合改革的总体思路及试点院(系)综合改革运行情况,学校制定印发了《南京理工大学学院(系)综合改革暂行方案》。《暂行方案》通过教育教学、科技管理、人事分配制度等方面的改革,促进资源合理配置,落实学院(系)管理自主权,强化学院的自我发展、自我约束、自我完善机制,促使学院(系)真正成为具有一定自主权的办学实体。《暂行方案》对学院(系)在教学管理、科技管理、人事分配制度、财务管理、学生教育管理队伍建设、招生分配管理、产业、后勤等方面实施改革的目标、原则、内容、办法等作出了具体规定和要求。

1998年7月11日至12日,学校党委召开八届三次全委扩大会议,会议通过了《关于加速学校改革的若干意见的决议》,《决议》认为,学校"以'211工程'国家立项建设为标志,在办学规模、水平、质量、效益等方面,已经具备了参与新一轮竞争、并在竞争中求得更大发展的办学能力和综合实力"。但学校同时"承受着高校之间激烈竞争的挑战和考验",要在内外两个相辅相成的层面上,实现"两个继续保持",即继续保持学校持续快速发展的态势,促使学校各项事业再上一个新台阶;继续保持良好的竞争势头和实力,在高校发展的激烈竞争中,保持并逐步提高学校在全国同类高校中的地位和影响,就必须确立综合配套的改革新思路,加大力度,讲求实效,加速并全面推进学校各项事业的改革进程。《决议》确定了学校近期改革的总体目标:通过五年左右的时间基本建立起与社会主义市场经济体制相适应的教育教学管理体制和精干、高效的运行机制。《决议》提出了改革的六个重点方面,其中之一就是,加速推进院(系)综合改革和学校管理机构改革,精简机构和人员,调整机关的管理职能,把学院(系)办成相对独立的办学实体。

10月19日,学校第二批学院(系)综合改革协议书签字仪式在校会议室举行,李鸿志校长代表学校分别与化工学院、电光学院、制造工程学院、计算机系、外语系等五个院系负责人

---

① 南京理工大学"九五"教育事业计划。

签订了院(系)综合改革协议书。

1999年2月,学校制定出台了《校机关机构调整实施方案》,《实施方案》遵循精干、统一、效能原则,将管理、经营、服务的职能分开,对校机关进行了重新的调整、理顺。本着权责一致、管理重心下移的原则,对主体职能相近、基本任务相同的部门实行合并或合署,同时理顺校机关与基层管理的权责关系;将事务性服务、创收经营从机关管理部门中彻底剥离出去,逐步实现校区管理社区化、后勤服务社会化、校办实体产业化。3月,学校还制定出台了《校直、附属、挂靠单位聘任工作实施方案》。

四、推进办学社会化改革

1985年5月,中央《关于教育体制改革的决定》提出:"加强高等学校同生产、科研和社会其他各方面的联系,使高等学校具有主动适应经济和社会发展需要的积极性和能力。"1993年2月《中国教育改革和发展纲要》再次明确提出:"改变政府包揽办学的格局,逐步建立以政府办学为主体、社会各界共同办学的体制。""要逐步建立以国家财政拨款为主,辅之以征收用于教育的税费、收取非义务教育阶段学生学杂费、校办产业收入、社会捐资集资和设立教育基金等多种渠道筹措教育经费的体制。"

适应经济社会发展和高等教育改革要求,学校积极探索办学体制改革,社会化办学也取得重要突破。1994年在高校率先成立董事会,董事会由23家企业、政府、高校、研究所组成,对学校的发展规划、专业设置、招生分配、科研课题及科技开发等进行研究、指导。成立经济管理学院南京分院、经济管理学院伯乐分院。1995年学校与南京大学开展联合办学,与江苏省对外经济贸易委员会联办国际商学院。1997年与淮阴卷烟厂,1998年与齐鲁石化、春兰集团,1999年与南京卷烟厂等开展联合办学或全面合作。

1999年3月,为贯彻中央关于高等教育体制改革精神,适应江苏外贸事业对高层次人才培养需要,经江苏省人民政府批准,原江苏省外经贸委所属的外贸学校、外贸职工大学整体并入学校,组建成立了高等职业技术学院。1999年6月,为适应地方经济建设和社会发展需要,经江苏省教育委员会批准,学校又成立了公有民办机制的二级学院紫金学院。

第四节 学科专业与"211工程"建设

从1981年至2000年,国家共进行了8批博士和硕士学位授权学科的审核。截至2000年,学校已有博士学位授权学科一级学科13个,二级学科(博士点)29个,博士生导师130人;硕士学位授权学科一级学科27个,二级学科(硕士点)54个。

一、研究生培养

学科建设的发展,为高层次人才培养奠定了坚实的基础。1988年学校仅招收博士研究生27人,硕士研究生203人。随着"211工程"建设的实施,"九五"期间,学校不失时机地大力发展研究生教育。2000年招生博士研究生160人,硕士研究生500人,另外还有工程硕士、MBA等,在校研究生数量从1996年的936人发展到2000年的2840人,实现了培养规模的历史性突破。规模扩大的同时,培养质量也在显著提升,2000年度的全国优秀博士学位论文评选,学校化工学院肖鹤鸣教授指导的陈兆旭,以及理学院贺安之教授指导的姚卫的两篇博士论文入选,一举实现了南京理工大学在此项评选中"零"的突破①。

1997年3月,3位来自巴基斯坦的学生入校进行为期两年半的学习,成绩合格后获学校授予的硕士学位。这是改革开放以来,学校招收的首批攻读学位的外国留学生。

二、重点学科评选

1987年8月,原国家教委发出通知,为贯彻《中共中央关于教育体制改革的决定》精神,决定在高等学校中评选国家重点学科。同年,原国家机械工业委员会根据国家教委通知中提出的,中央各部委可根据需要和可能条件确定和扶植一些部门一级重点学科的精神,也发出通知评选委级重点学科。

这是国家首次开展国家重点学科的评选。学校博士学位授权学科申报国家重点学科的工作于当年9月至10月进行。经国家教委组织的通信评选、专家小组审核、国家教委审核批准,学校火炮与自动武器、弹道学两个学科被评为国家重点学科。

1987年12月至1988年1月,学校还进行了委级重点学科的申报工作。经院内专家评估、院学科建设指导委员会汇总、审核上报,原机械委组织专家通信评审,批准学校火炮与自动武器,炮弹、火箭弹与导弹战斗部(1990年更名为弹药战斗部工程),引信技术,含能材料,军用光学,弹道学,兵器火力控制系统(1990年更名为火力控制系统),固体火箭发动机及推进剂(1990年更名为火箭发动机),信号、电路与系统(含通信与电子系统。1990年分为信号与信息处理和电路与系统两个专业)等9个学科被评为部(委)重点学科。至2000年,学校省部级重点学科达到27个。

三、进入"211工程"建设行列

1992年,学院第七次党代会提出"要把华东工学院建成一流理工科大学"。与此同时,清华大学、浙江大学、南开大学、南京大学等提出创建世界一流大学,华东化工学院、大连理工大学、西安交通大学等提出创建国内一流大学。1993年,"211工程"正式启动后,争取进入国家21世纪重点投资、重点发展行列,给每所大学注入了兴奋剂,一时间,高等院校,特别是重点学校在人才、科技、投资环境和地位、声誉间展开了空前激烈的竞争,正可谓"千舟竞发,百舸争流"②。

争取进入"211工程"的过程,"是学校上水平、上质量、上效益的过程,是把学校真正建设成为社会主义一流理工大学的最切实的步骤,如果错失这一机遇,就会给学校的建设带来重大损失"。③

建设"211工程",不仅仅是一个申报、批准的问题,更是一个创造条件争取的过程、一个改革和发展的过程,是一个非常艰苦的努力过程,实质是学校教学、科研全面上质量、上水平的过程。

1992年10月,学校正式向兵器工业总公司提交"关于将我院列入国家教育'211工程'的报告"。1993年9月,学校成立"211工程"办公室,负责争取"211工程"的相关具体工

---

① "211工程""九五"期间建设总结报告。
② 1992年9月,李鸿志院长在二届四次教代会上的讲话。
③ 1993年11月,李鸿志校长在三届一次教代会上的报告。

作。1994年,在上级机关的领导和支持下,学校开始"211工程"建设的申报工作。同年,在原国家教委、国家计委、国防科工委和兵器工业总公司的领导和支持下,学校开始制定"211工程"建设规划。

根据规划,学校"211工程"建设的总目标是,在建设有中国特色社会主义理论指导下,坚持党的基本路线,全面贯彻党的教育方针,到2013年,将南京理工大学建设成为代表我国国防和兵工科技教育水平,在国际上有一定影响,军工学科达到国际水平,通用学科达到国内先进水平,以工为主,工、理、经、管、文多学科综合协同发展的国内一流理工大学。

"九五"期间,学校"211工程"规划建设项目包括重点学科建设、教育基础与公共服务体系建设、基础设施建设等3个部分16个子项目,建设总经费预算15160万元。

1995年4月,以王越院士为组长的兵器工业总公司专家组对学校"211工程"建设规划进行了预审。预审专家组听取汇报,并进行实地考察后,一致认为,"南京理工大学坚持社会主义办学方向,为国防尤其是兵器工业现代化和国民经济建设作出了重要贡献,学校领导班子团结务实,开拓进取,积极探索适应社会主义市场经济条件下办学模式,在高等教育改革方面取得了可喜成绩。内部管理体制改革成效明显,管理水平较高,学校具有较强的科学研究实力,成绩显著,取得了一批重要的研究成果。建立了一支整体素质较高、结构基本合理、相对稳定的师资队伍。对外交流与合作取得了积极的进展。办学条件及基础设施较好。学校素有重视党建和思想政治工作的传统,形成了'团结、献身、求是、创新'的优良校风。学校的凝聚力较强,师生员工有良好的精神面貌,校园环境整洁、文明,是一所发展速度快、潜力大、教学质量较高、办学效益较好的高等学校,为不断形成教育和科技两个中心创造了有力条件,具备了进入国内一流理工大学行列的整体水平和综合实力。可按照国家'211工程'标准和目标进行重点建设"。

"211工程"是学校开启高水平、一流大学建设的重要开端。预审通过后,学校即着手进行建设立项的申报工作。

1998年6月,国家计委正式批准南京理工大学"211工程"建设立项报告。1999年11月,学校顺利通过由国防科工委组织的一期建设项目中期检查,检查组认为,学校"211工程"一期建设做到了"思想认识、规划计划、财务经费、工作措施、目标效益和学校总体发展"六个到位,进展情况顺利,取得了很好的成效,并取得了一批标志性成果。

"211工程"在学校建设发展中发挥了重要的作用,促进了学校工作的全面发展,各项事业取得了较大的成效:学校学科结构进一步优化,重点建设学科已达到国内先进水平,部分学科达到世界先进水平,一般学科得到全面发展和提升;学术梯队趋于完善,师资队伍得到进一步加强;办学条件和基础建设得到了历史性发展;研究生和本科教育规模迅速扩大,培养质量不断提高;科学研究能力和水平显著提高,科技成果不断涌现;学校党建和思想政治工作得到改进和加强,师生员工精神面貌和学校精神文明建设呈现新的气象。

在"211工程"一期建设期间,学校博士后流动站从3个增加到9个,新增7个一级学科博士点,二级学科博士点从15个增加到29个,硕士点从34个增加到54个,并获得了工商管理硕士(MBA)、工程硕士专业学位授予权,工程硕士培养领域达到15个(占全部培养领域的44%)。

基于学校办学实力和办学水平的提高,以及学科建设和研究生教育取得的成绩,2000年7月,教育部批准学校试办研究生院。成为学校建设与发展史上又一座重要里程碑。

第五节 本科教育与大学生课外学术科技作品竞赛

学校一直具有重视本科教育教学,坚持以教学、育人为中心的办学传统。改革开放后,学校办学规模迅速扩大:1988年,学校招收本专科生1649人,成人教育学生1701名,各类在校学生9072人;2000年,学校实际招生4196人,各类在籍生达到22600人,其中本专科生13572人。本科教育作为学校教育的主体,始终成为学校工作的重心,得到重视和发展。

一、深化教学改革,全面提高教育质量

(一)优化专业结构

基于学院的历史发展背景,学院学科专业一直以军工为主要优势和特色,通用学科,经管人文学科十分薄弱。根据经济建设和社会发展需求,按照"拓宽本科专业、改造军工专业、创造新专业"的专业改造、建设方向,1988年后,学校对本专科专业进行了比较大的调整,11个军工专业调整合并为机械、化工、光电、电子、力学5个大类十几个宽口径本科专业,专业名称逐步向国家教委颁布的目录靠拢,1988年新生入学后即开始按照大类制定的教学计划组织教学;自1989年开始,即按机械类、机电类、化工类、环境类、电子工程类、材料类、计算机类、经济类、工业外贸类、热能工程类、仪器仪表类、信息工程类、力学与土木类、自动控制类、应用数理力学类、电气工程类等大类招生。如表5-1所示。

至1994年7月,学校本科专业已发展到44个,专科专业19个,另有21个夜大、函授专业。1994年开始,本科招生又回归到按照专业招生。1998年教育部新的专业目录颁布后,本科专业由原来的52个调整为45个(通用学科专业40个,武器类专业5个),形成了"以民为主,军民结合;以工为主,理、工、文、经、管、法、教相结合的专业结构体系"。

(二) 改革和完善学生培养制度

利用招生制度、奖学金制度、学分制、毕业生就业制度等改革,加强培养工作,试行主辅修、双学位,优化学生的知识结构,建立富有弹性和竞争的学习激励机制,培养复合型人才。"本科生以设计、制造、运行、工程应用研究与开发为主,完成工程师(或会计师等)的基本训练,改革教学方法,强化基础理论及技术基础课的教学,拓宽专业面,改善实践教学环境的条件,增强工程实践能力,培养具有比较坚实的理论基础和合理的知识能力结构,有较强的适应能力,德智体全面发展的人才。"[①]在人才培养模式上,1991年学校还首次举办培优班,开始优秀拔尖创新人才的培养。1999年培优班发展成为优才计划班(21世纪英才学院),再之后发展成为教育实验学院(2013年)、钱学森学院(2017年)。

---

① 1991年10月,李鸿志院长在校二届三次教代会上的工作报告。

表 5-1　本科专业变迁①

1986 年招生本科专业 （31 个）	1990 年招生本科专业 （大类招生 34 个专业）	1995 年招生本科专业 （46 个）	2000 年招生本科专业 （44 个）
工程力学	机械设计及制造	机械设计及制造	机械设计制造及其自动化
热能工程	机械制造工艺与设备	机械电子工程	信息与计算科学
光学仪器	机械制造电子控制与检测	检测技术及仪器仪表	应用物理学
系统工程	金属材料与热处理	汽车与拖拉机	光信息科学与技术
电子工程	热能工程	化学工程	高分子材料与工程
光电成像技术	仪表与测试系统	精细化工	材料科学与工程
计算机及应用	电子工程	高分子化工	材料成型及控制工程
计算机软件	无线电技术	材料化学	工业设计
机械制造工艺与设备	计算机及应用	环境工程	测控技术与仪器
金属材料与热处理	计算机软件	环境监测	热能与动力工程
无线电技术	自动控制	电子工程	电气工程及其自动化
环境工程	系统工程	应用电子技术	自动化
环境监测	科技情报工程	光电子技术	电子信息工程
仪表与测试系统	光学仪器	光学技术与光电仪器	通信工程
机械制造电子控制与检测	光电成像技术	会计学(国际金融)	计算机科学与技术
自动控制	化学工程	机械制造工艺与设备	电子科学与技术
工业会计	工业化学	工业设计	土木工程
工业统计	环境工程	计算机及应用	建筑环境与设备工程
科技情报工程	环境检测	计算机软件	环境工程
数学(师范)	工业外贸	工业外贸(国际贸易)	安全工程
火炮	会计学	市场营销	化学工程与工艺
自动武器	统计学	管理工程	制药工程
弹药与战斗部工程	工程力学	科技信息	交通工程
火箭弹	数学(师范)	贸易经济	工程力学
固体推进剂	火炮	电力系统及其自动化	生物工程
炸药及有机化工	自动武器	热能工程	信息管理与信息系统
火工与烟火技术	弹药与战斗部工程	供热通风与空调工程	工业工程
内弹道	引信技术	自动控制	工商管理
外弹道	近感引信及检测技术	工业自动化	市场营销
引信技术	固体推进剂	系统工程(信息工程)	会计学
近感引信及检测技术	炸药及有机化工	数学(计算数学应用软件)	人力资源管理
	火工与烟火技术	建筑工程	公共事业管理
	内弹道	应用物理学(激光、光电)	经济学
	外弹道	金属材料与热处理	国际经济与贸易
		焊接工艺及设备	金融学
		英语	法学
		人力资源管理	社会工作
		社会工作(社会保险)	思想政治教育
		经济法	英语
		火箭武器	武器系统与发射工程
		弹药工程	探测制导与控制工程
		引信技术	弹药工程与爆炸技术
		火炮与自动武器	特种能源工程与烟火技术
		火炸药	地面武器机动工程
		火工与烟火技术	
		弹道工程	

① 资料来源：华东工学院(南京理工大学)报招生专刊。

（三）深化教学改革

1988年，学院即开始"对教学计划进行整体优化，改革教学内容，强化基础理论，加强实践环节，突出专业教育的实用性与先进性"。① 1996年，学校再次提出"抓教学质量连续三年不放松"，采取切实措施，提高人才培养质量。"九五"期间，学校本科教学工作以"转变观念，深化改革，加快建设，强化管理，提高质量"为主线，立足学生全面素质培养。紧密联系国家现代化建设实际，改进德育工作方法和手段。重视现代教育思想、教育理论在课堂教学中的应用。积极开展以教学内容与课程体系为重点的改革，改善教学方法，加强实践性教学环节和学生能力培养，组织学生参加多种形式社会实践活动；完善教学管理制度，强化教学质量监控体系建设，狠抓薄弱环节，加强教学管理，教学质量得到明显提高。

（四）加强教学基础建设

以重质量、上水平为原则，抓好重点教材规划和落实，推进试题库建设。"九五"期间，结合"211工程"中"教学基础与公共服务体系"和"基础设施"项目建设，学校对全校教学实验室进行了大幅度调整，将原来的85个实验室，缩并为52个。投资2689万元，重点建设了10个校级基础实验中心，15个专业实验室和5个重点军工实验室，进一步优化和完善了教学实验基础体系，为推进课程建设、教学改革、提高教学质量、创办特色和品牌专业提供了有力的保障②。

二、建立优秀授课教师、优秀教学成果奖评选表彰制度

1987年9月10日，学院召开"庆祝教师节表彰先进大会"，对12名国家机械委教书育人优秀工作者、26名学院先进集体、7名学院劳模、185名学院优秀教师、先进工作（生产）者、97种优秀教材的作者进行表彰。之后，这样的表彰活动每年举行。

1994年，学校决定选拔培养100名优秀授课教师，以此为导向，倡导教师教书育人，改进教学方法，提高责任心，促使提高授课质量。1995年2月，首批评聘的10位优秀主讲教师尹群、顾敦和、李相银、俞占鸿、秦林祥、许品芳、洪友诚、莫仲卿、沈家瑶、张殿坤正式上岗。"优秀主讲教师"评聘采取滚动式，此后，评聘成为学校一项常规性工作，1996年3月，蒋立平、宋俊玲等48人受聘为学校第二批"优秀主讲教师"，1997年评聘了黄锦安、皮德富等74人，1998年评聘了75名，1999年评聘了寇戈、赵雪琴等56名，2000年评聘了谈乐斌、段齐骏等63名。从1995年首次评聘开始，至此学校已经评聘优秀主讲教师273人次，优秀主讲教师的津贴也由最初的50元，提高到100元。优秀主讲教师已经成为一支在学校教学上起中坚骨干和示范作用的教学队伍，带动了学校整体教学水平的提高和教学队伍的发展。

1988年10月，国家教委下发文件，开始进行全国普通高等学校优秀教学成果奖的评选，首次评选范围为党的十一届三中全会以来学校在教学改革、教学质量、教学管理等方面取得的优秀教学成果（个人或集体），评选结果拟于1989年教师节前夕召开的全国第一次普通高等学校教学工作奖励大会上进行表彰。

这次评选、奖励活动是建国以来的第一次，评选工作得到学校党政领导的高度重视，根据文件精神和江苏省的统一布置，学校开展了充分的酝酿评选工作。经过学校优秀教学质

---

① 1988年10月，李鸿志院长在第二届教代会和第三届工代会上的工作报告。
② "九五"期间"211工程"建设总结报告。

量奖评审委员会评审,决定推荐金惠娟"提高《微型计算机原理及应用》课程教学质量的改革",马树昂等获"教师教学情况定量评价及大学生素质综合评价的研究"等两项成果申报1989年全国奖项。最终,金惠娟的"微型机原理及应用课程的教学改革"获得国家教学成果奖。此后,全国优秀教学成果奖每四年评选一次,1993年,学校获得全国普通高等学校优秀教学成果奖二等奖1项;1997年,学校获得国家级教学成果奖3项。

与此同时,江苏省也开始进行全省高校优秀教学成果奖的评选,每两年进行一次。1991年,学校获省第二届普通高校优秀教学成果奖8项(一等奖2项,二等奖3项,三等奖2项);1993年,获得省级优秀教学成果奖6项;1997年,获得省级教学成果奖12项;2001年,获得省级教学成果奖14项(特等奖2项,一等奖3项,二等奖9项)。

学校同时开始校级教学改革成果奖的评选。1993年,学校评选教学改革成果奖46项,青年教师教学进步奖15项。1996年,评选优秀教学成果52项;1998年,评出优秀教学成果奖45项;2000年评出教学成果奖32项。

1993年12月、1998年4月,学校两次隆重召开教学成果表彰大会,会上,学校领导为获得教学成果、先进教师、优秀课程、优秀主讲教师等奖项的教师颁了奖。

三、全面启动本科教学优秀学校评建工作

教育部(在前国家教育部基础上,1985年6月成立国家教育委员会;1998年3月10日,九届人大一次会议决定国家教育委员会更名为教育部)从1980年代就已经着手准备开展教学评价,"而且形成了一个教育主旋律"[①]。1985年,国家教委颁布《关于开展高等工程教育评估研究和试点工作的通知》,一些省市开始启动高校办学水平、专业、课程的评估试点工作。

进入20世纪90年代后,1990年,国家教委颁布《普通高等学校教育评估暂行规定》,就高教评估性质、目的、任务、指导思想、基本形式等作了明确规定,这是中国第一部关于高等教育评估的法规。从1993年开始国家教委正式启动了"普通高等学校本科教学工作评价",开始有计划、有组织地实施对普通高等学校本科教学工作水平评估,评估采取合格评估、优秀评估和随机性水平评估等三种形式。至1998年,已完成了对110所一般院校的"合格评价"。通过评价,使之前本科教学工作受到冲击、教学质量滑坡的趋势得到了一定程度的抑制,对高等教育改革发展起到了积极的导向与推动作用。

教育部经过两年的研究,并在四所工科院校试点基础上,1998年4月,正式印发《普通高等学校本科教学工作优秀评价方案》,并于当年准备开始组织实施。《优秀评价方案》将把对重点院校,尤其是对进入"211工程"建设的院校的教学工作优秀评价作为重点任务。评价贯彻"以评促改,以评促建,评建结合,重在建设"的原则,希望通过评价推动被评学校重视本科教学工作,改善办学条件,加强教学管理,加快改革,办出特色。

按照教育部文件精神,学校1998年全面启动了本科教学优秀学校评建工作,计划投入总经费4300万元。希望以申请"本科教学优秀评价"工作为契机,深化改革,强化管理,调整专业结构,加强课程和实验室等基础建设,突出学生素质和能力培养,使本科教育质量稳

---

① 1999年4月,《南京理工大学本科教学工作优秀评价文件汇编》第59页;王晓锋,对全面开展教学工作优秀评价的认识。

步提高。

经过立项建设,至 2001 年初,已完成建设经费 2570 万元,在教学文档建设、课程建设和实验室建设等方面取得了明显成效。在转变教学思想、总结和弘扬教育特色、推进教育改革方面也进行了富有成效的工作和大胆的尝试。

四、大学生课外学术科技作品竞赛与"挑战杯"

1988 年 5 月 21 日,学院首届大学生科技竞赛表彰大会及发明成果展览举行。这次由院团委、院大学生科协联合组织的竞赛活动共收到论文 80 多篇,小发明、小制作 50 多件。经专家遴选,《高效液相色谱在火炸药分析分离上的应用》等 13 篇论文获优秀论文奖。展出的 34 件发明产品具有实用性强、结构简单的特点,很适合中小型企业生产。

1991 年 12 月,学院举办首届华工"创新杯"学生课外学术科技成果竞赛,竞赛包括社科、数理化、电子仪表及自动化、计算机等四大类的新颖学术思想论文报告会以及科技制作发明竞赛两项内容,共有 107 篇论文和 92 项作品参赛。第四届新颖学术思想论文报告会同时举行,经过初选,有 101 篇论文,内容涉及军事、电子、社会科学等,分别参加了社会科学、数理化等分会场的专题报告会。

1994 年 11 月,全国高校首家以加速转化大学生科技成果为主旨的青年科技工业园在学校建成。该园挑选了 150 名大学生作为科技发明、洽谈、推销、转让和开发等骨干力量,聘任 10 名大学生担任领导管理工作,还聘任了数十名专、兼职教授和指导教师等。

1989 年,"挑战杯"竞赛开始举行。

"挑战杯"全国大学生课外学术科技作品竞赛是由共青团中央、中国科协、教育部、全国学联和地方政府共同主办,国内著名大学、新闻媒体联合发起的一项具有导向性、示范性和群众性的全国竞赛活动。1989 年举办首届竞赛后,每两年举办一次。1999 年增加了"挑战杯"中国大学生创业计划竞赛,两个项目的全国竞赛每两年交叉轮流举行。

"挑战杯"的办赛宗旨为"崇尚科学、追求真知、勤奋学习、锐意创新、迎接挑战",目的是要促进青年创新人才成长、深化高校素质教育、推动经济社会发展。活动一经举办即在广大高校乃至社会上产生了广泛而良好的影响,被誉为当代大学生科技创新的"奥林匹克"。

1991 年,学校首次派出代表队参加了在杭州举行的全国第二届"挑战杯"大学生课外学术科技作品竞赛,6 件参赛作品(含两篇论文)全部获奖,其中二等奖 2 项,三等奖 1 项,鼓励奖 2 项,团体总分名列全国第八,获奖等级和名次均列江苏各参赛高校之首。

在 1993 年的第三届全国"挑战杯"大赛中,学校再获佳绩,参赛的 6 件作品全部获奖,其中一等奖 1 项,二等奖 1 项,三等奖 2 项,鼓励奖 1 项。团体总分名列全国第六,居江苏高校之首,并填补了全省一等奖的空白。

1995 年,学校在第四届"挑战杯"竞赛中送展的 6 项参赛作品再次全部获奖,其中一等奖 1 项,三等奖 4 项,鼓励奖 1 项,取得理工农医类院校团体总分第三名的好成绩,捧获"优胜杯",并获得 1997 年第五届"挑战杯"的承办权。

1997 年 11 月 8 日至 12 日,第五届"挑战杯"全国大学生课外学术科技作品竞赛在学校举行。来自全国 31 个省市区 267 所高校的 1000 余名领导、专家和师生与会。其中香港地区 5 所高校是首次参加这项活动。参赛作品达到 924 件。竞赛期间,同时举办了第五届"挑战杯"全国大学生课外学术科技作品竞赛作品展览,从 603 件参加终审决赛作品中挑选出的,来自157所高校的339件理工农医学术论文和发明制作作品参加了展览。竞赛期间,还进行了参赛项目洽谈和成果转让,5个项目被企业购买,成交额近千万元,创下大学生课外科技作品转让的最高纪录。

学校不仅成功举办了本届竞赛,还在竞赛中获得了理工农医类团体总分第一名,参赛的6件作品分别获得一等奖1项、二等奖2项、三等奖3项。"这是一次规格高、规模大、人数多、层面广、特色鲜明、气氛热烈的大学生学术科技盛会","竞赛产生了广泛的社会影响,赢得了良好的声誉。"①

第六节 科技发展与社会服务

学校科技工作伴随社会进步和经济腾飞同频共振,"九五"期间,科技实力已经稳居全国高校前三十名左右。在《科学学与科学技术管理》1999年第9期公布的1997年"中国大学评价"榜上,学校研究与发展指数排名第22位,在工科院校中排名第14位。科技成就为学校学科建设、师资队伍建设起到了支撑保障作用,为学校整体实力的提高作出了贡献。

一、加强组织领导,多举措助推科技发展

学校科研工作具有较好的基础和传统优势。改革开放后,面对社会经济发展新的形势和任务,学校同样需要对科研重心和发展方向进行及时调整。"我院科研工作要以打基础、上水平、出成果、创效益为核心,既要保持和发展我院军工科研的优势,又要积极促进军用科技向民用转移,开拓新的学科领域,加强高技术和新兴技术的开发研究,增强我院的竞争能力。"②"贯彻面向经济的方针,加强横向联系,广泛进行对外协作,组织重大课题联合攻关,努力争取高层次科研任务。"③

进入20世纪90年代,特别是1993年中央印发《中国教育体制改革和发展纲要》后,建立社会主义市场经济体制,加快改革开放和现代化建设步伐,进一步解放和发展生产力,我国改革开放和现代化建设事业进入了一个新阶段。实现四个现代化,科学技术是关键,为了完成党的十四大确定的1990年代的主要任务,必须把经济建设转到依靠科技进步和提高劳动者素质的轨道上来。高等教育担负着培养高级专门人才、发展科学技术文化和促进现代化建设的重大任务。"高等学校科学技术工作要认真贯彻国家对科学技术工作的方针,坚持'科学技术是第一生产力'的思想,坚持面向经济建设,坚持同教学相结合。要根据不同条件,大力开展技术开发、推广应用和咨询服务,兴办科技产业,使科技成果尽快转化为现实生产力。要加强基础科学和应用科学的研究,组织精干力量承担国家科技攻关项目和发展高新技术任务。要有计划地建成一批国家重点实验室和工程研究中心,促进相关学科的科研水平进入世界先进行列。"④

为了加强对科学研究工作的组织领导,1991年学院成立了科学研究院,统筹协调各研

---

① 李鸿志校长在第五届"挑战杯"竞赛闭幕式上的报告。
② 1988年10月,李鸿志院长在第二届教代会和第三届工代会上的工作报告。
③ 1988年6月,曲作家书记在校第六次党代会上的工作报告。
④ 《中国教育体制改革和发展纲要》。

究所,发挥学院多学科综合科研优势,提高了承担高新型和大型科研项目的能力。

在"八五"计划结束,"九五"计划开始之际,1996年9月,学校召开了科技工作会议。会议在回顾和总结"八五"科技工作成绩和经验的同时,面向国家科技发展形势,重点围绕通过调整各项科技政策,提出学校"九五"期间科技工作的发展思路、规划和目标,进一步深化科技改革,使学校科技工作再上一个新台阶。在充分研讨的基础上,会议形成了《科研经费管理办法(暂行)》等十三个文件。

教师队伍是开展科研工作的基础和保证。学校把师资队伍建设摆在重要位置,采取各种有力措施,大力培养、引进优秀人才,同时制定了一系列教师进修与培养、职称评聘以及各种鼓励青年教师脱颖而出的政策措施。

从1990年,学院开始对新进校的青年教师实行岗前培训和社会实践制度、导师制度、授课审批制度。当年即组织首批34名青年教师赴江阴钢绳厂进行了3个多月的社会实践活动,对改革中的苏南模式社会主义农村的现状进行了实地考察。此外,学校还通过举办"中青年骨干教师政治理论学习班",提高青年骨干教师的思想政治素质和理论水平。

学院从1988年开始每年拿出20万元,设立青年科学基金,鼓励青年教师独立开展科研工作,两年多的时间里,就有90多名青年教师先后获得资助。学院还实行第二课题组长制度,对于在以中老年教师担任课题组长的项目里,要求必须有一名青年教师担任第二课题组长,把青年教师推上第一线,助力青年教师迅速提高业务水平和实践能力①。

经过培育和政策扶持,"八五"期间,学院科技队伍逐渐壮大,一批中青年学术学科带头人和骨干教师迅速成长、开始脱颖而出,其中11人获得国家自然科学基金资助,5人获霍英东基金研究类奖,7人获国防科工委行业预研基金项目资助。还有多人次荣获光华科技基金会奖、何梁何利基金奖等,入选教育部"跨世纪优秀人才计划"、人事部"百千万人才工程",以及江苏省"333工程""青蓝工程"等,成为学院教学、科研的中坚力量。

1990年3月,学院召开首届青年教师会议。6月中旬,经学院教师、科研高级职务评审会审定,王昌明、王风云、赵平亚、钱焕延、宋明、蒋勇、刘克、王中原等8名成绩卓著的青年教师被分别破格提升为副教授、副研究员,他们平均年龄为31.7岁。

为进一步促进学校师资队伍和学科梯队建设,完善中青年后备学科带头人和青年骨干教师"选拔——培养——考核——淘汰"制度,使优秀人才脱颖而出,1999年1月,经各院(系)和部(处)推荐,校学术委员会评审,学校确认钱林方等30人为中青年后备学科带头人,吴志林等46人为校青年骨干教师、青年管理骨干。2001年初,学校对这批"后备"和"骨干"进行了评审和考核,其中,22人考核结果为优秀(其中"后备"11人,"骨干"11人),43人考核结果为合格(其中"后备"15人,"骨干"28人),6人考核结果为基本合格。在此基础上,还对11名优秀中青年后备学科带头人和11名优秀青年骨干教师进行了表彰。

实验室建设是推进科研快速发展的重要条件和保障。1990年,学院开始组织国防科技国家重点实验室的申报及评审工作,经过近一年的准备和努力,1990年11月,顺利通过专家评审,弹道实验室成为学院第一所国防科技重点实验室(试运行),同时获得1193万元的建设投资,使学院实验室建设开始走上高水平发展之路。除弹道国防科技重点实验室外,学院还争取到CMS国防科技重点实验室在学院的建设发展。"八五"期间,学校购置各种仪

---

① 华东工学院1990年工作总结。

器设备1632台套,总经费2071.5万元。军品科技有所拓宽,民品科技全面上轨。"九五"期间,学校将实验室数量逐步调整到52个,其中校级实验中心11个。

学校学术交流活动日趋活跃频繁。1988年10月25日至28日,国际弹道学术交流会第一次在学校举办。国际弹道学术交流会一般每3年举办两次,之前均由美国、西德、法国等西方国家发起并主办,中国一直没能参加。这次会议也是首次在中国举行。

学校还坚持每年举行学术报告会。1998年校庆学术报告会是近十年来的最重大学术活动,分15个分会场,征集交流了280多篇各类论文,活跃了学校的学术氛围。

2000年,《南京理工大学学报》(自然科学版)被列入《中文核心期刊要目总览》。

1998年学校科技经费首次超亿元,2000年达到14961万元,在全国高校排名18位以内。"八五"期间科技总经费2.68亿元,"九五"期间总经费达到5.31亿元,"九五"比"八五"翻了近一番[1]。

二、科技成果

从1988年至2000年,学校科学研究又获得多项重要成果。

"九五"期间,学校教师共发表学术论文6318篇,与"八五"期间4147篇相比,增长了40%。2000年当年,发表论文数达到1419篇,被SCI、EI、ISTP收录202篇,出版科技著作50部。1999年学校EI收录论文排名从1998年的第27位上升到第19位,ISTP排名从第28位上升到第12位,SCI排名从第48位上升到第41位[2]。

"八五"期间,学校共申请专利170件,职务专利授权145件,发明专利拥有量居全国高校前10位[3]。"九五"期间,学校10个系统项目通过了设计定型,192个项目完成技术鉴定,申请专利103项,获得授权专利126项,获得各种科技成果奖励221项,其中国家级奖励10项,省部级以上奖励161项。理学院激光研究所的"末敏弹多用途弹道关键参数测试技术"等,为国内外首创性研究成果,达到国际先进水平;化工学院"逻辑控制半导体桥引爆技术"等,为国内领先、国际先进,某发烟剂研究处于国际先进水平,其中两项成果为国内首创。

王泽山教授主持研发的"过期火炸药再利用技术"项目在1993年度国家科技奖励大会上获得国家科技进步一等奖。1996年12月,王泽山教授再以"低温系数发射药、装药技术及制造工艺"获1996年度国家技术发明一等奖。

潘功配教授主持完成的"弹丸增程的烟火底排剂及其制造方法"获1996年度国家技术发明二等奖。

吕春绪教授主持研制的"岩石膨化硝铵炸药"获1998年度国家科技进步二等奖。

李凤生教授主持研制开发的"特种超细粉体制备技术"获得1999年度国家科技进步一等奖。

---

[1] 徐复铭校长在中共南京理工大学第九次代表大会上关于"十五"计划说明的报告。

[2] 来自2000年12月20日出版的南京理工大学报。

[3] 徐学华在学校科技工作会议上的讲话。

三、科技服务与产业发展

学校历来重视科技成果的应用和开发。"我们的科技在为兵器工业服务的前提下,要坚持全方位、多渠道地为社会主义现代化建设服务。要发挥军工特色,狠抓民品开发和生产,努力开发高新技术,增强科研实力"①,"坚持为经济建设服务,上挂行业,背靠大企业集团,面向全国的方针,有选择地进行外部联合,尤其是搞好外向型产品窗口"。②

1984年,学院就建立了科技服务机构,对外开展科技服务活动。1988年,学院成立科技开发处。1995年,与江苏省高新技术风险投资公司共同创建江苏省南京理工科创中心,重点开展高新技术的开发与转让。

"建立科技开发、生产、经营贸易一体化的管理体制,形成专门队伍,创建院、系两级支柱型高技术产业,创造较高的经济效益"③,曾经是学院规划的科技产业发展方向和目标。

1996年10月,学校召开产业工作会议。总结了十年来学校产业工作取得的五个方面主要成绩,并针对学校产业存在的分散化、缺少主导产品及事企不分、体制不顺等问题,提出了今后加快发展校办产业的八点意见。李鸿志校长要求学校的生产经营在"九五"期间能够有更大的发展,与学校现有规模和水平相匹配,成为学校未来发展的重要支撑力量之一。会议还就学校产业发展"九五"规划、体制改革的总体方案等进行了研讨。时任省教委主任刘迪吉到会并讲了话。

四、李鸿志、王泽山入选中国工程院院士

李鸿志教授,1937年5月31日生于北京。1961年毕业于中国人民解放军军事工程学院,长期从事火炮与弹道学的科研和教学工作,先后承担和参加了24个省部级以上科研项目,取得18项系统的科研成果,并获得5项国家级、5项省部级科技成果奖,1项国际发明展览会金牌奖,获得2项国家发明专利。在国内外核心刊物及国际会议发表论文50多篇,撰写科研报告10多份,出版5种学术专著,培养20多名博士研究生和硕士研究生④。

李鸿志曾多次被评为全国、省、市先进工作者和劳动模范。1986年荣获"国家级有突出贡献中青年专家"称号;1989年被评为"全国优秀教育工作者";1991年荣获兵器工业总公司"功勋奖",并获政府特殊津贴;1992年荣获国防科工委"光华基金奖"特等奖。

1994年6月,李鸿志教授成功当选中国工程院首批院士。也成为南理工办学史上的首位院士。

王泽山教授,1935年10月生于吉林。多年以来,王泽山潜心火炸药研究,系统地发展了火药理论,首创了废弃火炸药资源化利用的技术途径,攻克了含能材料的低温感技术。

1994年3月18日,王泽山主持研发的"过期火炸药再利用技术"项目在1993年度国家科技奖励大会上获得国家科技进步一等奖。该项目是国家主体项目,历时5年,6个子项目通过部级鉴定,获得国家发明专利4项,并迅速转化到经济建设实际应用中,为国家创造

---

① 1992年1月,曲作家书记在校第七次党代会上的报告。
② 1988年6月,曲作家书记在校第六次党代会上的工作报告。
③ 华东工学院1991~1995年发展规划。
④ 来自1994年9月1日出版的南京理工大学报。

4000多万元的经济效益。1996年12月17日,王泽山教授再以"低温系数发射药、装药技术及制造工艺"获1996年度国家技术发明一等奖,这也是该年度唯一的一项发明一等奖,此项殊荣在国防军工系统和江苏省也是首次。

王泽山还先后获得光华科技基金特等奖等奖项,以及"六五""七五"期间兵器行业"突出贡献专家""省部级优秀研究生导师""全国优秀科技工作者"等荣誉称号。出版专著9种,发表论文70多篇,撰写技术报告220多万字。培养博士研究生30多名,硕士研究生30多名[1]。

1999年12月27日,中国工程院公布了1999年当选院士名单,王泽山教授名列其中,成为学校第二位院士。

2000年,王中原入选"长江学者奖励计划"第三批特聘教授名单,他也是学校首位入选"长江学者奖励计划"特聘教授的老师。他出席了9月21日教育部、香港李嘉诚基金会在人民大会堂举行的"长江学者奖励计划"第三批特聘教授、讲座教授受聘仪式暨第二届"长江学者成就奖"颁奖典礼。

第七节　办学条件与改善民生

20世纪90年代后,学校通过自筹资金和争取上级支持等途径,加快改造学校老旧住房、新建教学科研和师生用房,学校办学条件建设和民生改善进入了快车道。

一、办学条件改善

"基本建设是学院发展的基础。"[2]"八五"规划曾经把实验室、图书馆、实习工厂、编辑出版部作为"学院教学、科研、科技开发的四个重要基地,是学院发展上水平的重要保证,必须花大力气建设好。""八五"基本建设的重点是建设基础专业设施、公共配套设施和教职工住房。

1993年,历时五年建设的学校综合实验大楼(现致远楼)正式竣工并交付使用。大楼总建筑面积20000余平方米,附设1500平方米的地下室。主楼主体12层,局部14层。可提供400间大小不等的实验室、工作间、控制室等用房。该楼成为以机械、电子、光学等专业为主的多学科综合大楼。

1990年代初期、中期,学校为满足招生规模扩大的要求,自筹资金优先建设学生宿舍,改善教学、生活设施。1990年代中后期,学校又以"211工程"建设为依托,加大教育投入,建成了一大批教学、科研和师生员工生活等各方面的基础设施,如第三教学楼(1999年8月竣工交付)、精细化工楼、高职院教学楼(1996年8月竣工交付)、时间广场(2000年)等。2001年8月,学生公寓、高职院食堂改扩建、经管人文楼、幼儿园、老年活动中心、机械工程学院实验用房、第二运动场等七项工程集中竣工验收。学校办学条件明显改善,为学校教学、科研和人才培养发挥了明显作用。

---

[1]　来自1999年12月30日出版的南京理工大学报。
[2]　1988年10月,李鸿志院长在校第二届教代会和第三届工代会上的工作报告。

二、教职工生活条件改善

20世纪80年代至90年代初,教职工生活福利主要体现在办好食堂、幼儿园、中小学等方面。1988年之后,特别是在90年代,开始推进后勤服务社会化过程后,学校努力为教职工解决管道煤气和液化气、电话、电视入网、电力增容等问题,进一步改善了教职工生活条件。

住房,是学校最重要的民生问题。改革开放以来,中国住房制度改革大体经历了四个阶段:1993年之前,为实物分配制,职工住房由单位统一分配。1993年到1998年间,由住房的实物分配,向市场化改革的过渡阶段,从1998年下半年开始,南京逐渐停止住房实物分配,演变为货币化分配,这一改革的意义重大,它标志着实行了近四十年的实物分配制,就此退出了历史舞台,新的房改制度建立起来了。第三个阶段是从1999年到2004年左右,这是住房市场化全面推行的阶段,无数城市居民从"无房者"变成了"有房者",居住条件得到了极大改善,生活环境跟以往相比也大有不同,不少小区还引入了物业服务。从2004年之后,为调控阶段,在此期间,南京的房地产市场发展极其迅猛,楼市也经历了一轮接一轮的调控。

学校地处南京东郊,尽管校园占地面积较大,但教职工绝大多数居住在校区内。由于历史原因,学校教职工住房历史欠账较多。改革开放后,教职工改善住房条件的要求越来越强烈,学校建设发展也迫切需要为广大师生营造更加舒适、幸福的居住和生活环境。2000年时,校内现有住房中,建筑面积在65平方米及以下的住户仍有937套,连南京市政府规定的人均住房最低控制面积还达不到。

学校住房制度改革起步较早。1990年,学校就开始探索尝试集资建教职工宿舍的办法,开始时,规定"凡属学院编制序列内各单位均可申报参加集资,不受理职工个人集资,集资房产归学院所有,集资单位享受住房分配权"。这是学院为缓解教职工住房拥挤而实行的一项改革措施。实施后,至1990年底,有36套集资住房竣工交付到教职工手里,新住户原有住房的"接龙",进一步促进了更多教职工住房条件的改善①。

进入"八五"期间,学校规划建设500套教工住宅。

1993年,南京市发布政策要求,"拟在1995年前解决人均居住面积在4平方米以下的困难户住房"。学校按照上述文件精神,调查、统计出全校符合条件的住房困难户312户。

南京市解困的目标、措施和各种政策优惠,为学校解决住房矛盾创造了极好的条件。1993年,经过多方筹集资金,并经上级有关部门批准,7栋264套建设面积达18000平方米的解困房开工建设。两年时间内,彻底解决了学校人均居住面积在4平方米以下312户的困难户住房问题。

青年教职工住房问题一直是学校党委关心、关注的重点。为了缓解单身青年教职工住房矛盾,1988年6月,学校开工建设了3栋单元式单身教职工宿舍,于1989年5月竣工,及时改善了近300名青年单身教职工的住宿条件。

1998年7月13日,国务院办公厅转发了教育部等部门《关于加快普通高等学校筒子楼改造改善青年教师住房条件意见的通知》,提出要在"2000年以前,完成普通高等学校筒子楼改造工程,以改善青年教师住房条件",将此项措施作为"实施'科教兴国'战略,为青年教

---

① 1990年8月14日,总字(90)9号文,院集资建职工宿舍的实施办法。

师办的一件大事、实事"。

学校的筒子楼改造建设工作,是对国家有关文件精神的贯彻落实,更为筒子楼住户提供了一次改善居住条件的机遇。

学校党委很快制定出了关于筒子楼改造的方案。至当年11月30日,前后仅用17天时间,原110栋62户已有60户腾空或基本腾空。12月15日,110栋拆除到位,12月21日施工队进场开始施工。1999年10月,在此基础上新建的109、110、111栋144套教职工住宅兴建完成,首批96户乔迁新居。筒子楼改造工程的实施,改善了青年教师住房条件,为青年教师办了一件大事、实事。

1996年后,学校通过个人集资形式,建成了一号小区、二号小区、七号小区等三期教职工住宅,对二号路住宅进行改造,实施小区工程,教职工住房条件得到根本性改善。"九五"期间,学校共建成住房928套,72000多平方米;旧房改扩建330套①。

表5-2 1988~2000年教职工住房建设情况

教职工住宅		面积、套数	竣工交付时间
单身职工宿舍改造、青年教师公寓	112、113、114	3114平方米。单元式	1989年
筒子楼改造	109、110、111	144套	1999年
教职工住宅	539、540		1990年
解困房	七栋	264套	1995年
教职工住宅	"九五"一期	324套	1998年
	"九五"二期	204套	1999年
	"九五"三期	256套	2000年
二号路住宅改扩建			2000年

第八节 党的建设与思想政治工作

20世纪80年代后期,中国改革开放经历了多重复杂环境的严峻考验,国际上风云变幻,东欧剧变,苏联解体;国内,资产阶级自由化思潮一度严重干扰和淡化党的领导、削弱思想政治工作的影响。1989年,更是爆发了春夏之交的政治风波②。因此,加强坚持四项基本原则教育,反对资产阶级自由化,反对西方和平演变,成为党的建设和思想政治工作一段时期最主要的工作任务。

一、加强党的建设

1990年4月,第一次全国高等学校党的建设工作会议召开。7月,中共中央印发《关于加强高等学校党的建设的通知》,对加强高校党的建设提出要求:①明确高等学校的领导体制是党委领导下的校长负责制,坚持党委的领导地位;②加强领导班子建设,保证领导权掌握在忠于马克思主义的人手中;③把思想建设放在高等学校党的建设的突出位置,不断提高

---

① 2000年11月,五届二次教代会材料之三。
② 《中华人民共和国大事记》。

党员的政治素质;④切实搞好党支部建设,增强党组织的凝聚力、吸引力和战斗力;⑤建设一支素质较高、以精干的专职人员为骨干、专兼职结合的党务工作队伍;⑥加强对入党积极分子的培养教育,做好发展党员工作;⑦加强对工会、共青团和学生会的领导,充分发挥群众组织的作用;⑧地方党委要加强对高等学校党的工作的领导,中央国家机关有关部委党组(党委)对所属院校党的工作要予以指导。

全国高校党建工作会议后,曾经拟在高校推广实施的校(院)长负责制被及时叫停,高校普遍开始实行党委领导下的校(院)长负责制。1990年,学院党委根据中央精神和上级部署,实施了清理清查和党员重新登记工作,纯洁了党的组织,增强了组织的战斗力。11月,制定了《关于健全院、系两级学习中心组制度的意见》,推进了党委中心组学习走上规范化、正规化的轨道。

为加强领导班子建设,学院1984年就建立了《院长办公会议制度》,1988年院党委又制定了《党委议事规则》,规定凡学院重大问题,应一律经过科学论证,并经常委会集体讨论,方能决定和实施。90年代后,学校按照民主集中制原则不断修订党委全委会、常委会、校长办公会议事规则和决策程序,定期召开党委全委会,决定全局性重大事项。建立和完善了领导班子民主生活会制度、校领导定点联系院(系)制度和接待师生来访现场办公制度等。

在基层组织建设上,20世纪80年代末,学院就明确了党总支和党支部在系、室的政治核心地位,规定系党总支书记、副书记和党支部书记分别是系、室的领导人,是系务会议、室务会议的成员,参与本单位重大问题的决策。90年代后,学院党委推行党总支、党支部工作目标管理,建立基层党组织考核评估指标体系和目标责任制,促进了基层党组织政治核心和战斗堡垒作用的发挥。各院(系)逐步建立和完善了院(系)务会议制度和民主生活会制度,科学决策水平不断提高。在学生工作队伍建设上,按照工作需要增加编制,各系各年级原则上配备一名年级主任,较大的系设立专职团委书记。

1992年1月12日至14日,学院召开了第七次党代会,曲作家代表学院党委作了《迎接两个挑战,为在本世纪末把我院建设成为社会主义的一流理工大学而继续奋斗》的工作报告,李鸿志院长就学院"'八五'规划和十年目标"作了专题发言。会议提出了学院今后的发展目标:到2000年,把我院办成宣传和捍卫马列主义、毛泽东思想的坚强阵地,坚持四项基本原则、反对资产阶级自由化、反对和平演变,维护安定团结的坚强堡垒,培养社会主义事业的建设者和接班人的重要园地;办成以工为主、理工结合、军民结合,理经文管等学科配套的社会主义一流理工大学。为实现这一目标,会议提出了两步走的发展战略。会议选举曲作家为党委书记,李国荣、赵忠令为党委副书记;邹积芳为纪委书记;选举曲作家、李国荣、李鸿志、苏志明、邹积芳、周炳秋、赵忠令为党委常委。

1997年4月27日至29日,学校召开第八次党代会。会上,党委书记徐复铭作了《坚定信心 同心同德 深化改革 开拓进取 为实现学校"九五"建设目标而努力奋斗》的工作报告,校长李鸿志代表党委作了《关于学校"九五"规划和精神文明建设"九五"规划纲要的说明》。会议确定了学校"九五"期间的奋斗目标:到2000年,办学体制有新的转变,教育改革取得明显成效,学科结构得到进一步优化,科学研究继续保持良好的发展势头,产业开发初步形成规模特色,办学条件明显改善,反映学校整体实力和水平的主要可比指标位居国内理工科院校的先进水平,为在21世纪初叶把学校建设成为社会主义一流多科性理工大学奠定坚实的基础。会议还确立了实施"211工程"建设目标的战略部署。会议选举徐复铭为党委书记,苏志明、郑亚为副书记,郑亚为纪委书记。选举吕春绪、苏志明、李鸿志、杨善志、宋文煜、郑亚、徐复铭为常委会委员。

二、思想政治工作和精神文明建设

"我们的前身是部队院校,有着重视党的建设和思想政治工作、严格管理的光荣传统,随着干部和教师队伍的变化,如何继承和发扬这一光荣传统是迫切需要解决的问题。"①

贯彻党的教育方针,首先要把德育放在首位,强调各项工作都要围绕"育人"进行。1988年,学校把原教学计划改为包括形势政策教育、党团活动、开展第二课堂等多方面内容综合德智体于一体的教育计划。

1989年政治风波后,学校党委及时组织党员干部认真学习十三届四中、五中全会精神;组织近600名党员、教师、干部深入学生,与他们共同学习、共同讨论,进行反思教育;举办了7期党员干部和骨干教师社会主义理论学习班,集中学习《社会主义若干问题学习纲要》、江泽民《在庆祝中国共产党成立七十周年大会上的讲话》等。

1990年上半年,学院党委在广泛征求意见,反复研究的基础上,通过了《关于加强和改进我院思想政治工作的决议》,《决议》明确指出思想政治工作在党委领导下,各部门在职责范围内各司其职,党、政、工、团齐抓共管,做到分工协作,共同做好工作。同时,学院还成立了党校、马列主义毛泽东思想研究所、思想政治教育教学研究室等思政教育教学、研究机构。1991年制定了《关于加强教育工作的决议》,再次明确确立学院育人的根本任务。

1990年代,中央陆续制定与颁布了加强学校德育工作、加强青年学生爱国主义教育的系列重要文件。

1994年8月23日,中共中央印发《爱国主义教育实施纲要》,指出,爱国主义教育是全民教育,重点是广大青少年。学校是对青少年进行教育的重要场所,要把爱国主义教育贯穿到幼儿园直至大学的教学、育人全过程中去,特别要发挥好课堂教学主渠道的作用。8月31日,中共中央印发《关于进一步加强和改进学校德育工作的若干意见》,对新时期学校德育工作提出具体要求,成为加强和改进学校德育工作的重要指南。在此前后,国家教委等单位在全国中小学开展了观看一百部爱国主义教育影片、阅读一百本爱国主义教育图书、建立一百个爱国主义教育基地和学唱一百首爱国主义歌曲等活动。

1996年10月召开的党的十四届六中全会,根据全面实现我国国民经济和社会发展"九五"计划和2010年远景目标的要求,围绕思想道德和文化建设主题,分析了社会主义精神文明建设面临的形势,总结了经验和教训,通过了《中共中央关于加强社会主义精神文明建设若干重要问题的决议》。1997年党的十五大总结了社会主义建设基本经验,第一次从政治、经济、文化三个维度确立党在社会主义初级阶段"三位一体"总体布局。

为贯彻落实十四届六中全会精神,1997年4月召开的学校第八次党代会,审议通过了《南京理工大学社会主义精神文明建设"九五"规划纲要》。《纲要》明确学校精神文明建设的指导思想是:"以邓小平建设有中国特色社会主义理论和党的基本路线为指导,全面贯彻党的教育方针和党的十四届六中全会精神,以培养有理想、有道德、有文化、有纪律的社会主义事业接班人和建设者为目标,以提高全体师生员工思想道德和科学文化素质、提高学校文

---

① 1992年1月,曲作家书记在校第七次党代会上的报告。

明程度为重点,坚持以科学的理论武装人、以正确的舆论引导人、以高尚的精神塑造人、以优秀的作品鼓舞人,团结、动员全校师生员工为实现建设一流理工大学的目标而努力奋斗"。

《纲要》同时提出,"九五"期间,学校精神文明建设的奋斗目标是,经过五年的努力,"师生员工的思想道德和文化素质明显提高","文化生活质量明显提高","学校文明程度明显提高……保持省级文明单位称号,争创省级文明高校和省级校风优秀学校,精神文明建设处于全省高校先进行列"。

《纲要》将提高思想道德素质与道德水准作为精神文明建设的核心;将加强校风及校园文化建设,及组织群众性精神文明创建活动作为提高师生员工道德文化素质的重要举措。

根据中央和上级文件精神,20世纪90年代,学校还陆续制定了《德育大纲》《学生德育考评办法》等一系列规定,建立和完善了大学生"两课"教育制度。在教职工中广泛开展"三育人"活动;通过多种形式对学生进行马列主义理论和思想品德教育;开展军训和国防知识教育,增强学生国防观念和组织纪律观念;开展主旋律鲜明、形式多样、生动活泼的文体活动和社会实践活动。

结　　语

　　从1988年至2000年的这十多年里,面对快速变化的复杂的内部、外部环境,学校一方面及时抓住"211工程"建设等国家关于高等教育发展的重大战略,全校一心、全力以赴,主动参与和融入激烈的高校发展竞争大潮中;一方面顺应形势和任务发展要求,不失时机地加快学校体制机制改革,在保持传统特色、优势的同时,积极发展基础、通用、新兴、交叉学科专业,拓展服务面向,主动作为,增强了学校内生发展的动力。

　　从20世纪80年代后期开始,经过前后多轮学科专业、内部管理、体制机制改革,到1995年时,已"初步形成了以工为主,工、理、经、管、文多学科综合发展的办学模式,完成了由原来多科性工科大学向以工为主的综合性大学的转变"①。

　　自1988年学校第六次党代会首次提出一流大学建设目标,学校便开启了"国内一流理工大学"建设进程。1995年,进入国家"211工程"建设序列后,学校建设投入力度加大,办学实力明显增强,一流大学建设进程进一步加快。"在教学、科研、学科及师资队伍建设、后勤、产业、学院(系)及机关改革等各方面工作取得了较大成绩,增强了适应外部环境变化的能力,为学校长远发展打下了良好的基础。"②推进学校在21世纪,朝着建设更高层次、更高目标、更高水平的理工大学方向迈进。

　　面对即将到来的21世纪,全校师生充满更加强烈的危机意识和发展意识,"如果我们不加快发展,不高质量地发展,我们很难在我们所处的位置上永远地保存,随时都有可能后退,甚至被淘汰"。1999年3月17日,学校在大礼堂召开教师干部大会,这次大会既是学校1998年工作的总结会,也是面向21世纪全面做好1999年工作的动员会、誓师会。全校教师、干部两千多人参加了会议。会议结合国家创新体系的建立、《面向21世纪教育振兴行动计划》、国家对优秀高科技人才奖励政策的实施、推进"211工程"建设等大事,分析了学校面临的形势和挑战,部署了学校1999年的工作任务。站在新世纪的门槛上,会议号召全校干部教师统一思想,坚定信心,知难而进,艰苦奋斗,夺取学校建设发展的新成就,"把充满生机与活力的南京理工大学带入21世纪"。

---

　　① 南京理工大学"九五"教育事业计划。
　　② 1999年3月17日,李鸿志校长在全校教师干部大会上的讲话《振奋精神,迎接挑战,加快发展,把充满生机与活力的南京理工大学带入21世纪》。

参 考 文 献

[1]沙志平,尹志国.深化改革 加速实现高等教育的"两个重要转变"[J].机械工业高教研究,1996(S2):1-3.

第六章 国际知名特色高水平研究型大学建设(2001—2019)

进入21世纪,中国高等教育的规模、结构、质量、效益都在发生深刻变化:从原来的精英型教育转变到大众化教育;从教学、科研"两个中心"到人才培养、科学研究、社会服务、文化传承与创新、国际交流与合作五大职能;从以知识教育为主到科学教育与人文和素质教育、创新创造能力的融合;从向过去学习到向未来学习、向世界学习,中国高等教育的这些发展变化无不深刻影响着每一所学校、每一个家庭,每一个教育者和受教育者。

2011年6月,学校继进入"211工程"建设序列后再次获得重大突破,正式跻身"国家优势学科创新平台"重点建设高校,开启了学校建设世界一流学科建设新征程。2017年,学校入选世界一流学科建设高校,"双一流"建设正式进入实质性推进阶段。2002年,原国防科工委和江苏省人民政府签署协议,共同重点建设南京理工大学;2019年,学校再次成为工业和信息化部、教育部与江苏省人民政府三方共建高校。

第一节 建设发展目标提出的形势与背景

21世纪的前20年是我国飞速发展的黄金时代,中国经济实力得到前所未有的提升。2001年,中国GDP总量世界排名第6,2003年,人均GDP首次超过1000美元;2010年,中国GDP超过日本,成为世界第二大经济体,人均GDP超过4000美元;进入2020年,中国人均GDP已经超过1万美元。

在这一进程中,高等教育主动融入国民经济和社会发展大局,更多、更好地契合新时代中国经济社会发展需要,在人才培养、科技创新,推动经济增长和社会和谐进步中发挥了重要作用,高等教育贡献度显著提升。

这一阶段,对高等教育发展产生重大影响的活动有如下几项。

一、扩大招生规模与高等教育大众化

我国自1977年恢复高考招生以来,高校招生规模在逐年增长。1978年,中国的高等教育毛入学率只有1.55%,1988年达到3.7%。在1999年之前,高校虽然逐年扩招,但年均增长仅为8.5%左右。1998年,本专科招生人数为108.36万,毛入学率达到9.76%。

1999年2月24日,教育部《面向21世纪教育振兴行动计划》正式颁布,这是跨世纪中国教育改革和发展的施工蓝图,明确提出到2010年,高等教育毛入学率将达到适龄青年的15%。

1999年,高校开始扩大招生规模。1999年,当年招生人数增加51.32万人,招生总数达159.68万人,增长速度达到史无前例的47.4%,之后2000年的扩招幅度为38.16%,2001年

为21.61%,2002年为19.46%。2002年高等教育毛入学率达到15%,高等教育从精英教育阶段进入大众化教育阶段。到2003年,中国普通高校本专科生在校人数超过1000万。

2000年,北京、上海、安徽进行春季招生的改革。2001年,教育部出台新政策,允许25周岁以上公民参加高考,彻底放开高校招生的年龄限制。2001年,江苏省允许南京理工大学、东南大学、南京航空航天大学3所高校率先实行"自主招生"试点工作。到2007年,全国自主招生的高校扩大到了53所。2002年,普通高校招生工作历史性地第一次全面实现了网上录取,全国网上录取新生率达到了85%。2003年,北京大学、清华大学等22所高校被赋予5%的自主招生权。2006年,教育部允许香港高校在内地自主招生。

经过连续几年扩招,中国普通高等学校本专科招生从1998年的108.36万人增至2006年的546.05万人,增幅达404%;普通高校本专科在校生规模从1998年的340.83万人增至2006年的1738.84万人,增幅达410%。研究生招生人数从1998年的7.25万人增至2006年的39.79万人,增幅达449%;在学研究生规模从1998年的19.89万人增至2006年的110.47万人,增幅达455%。

2012年4月,教育部发布《全面提高高等教育质量的若干意见》明确提出,今后公办普通高校本科招生规模将保持相对稳定。持续长达13年的本科扩招叫停了。

2013年,全国各类高等教育在学总规模达到3460万人,高等教育毛入学率达到34.5%。

中国提出的高等教育毛入学率目标是到2015年达到36%,2020年达到40%。2016年,中国高等教育毛入学率已经达到42.7%。2019年,高职扩招100万人,中国高等教育毛入学率为51.6%,超过50%,进入高等教育普及化阶段。

在高校学生数量大幅增长的同时,高校数量及规模也在不断增长。1998年,中国共有普通高校1022所,其中本科院校590所,高职高专院校432所。到2006年,高校数量增至1867所,其中本科院校720所,高职高专院校1147所。至2018年,全国共有普通高等学校2663所(含独立学院265所),其中,本科院校1245所,高职(专科)院校1418所[①]。

二、高等教育国际化

1983年,邓小平提出"教育要面向现代化,面向世界,面向未来"的要求,为教育改革指明了方向。1985年,中共中央颁布《关于教育体制改革的决定》,提出了大学在总结历史和现实经验的同时,要积极借鉴国外大学的办学和改革经验,为我所用。1990年代后,中国明确提出要培养新世纪具有国际视野的高素质人才,特别是20世纪末期,中国开始推出高等教育"211工程"和"985工程",提出通过一定时间建设,使中国有若干所重点大学和一批重点学科处于世界领先水平,建成世界一流大学,这也是中国大学学习发达国家特别是美国大学模式和制度,推进中国大学国际化的重要策略。

为适应国际化人才培养要求,加快大学的国际化步伐,一方面,大学在办学模式、大学治理、科研体制、课程体系和教育教学改革等方面,学习借鉴西方特别是美国一流大学的经验。另一方面,加大人员的跨国流动交流。大批的学生、教师到国外留学访学;加大课程结构和内容的改革力度,制定学分互认政策,鼓励学生到国外选修学分,提升课程国际化水平。同

---

① 2018年全国教育事业发展统计公报。

时,中国大学也吸收了不少的留学生,聘请了世界各地的专家和教师。

2001年12月11日,中国正式加入世界贸易组织(WTO),这是中国对外开放的标志性事件。

进入21世纪,特别是加入WTO后,中国开始深度融入全球经济,与全球经济的关系越来越密切,特别是在资本、资源与技术方面,在积极参与全球经济发展的同时,也在不断迎接全球化带来的挑战。

加入WTO也使中国大学与外国大学和学术机构的交流越来越多,合作交流的平台越来越广。

2015年,国务院颁布实施《统筹推进世界一流大学和一流学科建设总体方案》,成为中国建设世界高等教育强国与建成创新型国家的重要战略决策。《总体方案》的实施,要求在高等教育阶段实施更多的开放、更多的协作,进一步提高中国高等教育的竞争力,建设世界一流的教师队伍。

深化新时期"教育对外开放",共建"一带一路",是世界多极化和全球化趋势下的重大战略举措,是教育界顺应文化多样性和人文沟通的重要选择,彰显了教育对于构建"人类文明共同体"的不懈追求。通过开放,不断优化自身的高等教育模式,结合国情和民族文化特征,走一条有中国特色的大学国际化道路,力争到2030年或是21世纪中叶,成为世界领先的教育强国[①]。

三、人才强国、创新中国战略

进入21世纪,世界进入知识经济时代,科学技术突飞猛进,国力竞争日趋激烈,教育事业与国家富强、民族兴衰息息相关。作为高素质创新型人才培养基地,以及知识生产、传播、创新和转化的最重要阵地的高等学校,已经被推到了社会发展的中心,面临着服务国家和行业、区域经济社会发展的重任。

党的十六大提出了全面建设小康社会宏伟目标,大力实施人才强国战略,建设宏大的高素质人才队伍。国家制定了《2002~2005全国人才队伍建设规划纲要》,2003年12月,中共中央、国务院又印发了《关于进一步加强人才工作的决定》。《决定》指出,人才问题是关系党和国家事业发展的关键问题,新世纪新阶段人才工作的根本任务是实施人才强国战略。内容包括实施人才强国战略是党和国家一项重大而紧迫的任务;以能力建设为核心,大力加强人才培养工作;坚持改革创新,努力形成科学的人才评价和使用机制;建立和完善人才市场体系,促进人才合理流动;以鼓励劳动和创造为根本目的,加大对人才的有效激励和保障;突出重点,切实加强高层次人才队伍建设;推进人才资源整体开发,实现人才工作协调发展;坚持党管人才原则,努力开创人才工作新局面。《决定》还对新时期做好人才队伍建设提出了要求。

2003年5月,江苏省也制定出台了《关于进一步加强人才队伍建设的决定》。

2012年底召开的"十八大"明确提出:"科技创新是提高社会生产力和综合国力的战略支撑,必须摆在国家发展全局的核心位置。"坚持走中国特色自主创新道路,实施创新驱动发展战略,将科技创新摆在国家发展全局的核心位置,实现到2020年进入创新型国家行列

---

① 高等教育的深度国际化——西南交通大学徐飞校长在"2016大学国际化国际论坛"上的主旨演讲。

的目标,这是我们党放眼世界、立足全局、面向未来作出的又一重大决策。

高等学校无疑是"创新驱动发展"的主力军、生力军。"创新驱动发展"为高等学校和高校科研人员提供了广阔的舞台。学习贯彻十八大精神,高等学校必须充分认识实施创新驱动发展战略的重大意义,抓住重点,形成合力。以全球视野谋划和推动自主创新,着力增强创新驱动发展新动力,加快形成经济发展新方式,推动经济社会科学发展、率先发展。

2003年全国"两会"期间,胡锦涛总书记和江泽民主席先后到江苏代表团作了重要讲话。胡锦涛明确指出,"江苏提出在全面建成小康社会的基础上率先基本实现现代化的发展目标,既是必要的,也是可行的"。江泽民明确要求江苏"为全国的发展作出新的更大的贡献"。由此,江苏省委、省政府明确提出了在21世纪头20年率先全面建成小康社会,率先基本实现现代化的奋斗目标。

两化融合是信息化和工业化的高层次的深度结合。随着工业化和信息化两大历史进程不断发展、交叉、渗透与融合,工业社会正在加速向信息社会演进,两化融合已经成为企业可持续发展的必由之路。

在全面建设小康社会,加快推进社会主义现代化的新的发展阶段,在党和国家大力实施科教兴国、人才强国、创新驱动发展战略引领下,高等教育大众化、国际化、信息化进程加快。推进"两化"深度融合,推动行业转型升级,加快工业化、信息化和国防现代化进程,以及江苏奋力实现"两个率先",为高等学校推动内涵式发展,提高教育质量创造了更多机会,也为学校快速发展提供了广阔的空间。

四、一流大学建设

自20世纪末以来,党和国家对高等教育陆续实施了"985工程"、"2011计划"、"双一流"大学建设计划等,推进中国特色社会主义一流大学建设。

(一)"985工程"

"985工程"是党和国家在世纪之交为建设具有世界先进水平的一流大学而作出的重大决策。1998年5月4日,时任国家主席江泽民在庆祝北京大学建校100周年大会上宣告:"为了实现现代化,我国要有若干所具有世界先进水平的一流大学。"1999年,国务院批转教育部《面向21世纪教育振兴行动计划》,"985工程"正式启动建设。"985工程"分两期建设,一共39所大学。

2010年,根据《国家中长期教育改革和发展规划纲要(2010~2020年)》,教育部、财政部印发了《关于加快推进世界一流大学和高水平大学建设的意见》。

2011年12月30日,时任教育部部长袁贵仁在参加十一届全国人大常委会第二十四次会议时表示,不再新设这两个工程的学校,通过注重学科导向,引入竞争机制,实施"985工程优势学科创新平台"(简称"985平台")建设。截至2018年,全国共有33所顶尖行业特色型大学列入"985平台"项目建设序列。

2016年6月7日,教育部发布了"关于宣布失效一批规范性文件的通知",宣布《关于继续实施"985工程"建设项目的意见》《"211工程"建设实施管理办法》等一批规范性文件失效,已失效的规范性文件不再作为行政管理的依据。

2019年11月28日,教育部发布声明:已将"211工程"和"985工程"等重点建设项目统筹为"双一流"建设。

(二) 2011 计划

高等学校创新能力提升计划也称"2011 计划",是继"211 工程""985 工程"之后,面对新时期中国高等学校已进入内涵式发展的新形势,从国家层面实施的一项重大战略举措,旨在推进中国高等学校建设世界一流大学和一流学科("双一流")的进程。该名称源自 2011 年 4 月 24 日时任国家主席胡锦涛在清华大学百年校庆上的讲话。"2011 计划"于 2012 年 5 月 7 日正式启动。

"2011 计划"建设项目,以人才、学科、科研三位一体创新能力提升为核心任务,通过构建面向科学前沿、文化传承创新、行业产业以及区域发展重大需求的四类协同创新模式,深化高校的机制体制改革,转变高校创新方式,建立起能冲击世界一流的新优势。该项目的实施,对于大力提升高等学校的创新能力,全面提高高等教育质量,深入实施科教兴国、人才强国战略,都具有十分重要的意义。

2013 年 4 月,教育部公布"2011 计划"首批入选名单,全国 4 大类共计 14 个高端研究领域获得认定建设,相关单位成为首批工程建设体。

2020 年 9 月 15 日,教育部官网发文,其中指出:已将"高等学校创新能力提升计划"等重点建设项目统筹纳入"双一流"建设①。

(三) 一流大学和一流学科建设

2015 年 10 月,国务院印发《统筹推进世界一流大学和世界一流学科建设总体方案》,对新时期高等教育重点建设作出新部署,推动中国从高等教育大国向高等教育强国迈进。

2017 年 1 月,经国务院批准同意,教育部、财政部、国家发展和改革委员会印发《统筹推进世界一流大学和一流学科建设实施办法(暂行)》。《实施办法(暂行)》提出,到 2020 年,若干所大学和一批学科进入世界一流行列,若干学科进入世界一流学科前列;到 2030 年,更多的大学和学科进入世界一流行列,若干所大学进入世界一流大学前列,一批学科进入世界一流学科前列,高等教育整体实力显著提升;到本世纪中叶,一流大学和一流学科的数量和实力进入世界前列,基本建成高等教育强国。

《实施办法(暂行)》指出,每五年为一个建设周期,建设高校实行总量控制、开放竞争、动态调整。

2017 年 9 月 21 日,教育部、财政部、国家发展和改革委员会联合发布《关于公布世界一流大学和一流学科建设高校及建设学科名单的通知》,正式公布世界一流大学和一流学科建设高校及建设学科名单,首批"双一流"建设高校共计 137 所,其中世界一流大学建设高校 42 所(A 类 36 所,B 类 6 所),世界一流学科建设高校 95 所;双一流建设学科共计 465 个(其中自定学科 44 个)。

第二节 学校发展目标的提出

1988 年起,学校开启了国内一流大学建设进程,重点推进建设多科性理工大学。

进入 21 世纪,学校继续推进国内一流大学建设,开启了建设国内一流、国际知名研究型

---

① 关于政协十三届全国委员会第三次会议第 4829 号(教育类 377 号)提案答复的函.

大学,到国内一流、国际知名(有国际影响)、特色高水平研究型大学建设新的征程。这一目标的提出,大致经过四个阶段,如表6-1所示。

表6-1 学校四个"五年计划"提出的建设发展目标

学校规划	近期目标	远景目标	发展战略、举措
十五 (2001-2005年)	经过"十五"发展,把学校建设成为以工为主,理工文经管法教协调发展,国防特色鲜明,知识创新和技术创新优势突出,国内一流,并具有一定国际影响的社会主义多科性理工大学。	在"十五"基础上,再经过五年建设,为把南京理工大学逐步建成一所国内一流、国际知名研究型大学奠定基础。	
十一五 (2006-2010年)	通过"十一五"建设,成为以工为主,理科和经管文法教学科获得较大发展,国内一流、具有较大国际影响的高水平理工大学。	到2020年,成为国内一流、具有重要国际影响,开放式、国际化、多学科协调发展的知名高水平大学,具备研究型大学雏形;到2053年建校100周年时,建成一所以理工为主,多学科协调发展,国内一流、国际知名、开放式、国际化研究型大学。	为实现长远目标,在未来五十年实施"三步走"战略:第一步,2004-2010年,夯实基础阶段,调整结构,整合资源,凝练重点,为可持续发展奠定坚实基础;第二步,2010-2020年,重点跨越阶段,充实提高,重点突破,跨越发展,初步实现向研究型大学的过渡;第三步,2020-2053年,全面提升阶段,协调发展,全面提高,持续进步最终实现研究型大学建设目标。
十二五 (2011-2015年)	通过"十二五"建设,将学校建成以工为主、理工结合,理、工、文、经、管、法、教协调发展,国防特色进一步提升拓展、工程技术优势明显,服务三化的能力突出,核心发展指标居于全国高校前列、国内影响力大的特色高水平研究型大学。	到2020年,形成信息化与工业化融合、机械化与信息化复合发展的学科专业特色,国防科技特色学科国内领先、主干学科国际知名,具有工程技术优势的特色高水平研究型大学。	为实现"十二五"发展目标以及2020年发展目标,重点实施"拓展提升战略"和"人才引育战略"。
十三五 (2016-2020年)	到"十三五"末,核心办学指标水平位次稳居全国高校前40位,建成特色高水平研究型大学。	到2053年(建校100周年时),跻入国内一流、国际知名高水平研究型大学行列。	坚持研究型大学建设和服务国家战略需求两条发展主线,实施特色质量立校、大师团队兴校、拓展协同强校三大发展战略,统筹协调各类办学要素及资源的争取利用,坚持特色发展、内涵发展、创新发展、开放发展、绿色发展,办学软硬实力并举,形成内生活力、外化优势的良性发展态势。

(一)第一阶段

"十五"末期,建成国内一流,并具有一定国际影响的社会主义多科性理工大学;2010年,建成国内一流、国际知名研究型大学

20世纪90年代以来,通过实施"211工程"一期建设、启动本科教学优秀学校评建等,

学校办学条件得到改善,教育质量稳步提高,为新世纪初叶学校建设发展再上新台阶奠定了基础。

2000年3月至6月,根据中央部署和上级安排,学校开展了"三讲"教育活动。这次教育活动使广大党员,特别是领导干部受到一次深刻的党性党风教育。

2001年4月召开的南京理工大学第九次党代会上,郑亚同志所作的工作报告,确定了学校"十五"建设与发展的总体目标:到"十五"末期,把学校建设成为培养高素质创新型人才的育人中心,应用基础及重大关键技术的研究开发中心,为国防和经济建设提供成果转化、决策咨询的服务中心;成为坚持党的基本路线和教育方针,建设社会主义精神文明的重要阵地;办学条件明显改善,办学质量明显提高,综合实力及可持续发展能力明显增强;成为以工为主,理、工、文、经、管、法、教协调发展,国防特色鲜明,知识创新和技术创新优势突出,国内一流,并具有一定国际影响的社会主义多科性理工大学。

报告同时指出,学校在分析所面临的形势及具体实际的基础上,确定了学校新世纪初期的远景发展目标:在"十五"建设的基础上,再经过五年的发展,到2010年将学校建设成为教育、科技、社会服务三个中心更加巩固,规模、结构、效益有机统一,质量、层次、水平广受认同,部分学科群点的科学研究、人才培养达到世界一流水平,多数学科专业国内领先,逐步成为支撑国防科技工业发展和国民经济建设不可或缺的重要力量,国际知名度不断提高,为把南京理工大学逐步建成一所国内一流、国际知名的研究型大学奠定基础。这是学校第一次明确提出建设研究型大学的目标。

此次会上,徐复铭校长还就《南京理工大学"十五"计划和2010年规划》作了说明。第九次党代会确立的学校"十五"发展目标和2010年远景目标被写入了同年6月制定的《南京理工大学"十五"计划和2010年规划》。

(二)第二阶段

提出"三步走"发展战略,到2020年,建成国内一流、具有较大国际影响,开放式、国际化,多学科协调发展的知名高水平理工大学

"新世纪的头二十年,是我国经济社会发展必须紧紧抓住并且大有可为的重要战略机遇期,这一时期为我国高等教育发展创造了良好的外部环境,高等学校必须抢抓机遇,实现跨越式发展。"2003年学校迎来办学五十周年。学校党委认识到,走过五十年办学历程的南京理工大学,"需要加强总结和提炼,形成清晰的办学思想与发展战略,为实现国内一流、国际知名的研究型大学的目标奠定坚实的思想基础"。

2003年1月10日,学校九届五次全委(扩大)会议在学习、贯彻落实十六大精神的基础上,以党政2003年1号文下发了《关于深入贯彻十六大精神,加快学校改革发展的若干意见》。《意见》在"正确把握学校发展的目标和定位"中指出,"将南京理工大学的长远发展目标定位在国内一流、国际知名的研究型大学是切合实际的。一方面,这是新时期高等教育发展的需要,也是学校广大教职工的热切愿望;另一方面,学校经过近50年的发展和积累,已经具备了向这一目标冲刺的基本条件。再经过20年或稍长一些时间的努力,把南京理工大学建成国内一流、国际知名的研究型大学完全是可以实现的"。

5月27日,学校启动办学理念与发展战略研讨工作。组成了由徐复铭校长、郑亚书记担任组长的工作领导小组,分发展思路总体组、治学文化组、学科专业专题组、人才培养专题组、科技研发专题组、队伍建设专题组6个工作组,分别由有关校领导负责,相关部门牵头组

织,开展研讨工作。研讨历时一个多月。

6月,徐复铭校长在校九届六次全委(扩大)会上,在讲到"学校定位"时指出:"高等教育体系是一个庞大而复杂的体系,学校要办出特色,还必须对学校定位有正确而科学的选择。""通过研讨,大家比较认同的学校目前定位是:立足国防科技工业,积极参与地方建设,服务全国,面向世界;具有国防科技特色,以工为主,教育与研究并重的国内一流多科性理工大学"。

关于研究型大学,徐复铭指出:"研究型大学的显著特点就是高水平科学研究和高层次人才培养。根据分析比较,我校目前与研究型大学还有相当差距,客观地说尚属于教育与研究并重型,但必须以研究型大学作为发展目标,这是我国高等教育发展对高层次大学提出的要求,也是学校广大教职工的共同愿望。"

7月4日—6日,学校党委召开九届六次全委(扩大)会议,结合学习讨论,进一步研讨学校办学思想和发展战略。

经过全校上下一段时间的认真研讨,2003年9月,在50周年校庆前夕,学校发布了《南京理工大学关于办学思想与发展战略的若干意见》,提炼出"以人为本,厚德博学"的办学理念,重新诠释了"团结、献身、求是、创新"的校风内涵,确立了未来50年学校建设发展目标,即"十五末"(2005年):建成为以工为主,兼有理、经、管、文、法、教等多种学科,具有国防特色和知识创新、技术创新优势,国内一流、具有一定国际影响的多科性理工大学;"十一五"末(2010年):建成为以理工为主,经、管、文、法、教等学科获得较大发展,国内一流、具有相当国际影响的开放式、多科性理工大学;2020年:建成为国内一流、具有较大国际影响,开放式、国际化,多学科协调发展的知名高水平理工大学,具备研究型大学雏形;远景(2053年左右):建成为国内一流、国际知名,开放式、国际化的研究型大学。同时提出"分三步走"和"实现两个重点转变的发展战略"。"三步走"第一步:2003—2010年夯实基础阶段;第二步:2010—2020年,重点跨越阶段;第三步:2020—2053年,全面提升阶段。要实现两个重点转变:注重内涵,突出创新,提升层次,向高水平研究型大学转变;拓宽面向,强化服务,扩大交流,向开放式国际化大学转变。这是学校党委第一次明确提出国际化、高水平建设发展目标。

(三)第三阶段

建校60周年时,建成特色鲜明研究型大学;2020年,步入国内一流、国际知名高水平研究型大学行列

2007年7月,学校第十次党代会召开,会议提出了高水平研究型大学的建设目标:到2013年建校60周年之际,重点建设学科达到国内领先水平,若干学科在国际上有影响力,建成以工科为优势和主体,理科和经管人文学科为有力支撑,交叉学科崛起,创新基地凸显,学术俊才汇聚,人才培养一流,办学设施先进,文化氛围浓郁,社会贡献显著,特色鲜明的研究型大学;到2020年,步入国内一流、国际知名的高水平研究型大学行列。

(四)第四阶段

2020年,建成特色高水平研究型大学;建校100周年时,步入国内一流、国际知名高水平研究型大学行列

按照中央部署,2009年3月中旬到7月上旬,学校开展了深入学习实践科学发展观活动。在3月12日举行的开展深入学习实践科学发展观活动动员大会上,党委书记陈根甫作

了题为《解放思想克难题,改革创新争一流》的动员报告,报告提出,服务"工业化、信息化、国防现代化"是国家在新时期赋予南理工的新使命,学校学习实践活动,就是要通过着力转变不适应不符合科学发展观要求的思想观念,着力破解影响和制约学校科学发展的突出问题,以及党员干部党性党风党纪方面群众反映强烈的突出问题,着力构建和完善有利于学校科学发展的体制机制,提高领导学校科学发展、促进和谐校园建设的能力,推进特色高水平研究型大学建设。

在深入学习实践科学发展观活动中,学校明确提出了建设"特色高水平研究型大学"的办学目标定位。如何理解办学目标定位中的"特色""高水平"与"研究型"的内涵及其依据,并加以概括性的解释与表述,6月15日,学校组织召开特色高水平研究型大学办学目标定位内涵研讨会,提出意见和建议。

2009年,学校结合工信部"一提三优"工程建设,研讨提炼"立体兵工"办学特色。2010年12月1日,王晓锋校长在部属高校办学水平提升工程评估报告会上,代表学校作了题为《构建"立体兵工",服务"三化",建设特色高水平研究型大学》的报告,阐释了实施"立体兵工"发展方略的办学特色,即充分发挥机、电、光、化等多学科综合优势,不断扩大兵器学科的内涵,形成以陆为主,陆、海、空、天协调发展的"立体兵工"特色学科体系。

在2011年1月召开的校十届八次全委(扩大)会上,陈根甫在谈到学校"十二五"面临的形势、总体思路和目标,以及主要任务时,指出,"按照2020年建成特色高水平研究型大学的总体目标,以及分两步走的战略,学校'十二五'规划的目标是,到2015年,完成办学特色的塑造,基本具备研究型大学的结构和要素,部分学科达到国内领先水平,总体形成特色高水平研究型大学的雏形"。

2011年,学校跻身"国家优势学科创新平台"重点建设高校,揭开了建设"世界一流学科"的新篇章。

2013年6月,学校召开第十一次党代会。会议提出并进一步明确了特色高水平研究型大学建设目标:到2020年,学校服务信息化武器装备系统和"两化"深度融合的办学特色更加鲜明,人才培养质量明显提高,学术水平显著提升,服务社会能力更加突出,学校文化长足进步,师生满意度和幸福感进一步增强,核心办学指标水平位次稳居全国高校前40位,建成特色高水平研究型大学;到2053年,即建校100周年时,步入国内一流、国际知名的高水平研究型大学行列。第十一次党代会提出的奋斗目标,同时体现和落实在学校"十三五"规划中。

2018年7月26日,在学校2018年暑期工作研讨会上,付梦印校长在谈到学校发展的战略定位时指出:"中国的大学有近3000所,不外乎这两类:一类是综合性大学,一类是特色行业型大学,而我们的定位是特色高水平研究型大学。"[1]

第三节 综合改革

改革开放以来,改革始终伴随着学校发展进程。学校前进发展的过程,其实就是一个不

---

[1] 2018年7月26日,付梦印在2018年暑期工作研讨会上的讲话。《擦亮底色,坚持特色,提高成色,全面推进特色高水平研究型大学建设》。

断改革、探索创新的过程。改革具有探索性、曲折性,充满风险和挑战;改革同时给予学校以生机和活力,推动学校乘风破浪,不断前行。

一、以岗位为重要特征的综合改革和津贴制度

高校院系综合改革于20世纪90年代开始逐步推进。1997年7月,学校机械学院、经济管理学院成为学校首批综合改革试点单位;1998年10月,化工学院、电光学院、制造工程学院、计算机系、外语系等5个院(系)成为学校第二批综合改革试点单位。

学校在深化内部管理体制改革时,在对各级机关机构进行改革的同时,还推行了分配制度改革,按照"优劳优酬,多劳多得"的原则,提高各类人员的津贴标准,重点提高一线教师的课酬津贴和超课时酬金,并在计算机系进行了经费包干的试点。对机关领导干部则实施了领导岗位津贴,体现了责任和利益的统一。

学校岗位津贴制度新方案的实施起步于2000年。

2000年11月,学校根据《国防科工委关于委属高校内部分配制度改革的指导意见》等指示精神,制定了《南京理工大学岗位聘任和岗位津贴制度实施方案(试行)》,并经国防科工委批准。

制定和实施《南京理工大学岗位聘任和岗位津贴制度实施方案(试行)》,就是"为实现一流大学建设目标,建设一支具有一流水平的教师队伍和与之协调发展的其他专业队伍及党政管理干部队伍,建立健全按劳取酬、优劳优酬的分配体系,强化竞争机制和激励机制,进一步激发学科带头人和骨干教师的积极性和创造力,促进中青年拔尖人才的稳定、培养和引进"。[①]

按照方案,学校在教学、科研、教学辅助和党政管理等工作范围内,根据学科建设、教学和科研体制改革需要,按照不同的工作性质、职责和任务设置岗位。岗位设置分为教师岗位和其他岗位,其他岗位包括教学辅助岗位和党政管理岗位。各类岗位又分为校聘关键岗位、重点岗位和一般岗位3个层次共11个等级,并分别对应11个级别的津贴标准,最高11级的标准为5万元/年,最低为基础级,标准为3000元/年。如表6-2所示。

表6-2 岗位级别与津贴标准　　　　　　单位:万元

岗位\级别\标准	基础	1	2	3	4	5	6	7	8	9	10	11
	0.3	0.5	0.75	1.0	1.4	1.8	2.2	2.6	3.0	3.5	4.0	5.0
教师岗位		院(系)聘一般岗位					院(系)聘重点岗位			校聘关键岗位		
教师岗位										学科岗位		
教师岗位		以教学为主岗位										
教师岗位		以科研为主岗位										
其他人员	借调	校聘一般岗位					校聘重点岗位			校聘关键岗位		

注:其他(党政管理)人员11级岗位津贴为4.5万元。

[①] 南京理工大学岗位聘任和岗位津贴制度实施方案(试行)。

教师岗位按照教师岗位的责任、职务等因素分为学科岗位、以教学为主岗位和以科研为主岗位,一般岗位分为基础、1、2、3、4、5 六级;重点岗位分为 6、7、8 三级;关键岗位分为 9、10、11 级。方案同时明确了每个级别岗位的上岗要求。

管理岗位明确了正校级至一般岗位,分别对应 11 级至基础级。

学校对各级岗位数进行宏观控制和管理,全校 3244 名教职工,纳入校本部设岗聘任范围的为 2162 人,约占全校在编教职工的 2/3。

岗位聘任与绩效津贴制度于当年 9 月开始试行。其后"一年的试行收到了较好的效果,学科带头人、学术骨干、技术骨干和管理骨干的待遇得到了重点改善,增强了责任感,激发了工作热情"。全校实际受聘人数为 1776 人,占全校总人数的 55.5%,其中教师 1141 人,占全部受聘人数的 64%;教师实际收入平均增加 14133 元/年,其他人员实际收入平均增加 9352 元/年①。

在总结第一轮岗位聘任和岗位津贴制度实施方案经验的基础上,2001 年,学校启动实施了《南京理工大学第二轮岗位聘任和岗位津贴制度实施方案(试行)》。

从 2000 年至 2005 年,学校先后启动实施了五轮岗位聘任和岗位津贴制度。从 2001 年第二轮开始,教师和管理岗位设置调整为 12 级,教辅岗位调整为 14 级,其中 1 级为最高。

二、以强化校、院(系)两级内部管理为重要特征的综合改革

2008 年,迎来党的十一届三中全会召开和改革开放三十周年。学校举行了一系列纪念活动,校内改革发展也在不断推进和深化。

2008 年,学校首次对中层干部采取与学校中层领导班子换届相结合的定期聘任制。2 月 25 日,学校集中聘任的第一批主要涉及轮岗交流的 38 名中层干部名单正式公布,这次对全校中层干部实行集中聘任,是在学校机构调整和后备干部遴选的基础上,采取的院系领导班子换届、中层干部轮岗相结合的方式,是学校干部管理制度适应加快发展新形势需要的改革措施。

着眼于建立现代大学制度,学校在对国内外著名大学内部管理体制广泛调研分析的基础上,2008 年 6 月正式制定下发了《校、学院两级管理改革总体方案》,对 2008 年发展与改革计划项目予以公布并正式启动实施。该方案着力改变学校过度集中统一的管理体制,推进管理重心下移,赋予各学院办学主体地位。主要包括十项,分别是:"211 工程"三期建设与"十一五"重点学科建设、科研水平提升、修订完善科技管理运行体系、本科教学质量与教学改革工程、本科生拔尖人才培养、研究生教育优秀工程、卓越计划实施、岗位设置与聘用、国际交流与合作计划以及学院(系)管理体制综合改革试点。

2008 年 7 月 14 日至 15 日,学校召开十届三次全委会,审议通过"三年滚动发展计划"。"三年滚动发展计划"包括 8 个方面,涉及学科建设、人才培养、科技创新、队伍建设、条件建设、对外交流、管理改革、党建工作等,是首次以项目化的形式推动重点工作的落实。

2009 年 3 月中旬到 7 月上旬,学校开展了学习实践科学发展观活动,活动以"解放思想克难题,改革创新争一流"为载体,以学科专业优化调整和校院(系)两级管理体制改革为切入点,以加强师资队伍建设、提高科技创新与拔尖人才培养能力为主线,以加强校院(系)两

---

① 2001 年 8 月 29 日,徐复铭校长在校九届二次全委扩大会上的讲话。

级领导班子建设和党员领导干部为重点,以办人民满意教育、让师生员工共享发展成果为落脚点,通过解决一系列不适应、不符合科学发展观要求的思想观念、体制机制,推进特色高水平研究型大学建设。

经过几年的改革、调整和实践,管理改革取得初步成效。在校级管理层面上,学校基本形成了覆盖全面、分工清晰、统筹兼顾的横向管理格局,以及"决策(校领导班子)、执行(机关各部门)"层次分明、政令畅通的纵向管理体系。

在办学体制层面上,学校基本形成了"宏观指导(校机关)、微观组织(学院、直属单位)"责权统一、有利于调动校院两级积极性的管理新格局。

学院在人、财、物等各类资源配置以及教学科研管理、国际交流等方面拥有了较多自主权后,自我发展的主体意识、谋划发展的改革意识、集约发展的效益意识明显增强;学校各机关权力下放以后,集中精力加强办学指导,着眼学校发展的大局意识、面向学院服务的责任意识明显增强,显现出以创建若干一流学院进而打造一流南理工的态势。

三、以绩效为主要特征的综合改革和津贴制度

随着社会的发展,原绩效津贴制度已经不能适应学校改革和发展的需要。学校需要"实时跟踪国家事业单位绩效工资政策,做好校内绩效津贴组织实施工作①"。根据有关文件精神,结合前五轮岗位聘任和岗位津贴制度的实践,制定并决定实施新一轮校内绩效津贴制度。

2012年5月29日,涉及学校教职工切身利益的《南京理工大学绩效津贴制度实施方案(试行)》正式实施。这次绩效津贴制度方案的主要目的是要重点强化绩效津贴对学校核心竞争力指标的激励机制,调动学校教职工工作积极性,增加教职工收入。

这次绩效津贴方案与以往相比的显著变化是:第一,核拨与发放方式。此次绩效津贴实行校院两级分配制度。学校实行总体经费划分,下拨二级单位。第二,取消学院按编制划拨津贴的方式,改为按实际在岗人数划拨,鼓励学院引进人才。第三,重点向高层次人才和重要岗位倾斜,如院士年津贴标准为20万(不含业绩津贴),长江学者年津贴标准为15万(不含业绩津贴)等。第四,缩小差距。通过调整分配比例,缩小不同层次人员绩效津贴差距,青年教职工的收入显著增长。机关、直属单位人均津贴额度与教师联动,机关人均绩效津贴与教师人均绩效津贴之间的差距有所缩小。直属单位一般人员人均津贴与机关人员人均津贴相同。

学校绩效津贴分为三个部分:基本津贴、业绩津贴和考核津贴,分别占总津贴的50%、40%和10%。实施范围包括学校占编在岗的教学科研人员、管理人员、其他专业技术人员和工勤人员。每类人员又划分不同等级,对应不同的津贴标准。

新方案从当年3月开始实施到下年度2月为一个津贴年度。

四、以分类管理为重要特征的综合改革和津贴制度

为深入贯彻落实党的十八大和《中共中央关于全面深化改革若干重大问题的决定》精神,按照国家教育领域综合改革的总体要求,根据工信部和江苏省有关工作安排,2014年

---

① 2012年9月6日,王晓锋校长在学校下半年工作布置会上的讲话。

底,学校对北京、上海、西安等11所同类、知名高校开展了全方位调研,在此基础上全面启动了学校综合改革工作,并成立了由书记、校长担任组长,全体校领导、校长助理组成的学校综合改革领导小组,确定了综合改革的八个专题,明确了各专题的负责校领导和责任单位。在校内外广泛征求意见、专题研讨、系统分析、综合谋划的基础上,经学校党委常委会审议、党委全委会审定,2015年7月初完成了《南京理工大学综合改革方案》(以下简称《总体方案》)的编制工作,《总体方案》围绕学校发展战略目标,对制约学校长远发展和办学水平提升的体制机制障碍和瓶颈问题进行了系统的梳理和分析,对综合改革工作进行了顶层设计,明确了学校综合改革的指导思想、总体目标、改革思路、工作主线和主要改革任务。《总体方案》经工信部审核通过后,2016年5月,通过国家教育体制改革领导小组审定,并同意备案。

按照《总体方案》,2015年下半年,学校开展了《南京理工大学综合改革实施方案》的编制工作,凝练形成了包含29条措施的《综合改革主要措施清单》。在《实施方案》中,聚焦学科专业建设、人事制度、人才培养、科学研究、资源配置、内部治理等六大领域,进一步细化工作措施,明确解决路径,对每项改革措施都提出了具体任务、明确了责任单位和完成时间节点。

国务院颁布的《统筹推进世界一流大学和一流学科建设总体方案》中,将一流师资队伍建设作为一流大学和一流学科五项建设任务中的第一项重大任务。人事制度改革,既是推动综合改革的关键切入点,也是推进世界一流大学和一流学科建设的重要撬动点。

2016年3月,学校召开"双一流"建设动员大会。学校决定启动绩效津贴及教师岗位聘任制度改革,将其作为推进学校跨越式发展,提高学校现代化治理能力,实现创建特色高水平研究型大学的驱动引擎。

"分类管理"是这轮绩效津贴及教师岗位聘任制度改革的重要特征。新的评价体系中,将教师划分为教学科研并重型、科研为主型、教学为主型与实验教师型4个类别,并分别设立针对性的评价标准,每个老师定位在其适合的岗位上,只要安心把本职工作做好,就能有晋升的机会和发展空间。

第四节　学科专业建设与研究生培养

大学的特色,是在长期的办学过程中逐步形成并被社会公认的显著特征,是高校生命力和竞争力的重要体现。学科建设是学校建设发展的"纲",只有紧紧抓住学科建设这个学校各项工作的龙头,才能做到"纲举目张",牵引学校各方面业务工作稳步提升,推动学校高质量发展①。

一、巩固优势,强化特色,建设一流学科

(一)"211工程"助力学科建设水平提升

1995年,学校通过"211工程"部门预审,1998年,学校正式成为国家"211工程"建设项

---

① 付梦印,"不忘初心、牢记使命"主题教育专题党课。

目院校,"211工程"五个学科群建设正式开始实施。经过"九五""十五""十一五"前后三期建设,"在重点学科、人才队伍和创新人才培养等方面,取得了一批具有较大学术影响和社会效益的标志性成果,学校的学科水平和办学实力明显提高,达到了预期建设目标,成效显著"。

在2001年至2002年教育部开展的第二轮国家重点学科评选中,学校兵器发射理论与技术、火炮自动武器与弹药工程、材料学、应用化学和模式识别与智能系统等5个学科被批准为国家级重点学科;在江苏省、国防科工委重点学科的评审中,6个学科为江苏省重点学科,其中,1个学科列入江苏省重中之重学科;10个学科被列为国防科工委重点学科。

2002年之后,改为学科评估,按照国务院学位委员会和教育部颁布的《学位授予和人才培养学科目录》,对具有博士硕士学位授予权的一级学科进行整体水平评估,每4年一轮。

2006年至2007年,国家进行了第三轮学科评估。这次评估是在定期考核的基础上,对符合条件的学科由教育部按有关程序经过考核重新确定为国家重点学科。经过申报、评估,学校原有5个国家重点学科全部通过评估,新申报的光学工程、电磁场与微波技术通过国家重点学科评审,兵器科学与技术、光学工程被认定为一级学科国家重点学科。至此,学校拥有2个一级国家重点学科、4个二级国家重点学科,国家重点学科覆盖了9个二级学科,数量比"十五"期间有大幅度增长,重点学科覆盖面也得到有力拓展。学校国家重点学科数量在江苏高校和委属高校中分别居第4位和第5位。与此同时,学校有7个学科入选江苏省"十一五"重点学科,11个学科入选工信部重点学科。

2011年9月,江苏共遴选149个学科为"十二五"期间江苏省重点学科,学校力学、电子科学与技术、信息与通信工程、计算机科学与技术、化学工程与技术等5个一级学科入选。与此同时,学校多个学科入选部委国防特色学科、工信部两化融合学科、新兴交叉边缘学科、支撑性重点基础学科等。

(二) 进一步推进学科优化布局调整

2001年召开的校第九次党代会,提出"建设一流大学,核心是要有一流的学科体系"。为此,必须面向国防科技工业和国民经济建设,进一步调整和优化学科结构,按照"寓军于民,能军能民"的要求,优先发展信息、材料、生物等21世纪的支柱学科;发挥多学科配套优势,改造传统学科,鼓励学科交叉、渗透和联合,培育新的学科生长点,形成一个基础理论研究与国防、工程应用相互支撑、相互促进的学科布局。

2007年召开的校第十次党代会,提出实施"学科优化战略"。学校以建设高水平学科为重点,发挥既有优势,着力调整优化学科专业布局。新增动力工程及工程热物理等2个一级学科博士点,外国语言文学等4个一级学科硕士点,撤销5个硕士学位点,原有26个工程硕士学位点调整到9个。7个学位点顺利通过国家学位点合格专项评估,所有学位点完成学位点合格自评估。学校用高新技术改造和提升传统军工学科,大力加强通用学科、基础学科和新兴交叉学科建设,重点建设学科专业特区,形成以基础理论和前沿技术研究为支撑,国防与通用学科相互促进,综合配套、协调发展的学科专业体系。

(三) 加大学科创新平台建设

2011年6月,学校正式跻身"国家优势学科创新平台"重点建设高校。学校一方面以"国家重点学科冲刺计划"为牵引,整合资源、重点投入,抓"国家优势学科创新平台"和江苏省优势学科等平台建设;一方面结合"十二五"国家战略性新兴产业发展规划,推进实施以高水平人才引进为核心的"新特色学科培育塑造计划",启动了能源技术、环境保护、生物工程等新特色学科建设方向,培育学科发展新的增长点。

(四) 实施学科"特色强化工程"

2013年召开的校第十一次党代会,提出实施"特色强化工程"。学校建设要聚焦"两个强国"建设、"强军保军"、"强富美高"新江苏建设三大历史重任,以"1+3+8+N"的一流学科建设内涵体系为引领,打造学科特色亮点和新增长点,提升跨领域融合创新水平。

首先要巩固提升国防特色学科优势,要以信息化武器装备系统为牵引,在探测识别、发射推进、制导控制、毁伤防护等关键环节,促进兵器、光电信息、力学、材料、化工等多学科的交叉融合,以适应我国国防现代化和军事转型的需要。要加强国防基础研究和应用基础研究,产生一批原创性和引领性的成果,掌握核心关键技术,实现服务领域向海、空、天、磁"大国防"拓展,确立支撑相关军工行业发展的"不可替代"地位。

其次是培育塑造"两化"融合、军民融合学科新特色。要瞄准信息化与工业化深度融合、战略性新兴产业发展的重大需求,在装备制造、电子信息、新材料、化学化工、能源与环境等领域,建设一批能够解决行业发展重大问题,具有鲜明特色和优势的学科方向。采取"高起点""重交叉"的建设模式,即以高端学术人才引进为核心,打造平台、汇聚团队;成立一批跨学科研究机构,以重大问题和关键技术为牵引,以项目为纽带,汇聚多学科人才。通过培育塑造,形成基础扎实、交叉融合、富有活力的新特色学科体系。

明确"行业特色大学要着力解决学科体系应用性强,但基础研究能力相对薄弱,特色鲜明但优势过于集中,新兴交叉学科培育拓展能力不足等问题,以一流特色学科体系建设为核心,以点带面,建成一批掌握世界学术话语权、有力支撑国家重大战略的优势学科群,推进世界一流行业特色大学建设[1]"。

在强化行业支撑引领作用,巩固提升特色优势学科上,学校针对未来作战模式变化对武器装备需求,在感知、探测、发射、制导、毁伤、制造、材料等方向上整合优势,大力发展激光武器、电磁发射技术、水中弹道技术等颠覆性技术和新兴交叉方向,形成支撑"陆、海、空、天、磁"立体兵工发展的国防特色学科体系,引领、支撑国防科技工业发展和武器装备建设。

在面向国家重大战略需求,拓展学科领域服务面向上,学校进一步围绕制造强国、军民融合深度发展、两化深度融合等国家战略举措,聚焦高端装备制造、先进微纳米材料、社会公共安全科技等新兴交叉前沿领域,加大投入力度、引进学术领军人才、搭建重大科研平台,打造新特色和新优势。

在调整优化学科布局结构,构建一流特色学科体系上,学校建立方向、人才、平台三位一体的学科建设机制,将学科建设与资源分配、高端人才引进、人事制度改革等紧密结合起来,综合推进,形成合力,通过实施一流高峰建设计划、工科整体实力提升计划、理工融合发展计划等,努力打造兵器与装备、电子与信息、化工和材料三大优势学科群,形成支撑特色高水平大学建设的体系架构。

(五) 学科评估和排名进步明显

第四轮学科评估于2016年4月启动,这轮学科评估首次采用"分档"方式公布评估结果,不公布得分、不公布名次,不强调单位间精细分数差异和名次前后,评估结果相同的高校排序不分先后,按学校代码排序。根据"学科整体水平得分"的位次百分位,将前70%的学科分为"A+"至"C-"共9档公布:前2%(或前2名)为A+,2%~5%为A(不含2%,下同),

5%~10%为A-,10%~20%为B+,20%~30%为B,30%~40%为B-,40%~50%为C+,50%~60%为C,60%~70%为C-。

学校共有30个学科参加本轮评估,参评学科数是第三轮的两倍多(第三轮参评学科共14个),一级学科参评率达76.9%,其中,除新增的网络空间安全不要求参评外,其余工科门类一级学科均参加了评估,参评率达95.2%。

2017年9月,学校入选国家世界一流学科建设高校。12月28日,教育部学位与研究生教育发展中心公布了全国第四轮学科评估结果,南京理工大学学科整体表现不俗,"双一流"建设学科兵器科学与技术名列A+档;较之第三轮学科评估,全国前20%的学科由3个增加到6个。

本轮学科评估中,学校共获A+档学科1个,A-档学科1个,B+档学科4个,B档学科7个,13个学科进入全国前30%(第三轮6个)。

兵器与装备、化工与材料、电子与信息三大优势学科群主干学科均获B档以上评价,位次百分位全部进入全国前30%;其中,化学工程与技术学科获A-档评价,由第三轮的全国15%提升至前10%;光学工程、机械工程、控制科学与工程、计算机科学与技术学科获B+档评价,进入全国前20%;力学、电子科学与技术、软件工程、信息与通信工程、环境科学与工程等学科排名进步明显,获B档评价,进入全国前30%。管理科学与工程学科排名显著提升,进入全国前30%。

2011年,学校材料科学学科进入ESI国际排名,入围全球前1%。在此之前,学校工程学和化学两个学科已经进入ESI国际学科排名。2015年,计算机科学学科成功进入ESI国际学科排名全球前1%。2018年,学校工程学学科进入ESI前千分之一。

截至"十三五"末,学校拥有国家重点学科9个,控制科学与工程、材料科学与工程等江苏省优势学科6个,武器系统与工程、光电成像技术等"十三五"国防特色学科10个,基本实现省部级重点学科工科全覆盖。数学、管理科学与工程等9个学科入选"十三五"江苏省重点学科(含2个重点培育学科),实现了理学、管理学领域重点学科建设的突破。在2019年江苏省重点学科中期检查中,学校6个重点学科被评为"优秀",获评"优秀"学科数量居全省第一。

二、研究生教育培养

"特色高水平研究型大学建设,基础看本科教学,水平看研究生教育[1]","研究生教育的水平和质量是学校办学水平的标志[2]"。2001年,学校第九次党代会提出,要"树立本科教育是立校之本,研究生教育是强校之路的思想。逐步稳定本科生规模,大力发展研究生教育,提升办学层次,逐步向研究型大学迈进"。2007年,学校第十次党代会提出,实施包括研究生教育创新工程在内的教育优秀工程,"稳定本科生教育规模,积极发展研究生教育"。

2017年学校研究生招生规模首次超过当年本科生招生规模。如表6-3所示。

---

[1] 付梦印 在2017年度工作布置会上的讲话。

[2] 2007年7月2日,陈根甫在校第十次党代会上的报告。

表6-3　2001—2019年学校研究生教育规模(数据来源:南京理工大学年鉴)

年度	硕士研究生（人）	博士研究生（人）	硕士生导师（新增）(人)	博士生导师（新增）(人)
2001	736	213		128
2002	959	251		128
2003	1365	325		180
2004	1535	337		173
2005	1666	337		189
2006	1644	324		196
2007	1614	327		214
2008	1737	330		214
2009	2169	354	909(216)	221(20)
2010	2271	360	977(53)	259(31)
2011	2229	367	1035(58)	317(40)
2012	2342	372	1142(80)	370(27)
2013	2379	370	1034(95)	392(51)
2014	2445	382	1087(53)	428(36)
2015	2469	390	1138(61)	476(25)
2016	2492	405	1184(53)	499(34)
2017	全日制 2501　非全日制 1014	444	1252(99)	549(60)
2018	全日制 2620　非全日制 923	471	1303(112)	561(49)
2019	全日制 2716　非全日制 1011	518	(46)	578(34)

(一)研究生教育优秀工程

在2006年制定的《国防科技工业教育"十一五"规划》中,国防科工委明确提出要在委属高校实施"研究所教育优秀工程",并要求学校在2008年底之前达到优秀标准。为了做好迎评工作,并以迎评为契机,推进学校研究生教育培养质量的全面提升,学校制定了《研究生教育优秀工程实施方案》,明确提出研究生教育创优的七个方面主要工作内容和措施。

学校同时决定,对研究生培养机制作出调整,从2006年起博士生培养实施以4年为主的弹性学制,硕士生全部课程教学集中在3个小学期内完成。同时改革研究生成绩考核办法,进一步规范研究生教学秩序,完善研究生培养质量监督保障体系。

2008年6月,结合迎接国防科工委研究生教育优秀工程建设评估,学校下文,启动实施包括研究生教育优秀工程等十项发展与改革计划项目,并于2009年起,全面启动了研究生培养机制改革。

在工程建设和培养机制改革中,建立了以科研为主线的导师负责制;以精品课程建设、研究生创新实验平台建设为重点,投入2787万元建成14个研究生课程实验室,投入30万元对60门研究生精品课程进行建设;制订《教材建设工作条例》,要求教师积极选用国外原版教材、国内权威教材、国家级优秀教材,将优秀教材选用比例提高到80%[①];改革研究生培养机制,试点研究生缴费上学,同时提高研究生资助力度和覆盖面,建立了具有竞争机制的研究生奖助体系;修订研究生教学管理文件,规范研究生教学秩序,成立研究生教学督导组加强对研究生课堂教学、开题等教学环节的监督检查;建立学位论文预答辩制度、年度工作报告制度和博士论文匿名送审制度等,强化对研究生学位论文的审查;每年投入250万元,设立研究生学术交流专项经费,资助开展研究生学术交流,举办学术论坛、学术沙龙、暑期学校等学术活动。

2009年12月,学校通过了国防科工委研究生教育优秀工程建设评估,学校"严谨治学,塑造研究生科学态度;严肃学风,培养研究生学术道德;严格管理,保证研究生培养质量;创新方法,鼓励研究生争先创优"的"三严一励"研究生培养特色,得到评估专家的充分肯定。

(二) 提升研究生教育质量

质量是高等教育的生命线。学校第十一次党代会提出,要将质量作为立校之本,强校之基,始终走内涵式发展之路,以提升人才培养水平为核心,把提高质量作为学校改革发展的战略重心和永恒主题,贯穿于学校各项工作之中。

在通过国防科工委研究生教育优秀工程建设评估后,学校继续采取多种举措,促进研究生培养质量的提高。在江苏省率先实施"优质生源拓展计划""培养模式改革计划""教育信息化建设计划""教育国际化推进计划""研究生成长发展支持计划""教学质量综合评价计划"和"精品课程与教材建设改革计划";完善了导师遴选和管理办法;推进研究生公共基础课教学改革;建立博士生中期考核、毕业与学位分离等制度。

2014年是学校"研究生教育质量年"。1月19日,学校召开研究生教育改革推进会,吹响了全面深化研究生教育改革、提高研究生教育水平和人才培养质量、促进学校加快特色高水平研究型大学建设的号角。按照"把握一条主线,深化三项改革,实施五项计划"的思路,一年中,学校在努力推进高水平学科建设的同时,完善研究生培养质量监督和评价机制,修订完成并实施新一轮各类研究生培养方案和学位授予标准,建立了教学质量监督、评价和反馈机制,启动了570项课程、教材和教学研究等教改建设项目;生源质量稳步提升,录取的博士生和硕士生来自"211"和"985"高校的学生比例分别为89%、61.2%;加强研究生创新能力培养,立项资助研究生创新实践项目300项,建成包括104个"江苏省研究生工作站"在内的各类研究生实践基地270多个,在全国研究生科技创新竞赛中获得包括2个一等奖在内的16项奖励;资助200余名研究生赴国(境)外联合培养或参加国际会议,招收来华留学生172名;出台了研究生奖助体系改革实施方案,建立了多元化奖助体系,较大幅度提高了研究生生活待遇水平;制定了研究生导师管理规定,健全导师在研究生培养过程中的责权机制;研究生教育综合改革取得显著成效。

2014年,学校根据《教育部 国家发展改革委员会 财政部关于深化研究生教育改革的意见》和《国务院学位委员会 教育部关于加强学位与研究生教育质量保证和监督体系建设的意见》等文件精神,结合《南京理工大学研究生教育综合改革方案》及其实施意见,首次发布《南京理工大学研究生教育质量报告(2013年度)》。2015、2016年,又陆续发布了2014年

---

① 2009年11月30日 王晓锋在研究生教育优秀工程评估汇报会上的讲话。

度和2015年度的《南京理工大学学位与研究生教育质量报告》。

质量报告系统地梳理和总结了学校年度学位与研究生教育工作,全面反映了学校研究生教育概况、基本信息、生源质量、培养过程质量、培养结果质量、党建与思政工作、质量保障体系,以及面临的形势和任务等研究生教育质量状况。

持之以恒强化研究生教育质量建设,促进了研究生教育培养质量的提高。至2019年10月,学校在全国研究生创新实践竞赛中获得包括29项一等奖在内的各类奖项238项[2]。

继陈兆旭、姚卫的两篇博士论文入选2000年度全国优秀博士学位论文后,2002年,动力学院控制理论与控制工程学科杨成梧教授指导的徐胜元博士学位论文再获全国优秀博士学位论文。2013年,范宝春教授指导的兵器科学与技术学科张辉博士的学位论文《以减阻增升减振为目标的尾流的电磁优化控制》获全国百篇优秀博士学位论文奖;徐胜元教授指导的控制科学与工程学科张保勇博士的学位论文《时滞系统稳定与控制:进一步的分析与研究》获得全国优秀博士学位论文提名奖。至2019年,学校先后获得江苏省优秀博士学位论文31篇、优秀学术学位硕士学位论文42篇、优秀专业学位硕士学位论文31篇。

学校17门次课程被评为省级优秀研究生课程。2018年,学校在第三届中国研究生教育成果奖评选中获一等奖1项,江苏省研究生教育改革成果一等奖1项、二等奖6项;新建32个江苏省研究生工作站,获评"全国工程专业学位研究生联合培养示范基地"2项,江苏省优秀工作站8个。学校2018年获批国家公派研究生人数首次突破百人,相较于2013年增长了32%。

第五节 人才培养模式的探索创新

人才培养始终是大学最核心、最本质的任务,人才培养质量是评价一所大学最直接、最重要的指标。学校的全部教育实践,都归结为"为谁培养人""培养什么样的人"和"怎样培养人"。

建设一流大学,根本任务是要培养出高素质创新型人才。学校第九次党代会提出:"要牢固树立教育教学工作是学校经常性中心工作的地位,全面推进素质教育,鼓励学术个性发展,建立高素质创新型人才的培养模式和管理方式"。学校第十次党代会提出,要"以提高人才培养质量为目标,以培育英才和各领域领军人物为重点,改革人才培养模式,建立优秀拔尖创新人才培养机制,致力于培养德智体美全面发展,知识、能力、素质协调统一,具有宽厚、复合、创新特征的高素质优秀人才"。

一、开展本科教育教学思想大讨论,凝聚共识,形成合力

进入21世纪,学校先后开展多次较大规模的教育教学思想大讨论活动。

2001年4月18日开始至6月,学校组织开展了进入新世纪之后第一次教育教学思想大讨论活动。"面向21世纪高等教育改革与发展的新趋势,深入开展教育教学思想的大讨论,力求从落后观念的束缚中解放出来,重新认识学校的功能、使命和作用,分析特色、优势和不足,主动适应经济、社会、科学技术发展的要求,更新观念,明确方向。"①

---

① 2001年4月25日,郑亚在校第九次党代会上的报告《努力开创新世纪南京理工大学建设与发展的新局面》。

在讨论中,全校上下围绕"办什么样的学校,培养什么样的人,怎样培养人"这一现实主题,从不同角度讨论了"教什么,如何教？学什么,如何学？管什么,如何管？服务什么,如何服务？保障什么,如何保障？"等问题。通过讨论,使全校教职工转变了观念、统一了思想、提高了认识,在全校上下形成了普遍关心教育教学工作的良好局面。学校在此基础上形成了新一轮的本科人才培养计划。新计划以构建通识教育平台为核心,实施完全学分制,在2001级学生中开始全面实行。

2010年7月,中共中央、国务院印发了《国家中长期教育改革和发展规划纲要(2010—2020年)》,国家工业和信息化部随后召开贯彻落实《教育规划纲要》工作会议。2011年11月16日,学校学习传达工信部贯彻落实《教育规划纲要》工作会议精神暨教育教学思想大讨论动员会在科技会堂召开,学校进入新世纪以来的第二次教育教学思想大讨论拉开帷幕。在随后的一个多月时间里,全校各个机关、学院围绕"教育是什么""怎么办教育""教育事业发展目标在哪里""如何改革教育教学工作"等重大问题开展讨论。12月7—9日,学校教育教学工作会议召开。会议对过去五年的人才培养工作进行了全面回顾,对当前深化教育教学改革面临的紧迫形势作了深入分析,尤其对新时期学校适应国家经济社会发展需求的人才培养模式改革作了全面部署。会议期间,学校还召开了25个学校层面及各学院层面的管理人员座谈会、教师座谈会。大讨论使广大师生进一步坚定了重视教育教学、正本清源大学使命的决心,推进"十二五"期间,继续狠抓本科生教育,夯实人才培养基础;继续重视提升培养质量,培养高素质创新型人才。

2014年4—9月,学校以"提升教育质量,培育精英人才"为主题,围绕师德师风与教师发展、教学改革与质量提升、学风建设与学生成长、作风改进与服务育人等内容集中开展了教育教学思想大讨论活动。活动分宣传发动、学习研讨、交流总结和推进落实4个阶段。针对完善人才培养机制和提高人才培养质量中师德师风和教风学风方面存在的问题,开展了主题鲜明、内容丰富、形式多样的研讨活动。大讨论期间,共组织广大教师、管理工作人员、本科生、研究生等开展不同层面的研讨交流活动近百场,约3000余人次参加。在讨论基础上,学校制定印发了《关于加强师德师风与教风学风建设的倡议》《关于加强师德师风建设的实施意见》《进一步加强和改进青年教师思想政治教育的意见》等文件。

2016年10月中旬至11月下旬,学校再次围绕"全面推进改革创新,办好一流本科教育"主题,以"凝聚思想共识,促进质量提升"为目标,组织开展了本科教育教学思想大讨论活动,推动了教育部本科教学工作审核评估意见的整改落实以及本科人才培养"十三五"专项规划的顺利实施。

二、顺时应势,持续强化本科教育教学

(一) 面向21世纪的人才培养模式改革

培养高素质创新型人才,必须加快教学内容的更新和课程体系改革;加强教材、实验室、实践基地、创新基地和素质教育基地等基础建设,全面提高教育教学质量和人才培养质量。

进入21世纪后,学校根据国家及江苏省关于新世纪教育教学工作改革的有关精神,在2001年制定了《南京理工大学新世纪教育教学改革方案》。开展了新一轮人才培养计划和教学大纲的制订,新计划以"淡化专业、分类培养、拓宽基础、强化实践、因材施教"为原则,减少课内学时,加强实践环节,改革"两课"课程结构,改进教学效果。

2009年,学校对人才培养方案再次作出重大调整。从2009级开始,人才培养方案调整为"通识教育+学科教育+专业教育",构建人文基础、科学基础、工程技术基础以及基本技能等有机结合的大基础教育。为此,学校从2009年夏季学期开始,实施三学期制,相应修订了教学计划和教学管理规章制度,加强实验室、创新实践基地建设,扩大实验室开放。2009年,34个实验中心(室)即面向学生开放190个实验项目。

(二) 本科教学优秀评估和审核评估

1999年开始,学校贯彻落实教育部《普通高等学校本科教学工作水平评估方案(试行)》文件精神,全面启动了本科教学优秀学校评建工作。至2007年,在8年时间里,按照"以评促建,以评促改,以评促管,评建结合,重在建设"的方针,先后实施了三期本科教学建设工程。2007年10月28日,以陈贤忠教授为组长的教育部评估专家组对学校的本科教学工作进行了为期6天的实地考察。

在考察的基础上,专家组认为,学校"经过8年的评建,取得了明显的成效。教学质量和办学水平明显提高"。认为,学校高度重视本科教学内涵建设,大力推进教学改革,不断优化和调整专业结构和布局,构建了"以工为主、国防特色鲜明的多学科协调发展的"专业结构体系。注重产学研结合,注重强化学生的创新精神和实践能力的培养,构建了包括基础实践、专业实践、综合实践、创新活动和社会实践各个方面的教育体系。

专家组认为,学校在50多年的建设与发展历程中,始终以强大国防为己任,形成了"肩负国防使命,弘扬献身精神"的鲜明办学特色;学校积极探索实践教学特色。以覆盖面广为指导,建设高质量的校内外实践教学基地;以参与面广为目标,开展有特色的课内外科技与社团活动;以严格管理为手段,确保实践教学的效果与质量,形成了实践教学"两广一严"的鲜明特色。

最终,学校以优秀的评估结果顺利通过了教育部的水平评估。

2015年12月,学校再次接受了教育部本科教学审核评估。这是时隔8年,学校本科教学接受的又一轮的全面"体检"。这轮教学评估最大的亮点就在于建立起以学校自我评估为基础,以院校评估、专业认证及评估、国际评估和教学基本状态数据常态监测为主要内容,政府、学校、专门机构和社会多元评价相结合的新型评估模式。在前期学校自我评估的基础上,专家组于12月1日至4日对学校进行入校实地考察,在为期4天的考察中,专家组通过听课、访谈、实地考察、查阅试卷毕业论文等,认为"学校高度重视人才培养工作;办学目标定位清晰,办学传统特色鲜明;教学改革亮点突出,形成了一批有显示度的成果"。

(三) 教育质量与教学改革工程

2007年初,教育部、财政部印发《关于实施高等学校本科教学质量与教学改革工程的意见》。

为贯彻落实《意见》,以及《国家中长期教育改革和发展规划纲要》和《工业和信息化部所属高校教育事业改革和发展"十二五"规划》,2011年12月,学校隆重召开教育教学工作会议。会议对未来五年学校人才培养工作进行了全面部署。

在教育教学工作会议基础上,2012年,学校制定了《南京理工大学关于全面提高教育质量的若干意见》《南京理工大学"十二五"人才培养专项计划《草案》》和《南京理工大学关于"十二五"期间实施"本科教学质量与教学改革工程"的意见》,全面启动实施"本科教学工程"。

本科教学工程涉及专业建设、课程建设、规划教材、综合教改四大类200余个子项目，2012年建设经费达2653万元。这项工程着力通过解决影响和制约学校教育教学质量提高的关键领域、薄弱环节和突出问题，以项目为牵引，重点突破，示范引领，夯实基础，强化学校办学优势和特色，应对社会经济发展对人才培养质量新的需求。经过几年建设，学校有25门次课程被评为各类国家级精品课程。

2012年起，学校每年发布《南京理工大学本科教学质量报告》《校内本科专业发展潜力评估报告》《南京理工大学学情分析报告》等本科教育教学的观察、分析报告。

同时开展数字化课程、通识教育课程、全英语课程等精品课程建设工作，做好规划建设工作。实施大学生科研训练"百千万"计划等。

通过实施质量工程，不断强化优势和特色，促进了学校广大教师教学质量意识的增强和教育教学水平的提高。

2014年，组织教师参加江苏省首届全省本科高校青年教师教学竞赛，化工学院张树鹏、机械工程学院祖莉获得竞赛一等奖，设计艺术与传媒学院卢晓云获得竞赛优胜奖。在2016年第三届全国高校青年教师教学竞赛决赛中，张树鹏再获二等奖。

在2018年第二届江苏省本科高校青年教师教学竞赛暨第四届全国高校青年教师教学竞赛选拔赛中，电光学院班恬和张海玉分别获得工科组和思想政治课专项组特等奖，化工学院贾旭获得理科组一等奖，公务学院李玲获得文科组三等奖。在随后举行的第四届全国高校青年教师教学竞赛决赛中，张海玉荣获思想政治课专项一等奖，班恬获工科组三等奖。

（四）优化专业布局，打造品牌专业体系

2010年，学校再对学科专业结构优化调整。新成立了环境与生物工程学院、设计艺术与传媒学院；在动力工程学院、材料科学与工程系、外语系基础上拓展成立能源与动力工程学院、材料科学与工程学院、外国语学院；分别将电气工程和电气工程及自动化、电路与系统（二级学科）和电子信息工程专业、交通运输工程学科和交通工程专业调整、整合。

在两轮校内专业评估基础上，学校进一步优化专业结构布局，主动调减与学校办学定位和社会需求不相适应的10个本科专业。同时增设智能科学与技术、机器人工程、网络空间安全等3个战略性新兴产业专业。

品牌专业建设工作是提高学校办学能力、促进学校办出特色的迫切需要，也是深化学校本科教育综合改革、提高人才培养质量、整体提升学校综合实力和竞争力的迫切需要。2013年召开的学校第十一次党代会提出，要实施"品牌专业建设计划"，结合省部级重点专业建设，根据学科专业现状，整合资源，集中力量，力争每个学院建成至少一个在国内具有高度影响力的品牌专业，重点和特色专业涵盖全部主干专业。

2014年启动学校品牌专业一期建设，下发了《关于开展品牌专业建设工作的通知》。在经过学院申报、学校评审、校内公示、领导小组审定后，批准机械工程等13个专业立项建设品牌专业，安全工程等5个专业作为品牌专业培育点。在一期建设基础上，2019年9月，学校启动了品牌专业二期建设，机械工程等20个专业纳入品牌专业二期建设。

六年来，学校两轮共立项建设了23个校级品牌专业，6个专业通过江苏省品牌专业建设一期验收；光电信息科学与工程等13个专业通过工程教育认证，通过认证专业数量位列全国高校第14位，工信部和江苏省高校前列。

（五）建设高水平教师队伍，凝练高水平教学成果

2003年以来，李相银、黄锦安、蒋立平、张相炎、李亚军、袁军堂、范元勋等教授先后获评江苏省教学名师。2007、2008、2011年，杨孝平、钟秦、吴晓蓓等3位教授先后获评全国高校教学名师奖；2008年学校两个团队入选国家级教学团队；2017年王建新教授入选国家"万人计划"教学名师。3个团队荣获"工业和信息化部研究型教学创新团队"称号。

在实施学校师资队伍建设"卓越计划"的同时，2008年，学校开始进行校级教学名师和教学团队的遴选评比。经过个人申报、学院（系）推荐和职能部门、专家提名，专家组评审，学校审定，张相炎、张河、蒋立平、吴晓蓓、徐胜元、张小兵、尹晓春、陆建、恢光平、赵雪琴、王经涛等11名老师入选学校首批教学名师，工业设计创新与体验教学团队等8个教学团队入选首批校教学团队。

与此同时，学校取得了一批突出的教育教学成果。2005年，学校有4项成果获得国家级教学成果奖；2009年，有2项成果获得国家级教学成果奖；2014年，学校又分别有理学院杨孝平教授主持的"'兴趣-基础-素质-能力'互促互进的大学数理力基础课程教学模式"、工程训练中心徐建成教授主持的"构建多学科交叉平台，实施项目教学，提升大学生工程创新能力"、电子工程与光电技术学院王建新教授主持的"立足工程教育，致力学生'四大'能力培养-电工电子课群教学改革与实践"等3项成果获得国家教学成果二等奖；2018年，学校获5项国家级教学成果奖，《面向国家战略，引领学生发展-"工程精英"人才培养体系构建与实践》等4项成果全部获国家级教学成果奖二等奖，参与完成国家级教学成果奖1项，获奖数量历年最多。多年来，学校还有多项教学成果获得省部级奖励。2011年，学校获江苏省教学成果奖4项，其中一等奖1项，二等奖3项。

（六）建设一流本科教育

2016年11月29日，学校召开本科教育教学工作会议，会议结合学校"十三五"本科人才培养规划和综合改革方案，制定了《南京理工大学关于深化教育教学改革的实施意见》《南京理工大学本科教学工作审核评估整改工作方案》，出台了学业指导办法、创新创业教育实施办法等，这些文件和举措的出台为"十三五"瞄准一流本科人才培养明确建设方向提供了有力保障。

随后举行的本科教育教学思想大讨论，围绕"双一流"建设与一流本科教育、教育教学改革与一流本科教育、校风教风学风建设与一流本科教育、管理服务保障与一流本科教育4个方面内容展开。在大讨论基础上梳理形成了师生对于推进学校"双一流"建设、办好一流本科教育的诉求、共识与路径，形成促进一流本科教育改革创新的思路与举措，成为完善现行教育教学制度、方案等的重要依据。同时，大讨论活动的开展，激发了各单位和师生关注教育教学改革与人才培养质量的责任感和主动性，树立了"建好一流本科、人人责无旁贷"的思想共识，增强了全校师生的危机意识和赶超意识。

学校明确了努力创建具有南京理工大学特色的一流本科教育的奋斗目标，并就如何提升本科人才培养质量制定了路线图，确定了责任书。学校以"大工程观"和"全人教育"为理念，围绕多样化的人才培养目标和学生个性化的人才培养需求，建立集拔尖创新人才培养、卓越工程人才培养、文理工融合人才培养、国际化人才培养为一体的，特色鲜明的工程人才培养体系[3]。

2019年，学校在中国高等教育学会发布的"双一流"建设高校本科教育质量百优榜中排名全国第21名①。毕业生就业率连续19年保持在99%以上,在中国管理科学研究院《2019中国大学毕业生就业质量排行榜》中,学校毕业生就业质量位列全国第30位;根据"梧桐果"发布统计数据,学校毕业生备受500强企业青睐,2018年受欢迎程度位列全国第13位,江苏省第1位。

三、丰富人才培养模式,推进联合办学

21世纪初,学校根据国家办学政策,以及服务地方经济社会发展要求,创办了紫金学院、泰州科技学院两个二级独立学院。

紫金学院成立于1999年,最初为公有民办二级学院。2002年10月20日,学校与中国·大森鞋业有限公司等三家民营企业签订协议,由三家企业在仙林大学城投资兴建紫金学院新校区,新校区占地613亩,于2003年9月落成。2004年5月,经教育部批准,紫金学院变更为独立学院。2012年起,紫金学院独立颁发学位。目前紫金学院已形成28个本科专业,在校生万余人的办学规模。

2003年12月28日,学校与泰州市人民政府签署协议,合作建立本科层次的南京理工大学泰州科技学院。2004年7月20日,南京理工大学泰州科技学院揭牌,并同年开始招收新生。学院占地1003亩,目前有29个本科专业和68个特色专业方向,位居全国独立学院前十强。

20年来,学校按照建设发展目标和社会建设发展要求,不断创新教育教学和人才培养模式,丰富人才培养内涵,确立了本科人才培养工程科学家、工程精英、国际化工程英才和理工文融合应用型文科人才的多样化目标,着力构建本研结合、校内外结合、国内外结合、专业学习与素质发展结合的"四个结合"人才培养新体系②,为人才成长和经济社会发展作出了贡献。

(一)拔尖创新人才培养

"人才培养就是要以全面提高人才培养质量为核心,完善拔尖创新人才培养体系和模式,夯实学生的专业基础知识和创新能力。"③

南京理工大学钱学森学院是以我国"两弹一星"元勋钱学森先生冠名的荣誉学院。它的前身是学校1991年建立的培优班,1999年建立的优才计划班,2010年校级实验班,2012年发展成为教育实验学院,2017年更名为钱学森学院。钱学森学院的成立,标志着学校在拔尖创新人才培养之路上又迈出了坚实的一步。

2010年,学校制定了《南京理工大学拔尖创新人才培养方案》《南京理工大学校级实验班学生管理规定(暂行)》,提出实验班人才培养计划。拔尖创新人才培养方案开始全面实施。实验班分机械工程、电气工程、材料化工三个类别,学生从全校2010级理工科学生中择优选拔。其后,电光学院、计算机学院、材料学院等,分别根据本院特色组建了学院优秀生培养班,形成了校院两级优秀生培养模式。

近30年来,钱学森学院作为学校培养拔尖创新人才的前沿阵地和深入推进教育教学改

---

① 课题组 "双一流"建设高校本科教育质量评价与排名 江苏高教 2019年第2期。
② 2013年6月5日,尹群在校第11次党代会上的报告。
③ 付梦印 顶天立地,引领高水平研究型大学建设新征程。

革的试验田,创新人才的培养模式取得了良好的教育教学效果,培养了大批高素质、高水平的研究型青年人才。

与钱学森学院同时成立的还有"钱学森航天科普教育基地"。基地是在学校微纳卫星技术研究中心以及航天研究和科普教育创新园区的基础上,将航天研究、科普教育、文化传承等与青少年航天教育有效对接,大力弘扬钱学森"爱国、奉献、创新、求真"的科学精神,使钱学森精神扎根于青少年教育中,提高青少年科学素养,培养青少年创新精神,增强青少年实践能力,为我国航天事业培养后备人才,以此推动我国航天科技研究和科普教育事业的蓬勃发展。

(二) 创新创业教育

学校重视学生创新实践能力培养。从2011年开始"百千万"科研训练计划,2014年纳入学生必修学分,创新训练深度融入人才培养过程。2016年启动创客空间建设,2017年推出本科生素质发展学分和第二成绩单制度,2018年立项支持创新性开放实验项目,为学生创新实践能力发展搭建了平台、拓展了路径。

逐步健全开放式实践体系。实施"工程实践能力提升计划",构建基础实践、专业实践、综合实践、创新实践、社会实践等5方面内容为核心的开放式实践教学体系。以创新设计和工程实践能力培养为导向,校企协同、优势互补、科教融合,打造了多层次、多模块的工程素质与创新实践能力培养平台,建设了国家级实验教学示范中心、科教融合的专业实验室、高层次科研实验室、多样化的学生自主创新工作室、校企优势互补的工程实践教育中心,全面提升了学生的基础实践能力、专业综合实践能力和自主创新创业能力。

围绕一流人才培养目标,学校实施实验室"一院一品"建设计划,将原有分散的56个实验室按专业大类整合为24个实验中心。新增3个国家级虚拟仿真实验中心、4个省级实验教学与实践教育中心。

学校还依托国家双创示范基地,整合校内外资源,2017年成立了创新创业学院,高起点、高标准推进大学生创新创业工作,努力造就一批具有国际视野、创新意识和能力的青年科技创新创业人才。

学校还将"紫金创谷"双创街区的A区"青创谷"定位为创新创业实践教育中心,创办江苏智行未来汽车研究院等7家新型研发机构,建设了27个大学生创新创业工作室,以"双创"实践助推学生成长成才。出台《南京理工大学本科生素质发展学分和第二成绩单管理规定》等各类制度文件30余项,实施本科生科研训练"百千万"计划,覆盖全体本科学生,并作为必修课程固化到人才培养方案中,鼓励支持师生创新创业。

至2019年,学校已获评国务院"全国创新创业示范基地"、教育部全国首批"创新创业典型经验高校"、首批"深化创新创业教育改革示范高校"、首批"中美青年创客交流中心"、"全国实践育人创新创业基地"等国家级荣誉13项。是全国仅有的6所获得5项创新创业类国家级荣誉的高校之一。

2015年11月,学校在第十四届"挑战杯"全国大学生课外学术科技作品竞赛中以总分第一捧得"挑战杯",如表6-4所示。学生在省级以上重要学科竞赛和创新大赛中获奖人次从2013年的483人次上升至2018年的1910人次[2]。本科学生第一作者累计发表论文1033篇,申请或授权各类专利430项。

表6-4 历届捧得"挑战杯"的高校

届次	捧得"挑战杯"高校	备注
十四	南京理工大学、清华大学、上海交通大学	
十三	上海交通大学、清华大学	
十二	上海交通大学	
十一	清华大学、北京航空航天大学	
十	东南大学	
九	复旦大学	
八	清华大学	
七	东南大学、复旦大学	
六	复旦大学	
五	清华大学	南京理工大学承办
四	复旦大学	
三	北京大学	
二	上海交通大学	
一	清华大学	

(三) "3+1+2"知识产权人才培养模式改革

学校聚焦理工文交融,跨领域合作,组建三部委共建的知识产权学院,培养复合型工程师。知识产权学院的成立,既是学校办学模式的改革,也是学校服务社会经济发展领域的拓宽。

2005年7月,学校与江苏省知识产权局合作共建的南京理工大学知识产权学院正式成立。这也是江苏省第一家知识产权学院。2013年9月工业和信息化部、江苏省人民政府、国家知识产权局在北京正式签署共建南京理工大学知识产权学院协议,共建三方将以知识产权学科为龙头,把学院建设成为一个"国际知名、全国一流、特色鲜明、充满活力"的高水平应用型教学科研机构,成为国家知识产权人才培养、科学研究和社会服务的重要基地。按照培养方案,2015年开始在电子信息工程、机械工程两个专业进行"4年贯通"培养模式试点。

(四) 实施"卓越工程师教育培养计划"

学校以培养"工程精英"为目标,聚焦学用合一,跨行业合作,与12家国家级工程实践教育中心联合推动实施"卓越工程师教育培养计划";聚焦中外会通,跨国界合作,建设中法工程师学院,培养国际化工程师;培养工程科学家、复合型工程师、国际工程师和应用型工程师,构建了"一体四翼""工程精英"培养体系。

2011年10月,经教育部批准,学校进入第二批"卓越工程师教育培养计划"。武器系统与工程、武器发射工程、特种能源工程与烟火技术、探测制导与控制技术等4个专业成为学校首批实施"卓越工程师教育培养计划"试点专业。至2014年,学校已有13个专业获批进入教育部"卓越工程师教育培养计划"。2012年,学校6个专业获批进入江苏省"卓越工程师(软件类)教育培养计划";2013年,学校再有4个专业获批进入江苏省"机械动力类卓越工程师教育联盟"。实现了卓越计划对学校工科学院的全覆盖[①]。如表6-5所示。

---

① 2014年9月28日 南京理工大学报第3版刊登:我校本科生"卓越工程师教育培养计划"渐入佳境。

表 6-5 南京理工大学"卓越工程师教育培养计划"试点专业(2012—2014 年)

批次	专业	学院	负责人	建设类别	实施进度
第一批次	武器系统与工程	机械	张相炎	国家级	首批学生从 2012 级中遴选,于 2014 年 9 月进入后两年培养阶段
	特种能源技术与工程	化工	朱顺言	国家级	
	探测制导与控制技术	电光	赵惠昌	国家级	
	武器发射工程	能动	余永刚	国家级	
	电子科学与技术	电光	王利平	国家级省级(软件类)	
	电子信息工程	电光	苏卫民	国家级省级(软件类)	
	软件工程	计算机	徐建	国家级省级(软件类)	
	计算机科学与技术	计算机	王永利	国家级省级(软件类)	
	网络工程	计算机	俞研	省级(软件类)	
	自动化	自动化	周川	省级(软件类)	
第二批次	环境工程	环生	江芳	国家级	首批学生从 2014 级中遴选,于 2016 年 9 月进入后两年培养阶段
	应用化学	化工	程广斌	国家级	
	高分子材料与工程	化工	应宗荣	国家级	
	电气工程及其自动化	自动化	李强	国家级	
	机械工程	机械	汪惠芬	国家级	
	机械类(机械工程、车辆工程、工业工程)	机械	汪惠芬	省级(机械动力类)	
	能源与动力工程	能动	谭洪	省级(机械动力类)	
	工业设计	设传	段齐骏	省级(机械动力类)	
	材料成型及控制工程	材料	周琦	省级(机械动力类)	

2015 年 4 月 21 日中法工程师学院正式获批设立。学院是由南京理工大学与法国梅斯国立工程师学院合作成立的中外合作办学机构,在中国境内按照法国工程师职衔委员会 CTI 认证标准进行高等精英工程师人才培养。学制为 4+2 年,前 4 年为本科阶段,颁发南京理工大学本科毕业证书、学士学位证书。毕业后符合培养要求的,可本硕贯通,继续攻读研究生 2 年,颁发南京理工大学硕士研究生毕业证书、硕士学位证书,以及经 CTI 认证的法国工程师文凭。2015 年 10 月 22 日举行了首届新生开学典礼,首次共招生 64 人,全部经全国统考入学,其中机械工程专业 34 人,材料科学与工程专业 30 人。

(五) 持续推进国际教育

国际教育学院成立于 1999 年,前身系南京理工大学国际交流学院,2005 年更名为国际教育学院,主要负责外国留学生、港澳台侨生及学校非学历中英预科项目的招生、培养和管理工作。南京理工大学留学生教育起步于 20 世纪 50 年代末首批越南留学生的培养。近年来,学校留学生规模快速增长,目前在校长期留学生达 800 余名,来自 70 多个国家和地区。留学生中本科生近 500 人,硕博研究生近 300 人,汉语进修生近 60 人,基本上覆盖学校所有专业。

1999 年,学校与英国中英格兰大学(英国伯明翰城市大学)联合办学,采取"3+1"模式联合培养工学学士,第一批招收的 24 名电子信息类专业学员,2003 年已有 23 人获得中英格兰大学学士学位。

2003年,学校又与英国考文垂大学合作培养硕士研究生,采用两年全日制"1+1"的培养模式。2010年,学校与美国卡耐基梅隆大学正式签署了联合培养双学位硕士研究生的合作备忘录,2011年9月举行了开学典礼,6名同学被录取为2011级首批新生。

2010年10月,学校还与美国代顿大学正式签署了联合培养本科双学士学位计划协议书。2012年学校与英国考文垂大学合作举办工业设计专业本科教育项目也获得了教育部批准,项目以"3+1"的培养模式,培养工业设计的专业人才。

（六）国防生学院与国防教育

南京理工大学源于军工,背靠军工,服务军工,建设发展近70年来,始终与国防现代化和军队现代化密切融合。国防教育始终是学校人才培养教育的重要基调。1988年,学校即被原国家教委列入全国军训试点院校,面向全校学生开展以军事技能训练和军事理论课教学为主要内容的军事课建设。

多年来,学校逐步建立了大学生国防协会、国旗班等为代表的学生社团;建成了国内高校唯一的门(种)类最多,数量最大,专业性最强的兵器博物馆;以及和平园、止戈园、陈赓塑像、任新民塑像等国防教育景点景观。

1999年,学校成为全军首批、南京军区首家签约培养国防生的高校。此后,学校一直高度重视国防生的培养工作,专门成立依托培养工作小组,率先将13门军政课程纳入教学计划,建立的国防生培养创新实验区,被评为国家级创新实验区及江苏省5个重中之重课题,在军队内外引起较大反响。在工作开展的同时,学校围绕着"育人为本,确保质量,完善机制,形成特色"工作目标,努力向着如何更高标准地推进国防生培养工作的方向迈进。2007年12月,学校根据国防生培训需要,成立了国防生学院。国防生学院与人武部合署,由学工处处长兼任院长,教务处学工处各一名副处长兼任副院长。在学校辅导员总编制内,学院设专兼职辅导员两名。国防生学院成立后,学校国防生由原来的分散在各专业院(系)管理变成学校统一集中管理,学校在国防生教育教学培养、党团建设、条件保障等方面力度更大,为进一步提高国防生培养质量,为国防和军队现代化建设输送更优秀的人才营造了条件。这一举措走在南京军区十所依托高校的前列。

2017年后,国家不再从普通高中毕业生中定向招收国防生,也不再从在校大学生中考核选拔国防生。随着国家国防生选拔政策的调整,学校国防生学院也相应撤销。

第六节 科技创新

改革开放后,学校将科技工作作为最重要的中心工作之一,持续加大政策支持和扶持力度,至21世纪初,已初步形成了开放型、多层次、军民结合、纵横向协调发展的学校科技工作格局。其后,随着工业化、信息化和国防现代化的加速发展,学校适应国家重大战略、经济发展,以及武器装备发展需求,强化基础研究、应用基础研究和高新技术研究,拓展优势科研领域和方向,推进构建"立体兵工"特色,加快科技成果的孵化和转化,着力服务国家和区域经济社会发展,推进"两化"深度融合,推进行业转型升级,学校科技质量得到提升,科技实力稳步增强。

一、着眼国家重大战略和行业、区域建设发展谋划学校科技工作

进入21世纪后,随着科教兴国战略的实施,高等教育大众化、国际化、信息化进程加快,高校获得了广阔的发展空间。世界高新技术武器的不断发展,和我国军事斗争面临的严峻挑战,迫切需要国家加快"杀手锏"武器的研制生产,为以国防为特色的南京理工大学提供了难得的发展机遇。

为此,学校第九次党代会提出,"建设一流大学,必须要有高水平的科技工作做支撑。要把壮大科技实力,提高科技水平,作为学校建设与发展的先导"。会议同时提出,要"继续保持和发展军工特色与优势,做到军民结合、平战结合、军品优先、以民养军,通过不断拓展军工高新技术领域,占领新的学术和科技制高点";要"重视应用基础研究和高新技术研究,实现基础性研究、高新技术研究与国防型号任务并驾齐驱"。同时制定和开始实施的《南京理工大学"十五"计划和到2010年规划》提出,学校"十五"期间,军品科研要继续以火力、火控系统为基础,精确制导为重点,面向多军兵种,加强国防基础研究和国防预先研究,为提高我国国防现实战斗力水平服务;民品科技要以市场需求为导向,以加速科技成果转化为目标,大力开展科技创新,强化产学研结合,加速高新技术的研发、孵化和产业化过程,产生显著的社会效益和经济效益,不断增强学校的综合实力。

学校第十次党代会提出建设"特色鲜明研究型大学","到2020年,步入国内一流、国际知名高水平研究型大学行列",为实现这一奋斗目标,必须实施"科技创新战略"等六大战略,要以科技创新为动力,"瞄准国家战略需求,保持和增强军工特色,以建设高水平科技创新平台为牵引,以条件建设为支撑,以科研团队建设为重点,强化管理与制度创新,加强基础和应用基础研究,立足国防和面向地方并举,产出一批具有重大创新力和影响力的标志性成果,实现学校科技创新能力和核心竞争力的明显提升"。为此,学校"十二五"规划围绕"基础研究能力提升、科研领域拓展、高层次重大项目培育、产学研合作拓展"等作出规划部署。

党的十八大后,党和国家大力实施科教兴国、人才强国、创新驱动战略,作为一所国防特色、以兵器学科见长的国家重点大学,必须围绕"两化"深度融合、"军民融合"和战略性新兴产业发展要求,努力为全系统、全过程、全方位的信息化武器装备系统研制提供高水平的人才和技术支撑。为此,学校第十一次党代会提出实施"创新攀登工程",围绕"创新驱动"这一主线,以"高起点、重基础、促交叉"为主要手段,实现科学研究从重规模向规模与质量并重转变,实现优势学科从高原向高峰的跃升。为实现这一转变和跃升,学校《"十三五"教育事业发展规划》按照"凝练大方向、培育大团队、大平台,提升承担国家重大任务的科研能力和科技成果产出、科技成果转化能力"要求,作出"打造高水平科研团队、提升基础研究能力、拓展国防领域优势、实现民品科研突破、促进科技成果转化应用、建设品牌产学研基地、发展哲学社会科学、培育高水平成果"规划部署。

二、建设一批高水平科研平台和科研创新机构

2001年,学校省部级以上科研机构只有18个;2019年,达到国家级科研平台9个,省部级科研平台87个,还有一大批国际/区域合作、市级、校级的科研平台[①]。

---

① 《南京理工大学年鉴(2001年)》《南京理工大学年鉴(2019年)》。

(一) 协同创新中心

"高等学校创新能力提升计划"(简称"2011 计划"),是继"211 工程"和"985 工程"之后,第三个体现国家意志的高等教育重大专项计划。是新世纪国家建设高水平大学的又一重大战略举措①,"对学校后续发展具有深远影响"②。"2011 计划"围绕重大前瞻性科学问题、行业产业共性技术问题、区域经济与社会发展的关键问题,以及文化传承创新的突出问题形成若干建设项目,对高等教育的投入方式转向更加注重高校的协同创新能力,旨在造就一批拔尖创新人才,形成一批世界一流学科,产生一批国际领先成果,加快有特色、高水平大学建设步伐。

2012 年 9 月,国家开始进行第一批协同创新中心的申报认定工作。学校遴选出先进发射技术、纳米晶体材料、社会公共安全三大领域开展协同创新中心组建培育和申报准备工作,并同时组建先进民用爆破材料与安全技术、轨道交通电气自动化与系统安全技术等 6 个校级协同创新中心。2013 年 6 月,学校先进微纳米材料及装备协同创新中心被批准为江苏首批立项建设的协同创新中心;2014 年初,学校牵头组建的社会公共安全科技协同创新中心入选江苏省第二批立项建设名单,成为学校第二个江苏高校协同创新中心。与此同时,学校牵头组建的"先进发射协同创新中心"成功入选工业和信息化部首批协同创新中心名单。2016 年 3 月,学校先进民用爆炸材料与安全技术协同创新中心、高端装备制造技术协同创新中心被认定为工业和信息化部第二批协同创新中心。

其后,学校又陆续牵头组建了知识产权与区域发展协同创新中心(2014 年 12 月)、智慧家庭协同创新中心(2015 年 4 月)、水中弹道协同创新中心(2016 年 6 月)等。

随着"双一流"大学建设工程实施,原来的"211 工程"和"985 工程",以及"2011 计划"相继完成了历史使命。2020 年初,学校研究决定,先进发射武器系统协同创新中心并入电子工程与光电技术学院,不再作为学校独立二级机构,不再实行"特区"政策。

(二) 格莱特纳米科技研究所(HGI)

2012 年 10 月,由国际纳米晶体材料权威赫伯特·格莱特教授领衔担任所长的"南京理工大学格莱特纳米科技研究所"揭牌。

HGI 聚焦国际前沿和原创性基础研究。在提出纳米晶材料并推动纳米材料与纳米科技长足发展的同时,又提出纳米非晶研究方向,作为格莱特研究所的首批主攻方向。研究所同时在纳米自组装、纳米金属材料方面开展原创性工作。

HGI 旨在打造世界顶级纳米科技研究基地、在追寻原创性成果的科研实践中培养具有国际化视野的职业科学家,同时探索中国文化环境下的科技创新模式。

(三) 人工智能研究

2018 年 7 月,为抢抓人工智能发展机遇,主动服务制造强国、网络强国、交通强国等国家战略,学校成立了具有军民融合、两化融合特色的人工智能学院和人工智能研究院。这是学校贯彻落实党中央国务院关于人工智能发展,提升学校在人工智能领域科技创新、人才培养和服务国家需求能力的重要举措。

---

① 2012 年 3 月 9 日,王晓锋在 2012 年年度工作布置会上的讲话。

② 2012 年 7 月 2 日,陈根甫《着眼全局 狠抓重点 突破难点 努力开创改革发展新局面》(党委常委会 2012 年上半年工作报告)。

人工智能学院作为学校科教融合、产教融合协同育人创新试点,重在探索"人工智能+军民融合"的复合人才培养模式。人工智能研究院立足国际学术前沿和国家重大战略需求,作为前沿交叉学术特区和改革试点平台,围绕智能机器人、智能交通、大数据驱动机器学习、脑机协同等领域,与行业领军企业深入协同创新,引进汇聚校内外优秀人才队伍,积极承接国家重大科研项目,开展原始创新和集成创新,提升学校在人工智能领域的学术影响力和服务国家战略的能力。

三、人文社科研究不断取得新突破

作为我国唯一的国家级人文社会科学研究资助基金,国家社会科学基金项目是国内哲学社会科学研究领域内层次最高、资助力度最大、权威性最强、竞争最为激烈的资助项目,旨在鼓励通过不同学科的视角、知识、方法和人员的交叉融合,研究解决单一学科难以解决的复杂性、前沿性、综合性问题。其中级别最高的重大项目是衡量一个地区、一个单位科研水平、科研成果和科研发展实力的重要标志。近年来,学校教师主动参与包括社会科学基金项目在内的各类人文社科项目研究申报,取得一系列重大突破,彰显了学校教师承研国家级哲学社会科学研究课题的实力和担当。

2015年11月,全国哲学社会科学规划办公室公布了2015年度国家社科基金重大招标项目(第一批)立项名单,学校经济管理学院博士生导师、江苏产业集群研究基地主任朱英明教授作为首席专家申报的课题"新常态下产业集聚的环境效应与调控政策研究"获准立项。这是学校首次获批国家社科基金重大招标项目,是学校哲学社会科学研究领域的重大突破。该课题紧密结合经济新常态背景下产业集聚这一我国区域发展的重要战略和环境保护的基本国策,以环境问题为导向,以结构性因素变化为动力,以集聚与环境的互动耦合为考量,以空间关联为拓展,以集聚与环境协调发展为目标,重点研究我国产业集聚对环境的作用;产业集聚的正负环境效应以及不同的环境效应的政策含义。研究内容涉及趋势特征与经验借鉴、作用机制与效应评估、空间效应与空间优化、环境响应与预警分析、保障机制与政策建议等多个层面。

2016年11月,学校经济管理学院王曰芬教授作为首席专家申报的课题"面向知识创新服务的数据科学理论与方法研究"获批2016年度国家社会科学基金重大招标项目。王曰芬教授团队经过多年艰辛培育,连续四年冲击国家社科基金重大招标项目,其中两次推荐课题列入全国规划办课题招标指南,2015年获批重点项目1项。该重大项目以面向知识创新服务为目标,研究数据、信息、知识流动转化的数据科学理论与方法及其应用,不仅对于构建大数据背景下新的科学研究范式具有重要的理论价值,同时对国家创新发展战略实施具有重大的指导意义。

此外,学校经济管理学院赵宇翔教授作为15位"80后"之一入选2015年度中国人文社科最具影响力青年学者名单。这是中国首次运用大数据对人文社科领域青年学者进行开放式评价,以参选者2015年度的论文发表总量、论文被引数量、被"复印报刊资料"全文转载论文数量及专家评分、学者投票等五项指标为基础,对参选者的学术成果水平及其学术影响力进行了全方位的综合考量。

2017年4月,学校成立江苏省版权研究中心,这也是全省首家版权专业研究机构。版权研究中心的成立,立足于全面提高江苏版权创造、运用、保护、管理和服务能力,促进江苏版权产业健康繁荣发展。中心整合省内外优质版权研究资源,组建研究团队,明确研究方向,打造全国一流的版权高端智库,通过重大项目研究,为全省版权管理工作和版权产业发展提供理论支撑与决策咨询。

四、产出一批高水平科技成果

进入 21 世纪后,学校强化基础研究、应用基础研究和高新技术研究,科研规模、层次和质量稳步提升。科研经费由 2001 年的 1.94 亿元,到 2007 年的 5.48 亿元,再到 2012 年的 10.78 亿元,2019 年达到 14.7 亿元。2001 年,承担国家重大科研项目(含"863"计划项目)13 项;合计发表论文 1568 篇,其中 SCI 53 篇、EI 166 篇、ISTP 43 篇;专利申请 30 项,授权 7 项。2019 年,承担的在研国家级项目 261 项;发表论文:ESI 285 篇(20 篇热点论文,265 篇高被引论文)、CSSCI 159 篇、SSCI/A&HCI 51 篇、SCIE 1828 篇、EI 1998 篇;专利申请 2515 项,授权 919 项[①]。

近年来,学校逐步确立"大项目-大成果"的科研管理思路,力争以高层次项目引领学校科技发展。2014 年,学校又一项国防"973"技术首席项目获批立项,这是学校自 2010 年以来获批的第 6 项国防"973"项目;首次获批"核高基"国家重大专项项目 1 项,这是学校在该类国家重大专项中的突破。

2012 年科技部首次在"973 计划"中设立了"青年科学家专题",2014 年,学校计算机学院唐金辉教授为首席科学家的国家"973"计划青年科学家专题项目"大规模异质数据分析、挖掘与管理"正式获批立项,实现了学校在民口"973"计划首席项目的突破。

2019 年 10 月 1 日,在新中国成立 70 周年阅兵式上,一大批国产现役主战武器装备骄傲地从天安门前驶过,接受党和国家领导人的检阅,向世人集中展示近年来我国国防科技工业发展水平和军队建设的伟大成就。据统计,参加阅兵的武器装备中,有 24 个装备的总师、副总师由南理工校友担任。其中某车载火炮系统由学校担任总师单位,这意味着每一门装备到部队的该火炮系统,都会镶嵌上刻有"南京理工大学研制"的铭牌。

(一)航天科研领域不断取得新突破

2015 年 9 月 25 日,学校自主研制的"南理工一号"立方星在酒泉卫星发射中心成功发射,标志着学校掌握了微纳卫星设计的关键技术,也标志着学校航天工程人才培养模式完成了一次新尝试。2016 年 12 月 28 日,学校助力研制的我国首颗中学生科普卫星"八一·少年行"在太原卫星发射中心搭载长征二号丁运载火箭发射升空。

2017 年 1 月,根据委托,由学校研制的首颗商用立方星"凯盾一号"从酒泉卫星发射中心成功升空,进入预定轨道。"凯盾一号"立方星是学校研制发射的第三颗立方星。也是学校与北京凯盾环宇科技有限公司联合研制的国内首颗商业海事立方星,是学校首次承接的商业卫星业务。"凯盾一号"立方星的发射成功,标志着学校立方星研制技术日趋成熟,已具备了参与商业立方星研制的能力。

2017 年 4 月 18 日,学校自主研发的"南理工二号"搭乘天鹅座货运飞船"约翰·格伦"号发射升空,抵达国际空间站后择机抛射入轨。

2018 年 1 月 19 日,学校研制的国内首颗"环保型"微纳卫星"淮安号"恩来星在酒泉卫

---

① 来自《南京理工大学年鉴(2001 年)》《南京理工大学年鉴(2019 年)》。

星发射中心由"长征十一号"运载火箭成功搭载发射升空,进入在轨测试阶段。"淮安号"恩来星的成功发射不仅可实现离轨等新技术的在轨验证,同时也是学校自主研制的光学相机首次在太空亮相,进行对地成像。该星是学校近三年内自主研制并成功发射的第五颗立方体卫星。

(二) 全球首个全氮阴离子(N5⁻)金属盐成功合成

继 2017 年 1 月 *Science* 报道首个全氮阴离子(N5⁻)盐 PHAC[(N5)6(H3O)3(NH4)4Cl]的合成之后,2017 年 3 月,学校胡炳成教授研究团队合成全球首个全氮阴离子盐,这是全氮阴离子研究领域取得的又一次重大突破,相关论文发表在国际顶级期刊 *Angew. Chem. Int. Ed* 上。这意味着中国占领了新一代超高能含能材料研究的国际制高点。

全氮类物质因具有高密度、高生成焓、超高能量及爆轰产物清洁无污染等优点而成为新一代超高能含能材料的典型代表,受到世界各国的重视,全氮阴离子(N5⁻)的合成是该领域目前重点研究的对象。针对全氮阴离子(N5⁻)盐 PHAC 分子中含有大量的非含能离子、晶体密度较低等问题,化工学院胡炳成教授等开发了以金属钴离子(Co^{2+})在 PHAC 溶液中捕捉 N5⁻离子的方法,成功制得全氮阴离子(N5⁻)金属盐。随着金属钴离子的引入,$Co(N5)2(H2O)4 \cdot 4H2O$ 比 PHAC 在晶体密度和能量方面都有较大改善,具有较高的潜在应用价值,对于全氮类物质的合成和应用以及全氮含能材料的发展具有重要的科学意义。

(三) 国内首台万瓦级光纤激光器用光闸研制成功

2019 年 7 月,学校朱日宏教授、沈华教授承担的 2017 年国家重点研发计划项目"工业级大功率光纤激光器关键技术及产业化"中的子课题"3 万瓦级光纤激光器用光闸的研制"成果,万瓦级光闸样机通过了样机的性能测试。

高功率光纤激光光闸是激光制造和激光增材制造装备的重要器件,它通过分时或分能量的方式使光纤激光器输出的一路光变为多路光输出,从而满足制造装备对激光能量复用的要求,即一机多用,极大地提高了光纤激光器的性能。然而国内在高功率光纤激光光闸的研究方面基本处于空白,主要依赖进口。万瓦级光闸的研制成功,推动了工业级大功率光纤激光器关键器件的国产化,填补了国内在此领域的空白,对于国产光纤激光器的继续发展意义重大。该成果入选"2019 中国光学领域十大社会影响力事件"。

五、荣膺国家科技工作五大奖

2001 年 2 月 9 日,国务院作出《关于 2000 年度国家科学技术奖励的决定》。此后至 2019 年的近 20 年时间里,学校几乎每年都有国家级科技成果奖励入项。"十三五"期间,学校共获得包括国家最高科学技术奖在内的国家科技奖励 17 项,实现了国家科技奖励五大奖种(最高奖、自然奖、进步奖、发明奖、国际合作奖)的全覆盖。至 2020 年,学校自 1978 年以来获得的国家级科技奖励已达 101 项。如表 6-6 所示。

表 6-6 2011~2019 年学校国家自然科学奖、国家技术发明奖、国家科学技术进步奖获奖情况

	年度	主持或参与	项目名称	奖项
国家自然科学奖	2019	徐胜元(主持)	时延系统的鲁棒控制理论与方法	二等奖
	2019	唐金辉(参与)	互联网视频流的高通量计算理论与方法	二等奖
	2011	宣益民(主持)	纳米流体能量传递机理研究	二等奖

续表

	年度	主持或参与	项目名称	奖项
国家技术发明奖	2019	钱林方主持	××理论与设计方法及应用	二等奖
	2018	陈钱主持	专用项目	二等奖
	2018	王中原(主持)	专用项目	二等奖
	2017	付梦印(第一完成人)	专用项目	二等奖
	2016	王泽山(主持)	某发射能源	一等奖
	2016	陈光(主持)	新型合金材料受控非平衡凝固技术及应用	二等奖
	2012	李凤生(主持)	×××新技术与新装备	二等奖
国家科学技术进步奖	2019	李振华、吴文(参与)		一等奖
	2018	肖忠良(主持)	专用项目	二等奖
	2018	王晓鸣(参与)	专用项目	一等奖
	2017	张合(主持)	专用项目	二等奖
	2017	武凯(参与)	大型智能化饲料加工装备的创制及产业化	二等奖
	2015	宣益民(主持)	专用项目	二等奖
	2015	阮文俊(参与)	专用项目	二等奖
	2011	汪信(主持)	钴酸镧等高性能超细氧化物催化剂的制备和应用技术	二等奖
	2011	芮筱亭(主持)	国防专项	二等奖

2015年,学校国防科学技术奖励工作取得突破:王泽山院士主持完成的项目成果获国防技术发明特等奖,这是学校首次获得国防技术发明特等奖,也是该奖种设立以来国内第二个获此殊荣的高校。同时王晓锋教授主持完成的项目成果获国防科学技术进步一等奖,这也是"十二五"以来学校作为第一完成单位获得的第二个国防科学技术进步一等奖。

2017年11月,中国科学院院士增选结果揭晓,学校芮筱亭研究员当选为中国科学院院士。

(一)国家最高科学技术奖

2018年1月8日,2017年度国家科学技术奖励大会在人民大会堂举行,学校王泽山院士和中国疾病预防控制中心病毒病预防控制所研究员、中国工程院院士侯云德,获国家最高科学技术奖。王泽山是学校化工学院教授,党的十九大代表,以第一完成人身份三次获得国家科技一等奖,被誉为"三冠王"。

国家最高科学技术奖自2000年起设立,是中国科技界的最高荣誉,每年颁发不超过2名,报请国家主席签署并颁发证书和奖金。学校成为该奖项设立以来,继北京大学、清华大学、复旦大学之后,第四所获此殊荣的高校。

(二)全国创新争先奖

全国创新争先奖是继国家自然科学奖、国家技术发明奖、国家科学技术进步奖之后,由国家批准设立的又一个重要科技奖项。是国家科技奖励体系的重要组成部分和补充,是国家科技奖项与重大人才计划的有机衔接的科技人才大奖,每三年评选表彰一次。

2017年5月,庆祝全国科技工作者日暨创新争先奖励大会隆重举行。学校付梦印教授、芮筱亭教授、陈光教授获得首届"全国创新争先奖状",获奖数量位居全国第8。2020年5月,学校陈钱教授、肖忠良教授再获第二届全国创新争先奖,被授予"全国创新争先奖状"。

付梦印教授,长江学者,中国工程院院士,国防973项目技术首席,长期从事导航、制导与控制领域的理论研究、技术攻关和应用工作。主持研制成功陆用激光惯导系统,填补了国内空白,居国际先进水平。研究成果应用于系列火炮和火箭炮等压制武器系统,打破了国外技术封锁,出口到阿尔及利亚等十多个国家,显著提升了我国陆用武器系统作战能力和国际竞争力。研制成功国内唯一满足20000g过载的小尺度陀螺及炮弹姿态自主测量系统,达到国际同类产品领先水平,随制导炮弹出口阿联酋。创新提出了运动空间概念及构建方法,研制成功无人平台自主导航与控制系统,实现了无人平台战场环境下以40km/h、结构道路环境下以60km/h速度自主运动,为未来战场"无人-有人一体化"地面压制火力体系的构建奠定了基础。交付6套无人平台用于导弹落点实时测量等;研制的某车长任务终端设备近1000套;研制的银行服务机器人已在民生银行运行50台。出版著作12种,发表SCI论文50余篇,获发明专利60余项;获国家科技进步一等奖1项,二等奖2项,省部级奖15项。获何梁何利科技进步奖、光华工程科技奖和全国优秀科技工作者,获兵器工业一、二等功嘉奖。2021年当选为中国工程院院士。

芮筱亭教授,中国科学院院士。作为技术首席专家主持国防"973"重大项目和重点项目20多项,主要从事振动与噪声控制、武器系统发射动力学、发射安全性研究。建立了多体系统发射动力学新理论与技术体系,在国际上被称为"芮方法",应用于我国机载武器、舰载武器、车载武器的9项国家高新工程等13型武器,并已装备部队,提升了我国武器密集度设计与试验水平,大幅降低了武器试验成本、保障了武器发射安全。芮筱亭以排名第1获国家技术发明二等奖和国家科技进步二等奖计4项、授权国家发明专利82项、软件著作权13项;以第1作者出版专著6部;发表论文330余篇;论著他引2300余次;牵头制定国家军用标准和中国兵器行业标准26部,其中14部已颁布。被国家5部委联合授予国防科技工业杰出人才奖,获全国优秀科技工作者称号。2017年当选为中国科学院院士。

陈光教授,中国科学院院士,主要从事金属材料受控凝固与相变及其应用研究。提出的利用界面能各向异性调控晶体取向新理论,颠覆了β相凝固钛铝合金片层取向无法控制的定论。发明的非籽晶法定向凝固PST钛铝单晶制备新技术,攻克了钛铝合金室温脆性大和服役温度低两大难题,实现了强度、塑性和蠕变抗力的优异结合与跨越性提升,900℃最小蠕变速率和持久寿命均优于代表国际领先水平的美国4822合金1~2个数量级,具有原创性、突破性、引领性和基础性,对提高我国航空发动机自主创新研发能力具有特别重要的意义。发表学术论文204篇,其中SCI收录128篇,出版专著3种,授权发明专利55项。作为第一完成人,获得2016年国家技术发明二等奖和发明创业奖·人物奖、先进材料国际会议杰出奖,2012年教育部技术发明一等奖,2010年和2013年江苏省科技进步一等奖,2014年中国产学研合作创新成果奖。2013年入选江苏省"333人才工程(中青年科技领军人才)",2014年被评为江苏省十大优秀专利发明人,2016年被评为"江苏省有突出贡献中青年专家"和"优秀科技工作者"。2021年当选为中国科学院院士。

陈钱教授,全国首批"黄大年式教师团队"带头人。长期致力于红外与微光夜视、计算光学成像领域理论与技术的创新研究。系统发展了固态图像增强理论和方法,研制出我国首个电荷倍增图像增强CCD器件,并建立了专用工艺线,形成了系列产品,打破了固态图像增强器件完全依赖于进口的局面;建立了新型红外图像信号处理理论与技术框架,研制出红外图像信号处理专用组件,解决了国产化热像仪全温全时工作稳定性差的工程应用难题,整机性能达到国外同类产品先进水平;作为型号总设计师,完成了多个夜视产品的设计、生产和装备,进一步提升了我军夜视装备水平和夜战能力。建立了广义光强传输方程,给出了部分相干光场中"相位"的严格定义,研制出世界上首台非干涉多模态定量相位显微镜,开辟了"计算光学显微成像"国际前沿研究方向。获国家技术发明二等奖1项、国家科技进步二等奖1项(均排名第一),省部级科技成果奖励12项;出版专著2部,发表SCI论文208篇,10篇论文入选OE、OL等期刊封面文章;授权发明专利135项,PCT专利10项,美国专利5项。

肖忠良教授,长期从事火炸药技术研究,在武器发射药与装药方向,从能量释放规律与控制方法、技术创新发明、武器装备应用、工业化生产等方面取得系列创新性成果。肖忠良教授及团队的研究成果突破了高渐增性发射药工程化制备技术瓶颈,国内外首次实现一类高渐增性发射药工程化生产与武器装备应用,该成果使我国成为唯一拥有该类具有实用价值、燃烧渐增性最高、可调节范围最大发射药技术的国家;揭示了身管武器发射烟焰、残渣等有害现象影响规律,发展了抑制有害现象的新技术,使武器综合使用性能大幅度提高。倡导并组织规划"火炸药理论与技术"丛书(十一册),任编委会主任,该丛书被遴选为"十三五"国家重点出版物出版规划项目,其本人独立撰写丛书首部《火炸药导论》,并负责审查各分册的大纲、内容。以第一完成人获得国家技术发明二等奖1项、国家科学技术进步二等奖1项,获国防(省部级)科技奖励5项。授权国防发明专利15项,出版著作5部,发表学术论文80余篇。

六、成果转化和校地、校企合作

学校积极响应国家重大发展战略需求,主动契合经济社会发展需要,不断推进成果转化,深化与行业、社会的合作共建,进一步拓展了学校办学空间。

(一)国家大学科技园

南京理工大学国家大学科技园,是由南京理工大学和南京市白下区(现秦淮区)人民政府共同发起创办,于2001年4月经市政府批准挂牌成立。2002年2月被批准为江苏省大学科技园,同年5月被科技部、教育部批准列入"国家大学科技园"建设序列。2003年6月,被国家知识产权局批准为全国首家依托大学科技园创办的"国家专利产业化试点基地"。2003年7月,通过国家科技部、教育部专家组的评估和验收,2003年10月,国家科技部、教育部正式授予"南京理工大学国家大学科技园"铭牌。科技园规划总面积约3000亩,由研发孵化基地和成果中试转化基地两部分组成。目前,南京理工大学、南京航空航天大学、中国电子科技集团第二十八研究所及社会力量创办的120家高科技企业相继落户园区,注册资本逾4亿元。已先后与美国、德国、英国、新加坡,以及我国香港特别行政区和台湾地区等多家客商和投资机构就园区合作开发、城市环境亮化、电动汽车、生物工程和IT产业等领域项目签订了合资、合作意向,协议利用外资1.5亿美元。

(二)探索产学研合作的"南理工模式"

学校坚持服务"三化"、推进"两化融合",围绕江苏省"两个率先"目标,积极参与地方经济建设和服务,2008年11月,学校首个校外研究院——南京理工大学无锡研究院揭牌成立,其后,学校先后在常熟、连云港、南京浦口高新区等地共建立11个校地合作研究基地,打造具有学校特色的立体产学研合作模式。

2013年11月,学校承担的《依托行业,立足地方,创新产学研合作模式与机制》国家教育体制改革试点项目顺利通过中期检查。国家教育体制改革领导小组办公室发布的《国家教育体制改革试点进展情况通报》指出:南京理工大学通过加强组织体制、管理机制、社会服务、校地合作、人才培养、科技平台协同创新,形成"六位一体"的产学研合作模式,取得了良好成效,计划将"政产学研协同创新的南理工模式"在全国进行示范、推广。各级媒体也对学校政产学研合作的"南理工模式"进行了集中报道。

(三) 推进军民融合

2017年8月,江苏省军民融合发展研究院在学校成立。自军民融合发展上升为国家战略以来,军地双方在体制机制、政策法规、载体平台、重大项目建设等方面积极探索,取得了一系列成效,为加快形成全要素、多领域、高效益的军民融合深度发展格局打下良好基础。

研究院全面贯彻落实军民融合发展国家战略,紧紧围绕江苏省委省政府"聚力创新,聚焦富民,高水平全面建成小康社会"发展目标,以军民融合制度创新研究和咨询服务、人才培养和研究团队建设、技术成果转化应用等为主要内容,建设成为全国知名军民融合发展智库、人才培养基地和军民成果转移转化的重要平台。

(四) 探索医工结合新模式

2017年6月,学校与南京市中西医结合医院签订全面战略合作协议,南京理工大学医工结合创新研究院揭牌。根据协议,双方将以医工结合创新研究院为平台,深化合作模式、细化合作内容,形成校院协同发展的伙伴关系,在学科建设、人才培养、科学研究、学术交流等方面深入合作,实现双方的优势互补、互惠互利,携手并进、共同发展。

2018年3月,学校再与中国人民解放军第八一医院、第八六医院签订全面战略合作协议,共建南理工医工结合创新研究院,着力将研究院打造成高水平科学研究及成果转化的协同创新平台、高水平人才引进和培养基地。

第七节 人才队伍建设

20世纪末,中国高校开始酝酿一场以深化学校分配制度为突破口的基本用人制度的改革,首先在北大、清华开始探索实施岗位聘任和岗位津贴制度,紧接着,在全国规模较大、实力相对较强的高校开始推行。进入21世纪后,几乎有条件的高校都已经先后采纳了这一制度,并逐渐完善。实践证明,这一制度的实施对高校建设发展产生了很大的积极作用,意义重大,影响深远。

这次人事分配制度改革的主要特点:

(1) 较大幅度地提高了高校教职工的待遇,使国内外高校教职工的收入差距有所减少,从而保障了教职工的合法权益,调动了广大教职工的工作积极性,使高校增强了人才的吸引力和凝聚力。

(2) 初步建立了待遇"能上能下"的分配激励机制,突出了业绩的作用,优劳优酬,打破了平均主义"大锅饭",对合理配置人力资源、优化人员结构,提高学术水平和办学效益都起了积极作用。

（3）强化了竞争机制，逐渐由传统的身份管理向岗位管理转变，为建立符合高校办学特点的以聘用制为核心的基本用人制度打下基础。

（4）聘任工作中坚持公正、公平、竞争、择优的原则，使优秀人才能尽快脱颖而出，营造良好的人才成长环境，有力促进了师资队伍、管理队伍的建设发展①。

一、三年立本计划

2001年召开的学校第九次党代会，以及2003年9月制定的《南京理工大学关于办学思想与发展战略的若干意见》，提出了到"十五"末（2005年）和到"十一五"末（2010年）的学校建设发展目标。

对高校来说，人才是立校之基、强校之本。建设国内一流，具有一定国际影响的社会主义多科性理工大学，人才队伍是关键。

21世纪初的南京理工大学，人才队伍现状无论在质量上还是数量上，距离实现上述目标的要求都还存在较大差距。

一是教师队伍在意识、观念和实践中存在开放性、创新性、合作性不强问题；二是随着高等教育大众化发展，教育规模扩大，师资队伍补充不足；三是中青年拔尖人才短缺，尤其是一流的大师级、旗帜型领头人；四是知识结构陈旧、单一、过窄，适应现代高等教育发展的综合能力较弱；五是学科梯队管理体制、运行机制不完善；六是专兼职相结合的教师队伍体系建立的内外部环境尚未形成；七是学术氛围、人才成长环境和选拔制度、评价机制有待优化和完善②。

为了尽快提高教育质量，确保学校建设发展目标实现，必须"倾注超常规的精力，采取超常规的措施，不惜超常规的代价，实现师资队伍建设跨越式发展"。

2004年1月10日，学校以2004年党政1号文下发了《南京理工大学师资队伍建设立本三年计划》，"计划用三年时间，加大师资队伍建设力度，有效地缓解和解决师资队伍建设中存在的突出问题③"。

根据《立本三年计划》，一是要加大师资引进力度，通过补充优秀毕业生、吸引优秀留学回国人员等措施，改善教师队伍的学历结构、年龄结构和职称结构，通过引进基础学科、边缘交叉学科、高新技术等学科的高层次人才来带动这些学科的发展，工作重点是引进紧缺学科优秀学科带头人和中青年骨干教师；二是要强化师资培养，更新和拓展知识结构，使教师掌握必要的现代教育教学手段，提高国际交流能力、教育教学能力。

按照计划，学校制定了人才引进、培养和管理的一系列政策，形成了师资队伍建设的一整套工作机制。从2001年至2007年，学校累计引进教学科研人员495人，其中高级职称人员98人，具有博士学位的236人，双聘中国工程院院士2人，引进团队1个。具有博士学位的教师数量增加近2倍，占教师总数的比例从2001年的16.1%提升到35.1%，生师比从2001年的22.5∶1下降到15.9∶1；公派出国学习、合作研究培养教学科研骨干125人，培养在职博士113人，144人次入选省部级以上人才工程，其中教育部长江学者特聘教授2

---

① 2004年2月29日，南京理工大学报。

② 南京理工大学师资队伍建设立本三年计划。

③ 2004年2月15日，徐复铭在中层领导干部大会上的讲话。

人,百千万人才工程国家级人选2人,2人获国家杰出青年基金,3个团队入选省部级创新学术团队,6人入选江苏省教学名师。

"经过三年建设,全面完成了计划提出的指标。计划的实施,有效地解决了师资队伍数量不足的突出矛盾。"①

二、卓越计划

"师资是学校发展的核心资源,一所大学水平的高低关键在于是否拥有一批高水平的师资队伍"。②

学校师资队伍建设"立本三年计划"主要解决了学校在"十五"期间教师队伍数量短缺的突出矛盾,提高了教师队伍的素质和能力,改善了师生比例,为学校人才队伍进一步发展奠定了良好基础。

但是,分析学校人才队伍状况,学校在学术大师、高层次领军人才、高水平创新团队等方面数量还是偏少,促使高层次人才汇聚、高水平学术团队形成、青年才俊脱颖而出的体制和制度还没有完全形成。因此,高层次领军人才和创新学术团队建设迅即成为学校下一阶段人才队伍建设的重中之重。

2007年12月25日至26日,学校召开人才及外事工作会议,主要审议师资队伍建设"卓越计划",研讨高层次人才队伍建设措施。2008年年初,学校发布党政1号文件——《南京理工大学师资队伍建设"卓越计划"实施意见》。

"卓越计划"是学校继"十五"师资队伍建设"立本三年计划"完成以后,在"十一五"期间提出的新的师资队伍建设计划。"卓越计划"重心开始由数量向质量转变,"突出高层次领军人才队伍和创新学术团队建设,推进教师队伍国际化发展,着力解决困扰人才队伍汇聚、成长的体制性、政策性和机制性障碍,完善多元化人才培养体系"③。

"卓越计划"由高层次领军人才引进与培养计划、创新学术团队培育计划、教学名师计划、百名优秀青年教师计划、青年教师国际化发展计划、国内外智力引进计划、教师队伍博士后计划7个分计划组成。其目标是力争到"十一五"末,学校拥有以院士、长江学者特聘教授为代表的国内外知名的高层次学科带头人10~15名,国内知名的高水平学术带头人30名,和100名左右的以"新世纪优秀人才"为代表的高层次后备人才队伍,5~6个创新学术团队入选国家和委(部)级创新团队。

设立"紫金学者"特聘(讲座)教授岗位是学校实施师资队伍建设"卓越计划"的主要内容之一。特聘教授在聘期内除享受正常的工资、住房、保险、福利待遇外,还享受"卓越计划""紫金学者"特聘教授岗位津贴,以及支持团队建设的专项经费和人权、财权。2008年6月6日,加拿大卡尔加里大学机械与制造工程系涂忆柳教授受聘为学校首位"紫金学者"讲座教授。

实施"卓越计划",拓宽了人才引进途径,建立了人才引进绿色通道,加大了优秀人才引进和培养力度,促进了人才培养机制不断完善。约五年时间,国家和省部级人才工程入选人

---

① 2007年10月8日,王晓锋在七届一次教职工代表大会上的报告。
② 2016年1月27日,尹群在十一届七次全委会议上的工作报告。
③ 2007年3月8日,王晓锋在干部教师大会上的讲话。

数增长55.6%,其中新增海外高层次人才引进计划9人、"长江学者"6人、"杰青"5人、"973"首席科学家4人、国家教学名师3人、新世纪优秀人才支持计划16人。首次获得国防科技工业杰出人才奖、中国青年科技奖。至2013年初,学校45岁以下中青年教师占比达到53.21%,具有海外留学经历的比例达26%,博士化率达61.79%,教师断层问题基本得以解决,学缘结构进一步优化。按照"人才特区"政策,组建了"格莱特纳米科技研究所",汇聚了一批知名科学家①。

2012年,在"卓越计划"一期建设基础上,学校连续启动实施"卓越计划"二期建设。

2012年6月18日,学校在艺文馆多功能厅召开人才工作会议,标志着"卓越计划"二期的正式实施。会议推出了一系列人才工作的政策和管理制度,包括《南京理工大学师资队伍建设"卓越计划"(二期)实施办法》《南京理工大学人才引进工作实施办法》《南京理工大学人才引进优惠政策》。提出8项人才队伍建设的重要举措:一是落实人才战略规划,统领人才工作全局;二是加大投入力度,创新人才引进机制;三是设立人才特区,破除人才发展障碍;四是坚持"大师+团队"模式,促进团队建设;五是关注青年教师发展,重视人才资源积累;六是设立专职科研岗位,创新人才聘用模式;七是设立国际顾问教授制度,推进教师国际化发展;八是适应现代大学制度要求,完善人才工作体制机制等。

2012年5月,学校还专门成立人才工作办公室(院士工作办公室),负责师资队伍建设"卓越计划"的实施、评估和考核,以及其他高层次人才的引进、管理、服务等工作。

2014年,学校启动实施"卓越计划"青年拔尖人才选聘计划,出台《南京理工大学"卓越计划"青年拔尖人才选聘计划实施办法》。

2015年,学校入选国家创新人才培养示范基地。5月,江苏人才发展战略研究院在学校成立。江苏人才发展战略研究院是经江苏省委同意,由南京理工大学、江苏省人才创新创业促进会共同组建的研究机构,业务受江苏省人才工作领导小组办公室指导。坚持党管人才原则,围绕省委省政府"迈上新台阶、建设新江苏"的目标,研究院以人才制度创新、人才队伍建设等为主要研究内容。江苏人才发展战略研究院的成立对学校人才工作也是一大重要促进。

2017年,学校"先进光电成像理论与技术学科创新引智基地"入选国家创新引智基地,成为全国获批建设的50个基地之一。"高等学校学科创新引智计划"(简称"111计划")旨在推进中国高等学校建设世界一流大学和一流学科(双一流)的进程,该项目从2006年起由教育部、国家外国专家局联合实施,瞄准国际学科发展前沿,围绕国家目标,以国家重点学科为基础,从世界范围排名前100位的著名大学及研究机构的优势学科队伍中,引进、汇聚1000余名优秀人才,形成高水平的研究队伍,建设100个左右世界一流的学科创新引智基地。

2018年,学校汪信、翟腾、徐胜元、吉庆敏、夏晖、曾海波等6人入选2018年度"高被引科学家"名单。南理工入选人数位居中国内地高校第16名。其中徐胜元教授连续第5年入选该榜单。

---

① 2013年6月5日,尹群在学校第十一次党代会上的报告。

三、青年拔尖人才选聘计划

"青年是整个社会力量中最积极、最有生气的力量,国家的希望在青年,民族的未来在青年①"。青年教师是学校人才队伍的后备军和生力军,关系着学校发展的未来,决定着学校发展的兴衰。学校第十一次党代会也明确提出要坚持人才强校战略,大力实施"青年教师成长助推计划",激发青年教师活力。

计划实施后,学校以"统一思想、集中资源、外引内育、科学发展"为工作理念,创新引育模式,优化成才环境,完善青年教师职业发展规划,健全"传帮带"团队协作机制,助力青年教师成长。至2019年底,共有672名新鲜血液注入学校,占教师总数的34%,其中具有一年以上海外经历占比52%。师资队伍结构量质齐升。

2014年,学校在实施"卓越计划"(二期)时,着力打造"青年拔尖人才选聘计划",该计划旨在集中优势办学资源,助力优秀青年学者快速脱颖而出,以35周岁以下业绩突出、潜力较大的青年教师为培养目标,通过海外招聘、紫金论坛、校内遴选等引才选才模式,通过建立学科带头人负责的一对一传帮带培养方案,提供平台、团队建设、实验条件等重点支持,用五年时间储备100名优秀青年人才,帮助其快速成长为学术核心和学科中坚。

2019年10月9日,来自世界一流研究机构德国马普所的博士后李益正式成为第100位报到的"青年教授"。这100人中,最小入选年龄为26岁,平均入选年龄31.7岁,具有斯坦福大学、卡耐基梅隆大学等海外名校博士学位占比35%,具有一年以上海外经历占比81%。63人次入选省部级以上高层次人才工程,其中29人入选国家"四青"人才。高层次人才"倍增"效应显现,为学校"双一流"建设提供持续不断的动力。

四、探索人才队伍建设和人事制度改革新途径,构建行业特色型高校教师评价体系

在2015年下半年开始实施的《南京理工大学综合改革实施方案》,将人事制度改革作为此次推动综合改革的关键切入点,是推进学校世界一流大学和一流学科建设的重要撬动点。为此,学校决定启动绩效津贴及教师岗位聘任制度改革,将其作为推进学校跨越式发展,提高学校现代化治理能力,实现创建特色高水平研究型大学的驱动引擎。

学校将本轮绩效津贴及教师岗位聘任制度改革目标明确为"规范人事管理与分配体系,建立科学合理的考核评价和激励机制,激发教职工的工作积极性,配合学校综合改革的整体推进"。在改革中,重点突出"全员聘任、分类管理,岗级分离、能上能下,年度评价、聘期考核,以绩保基、以绩提酬"的工作原则。

"分类管理"是这轮绩效津贴及教师岗位聘任制度改革的重要特征。新的评价体系中,学校将教师分类在原有教学科研并重和科研为主两大类别外,新增教学为主型与实验教师型两个类别,形成了"四型七类":即教学科研型、教学为主型、科研为主型和实验教师型。

科研为主型再细分为科学研究、重大(工程)项目研究、科技成果转化三类,分别设立针

---

① 2019年4月30日,习近平在纪念五四运动100周年大会上的讲话。

对性的评价标准。

教学为主型又分为教学为主和素质教育类,教学成果、教材、课程以及辅导学生课程竞赛等项目获奖都可以作为晋升教授的条件。

为了解决实验室队伍建设难的问题,学校专门设立实验教师岗,一般技术岗和实验管理岗都设置了正高级职务。

论文不再是职称晋升的硬杠杠,这次改革使职称评聘不再简单与论文数量和排名挂钩。教师可以根据岗位和专长,选择科研、教学、科研成果转化等系列进行评审,获得国家奖的团队负责人可自主选聘团队成员晋升教授职务。每个老师定位在其适合的岗位上,只要能充分发挥自己的特长,安心把本职工作做好,就能有晋升的机会和发展空间。

除此之外,学校还通过岗级分离建立能上能下的动态岗位聘任机制,真正形成"能进能出、能上能下"的良性循环。

2016年3月,学校召开"以岗位聘任为基础的校内绩效津贴分配制度改革"工作布置会,正式推动学校开展新一轮人事制度改革。

截至年底,学校所有教学科研单位全部完成首轮教师岗位聘任工作,全部单位实施了新的绩效津贴制度。此次改革,学校进一步破除体制机制性障碍,通过岗位和薪酬改革组合拳,强化了学院的办学主体地位,实现了学院自主设岗、自主聘任、自主分配、自主考核;全面推进了身份管理向岗位管理转变,强化了教师岗位意识和契约精神;完善了人才晋升、流转和退出机制,构建了符合教师发展规律的考核评价和激励机制,实现了学校发展、学院发展和个人发展相统一。

第八节　国际化办学与国际交流合作

国际化办学是建设一流大学的必由之路[①]。进入21世纪,国际化成为学校办学的重要指标之一。学校通过党代会、发展规划等不断强化国际化发展共识和理念,增强国际化发展意识,推进国际化办学举措,拓展国际化办学空间。

一、扩大国际交流合作领域

学校第九次党代会指出"建设一流大学,必须具有广泛的对外交流与合作及良好的社会声誉",提出"要进一步扩大与国内外的合作与交流领域,积极与国外及港澳台地区高校、科研院所、企业集团建立合作关系;扩大与国外联合办学和联合培养研究生的规模;争取海外华人、港澳台同胞捐资办学;加快发展留学生教育"。

按照第九次党代会的部署和要求,在中国加入WTO和国际交流合作越来越密切的大背景下,学校积极拓展对外渠道,提高合作层次,先后与美、英、法等16个国家的58所大学和科研院所签署了合作协议;1500多位境外专家学者来校开展学术交流活动;引进国外智力工作成绩明显,学校从国家外国专家局获得资助经费1000多万元;先后派出近700名教师出国参加各类学术交流;派出近200名学生到境外大学交流或学习;留学生规模不断扩

---

① 2017年3月1日,尹群在十一届九次全委会议上的报告。

大,至 2007 年第十次党代会召开时,在校留学生 240 多人;与英、澳等三所高校开展联合办学。

2005 年 11 月,在加拿大温哥华举行的第 22 届弹道国际学术会议上,国际弹道委员会投票决定,2010 年第 25 届国际弹道会议在中国举行,同时,动力学院王中原教授正式当选国际弹道委员会委员。2010 年 5 月 19 日,学校与中国兵工学会共同主办的第 25 届国际弹道大会如期在北京召开,这是亚洲国家第一次举办这样的会议。

二、提升国际交流合作层次

学校第十次党代会提出建设"国内一流,国际知名高水平研究型大学"目标后,进一步提出实施"拓展开放战略","扩大开放,在提升学校国际化水平和知名度方面有新突破"。学校要立足于知识经济和经济全球化视野,扩大开放,提升国际交流与合作的层次,建设国际化水平的学校,培养国际化人才:

（1）加强国(境)外的智力引进,聘请或引进外籍专家、高水平外籍专业教师和海外留学人员;

（2）加大对外派出力度,积极派出教学、科研和管理骨干到国(境)外一流大学攻读学位、进修培训、短期讲学、合作研究、参加国际学术会议或考察访问;

（3）拓展队伍交流渠道,大力实施与国(境)外高校联合培养研究生、本科生计划和学生国际交流计划;

（4）大力发展留学生教育,拓宽生源渠道,增加留学生国别,尤其是扩大高层次外国留学生规模,加快教育国际化进程;

（5）主办或承办各类高水平国际学术会议;

（6）加强与国(境)外高水平大学校际交流,推动建立联合实验室,开展技术合作、成果转让等。

按照第十次党代会的部署,其后几年,学校充分发挥学院作用,通过联合培养学生、建立联合实验室、举办高水平国际会议等,不断拓展对外交流渠道,提高人才培养、科学研究国际化水平,对外交流合作取得新的突破。学校成为接受"中国政府奖学金"来华留学生高校,并获得"中国政府奖学金——高校研究生项目"自主招生权;获得"111 计划"项目;获得国家外国专家局资助引智经费 2500 万元;与境外知名高校建立了 4 个国际联合实验室或研究中心;与 77 个国外知名高校和科研机构建立了密切合作关系,2 个国际合作办学项目获得教育部批准,10 个学院与境外建立联合培养机制;师生出国交流学习人数由 900 余人扩大至 3000 余人。

2012 年 10 月,由国际纳米晶材料权威、德国科学院副院长,身兼德国科学院院士、美国科学院院士、美国工程院院士、印度科学院院士的赫伯特·格莱特教授领衔担任所长的"南京理工大学格莱特纳米科技研究所"揭牌。研究所是学校精心打造的首个学科特区、科研特区和人才特区,除了格莱特教授,还汇聚了哈罗德·富克斯教授、霍斯特·哈恩教授、卢柯院士等一批国际知名学者。研究所的成立旨在探寻创新性成果的科研实践中打造世界顶级纳米科技研究基地,培养具有国际化视野的职业科学家。

三、提升办学国际化水平

"建设特色高水平研究型大学,必须拓宽思路,以拓展求提升",为此,学校第十一次党代会提出实施"拓展提升工程","要有全球视野,把国际化理念贯穿于学科建设、人才培养、科学研究、队伍建设等各项工作中,大力提升办学国际化水平"。第十一次党代会还就拓展渠道,扩大交流,着力提升办学国际化水平作出规划部署:

(1)提高学术国际竞争力。发挥学院在国际交流中的主体作用,实施院长、学科带头人责任制。学习借鉴国外先进的学科管理经验和评价体系,以建设国际联合实验室或研究中心为载体,积极参与国际区域重大科研项目。启动国际顾问教授聘请计划;继续做好"111计划"项目建设;主办或承办一批有重要国际影响的学术会议。

(2)构建国际化师资队伍。实行师资队伍全球聘用制度,做好海外优秀留学人员引进,聘请外籍教师开设专业课程和指导博士研究生。加大教师赴境外合作研究、培训进修选派力度;鼓励和支持更多教师在重要国际学术组织或学术期刊任职。

(3)培养高素质国际化人才。引进国外优质教育资源,推进与国外高水平大学举办合作办学项目或联合培养学生。开设具有国际化特色和跨文化内容的本科课程;启动本科生"学生海外学习项目",设立海外学习基金;实施"研究生国际化培养项目";加强全英语授课专业建设;开拓留学生招生渠道,扩大学位留学生规模。

按照第十一次党代会部署,学校围绕学科提升和优势拓展,加强国际交流与合作。

2016年,根据学校第十一次党代会精神和学校"十三五"发展规划,为推动与国外一流大学和一流学科的实质性合作,提升学校师资队伍、人才培养、科学研究的国际化水平和影响力,学校启动实施"海外学术伙伴计划",即根据学科或学科(专业)领域,遴选国(境)外有影响力的学术团队,并以此作为参照系开展相应校内学术团队建设,力争用5年的时间凝练20个左右与国际研究接轨的前沿领域(方向)研究团队,创新学术组织和运行模式,建立与国外一流大学和一流学科的长效合作机制,提升学校的国际学术影响力。

2018年,学校制定了《"双一流"建设国际化发展指导意见》,以实现教育观念和管理国际化、学科建设国际化、师资队伍国际化、国际化创新人才培养、国际化形象与文化建设等五项工程为抓手,促进学校国际化水平的提升。

经过几年建设,学校国际交流合作取得新的进展,国际化水平提升到一个新高度。

国际科技合作取得新突破。2013年,学校微纳米材料与装备国际合作基地入选教育部、国家外国专家局批准建设的创新国际合作基地之一。2014年11月,微纳米材料与技术国际联合研究中心被科技部认定为国家级国际联合研究中心,成为学校首个国家级国际合作研究机构。经过几年建设,微纳米材料与技术国家级国际联合研究中心已逐步发展成为技术领先、人才聚集、示范引领的国际化平台。2018年,学校"图像测量技术研究国际科技合作基地"再被科技部认定为2017年度示范型国家国际科技合作基地,成为学校获得认定的第二个国家级国际科技合作基地。为学校光学工程及相关学科建设面向国际科技前沿、开展高水平科研合作提供了更好的研究平台,带来更多的发展机遇。2017年初,学校还首次获批国家重点研发计划"政府间国际科技创新合作"重点专项项目,这也是学校首次获批ITER(国际热核聚变反应堆计划)专项项目。自2017年学校启动实施"海外学术伙伴计划"后,已批准3批14个项目(2017年5项,2018年5项,2019年4项)。

师生国际化交流取得新成效。通过资助参加高水平国际会议、赴国外开展合作研究等,学校鼓励教师开展高水平国际交流合作。2018年累计派出教师482人次参加学术会议、开展合作研究与讲学等;引进286人次境外专家来校讲学、授课或从事合作研究;101名研究生获国家留学基金资助。

国际化人才培养扎实推进。2017年,学校与白俄罗斯戈梅利国立大学共建了孔子学院,这是学校参与共建的首个孔子学院。2019年,学校招收本科留学生77人,硕士研究生87人,博士研究生52人。截至2019年底,在校学历留学生规模达到702人,港澳台和华侨学历生38人。学校还加大在"一带一路"沿线国家招生力度,接收国(境)外学生来校开展短期学习、交流。

国际问题研究取得新进展。2019年5月,南京理工大学白俄罗斯研究中心举行成立仪式。这是江苏省首家白俄罗斯研究中心,是江苏省与白俄罗斯合作的新里程碑。中心作为学校研究白俄罗斯政治、经济、科技、教育和人文的重要平台,将极大地推动学校俄语教学和科研,培养一批致力于两国文化、科技交流的友谊使者,为增进中白两国人民友谊、加强两国友好关系作出积极贡献。12月,学校再成立南京理工大学沙特研究中心,这也是全国高校首家教育部备案的沙特研究中心。作为教育部国别和区域研究培育基地,中心整合了校内外专家学者、学校人才培养与学科优势、对外交流合作渠道等多方资源,成为了又一个部级咨政中心、人才智库和对外文化交流展示的窗口,也为学校新的学科建设和培养"一带一路"国际化创新人才搭建了良好平台。

第九节 文 化 建 设

1997年党的十五大总结了社会主义建设基本经验,第一次从政治、经济、文化三个维度确立党在社会主义初级阶段的基本纲领,标志着"三位一体"总体布局的正式形成。

2011年4月,胡锦涛同志在庆祝清华大学建校100周年大会上的讲话中指出,"高等教育是优秀文化传承的重要载体和思想文化创新的重要源泉","不断提高质量,是高等教育的生命线,必须始终贯穿高等学校人才培养、科学研究、社会服务、文化传承创新各项工作之中"。大学承担着文化传承与创新的重要使命。

进入21世纪以来,学校文化建设不断加强。从之前立足于校园、以形式和活动为主的校园文化,开始了向以重精神和理念引领、重全面全员全过程育人、重社会影响和社会效益的大学文化的转变。文化建设成为学校建设的重要内容之一,学校党代会和校园规划也都把文化建设作为重要组成部分,进行谋划和部署。

以2003年学校建校50周年、2013年建校60周年为契机,制定了阶段性文化建设规划,完善了校风、校训、办学理念等精神文化内涵;培育、建设了一大批富有学校自身特质的文化景点、景观,形成了一批文化成果,提升了文化品位,涵养了文化气息,锻造了文化品牌。

一、持续不断开展文化建设,推进文化传承创新

改革开放以来,学校历届党委高度重视学校文化建设。1993年制定了《南京理工大学校风建设规划》。校第八次党代会提出要"加强校园文化建设,提高校园文明程度";第九次党代会提出要"加强精神文明和校园文化建设,培育南理工精神和文化";第十次党代会提出"加强先进文化建设,构建和谐文明校园。建设以社会主义核心价值体系为主题的特色鲜明、和谐共进的南理工文化"。

"现代大学的基本价值在于文化传承、文化启蒙、文化选择和文化引领","知识教育能'成器',文化熏陶可'成人'①"。2013年召开的学校第十一次党代会,指出"文化传承与创新是大学的重要使命,也是引领走向发展新境界的精神动力",之后五年将"重点实施四大工程、两个行动和一项计划"。"文化引领行动"作为重点实施的"两个行动"之一,通过开展增强文化认同,提供强大思想动力;培育先进文化,构筑师生精神家园;打造文化精品,推动文化铸魂育人。大力培育团队文化、学术文化、争先文化、创新文化;融合传统文化、网络文化、社团文化,打造具有历史特征、时代特点和学校特质的文化品牌;结合校园整体规划、基础设施建设与改造,推进主题景观带、公共区域艺术品等建设,打造功能合理、格调高雅的环境文化。

2006年9月,学校成立国家大学生文化素质教育基地建设领导小组,下设办公室,挂靠教务处。2007年9月,宣传部艺术教育中心、教务处国家大学生文化素质教育基地办公室、学工处大学生活动中心管理办公室划出合并,成立文化艺术教育中心,统筹学校学生文化素质教育工作。2008年1月,文化艺术教育中心更名为文化艺术素质教育中心;2011年2月,再次更名为艺术与文化素质教育部。

2011年5月,学校党委印发文件,启动实施了《南京理工大学文化建设三年计划》,以迎接60周年校庆为契机,着力提升学校文化软实力。通过三年时间建设,取得了一批对学校发展具有重要意义和产生深远影响的高品位文化建设成果;确定了规范的学校形象标识系。2014年,学校又在完成"三年计划"各项建设任务的基础上,启动实施文化建设"引领行动(2014—2018)",以此为抓手,有效增强学校改革发展的聚合力、引领力和软实力。

党的十八大后,围绕着社会主义核心价值观,学校在人才培养体系中重点实施和推进了"铸魂工程":

(1) 将军工文化、校史文化等内容纳入课程培养体系,面向全体本科生开设《军事理论》课程和军事训练课程,以及体现学校文化传统与文化积淀的《校史漫谈》选修课,在《形势与政策》课程中讲授"哈军工精神及其传承发展"等专题。邀请杨绍卿、刘怡昕、刘红、黄雪鹰等军工行业领军人物来校讲授国防前沿知识和治学为人感悟,激发学生成才报国热情。

(2) 开展"百队千人国防行"、校友寻访等活动,将军工文化进行时代转化和内化实践,增强了学生对学校特色文化的领悟与认同。

(3) 每年开学典礼后,校长都会挖掘军工文化的不同内涵向全体新生讲授入学第一课,不断向学生传导责任担当的使命意识,增强学生对学校文化的了解,树立了学生以校为荣的文化自信。

---

① 2013年9月21日,王晓锋在建校60周年庆祝大会上的讲话。

(4) 举办校史图片展等十余场大型展览,创排舞蹈《军工学子》、民乐合奏《二月兰畅想曲》等作品,展示了南理工人坚守初心、勇担使命的文化形象。

二、丰富完善了校风、校训、办学理念等精神文化

(一) 重新诠释"团结、献身、求是、创新"校风内涵

"团结、献身、求是、创新"八字校风,是学校以毛泽东同志为哈军工颁发的训词为指导,于1984年2月,集中广大师生的智慧和意愿总结提炼出来的。

在学校建设发展中,八字校风已为广大师生、校友等所熟知,成为学校相对稳定的重要精神文化。但是在新的历史时期,对八字校风加以新的诠释,赋予新的内涵,使之更加体现时代精神,又是必要的。因此,2003年9月,《南京理工大学关于办学思想与发展战略的若干意见》对校风重新进行了诠释,赋予了新的内涵:

团结,是包容,是协作,是团队合作的凝聚力量;

献身,是奉献,是追求,是执着进取的精神境界;

求是,是探索,是求真,是理性务实的科学素养;

创新,是超越,是创造,是成就进步的不竭源泉。

(二) "以人为本,厚德博学"办学理念

2003年9月,《南京理工大学关于办学思想与发展战略的若干意见》凝练、归纳出学校的办学理念为"以人为本,厚德博学"。以人为本,即以教师为本,以学生为中心。以教师为本,就是充分依靠教师这一办学的主体,充分发挥广大教师在教学、科研等工作中的主导作用,注重激发其积极性和创造性,使学校充满生机和活力。以学生为中心,就是坚持以培养人才作为学校的根本任务,从有利于学生的成长成才出发,关注和致力于学生的全面发展。厚德博学,是学校办学、为人、育人的准则和目标。厚德,就是以高尚的道德和品行作为学校的立校之本、育人之基、为人之道。培养和锤炼优良品德是造就人才、成就事业的基础;博学,就是以传承和创造知识作为大学的特征和使命。大学师生唯有追求博大精深、博采众长,坚持学无止境、创新不殆,才能以更多的知识与技术创新成果来贡献国家、服务社会,从而实现理想、完成使命。

办学理念"以人为本,厚德博学",体现了历史传承与时代创新的统一、价值论理念与认识论理念的平衡,科学精神与人文精神融通、共性理念与大学个性的协调[4]。既是对学校历史办学思想的传承,也体现出新形势下学校更高层次的信念和追求。

(三) "进德修业,志道鼎新"校训

2013年,在学校60周年校庆前夕,通过广泛征集、专家讨论、学校决定的方式提出了"进德修业,志道鼎新"校训。"进德修业"语出《周易·乾》:"子曰:君子进德修业,忠信,所以进德也,修辞立其诚,所以居业也。""进德",意为存养德性、增进德行,体现学校崇尚"立德树人""育人为本""以德为先"的理念,将提高师生道德修养作为立身治世的前提与目标。"修业",意为修习学业、成就事业,体现学校办学育人的规格与境界,即教师诲人不倦,勤业精业乐业;学生孜孜以求,创新创业创优。

"志道鼎新",取意"探究道理,创造新知"。"志道"语出《论语·述而》的"志于道、据于德、依于仁、游于艺",蕴含探寻事物的本质规律、追求科学真理之意,强调要勉励师生把"道"作为孜孜以求的志向。鼎,树立之意,语出《周易·杂卦》:"革,去故也,鼎,取新也。"

鼎新,引申为发现与创造新思维、新知识。

从哈军工创建伊始至今,学校始终以与生俱来的使命感和责任感践行"献身国防、维护和平、繁荣祖国"的崇高志向,严谨治学、勇于赶超、自主创新,形成了以献身精神为核心的优良品行。面对建设创新型国家、走新型工业化道路等国家发展战略,广大师生只有继续坚持修身立德、专注事业、探求新知、超越创新,才能同修共进、攻坚克难、勇立潮头,不断培育拔尖人才、成就盛德大业。

"这一校训与办学理念相比,内涵有交融,外延有扩展,是一个宏观的教育思想和方针的凝练,它可以与'以人为本、厚德博学'一起,作为南京理工大学办学理念的全面表述[5]。"

（四）校徽

建校以来,随着学校名称变化,对校徽也进行过多次修改。在使用中,一度并不严格规范,曾出现过多个版本的校徽图案。

2013年之前使用的校徽(图6-2),为一枚双圆套圆形徽标,内圆图案为貔貅、城门、盾牌、橄榄枝。其中"南京理工大学"六字是由1998年时任国家主席江泽民亲自为学校题写的校名。貔貅图案为南京城标志之一,取平安辟邪之意,盾牌、城门、橄榄枝象征守卫与和平。

图6-2　2013年之前的校徽　　　图6-3　2013年校庆前确立的校徽

2013年,在60周年校庆前夕,学校重新确立规范的形象标识体系,发布了新的校徽标志(图6-3)。

学校校徽底色为紫色,校徽边框为同心圆。

标识中间为橄榄枝围绕着盾牌的形象,象征学校发展军工、捍卫和平的理念。盾牌上方装饰组成书本的形象,表明学校教学、科研的基本职能,同时也形成翅膀,比喻放飞和平梦想。盾牌内是学校校风碑的形象,上书南京理工大学"团结、献身、求是、创新"八字校风,是学校的精神象征。盾牌下方文字"1953"是建校年份,表示学校的发展历史。

标识外环,上方使用江泽民同志题写的中文校名,下方环绕风格现代的英文校名,体现与时俱进、与国际接轨的发展目标。标识色带取自紫色,学校位于南京城东,紫气东来;也是校园二月兰的颜色,承载了浓郁的校园文化;紫色也是高品质的象征,激励师生员工在教学科研工作中不断摘取更高的成果。

新校徽标注了建校时间,注入学校标志性建筑二道门形象。体现了更多学校地缘特征、风景特色、历史积淀和军工气质。

（五）校歌

2013年,在学校60周年校庆前夕,学校发布了校歌《使命》(吴小平作曲,集体作词),

如图 6-4 所示。

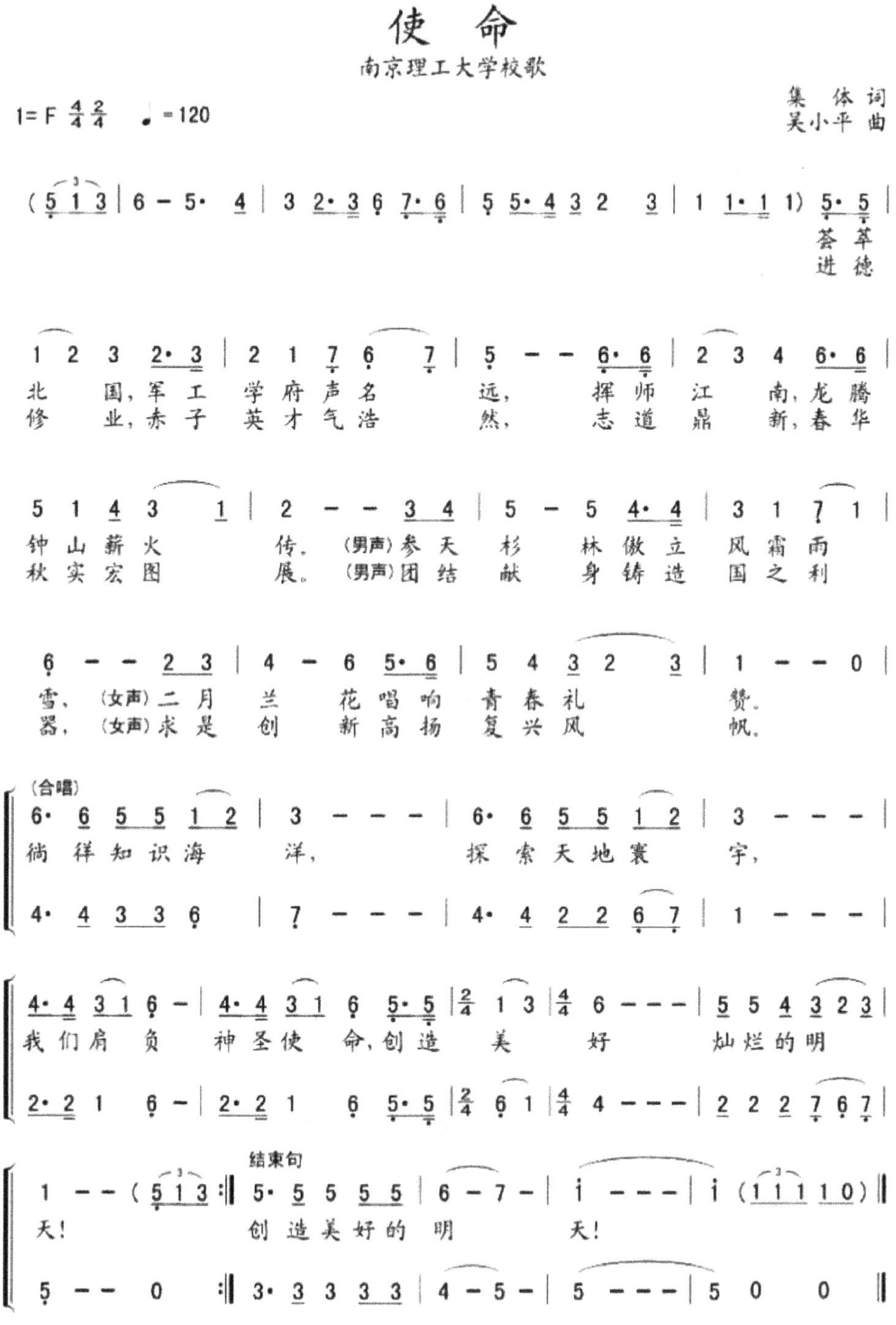

图 6-4 校歌

三、构建富有自身特色的文化体系

南理工是一所具有光荣军工血脉的大学,血脉中流淌着"红色基因"。经过一代代南理工人不懈努力、不断感悟、不断凝练升华,形成了以使命文化为核心,以军工文化、奉献文化、暖心文化等为特色的南理工独特的精神文化①。

创业不息、为国奋斗的使命文化,孕育了一代代南理工人的家国情怀和责任担当,涌现出"祖国的需要是我一生的追求"的工信楷模王泽山院士,"万难不退"的光学测试专家陈进榜教授,全国优秀共青团员张璐,全国研究生党员标兵王祎,以及十余个国家奖获奖团队和工信楷模、工信先锋等先进典型,汇聚了一代代南理工人秉持"国家利益至上"理念,为强军兴国奉献智慧和力量。

学校成立近70年,始终坚守"立足军工、服务国防"的办学初心和办学特色。在办学育人中,始终坚持和传承军工文化,通过课堂教学渗灌、专业训练融通、第二课堂体悟、校园环境浸润,将忠诚坚毅、精工卓越的军工文化,融入学校的文化传承、办学理念、培养实践及校园环境,代代传承、历久弥新。学校用军工文化培养学生爱国情怀、奉献意识和创新创业精神,与之相关的案例分别于2006年、2011年、2016年三次获得全国高校校园文化建设优秀成果一等奖[6]。

学校八字校风,献身是核心。献身精神集中体现为"甘于奉献的胸怀,勇于超越的雄心,敢于牺牲的勇气②"。献身的本质是无私的奉献,勇担使命、敬业奉献的奉献文化,表现为学校一大批专家、教授作为献身精神的杰出代表,献身国防事业、献身教育发展、献身科学研究,在自主创新的实践中,铸就一个又一个辉煌。传承着献身传统,将奉献文化发扬光大,引领了一代代南理工人不断进取、奋发有为。

体现献身精神的还有大学生党员"百时奉献"实践活动,以及以弘扬奉献精神为核心的志愿者行动。志愿者行动在学校已经蓬勃发展近30多年。青年志愿者们以"哪里需要,哪里有我"为行动口号,以"自愿参加,量力而行,讲究实效,持之以恒"为基本原则,发扬"团结友爱,助人为乐,见义勇为,无私奉献"的志愿者精神,立足校园、面向社区、服务社会,在大力宣传志愿者文化的同时,主动服务学校各项重大活动,服务社区,服务弱势群体,足迹遍及学校的方方面面,遍及校外多个场所,惠及千千万万个单位和个人。"红马甲"已成为了学校一道亮丽的风景线。

由对外联络与发展部开展的"暖心饭卡工程",运用大数据技术精准帮扶贫困学生,给他们送去实实在在的温暖。2016年,学校"暖心饭卡工程"正式启动,2016年起,学校301名同学饭卡里"悄悄"多了11.63元至340元不等的特别补助。以后,他们都会按月收到这份补助。这个针对学校贫困生进行精准援助的工程,是为了解决他们的吃饭问题。受资助学生不需申请,不用审核,学校将伙食补贴"直接打入饭卡"。基金会工作人员根据全校1.6万多名在校本科生2015年9月中旬到11月中旬的刷卡记录,进行大数据分析,每个月在食堂吃饭超过60顿、一个月总消费不足420元的,被列为受资助对象。按照这个方案,基金会每个月要发放3.6万元左右补助,每年发放9个月,全年共计32万元左右。基金会目前已拿出100万元作为"暖心饭卡工程"的种子基金。

为了让这样的暖心工程惠及更多的家庭经济困难学生,基金会也开展了面向南理工校友和教职员工的捐赠活动,捐助通道的留言里流淌着暖暖的爱。项目开展至今,累计收到捐

---

① 2020年9月12日,付梦印本科新生第一课。
② 2009年11月30日,王晓锋校长在研究生教育优秀工程评估汇报会上的讲话。

款251.35万元,帮助学生9905人次。其中,1993级尤剑君校友至今已为"暖心饭卡工程"捐款415次,累计10580元。

"暖心饭卡工程"正式启动之后,受到了各级社会媒体的广泛关注。《人民日报》头版《今日谈》栏目,以《走心,才能暖心》为题,为学校"暖心饭卡工程"点赞。

由"暖心饭卡工程""牵手计划"等活动等形成的同心并力、润物无声的暖心文化,为南理工人的成长发展提供有温度的文化滋养,成为学校办学育人的不懈追求和使命情怀。

四、建设文化景观,凝练文化品牌

2000年后,学校文化景点、景观建设有计划加快了步伐。

2000年,学校时间广场建成,为全校师生提供了一个休闲活动的重要场所。其后几年,学校陆续新建了思园、紫籐南园、喜园、冶苑等。

2013年,学校以60周年校庆为契机,精心打造了友谊河南岸历史人文景观带。在这一文化园区里,各类军工文化元素被巧妙融入,点缀其间。"止戈园""积·蕴""立·功""应·进"和"融·和"五大文化景观,分别代表了人民军工、军工代表人物、理工大历程、新军事变革、新工业化道路五个不同的时间段,集中展现了学校的办学历史与人文风貌。

2016年4月,学校银杏广场建设完成,广场总面积约2万平方米,281棵的银杏林成为广场的主题,辅以大片休闲绿地,天然黄石和雾森,建成后进一步改善了广大师生的学习生活环境,为学校增添了一道新的靓丽风景线。

2016年学校还建成了七号门广场。新广场与体育中心、冶苑、水榭、三迎桥、二月兰水杉林、时间广场、军工文化长廊等景观连成一片,极大提升了校园文化品位和内涵。

在文化景点、景观建设的同时,学校更加注重精品文化建设,锤炼校园文化品牌。校园品牌文化是指"校园文化中一些影响大、质量好、教育效果明显的文化。校园品牌文化具有深刻的教育性、有效的外倾性、鲜明的特色性等特征[7]"。近年来,学校兵器博物馆、二月兰等已经形成品牌效应,享誉校内外。

(一)兵器博物馆和校史馆

学校兵器博物馆始建于20世纪末。1992年,曾任国防部长、国务院副总理的张爱萍将军亲笔为其题写馆名。2003年,为充分发挥学校在兵工学科方面的特色和优势,彰显兵工精神,满足人才培养、科学研究、宣传展示以及师生爱国主义教育和校史校情教育的需要,学校规划建设了新的兵器教学楼,于2005年正式落成。总建筑面积11000平方米,其中兵器博物馆约6000平方米,拥有炮类、枪类、弹药类、火箭炮和导弹类、引信类多个展厅,收藏了近300门火炮、2000余支枪械、4000余种弹和引信,是国内高校中唯一集收藏、传承、教学、科研、陈列、展示、宣传、教育等多种功能于一体的博物馆。兵器博物馆以"典藏、传承、励学、致用"为馆训,以珍贵展品、丰富内涵和独特视角帮助参观者了解兵器发展史,普及军事知识,增强国防意识,促进我国兵器研究和国防人才培养。每年接待校内外参观人数20000多人次,已成为南京市和江苏省对广大青少年进行爱国主义和国防教育的重要基地。2009年,兵器博物馆成为工信部部属高校中首批22个"国防科技工业军工文化教育基地"之一。2009年12月,被中国科协命名为"国家级科普教育基地"。

学校校史展览馆于2013年重新建设,通过学校发展历史时期、领导关怀、杰出校友等不同角度展示了学校的历史和文化。在实体场馆建设的基础上,为了更好地宣传学校,2014

年开通了三维实景校史馆,网上校史馆引入炫景展示技术,通过嵌入网页互动技术,将所有的图片、文字素材也融入炫景中,把校史馆实景完整搬到网上,浏览者基于网上校史馆,能够获取到和现场参观一样的信息量,解决了场馆参观时间和空间的限制问题。

2019年,校史馆重新布展,栏目划分更加科学,内容更加丰富,展示形式更加多样,进一步凸显了校史馆作为学校对外宣传文化名片的作用。

(二) 二月兰

2006年3月学校举行"和平的春天"系列文化活动,活动包括和平友好交流、和平文化研究与大学文化建设等三个部分,旨在"弘扬和平文化,构建和谐校园"。

3月26日,学校将水杉林正式命名为"和平园"。"和平园"由将军书法家马殿荣先生手书,镌刻在水杉林东北角一块高达2米的太湖石上。当晚,日本紫金草合唱团170余人与学校艺术团同台演出了一场主题为"和平的春天"演唱会,表演了合唱组曲《紫金草的故事》等节目。

其后,学校每年举行"二月兰文化节",举办二月兰诗文诵读、诗文摄影大赛、中日友好交流、和平学讲座等活动。

随着活动的深入,学校内的二月兰声名远播,已被誉为南京十大春景之一。每年的二三月份,园内广泛种植的二月兰次第盛开,汇集形成沁人心脾、醉人心境的紫色花海,吸引师生和大批市民参观游览。

五、出版了系列精品图书

60周年庆典前夕,学校除提炼校训"进德修业、志道鼎新"、创作校歌《使命》外,还陆续组织编撰了《南京理工大学纪事(1952—2012)》,以及一批反映学校历史文化和师生精神风貌的图书作品,包括展示学校一线教师教育思想的《南京理工大学60人教育教学思想谈》,展示大家人物风采的《景行身影——南京理工大学良师益友图志(2004—2013)》摄影画册,展示学校第一代杰出教育工作者经历和精神的《弘毅——新中国第一代国防科技教育工作者传奇》,展示学校女性师生校友风采的《若二月兰般优雅——南京理工大学女性风采录》,具有学院文化示范和引领性的《南京理工大学电子工程与光电技术学院志》,展示学校登山协会历史及其成员感悟的《攀登是一种人生姿态》,展示学校校园文化建设成果以及规范学校视觉形象识别系统的《观乎人文——南京理工大学文化建设成果巡礼》,具有学术和科普价值的《火炮历史的见证——南京理工大学兵器博物馆馆藏火炮集粹》等校史、文化系列丛书。

之后,又陆续出版了《陌上花红——南京理工大学师生原创诗歌选》《大美二月兰——"大美二月兰"原创诗文征集大赛作品集》《崛起的紫霞湖诗群——新时期现代诗精选集》《南京理工大学校史人物传略(1953—1966)》《机械工程学院院志(1953—2015)》《冷傲之美——南京理工大学兵器博物馆馆藏枪械集萃(手枪篇)》等。

第十节 改善办学条件 拓展办学空间

2001年,学校党委作出了加快基本建设步伐,大力改善办学条件和师生生活条件的决定①,随后学校不断加大投资力度,加快办学条件改善步伐,建成了一批标志性建筑。十多年来,在不断优化现校区规划建设布局的同时,积极拓展校外办学空间,"1+3"校区办学格局基本形成②。

一、改善办学条件

（一）一批重要工程陆续建成投入使用

2001年,经管人文楼、第二运动场等竣工验收交付;2003年学校50周年校庆前夕,基础教学实验楼、学术交流中心、明苑学生食堂、第一运动场改造竣工交付;2004年,第四教学楼、兵器教学楼启用;2007年,化工学院楼和工程训练中心等竣工;2011年学院综合楼一期、2014年二期投入使用;2012年,兵器技术创新中心、第二运动场（改造）竣工交付;2016年,学校新图书馆竣工交付,成为学校又一标志性建筑;2016年,学校体育中心建成投入使用,极大地改善了学校体育教学条件及广大师生体育活动环境;2017年8月,材料实验教学楼、研究生宿舍二期交付使用;2019年,学校游泳馆、环境生物楼、应用化学楼竣工交付;2018年10月,学校兵器学科楼工程项目开工建设。

（二）完成了一大批工程的维修改造

2007年,学校完成对第二教学楼维修改造;2013年,完成了对原总高楼、档案馆楼等维修改造,建筑焕然一新,与周边建筑协调统一,该区域形成了一个完整的、富有特色的历史建筑群。2017年,学校完成了致远楼维修改造工程,使这座矗立在校园中央的标志性建筑焕发了新的生机,现在这里已成为学校党政管理服务中心。2020年,完成了对致知楼、老教工食堂、学生食堂的维修改造。

（三）建设了一个全新的学生生活南区

2005年,学校开始规划建设学生生活南区;2007年9月,学生生活南区一期工程3栋学生公寓和1栋学生食堂竣工;2009年9月,二期建设项目建筑面积41661.16平方米的3栋学生公寓竣工;2015年南区运动场、学生浴室工程竣工投入使用。学生生活南区的建设,极大地改善了学生生活条件,在硬件设施上为学校创建一流研究型大学打下了良好的基础。

（四）教职工住房及生活设施得到改善

2002年6月28日,学校"十五"一期教职工住宅竣工,一期住宅共10栋235套,建筑总面积为32310平方米。"十五"期间,学校"三期"共建设教职工住宅120000平方米,还完成钟山花园城一期、二期住宅购房转换,极大改善了教职工住房条件。此外,2011年,面积11600平方米的新医院大楼竣工交付使用;2013年,学校研究生食堂竣工交付使用,较大改善了教职工的医疗和生活条件。

二、校区拓展

土地是高等学校获得持续、健康发展的重要资源。历史上,南京理工大学占地面积曾位居全国第四,江苏第一。进入21世纪后,随着高等教育大众化的推进,高校扩招迅猛,新校区建设方兴未艾,高等教育发展形势逼人,学校原有的校园面积资源优势迅速消失殆尽,办

---

① 2007年7月2日,陈根甫在校第十次党代会上的报告。
② 2019年11月4日,张骏在校第十二次党代会上的报告。

学条件一下落在江苏数十所高校之后。学生住宿条件矛盾突出,实验和科研用房紧缺,教师和研究生工作、学习场所严重缺乏,学校和大部分院(系)办公用房亟待扩大和改善,学校办学空间、办学条件的严重不足严重影响到了学校的发展。对照国家关于高校"百亩千人"规划面积的要求,学校占地面积既满足不了现有要求,更谈不上扩大规模,保证健康、持续发展了。

面对严峻的办学形势,为了解决办学条件与办学规模不相适应的矛盾,保证学校可持续发展,2002年底召开的学校九届五次全委(扩大)会议,经过认真研究,初步形成了征地建设新校区的意见。学校为此成立了专门工作小组,展开调研和论证工作。经过广泛调研,提出了选址仙林、江宁建设新校区和立足现校区向周边拓展空间三大方案。

此后又经过两次党委常委(扩大)会议研究,最后,2003年7月4日至6日召开的校党委九届六次全委(扩大)会议,一致同意在仙林大学城征地建设新校区并建议适当多征,认为"这是解决学校长远可持续发展的最佳选择①"。

7月中旬,学校主要领导和发展规划处、财务处、基建处等部门负责同志专门赴京向国防科工委领导进行了详细汇报。"国防科工委同意我校在仙林大学城征地2500亩建设新校区,有关批复文件即将下达②。"

校区拓展,建设新校区,是事关学校当前和长远发展的重大问题,也是一个时期内全校师生关心、关注、热议的焦点。在征地决议即将付诸实施的关键时候,江苏省先后出台"关于进一步治理整顿土地市场秩序""关于调整征地补偿标准"等多个关于土地政策调整的文件,征地问题遇到国防科技工业、国民经济发展,以及有关土地政策的重大调整。

为了民主决策、科学决策,学校决定重新评议这一问题。2003年12月下旬,在全校范围内召开了规模更大的论证方案说明会,和多个层面、多种类型、多种形式的座谈会、研讨会、形势报告会,开展了问卷调查,广泛听取师生意见。师生反映的观点主要有三种:一是主张建设新校区,从学校长远发展的角度出发,为今后的发展留足空间;二是立足校本部,挖掘现有校区的土地资源,同时积极向周边拓展空间,先解决学校"做强"的问题;三是如果立足校本部、向周边拓展没有可能性或难以实施,则主张在充分利用现有校区资源的同时,抓紧征地建设新校区,不要错过机会。

2004年1月13至14日召开的校九届七次全委(扩大)会议,徐复铭校长就学校对校区空间拓展问题的决策过程作了说明,介绍了党委常委会关于校区空间拓展方案的研究意见。最后,全委(扩大)会议形成决议:"会议认为,自九届六次全委(扩大)会以来,根据国防科技工业、国民经济发展和学校实际情况,以及国家有关土地政策的重大调整,学校重新评议并进一步深入探讨校区空间拓展问题,在专题小组充分调研论证的基础上,在更大的范围内开展了讨论,广泛听取了教职工意见。会议决定立足现校区并积极向周边拓展。"③

根据常委会、全委会决议精神,学校围绕"立足现校区并积极向周边拓展"原则,多次召开会议,研究决议的落实和推进:一方面积极调整现校区规划布局,包括对校园文化区重新规划,提高土地利用率,开发利用好东山片区、南区、原医院片区等;一方面积极联系征地及

---

① 2003年2月16日,徐复铭校长在中层干部大会上的讲话。
② 2003年8月26日,徐复铭校长在中层领导干部大会上的讲话。
③ 中国南京理工大学委员会九届七次(扩大)会议决议。

住房置换,购买钟山花园城一期150多套、二期504套住房,解决1998年前参加工作的副高级职称和副处以上人员住房达标问题,同时实现校内住房的置换;还在汤山征地460亩建设军工试验中心。

三、"一校三区"

2017年,学校与南京市江宁区人民政府签订协议,开始对汤山校区进行重新规划、定位,拟将其打造成为国内一流的军工试验基地和军民融合示范校区;同时谋划在江阴、盱眙建设新校区,拉开了学校"一校三区"建设序幕。2020年9月,随着江阴校区的建成启用,标志着学校"一校三区"战略布局在办学空间上取得重要进展。未来,南京校区将依托长三角经济圈打造长三角智能制造与装备创新港;江阴校区将围绕长三角一体化建设,打造长三角(江阴)数字创新港;盱眙校区将依托长江教育创新带,打造江苏军民一体化工程研究中心。

(一) 南京校区汤山分部

汤山校区的前身是汤山试验场,成立于1972年,当时学校在汤山征地209亩进行建设。2004年12月,为适应科研和教学发展的需要,学校在原址周边再次征地450亩,使汤山校区面积扩大至659亩。2008年9月17日,学校成立汤山科研试验中心,中心原规划包括动态试验区、静态区、科研区、试验辅助区,建有动态试验仪器、装配工房、库房等设施。2013年学校制定《南京理工大学汤山校区修建性详细规划》并上报市规划局备案,2015年3月,印发了《南京理工大学汤山校区修建性详细规划》。

2017年1月,学校与江宁区达成协议,在汤山现有校区南部再扩容约230亩土地,形成约900亩的整体地块。4月,为加快推进汤山校区扩容工作进程,学校成立由党委书记和校长任组长的汤山校区拓展建设工作领导小组,负责汤山校区拓展建设工作的总体指导、筹划协调。2019年6月,学校成立汤山校区规划建设工作领导小组,校长任组长,负责研究汤山校区建设重大事项,统筹协调资源配置。2019年9月5日,学校召开汤山校区规划建设工作领导小组会议,研究推进汤山校区规划建设相关工作。

2020年3月,在汤山校区规划建设工作领导小组基础上,成立南京校区汤山分部建设管理委员会,委员会主任由校长担任。

未来,汤山校区将着力打造成集军民融合、科技研发、成果转移转化、中试及小批量试制、公共技术服务平台以及师生创新创业等功能于一体的校区。

(二) 江阴校区

2017年11月,学校与江阴市人民政府、江阴市临港经济开发区签署了《南京理工大学江阴校区合作办学协议》,建设南理工江阴国际化办学校区,主动融入苏南国家自主创新示范区建设。2018年9月20日,江阴校区举行开工仪式。

江阴校区位于江苏省江阴市临港经济开发区核心区域,占地1000多亩,规划总建筑面积约32万平方米,立足打造百年名校,将南理工的特质、江阴滨江城市、产业城市的气质充分融合、充分彰显,力争成为全国高校校区建设的典范。以培养应用型、复合型、创新型人才为目标,统筹建设中法工程师学院、国际教育、研究生教育、学历教育,以及新工科、江阴研究院等,办学规模1万人左右。

2020年9月,江阴校区正式启用,首批2600余名新生报到入驻。

(三) 盱眙校区

2017年9月,学校与盱眙市政府签署了战略合作协议和水下科学实验中心共建协议,打造能够满足重大国防科研和前沿国际科研需求的高水平军工科研试验基地,投身苏北特色振兴发展。2019年1月18日,再与盱眙签订《南京理工大学盱眙产学研合作基地共建协议》《南京理工大学盱眙军民融合科研试验基地共建协议》。2020年3月,盱眙校区进入设计招标阶段,标志着南京理工大学盱眙校区"两基地一中心"项目落地实施。

四、开展合作办学或共建,拓展办学空间

(一) 省部共建,加快学校改革发展步伐

2002年8月26日,国防科工委和江苏省人民政府在南京签署协议,共同重点建设南京理工大学,促进学校加快改革与发展步伐,更好地适应国防现代化和经济建设与社会发展需要。经过若干年的共同建设,使学校教育质量、学术水平和综合实力有显著提高,成为全国和江苏省高层次创造性人才培养和知识创新的重要基地,成为国内一流、国际有一定影响的高水平大学。根据协议,"十五"期间,除学校的正常经费安排外,国防科工委向学校投入重点建设经费2.2亿元;在2003年至2005年三年内,江苏省政府向学校投入0.6亿元,并在重点学科、重点实验室建设方面给予支持。

2018年,学校再次成为工业和信息化部、教育部与江苏省人民政府共建高校。三方在《关于共建南京理工大学的意见》中明确,工业和信息化部对学校一流学科和平台建设予以重点支持;加大对重点学科、重点实验室、协同创新中心的支持力度;重点支持学校围绕制造强国、网络强国和交通强国等国家战略需求,凝练重大科学问题、攻克关键技术。教育部将学校纳入国家层面发展规划,积极支持学校强化办学特色,建设一流学科,提升人才培养质量;支持学校创新人才培养模式,深化研究生教育改革;支持学校在人才培养、科研体制等方面开展积极探索。江苏省政府将学校纳入全省经济社会发展整体规划,支持学校围绕主干学科,不断提高学校综合实力和国际知名度;结合江苏地方经济社会发展需要,支持学校在省内设立科技创新中心、前沿科学中心、协同创新中心等创新载体。

(二) 加强与地方政府联系合作,主动融入地方经济社会发展

在南京,除与秦淮区共建南理工国家大学科技园、与玄武区共建科技创新园外,学校还与南京市中西医结合医院、中国人民解放军第八一医院、第八六医院签订全面战略合作协议,共建南理工医工结合创新研究院,形成校院协同发展伙伴关系,实现双方优势互补、互惠互利,携手并进、共同发展。

2018年,学校与南京市玄武区再次签订协议,共建基础教育联盟。

2011年1月,南京市长江路小学分校更名为南京理工大学实验小学。2015年1月,学校与南京理工大学实验小学正式签订共建协议。2020年2月以来,学校立足周边现状实际,提出了与玄武区共建南理工基础教育联盟的设想。当年5月,双方正式签订共建协议;8月,南京理工大学附属中学举行揭牌仪式暨开学典礼。

学校以共建为起点,充分发挥自身科技、人才、教育综合资源优势,在基础教育办学思想凝练、教师队伍建设、课程体系建设、现代学校治理、智慧教育实践等方面,统筹南理工高教资源和南理工周边基础教育资源,打造育人导向鲜明、资源供给充分、评价机制科学、治理能力高效、综合保障有力的教育体系,为玄武区乃至南京市基础教育发展作出贡献。

第十一节　党的建设和思想政治工作

江泽民同志2000年2月25日在广东省考察工作时,从全面总结党的历史经验和如何适应新形势新任务的要求出发,首次对"三个代表"重要思想进行了比较全面的阐述:中国共产党始终代表中国先进生产力的发展要求、中国先进文化的前进方向、中国最广大人民的根本利益,是我们党的立党之本、执政之基、力量之源。"三个代表"重要思想成为指引党和国家新世纪伟大进军的行动指南。

胡锦涛同志在2003年7月28日的讲话中提出"坚持以人为本,树立全面、协调、可持续的发展观,促进经济社会和人的全面发展",按照"统筹城乡发展、统筹区域发展、统筹经济社会发展、统筹人与自然和谐发展、统筹国内发展和对外开放"的要求推进各项事业的改革和发展。科学发展观,也是中国共产党的重大战略思想。

2017年10月18日,在中国共产党第十九次全国代表大会上习近平总书记首次提出"新时代中国特色社会主义思想"。习近平新时代中国特色社会主义思想是全党全国人民为实现中华民族伟大复兴而奋斗的行动指南。

进入新世纪以来,学校党委先后按照党的十六大、十七大、十八大、十九大部署和要求,以邓小平理论、"三个代表"重要思想、科学发展观、习近平新时代中国特色社会主义思想为指导,在党员干部中开展各种主题教育活动。坚持社会主义办学方向,坚持立德树人根本任务,党的建设和思想政治工作,及学校各项事业发展取得了长足进步。

一、党的建设

学校党委分别于2001年、2007年、2013年召开了第九次、第十次、第十一次党代会,听取和审议了党委、纪委工作报告,选举产生了新一届党委和纪委。规划了学校未来建设发展蓝图,对实现发展目标进行了战略谋划。

（一）完善决策机制,提高领导班子驾驭全局和引领发展能力

学校党委认真贯彻落实党委领导下的校长负责制,坚持民主集中制,完善了党委全委会、党委常委会、校长办公会、专题办公会等议事规则,分级负责的决策机制进一步健全。坚持民主生活会制度、校领导定点联系院(系)制度,20多年如一日坚持接待师生来访现场办公制度等。

（二）加强基层组织建设

2004年9月,学校党委召开迎考工作动员会,以接受江苏省委教育工委基层党建工作检查考核为契机,大力加强学校基层组织建设,着力提高基层党组织的凝聚力、战斗力、号召力。凝练出"坚持科学发展观,加快学校发展"等七项学校党建特色工作。2005年5月,省委教育工委高校基层党组织建设考核组对学校党建工作进行了考核评估,学校以优秀成绩顺利通过。在基层组织建设中,学校党委引入量化管理手段,建立基层党组织考核评估指标体系和目标责任制;不断完善基层党组织工作各项制度;对基层党建工作实行目标管理;做好党员发展、党员干部培训、民主评议党员和争先创优等工作。制定并实施学院党政联席会议制度,按照《南京理工大学党的基层组织工作暂行办法》等制度,优化基层党组织设置,落实基层党委委员联系支部工作,推进院(系)党组织和党支部工作制度化和规范化建设。按

照中央《关于推进学习型党组织建设的意见》精神,在全校开展创建学习型党组织活动,强化两级中心组、学习研讨班、党校培训班学习培训。持续推进"双带头人"培育工程。统筹抓好基层党组织带头人的培养选拔、教育培训、管理监督和激励保障,教师党支部书记"双带头人"比例达到95%[①]。

(三)加强理想信念教育

在党员干部中持续开展党性党风教育,深入开展社会主义核心价值体系学习教育,将思想政治教育融入办学全过程,打造思想教育工作四大平台,构建"三全育人"格局和"十育人"体系;深入开展科学道德与学风建设宣传教育活动,加强师德师风和教风学风建设。2009年3月,学校成立马克思主义理论教学研究部;2015年12月,学校成立马克思主义学院,推进思想政治理论课教学改革,不断增强教学效果。

(四)加强党风廉政建设

坚持"党委统一领导、党政齐抓共管、纪委组织协调、部门各负其责、依靠教职员工支持和参与"领导体制和工作机制,建立和落实党风廉政建设责任制,在广大党员干部中持续开展党纪政纪教育和警示教育活动;贯彻落实中央八项规定精神,反对"四风",集中整治形式主义、官僚主义方面突出问题;坚持不懈抓领导干部廉洁从政和廉洁自律,统筹推进教育、制度、监督等各项工作,严肃查处违纪案件,构建与学校建设发展相适应的惩治和预防腐败体系。

党的十八大以来,工业和信息化部党组分别于2014年、2018年对学校党委进行了两次巡视。学校党委在全校21个二级党委设立纪委,成立了党委巡察工作办公室,制定了《中共南京理工大学第十二届委员会巡察工作规划(2020—2024年)》和《中共南京理工大学委员会巡察工作办法(试行)》。在试点基础上,已先后开展了三轮巡察。

(五)开展党建创优工程

2006年9月,国防科工委正式启动"一提三优"工程建设。为做好"党建创优工程"各项工作,学校制定了《党建创优工程实施方案》,《方案》贯彻落实全国高校党的建设工作会议精神,对标落实科工委党建创优工程目标、任务和要求,着眼于进一步强化党委的领导核心地位,推进党委工作科学化、制度化和规范化,增强党组织的创造力、凝聚力和战斗力,提高学校党的工作整体水平,全面推进学校改革与发展。2010年5月,工信部深入学习实践科学发展观活动整改落实后续工作暨党建创优工程检查评估专家组对学校党建创优工程进行了检查评估,认为学校"办学特色明显,重视学习实践活动整改落实后续工作,高质量地完成了党建创优工程,取得了很多成绩"。

2013年,工信部启动"一提三优"工程(二期)建设。2014年10月,工业和信息化部验收专家组对学校党建创优工程(二期)以及大学生创业实践基地和大学生文化素质教育基地建设情况进行了现场考察和验收。认为学校评建结合、以评促建,有力地促进了学校党建和思想政治工作水平的提高,进一步推进了学校党建工作的科学化、制度化和规范化。

在党建创优工程中,学校还凝练出"凝塑奉献文化、彰显办学使命"和"实施党建标杆管理,提高基层党建科学化水平"两个党建特色工作。

---

① 2019年11月4日,张骏在校第十二次党代会上的报告。

（六）推进依法治校和民主政治建设

《南京理工大学章程》经工业和信息化部审核同意,2015年6月26日,经教育部核准正式发布。《章程》的制定与正式发布,是学校在新形势下推进依法治校和现代大学制度建设进程中具有里程碑意义的一件大事。

二、教育实践活动

（一）"三讲"教育

1996年,党的十四届六中全会作出决定,对县处级以上领导干部进行一次以讲学习、讲政治、讲正气为主要内容的党性党风教育。这次为期3年的教育活动,发扬延安整风运动的精神,采取自上而下,分期分批进行,采用批评和自我批评相结合的方式,使全党同志,尤其使领导干部受到一次深刻的党性党风教育。学校"三讲"教育活动2000年3月23日开始,6月5日结束,历时两个多月。教育工作分"思想发动,学习提高""自我剖析,听取意见""交流思想,开展批评""认真整改,巩固成果"四个阶段进行。12月,又进行了为期20天的"三讲"教育"回头看"活动。

（二）先进性教育

2004年11月7日,中共中央印发《关于在全党开展以实践"三个代表"重要思想为主要内容的保持共产党员先进性教育活动的意见》。2005年1月至2006年6月,全党开展了这一教育活动。

2005年8月25日,学校保持共产党员先进性教育活动动员大会举行,在此后三个多月的学习教育活动期间,共举办各类专题报告会86场,理论辅导报告72场,专题党课39场。2005年12月7日,学校召开保持共产党员先进性教育活动总结暨表彰大会,省委第十四督导组对学校的先进性教育作出评价:"达到了预期目的,取得了显著成效。"郑亚书记在总结报告中归纳的主要收获有四个方面:加强学校领导班子自身建设,在提高执政能力和领导水平上取得了实效;全体党员的政治素质有了明显提高,增强了党员队伍的战斗力;基层党组织工作规范化建设取得了新进展,创造力、凝聚力、战斗力得到了进一步提高;建立长效机制,在促进各项工作的开展上取得了实效。在活动结束时进行的师生员工满意度测评结果显示,学校师生对党员先进性教育活动满意度达到100%。

（三）学习实践科学发展观活动

党的十七大部署以改革创新精神加强和改进党的建设,明确提出要开展两项活动,一是在全党开展深入学习实践科学发展观活动;二是在党的基层组织和党员中深入开展创先争优活动。学习实践活动是集中性主题教育活动,创先争优活动是推动基层党组织和党员立足本职发挥先进模范作用的经常性工作。这两项活动紧密衔接、相互促进。

按照党的十七大部署,全党深入学习实践科学发展观活动,自2008年3月开始试点。2008年9月14日,中共中央印发《关于在全党开展深入学习实践科学发展观活动的意见》,活动正式启动,至2010年2月,全党自上而下分三批开展了这一活动。学校开展深入学习实践科学发展观活动于2009年3月12日开始,到7月上旬基本完成,8月底完成群众满意度测评等各项总结工作。

（四）创先争优活动

创先争优活动是学习实践活动的延展和深入,推动学习实践科学发展观向深度和广度发展。2010年4月,全党深入学习实践科学发展观活动总结大会之后,中央组织部、中央宣传部随即召开会议,对全国创先争优活动进行动员部署。

2010年7月,学校党委制定印发《关于在全校基层党组织和党员中深入开展创先争优活动的实施方案》,以创建先进基层党组织、争当优秀共产党员为主题的创先争优活动在学校全面启动。学校党委按照推动科学发展、建设和谐校园的主题,在"围绕'十二五'目标、加快发展中创先争优;在关注民生、服务师生中创先争优;在弘扬典型、树立标杆中创先优"①,经过动员部署、组织学习,全面实施、扎实推进,深化提高、全面争创,典型示范、总结提高等四个阶段,2012年11月,学校召开创先争优活动总结大会,学校党委荣获"江苏省高校先进基层党组织"称号。

(五)党的群众路线教育实践活动

2013年5月9日,中共中央印发《关于在全党深入开展党的群众路线教育实践活动的意见》。从2013年6月至2014年9月,全党分两批开展了以为民、务实、清廉为主要内容的党的群众路线教育实践活动,集中整治形式主义、官僚主义、享乐主义和奢靡之风"四风"问题。学校教育实践活动于2013年7月开始,至2014年3月结束。学校党委按照中央精神和工信部党组的有关要求,以"三抓三促"为主线,以校领导班子及成员、全体处级党员领导干部为重点,以"钉钉子"精神和严的标准、严的措施、严的纪律认真完成每个环节的工作。

(六)"三严三实"专题教育

2014年3月9日,习近平总书记在参加第十二届全国人大二次会议安徽代表团审议时,提出关于推进作风建设"既严以修身、严以用权、严以律己;又谋事要实、创业要实、做人要实"的重要论述。2015年4月10日,中共中央办公厅印发《关于在县处级以上领导干部中开展"三严三实"专题教育方案》,对在县处级以上领导干部中开展"三严三实"专题教育作出安排。按照中央部署和要求,学校党委制定了《南京理工大学在处级以上领导干部中开展"三严三实"专题教育实施方案》,5月18日,召开了"三严三实"专题教育工作部署会。在为时半年多的学习教育中,学校党委坚持"以上率下、问题导向、从严要求、务求实效",把专题教育与转变作风、巩固和拓展党的群众路线教育实践活动成果有机结合,与遵规守纪、营造良好政治生态有机结合,与真抓实干、推动学校改革发展有机结合,切实增强了广大干部践行"三严三实"的思想自觉和行动自觉。

(七)"两学一做"学习教育

2016年2月,中共中央办公厅印发了《关于在全体党员中开展"学党章党规、学系列讲话,做合格党员"学习教育方案》。开展"两学一做"学习教育,是面向全体党员深化党内教育的重要实践,是推动党内教育从"关键少数"向广大党员拓展、从集中性教育向经常性教育延伸的重要举措。5月,学校党委印发了《关于在全校党员中开展"学党章党规、学系列讲话,做合格党员"学习教育实施方案》,5月6日召开"两学一做"学习教育动员部署会,对学校学习教育工作作出部署和要求。在学习教育中,学校党委坚持将固本铸魂作为第一标准、将立规守矩作为第一遵循、将担当尽责作为第一行动。完善和发展"基础、活力、作用、特色"四位一体的工作布局,完善和发展"精准党建""标杆党建""数字党建""精品党建",坚持"双抓双促",持续推动中心工作开展。2017年5月,学校党委印发《关于推进"两学一

---

① 2012年1月13日,南京理工大学报 陈岩松 以崭新面貌推动创先争优活动取得新成效。

做"学习教育常态化制度化的实施方案》,就推进"两学一做"学习教育常态化制度化进行部署。

(八)"不忘初心、牢记使命"主题教育

2017年10月18日,习近平总书记在十九大报告中指出,在全党开展"不忘初心、牢记使命"主题教育,用党的创新理论武装头脑,推动全党更加自觉地为实现新时代党的历史使命不懈奋斗。2019年5月13日,中共中央政治局召开会议,决定从2019年6月开始,在全党自上而下分两批开展"不忘初心、牢记使命"主题教育。南京理工大学参加了第二批"不忘初心、牢记使命"主题教育,从2019年9月开始至2020年1月10日,历时三个多月。

在学习教育期间,学校党委紧扣深入学习贯彻习近平新时代中国特色社会主义思想这条主线,严格遵循主题教育的总要求、根本任务和具体目标,统筹推进学习教育、调查研究、检视问题、整改落实"四项重点措施",结合学校实际重点把握"四个紧密结合",突出"严"字当头、"实"字为先,坚持把"改"字贯穿始终,确保主题教育有力有序、有质有量、有声有色,强化了理论武装、锤炼了政治品格、扛稳了主体责任,激发了全校师生建设特色鲜明世界一流大学的内生动力,解决了一批师生关心关注的实际问题,高质量完成了主题教育各项任务,实现了"理论学习有收获、思想政治受洗礼、干事创业敢担当、为民服务解难题、清正廉洁作表率"的具体目标。

三、党建思政工作的探索创新

在各种创建活动中,学校党委一方面按照要求,保质保量完成各项建设任务,一方面结合学校自身实际,推进形式、内容、方式方法创新,形成学校党建和思政工作的特点、特色。

(一)大学生党员"百时奉献"实践活动

大学生党员"百时奉献"实践活动即要求每位大学生党员每年为学院、学校或社会做至少100个小时的奉献活动。作为新时期学校创新学生党建和思想政治教育工作的有效载体,2003年由动力工程学院党委率先组织开展,广大学生党员积极投身社会志愿活动和志愿工作,服务同学,服务社会,展现出了青年大学生党员的良好精神风貌。2009年10月22日,学校隆重举行大学生党员"百时奉献"实践活动启动仪式,标志着这一活动在全校大学生党员中深入推进。该项活动近年来曾获江苏省最佳党日活动一等奖、江苏省高校学生教育管理工作创新奖,被中国教育电视台等各级新闻媒体宣传报道。

(二)"党建标杆管理"

"党建标杆管理"是以党的基层组织或个人为单位,将先进集体或个人典型作为学习榜样,通过结合实际"寻标、立标",审视自身"对标、明标",缩小差距"赶标、超标",总结经验、螺旋上升"再立标杆"的党建工作方法,最早由经济管理学院党委试用于学院党建工作。2014年学校党委印发《南京理工大学"党建标杆管理"工作实施意见》,决定以"党建标杆管理"作为学校学习型基层党组织建设的重要形式,促进基层党组织完善自身建设,增强凝聚力和战斗力,激发支部战斗堡垒作用和党员先锋模范作用。遵循"试点探索、统筹兼顾、总结推广、彰显特色"的总体思路,在试点基础上,在全校范围内全面推广实施。到2015年6月,完成第一轮"党建标杆管理"工作,建立起符合各基层组织实际的机制制度,涌现出一批先进典型;到2016年3月,"党建标杆管理"工作覆盖到全部教工支部和大部分学生支部。

（三）"四点三全"工作法

"四点三全"工作法是在理学院党委实践经验的基础上凝练形成的。以"做合格党员，建合格支部，出一流业绩，创一流单位"为目标，找准党建工作与中心工作深度融合的目标使命融合点、文化理念融合点、思政教育融合点、评价考核融合点等四个关键融合点，全方位、全过程、全要素等三条融合路径，促进党建工作与中心工作的深度融合。2018年，学校党委印发了《关于推广实施党建与中心工作深度融合"四点三全"工作法的通知》，决定在全校党组织推广这一"工作法"。

（四）"红话筒"政治理论宣教团

宣教团成立于2016年9月，现有成员31人，均为马克思主义学院硕士研究生，其中党员10人。宣教团是学院硕士研究生党支部打造的"红话筒、红星志、红书屋"三大互促互融学习平台之一，围绕学习习近平新时代中国特色社会主义思想等主题，制作系列微党课视频20余部，其中《陈云家书中的初心与使命》入选"学习强国"平台；组织全院学生共同参与诵读《共产党宣言》《中国共产党人的初心和使命》等并制作原创音频作品近50集，体现了支部特色鲜明的理论学习和党性锻炼方式，取得了良好的效果。2018年12月，马克思主义学院硕士研究生党支部入选全国高校首批"百个研究生样板党支部"创建单位，获评2017—2018年度江苏省高校优秀基层党组织，"红话筒"政治理论宣教团获批共青团江苏省委2018年度"江苏省青年学习社"等省部级荣誉6项、校级荣誉8项。

四、涌现出一批批先进集体和优秀个人

（一）黄大年式教师团队——光电成像与信息处理团队

2018年1月，教育部公布首批全国高校黄大年式教师团队，学校光电成像与信息处理团队入选。

全国高校黄大年式教师团队是教育部为贯彻落实习近平总书记对黄大年同志先进事迹重要指示精神，而开展的创建活动。通过创建全国高校黄大年式教师团队，组织引导广大高校教师和科研工作者以黄大年同志为榜样，心有大我、至诚报国，教书育人、敢为人先，淡泊名利、甘于奉献，把爱国之情、报国之志融入祖国改革发展的伟大事业之中，融入人民创造历史的伟大奋斗之中，从自己做起，从本职岗位做起，为实现"两个一百年"奋斗目标、实现中华民族伟大复兴的中国梦贡献智慧和力量。

光电成像与信息处理团队是学校首个国家级科技创新团队，从事的光电成像与信息处理领域研究在维护国家安全、保障国计民生方面有着广泛的应用前景。近年来，团队承担了核高基重大专项、国家重点研发计划、国家重大科研仪器研制项目、国家自然科学基金重点项目、国家自然科学基金优秀青年基金等一系列重大科研项目；获得了"全固态电荷倍增CCD成像与应用技术"教育部技术发明一等奖等省部级科技奖11项。团队总体研究水平居国内先进地位，部分成果达到国际先进水平。团队成员发表论文150余篇，在学科顶尖杂志发表论文20余篇；申请专利150余项，授权80余项；出版专著2部。

（二）新中国成立70周年最美奋斗者——王泽山、祝榆生、任新民

2019年9月25日，在新中国成立70周年之际，国家隆重举行"最美奋斗者"表彰大会。国家最高科学技术奖获得者王泽山教授、学校杰出校友、三代主战坦克总设计师祝榆生入选最美奋斗者个人；"两弹一星"先进群体入选最美奋斗者集体，其中包括学校杰出校友、"两

弹一星"元勋任新民院士。

最美奋斗者个人和集体,是新中国成立70年来各个时期的先进分子、各行各业的杰出代表。他们忠诚于党、报效祖国,扎根基层、奉献人民,在各自岗位上做出了非凡业绩,赢得了人民广泛赞誉。

王泽山是学校化工学院教授,中国工程院院士。他始终以强军兴国为使命,在火炸药领域潜心研究,创立发射装药学,注重探究科学原理、突破关键技术、推动转化应用"三位一体",在废弃火炸药无公害化处理与再利用、含能材料低温感技术、等模块装药等方面突破了多项世界性瓶颈技术,推动中国火炸药研究应用从跟踪仿制跨入自主创新和引领发展,为实现中国武器装备现代化和推进军民融合发展作出了重要贡献。荣获国家最高科学技术奖、全国优秀科技工作者等荣誉称号。2018年4月,王泽山还被授予江苏"时代楷模"称号;7月,被工业和信息化部授予"工信楷模"荣誉称号。2021年12月,王泽山将其所获国家最高科学技术奖等奖金共计1050万元一次性捐赠给学校,支持学校教学和人才培养工作,再次彰显了一位科技工作者的崇高品格和高风亮节。

任新民(1915—2017年),中国科学院院士,我国导弹总体和液体发动机技术专家,中国导弹与航天技术的重要开拓者之一。曾参与哈军工筹建工作,并任哈军工炮兵工程系副主任,筹划建立了我国第一批火箭武器专业。1956年1月,与金家骏、周曼珠一起完成《对我国研制火箭武器和发展火箭技术的建议》论证报告;5月,调赴北京参加筹建国防部第五研究院(导弹研究院),10月8日五院隆重举行了成立大会。任新民曾担任试验卫星通信、实用卫星通信、风云一号气象卫星等6项大型航天工程的总设计师,并主持了我国风云一号C、神舟一号、神舟五号等一大批火箭发射任务。曾获国家科学技术进步特等奖2项、中国载人航天工作突出贡献者功勋奖章、"两弹一星"功勋奖章等,与屠守锷、黄纬禄、梁守槃并称为"航天四老",被誉为中国航天的"总总师"。

祝榆生(1918—2014年),曾任哈军工炮兵工程系副主任、代理主任,炮兵工程学院副院长、华东工程学院副院长,原兵器工业部科技委副主任兼秘书长,第三代主战坦克总设计师。革命战争年代在武器试验中,他身先士卒排除险情,年仅30岁就痛失右臂;66岁担任第三代主战坦克总设计师,带领团队攻坚克难、锐意创新,历经15载圆满完成我国新型主战坦克研制任务,实现我国主战坦克由仿研到自主研发的历史性跨越,跻身世界先进坦克行列。第三代主战坦克获国家科学技术进步奖一等奖。祝榆生荣获全国战斗英雄等荣誉称号。

(三) 全国党建工作标杆院系和样板支部——理学院党委等

2018年理学院数学系与实验中心联合党支部书记工作室入选首批全国高校"双带头人"教师党支部书记工作室建设名单;理学院党委入选"全国党建工作标杆院系";电子工程与光电技术学院(简称电光学院)电工电子实验教学中心党支部、理学院数学系与数学实验中心联合党支部入选"全国党建工作样板支部";环生学院博士研究生党员王祎获评全国高校"百名研究生党员标兵"。在新时代高校党建"双创"工作中,学校入选项目数量名列全国高校前茅,也是江苏高校中成绩最好的两所高校之一。

(四) 全国教育系统先进集体——电光学院

2019年初,学校电光学院入选教育部第二批"三全育人"综合改革试点单位。9月10日,电光学院荣获"全国教育系统先进集体"荣誉称号。

（五）全国先进工作者——周长省

2010年，周长省教授荣获全国先进工作者荣誉称号。周长省教授是学校机械工程学院教授、博士生导师、弹箭研究领域知名专家。长期以来致力于火箭总体、火箭发动机和炮弹火箭增程等基础和应用技术研究，曾荣获国家科技进步二等奖1项，部省级科技进步一等奖1项、二等奖4项、三等奖2项；获得国家专利10余项；多次被授予校优秀共产党员和共产党员标兵、先进教师、优秀研究生指导教师、南京市十大科技之星、江苏省"五一"劳动奖章、江苏省先进工作者、国防科技工业有突出贡献中青年专家等荣誉；入选江苏省"333跨世纪学术、科技带头人培养工程"、国防科技工业"511人才工程"和国家"新世纪百千万人才工程"等，并获国务院政府特殊津贴。

（六）最美高校辅导员——张海玉

2019年9月，学校电子工程与光电技术学院辅导员张海玉入选第十一届全国高校辅导员年度人物。张海玉，2015年6月参加工作，先后任电光学院研究生辅导员、本科2016级辅导员。从2016年起，张海玉坚持每个工作日写一篇辅导员网络"微主题"工作日志《谈谈那些事》，已累计600多篇52余万字。她站稳课堂主阵地，曾荣获全国高校青年教师教学竞赛思想政治课专项一等奖，获评江苏省"五一"劳动奖章、江苏省"五一"创新能手、江苏省抗击新冠疫情先进个人、第16届江苏青年"五四"奖章等荣誉称号。2021年12月，张海玉再获2021年全国"最美高校辅导员"荣誉称号，是江苏高校首位获此殊荣的老师。

此外，学校还获得全国模范职工之家、全国模范职工小家(图书馆工会)、全国"工人先锋号"(能动学院发射动力学研究所)、全国巾帼文明岗(外国语学院大学英语教学部)、全国民族团结进步模范集体、江苏省文明单位、江苏省和谐校园、"三八"红旗集体、"五四"红旗团委、关心下一代工作先进集体等荣誉称号，涌现出全国巾帼建功标兵吴晓蓓、全国"五一"劳动奖章获得者杨孝平、全国"三八"红旗手娄国伟、第十届全国大学生年度人物丁云广等一大批全国和江苏省、工信部优秀个人。

结　　语

　　进入 21 世纪,在国内外经济和科学技术快速发展的新形势下,高等教育迎来了大发展时期。中国高等教育的规模、结构、质量、效益都在发生深刻变化。作为高素质创新型人才的主要培养基地及知识生产、传播、创新和转化的最重要阵地的高等学校,已经被推向了社会经济舞台的中心。教育、科技、经济紧密结合已经成为 21 世纪教育改革的大趋势。大学,特别是重点大学的职能已经由教育、科技两个中心拓展为人才培养、科学研究、社会服务、文化传承创新、国际交流合作等五大职能。高等学校既面临着空前良好的发展机遇,也面临着更趋激烈的竞争和挑战。

　　作为由新中国第一所军工科技最高学府哈军工分建而成的全国重点高校,南理工扎根中国大地,在办学过程中始终坚守"为党育英才、为国铸利器"的神圣使命。进入 21 世纪后,沿着国际化、特色高水平研究型大学奋斗目标开拓创新,奋力前行,经过近 20 年的持续不懈建设,各项事业获得了长足发展,也为在更高起点上创特色、奔一流奠定了坚实基础。上海软科 2018 年"中国最好大学排名",南理工位列第 37 名;在最好大学版本排名中,学校 2020 年全国排名第 36 名,2019 年排名第 38 名。QS 世界大学排名,2021 年中国为 40,全球为 701~750;2022 年全球为 601~650。

　　2019 年 11 月,中国共产党南京理工大学第十二次代表大会召开。党委书记张骏同志代表中国共产党南京理工大学第十一届委员会作了题为《不忘初心　牢记使命——奋力开启建设特色鲜明世界一流大学新征程》的工作报告。报告对十一次党代会以来的工作进行了回顾。报告指出,第十一次党代会以来,学校党委坚持以习近平新时代中国特色社会主义思想为指导,全面贯彻党的十八大、十九大精神,牢固树立"四个意识",坚定"四个自信",坚决做到"两个维护",始终坚持社会主义办学方向,自觉履行"四个服务"光荣使命,在工业和信息化部党组、江苏省委的坚强领导下,切实履行管党治党、办学治校主体责任,团结带领全校师生员工,抢抓机遇、开拓进取,全力推进实施第十一次党代会确定的"四大工程""两个行动"和"一项计划",确立的"核心办学指标水平位次稳居全国高校前 40 位"的目标基本实现,特色高水平研究型大学基本建成,办学实力得到社会高度认可。

参　考　文　献

[1] 付梦印. 把握"双一流"发展机遇,建设特色高水平大学[EB/OL]. (2017-01-25)[2022-8-15]. http://www.moe.gov.cn/jyb_xwfb/moe_2082/zl_2017n/2017_zl05/201701/t20170125_295697.html.

[2] 尚文浩.【十一次党代会以来学校建设成果巡礼】图话第十一次党代会以来发展成就[EB/OL]. (2019-11-03)[2022-8-30]. https://zs.njust.edu.cn/49/37/c6409a215351/page.htm.

[3] 付梦印. 顶天立地,引领高水平研究型大学建设新征程[N]. 江苏教育报,2018-03-28(4).

[4] 陈泳华. 审视大学办学理念——"以人为本,厚德博学"办学理念探析[J]. 南京理工大学学报:社会科学版,2008,21(6):5.

[5] 马千里. 南京理工大学办学理念的回顾与思考[J]. 南京理工大学学报:社会科学版,2013,26(5):11.

[6] 尚文浩,季卫兵.国防特色高校军工文化育人的实践与思考——以南京理工大学为例[J].高教论坛,2018(11):72-75.

[7] 唐炜.校园品牌文化建设的理论与实践探索——以南京理工大学为例[J].品牌:理论月刊,2015,000(009):23-24.

第七章 特色鲜明,世界一流大学建设(2019至今)

2011年6月,南京理工大学跻身"985"国家优势学科创新平台重点建设高校,开启了学校建设"世界一流"大学的新篇章。2017年9月,学校入选世界一流学科建设高校,兵器科学与技术入选"双一流"建设学科,学校"双一流"建设正式进入建设实施阶段。

2019年11月召开的学校第十二次党代会提出建设特色鲜明,世界一流大学的宏伟目标。面对国家实施科教兴国战略、人才强国战略、创新驱动发展战略,以及中国高等教育进入新发展阶段的新形势,学校需要"同心同德、同舟共济,携手征服前进道路上的各种艰难险阻,完成好新时代建设世界一流大学的答卷"。①

第一节 面临的形势与新的建设发展目标的提出

习近平总书记在党的十九大报告中宣布中国特色社会主义进入了新时代,中国开启全面建设社会主义现代化国家新征程。与此同时,中国高等教育进入新发展阶段,到2035年,有一批高校进入世界一流大学行列,建成高等教育强国;到本世纪中叶,一大批高校进入世界一流大学行列,高等教育全面达到世界一流水平。

面对世界百年未有之大变局,单边主义、保护主义以及新冠疫情,使中国现代化建设,以及中国高等教育在面临更多发展机遇的同时,也面临更多更大的挑战。

一、快速发展的形势对学校提出了新任务、新要求

(一) 中国特色社会主义进入新时代

2017年10月18日,习近平总书记在党的十九大报告中指出"中国特色社会主义进入了新时代"。中国特色社会主义新时代是中国发展新的历史方位。进入新时代,是从党和国家事业发展的全局视野、从改革开放近40年历程和十八大以来5年取得的历史性成就和历史性变革的方位上,所作出的科学判断。

实现中华民族伟大复兴就是新时代中国共产党的历史使命,这也是近代以来中华民族最伟大的梦想。党的十九大在对决胜全面建成小康社会作出部署的同时,明确了从2020年到21世纪中叶,分两步走全面建设社会主义现代化国家的新的奋斗目标。

2021年2月25日,习近平总书记在全国脱贫攻坚总结表彰大会上庄严宣告,经过全党全国各族人民共同努力,在迎来中国共产党成立一百周年的重要时刻,我国脱贫攻坚战取得了全面胜利,现行标准下9899万农村贫困人口全部脱贫,832个贫困县全部摘帽,12.8万个贫困村全部出列,区域性整体贫困得到解决,完成了消除绝对贫困的艰巨任务,创造了又一

---

① 2019年11月4日,张骏在校第十二次党代会上的报告。

个彪炳史册的人间奇迹!

农村贫困人口全部脱贫,为实现全面建成小康社会目标任务作出了关键性贡献。全面建成小康社会,实现第一个百年奋斗目标,在中国共产党奋斗史、新中国发展史、中华民族文明史上都具有里程碑意义。

(二) 构建新发展格局

党的十九届五中全会通过的《中共中央关于制定国民经济和社会发展第十四个五年规划和二〇三五年远景目标的建议》提出,要加快构建以国内大循环为主体、国内国际双循环相互促进的新发展格局。

当今世界正经历百年未有之大变局,我国发展仍然处于重要战略机遇期,但机遇和挑战都有新的发展变化。提出加快构建新发展格局,是以习近平同志为核心的党中央根据我国新发展阶段、新历史任务、新环境条件作出的重大战略决策。

构建新发展格局,是以推动高质量发展为主题,以深化供给侧结构性改革为主线,以改革创新为根本动力,实现经济循环流转和产业关联畅通,提升供给体系的创新力和关联性,解决各类"卡脖子"和瓶颈问题,畅通国民经济循环。而做到这一点,必须深化改革、扩大开放、推动科技创新和产业结构升级。

人力资源是构建新发展格局的重要依托,新发展格局的构建离不开高水平的人才支撑和保障;提升自主创新能力,尽快突破关键核心技术,实现科技自立自强是构建新发展格局的核心关键。因此,高等教育在构建新发展格局中的作用将被提升到前所未有的新高度,在构建新发展格局的舞台上展现更大作为。

(三) 两个强国建设

党的十八大以来,习近平总书记立足治国理政全局和民族复兴大业,就大力振兴制造业,加快制造强国和网络强国建设提出一系列新论述,引领和推动工业和信息化建设快速发展。

党的十九届五中全会审议通过的《中共中央关于制定国民经济和社会发展第十四个五年规划和二〇三五年远景目标的建议》提出,坚定不移建设制造强国、质量强国、网络强国、数字中国,推进产业基础高级化、产业链现代化,提高经济质量效益和核心竞争力。这是在我国即将开启全面建设社会主义现代化国家新征程的历史节点上,就推动"十四五"乃至更长时期工业和信息化高质量发展、加快建设制造强国和网络强国作出的重大战略部署。

"当前,全球正迎来新一轮科技革命和产业变革,新业态、新模式、新动能持续发力,制造强国、网络强国建设面临前所未有的机遇。"[①]"国家大力推动'制造强国''网络强国''强芯铸魂''工业互联网''自强工程'等重大工程和重大项目,就是要发挥举国体制的巨大优势,协同攻关一大批核心关键技术,实现自主可控。"[②]

(四) 国防科技创新超越

"创新是引领发展的第一动力,是建设现代化经济体系的战略支撑。"[③]"创新始终是一

---

① 2019年11月4日,张骏在校第十二次党代会上的报告。
② 2019年8月16日,付梦印在2019年暑期工作研讨会上的讲话。
③ 习近平在中国共产党第十九次全国代表大会上的报告。

个国家、一个民族发展的重要力量,也始终是推动人类社会进步的重要力量。"①科技创新与军事变革相生相伴,深度交叉融合。当前,世界范围内的新军事变革加快推进,武器装备智能化、编制体制精干化、指挥控制自动化、作战空间多维化、作战样式体系化已经成为军事斗争的发展趋势,太空、海洋、网络、核力量等国家安全领域面临新的威胁和挑战。这都要求作为一所以兵器和国防为特色的大学,必须聚焦科技强军,着力推进重大技术自主创新和优势学科协同创新,推进军民融合深度发展,在加快构建一体化国家战略体系中发挥应有作用。

（五）江苏"强富美高"建设新实践

进入新世纪,中央对江苏提出"率先全面建成小康社会、率先基本实现现代化"的要求。党的十八大后,习近平总书记先后4次对江苏作出重要讲话指示,为江苏擘画了"经济强、百姓富、环境美、社会文明程度高"的宏伟蓝图。在全面开启社会主义现代化建设新征程之际,习近平总书记再次视察江苏,明确要求江苏"在改革创新、推动高质量发展上争当表率,在服务全国构建新发展格局上争做示范,在率先实现社会主义现代化上走在前列"。

坚持创新在现代化建设全局中的核心地位,把科技自立自强作为发展战略支撑。目前江苏正按照习近平总书记要求,聚焦现代化建设中的基础性战略性关键性问题,着力实现"争当表率、争做示范、走在前列"的目标和要求。学校可以充分发挥人才、科技、文化优势,精准对接地方经济社会发展需求,在服务地方经济社会发展中展现更大作为。

（六）中国高等教育进入新发展阶段[1]

2019年中国高等教育毛入学率达到51.6%,中国高等教育进入普及化阶段,全面打造高质量的教育体系成为首要任务,使高等教育成为推动经济社会发展的核心力量。2020年,中央出台新中国第一个关于教育评价系统性改革的纲领性文件,国家实施了一系列加快新时代教育发展改革的重大举措。单边主义、保护主义以及新冠疫情给高等教育国际化发展造成了不利影响,中国高等教育国际化发展面临巨大挑战与机遇,如何加强文化认同、促进文化融通,破解国际交流与合作的难题,成为中国高等教育新的命题。与此同时,中国高校首轮"双一流"建设成果显著,中国部分高校已经进入世界一流大学行列,新一轮建设即将开启。

在高等教育新发展阶段进行世界一流大学建设,必须扎根中国大地,坚持中国特色。2022年4月25日,习近平在中国人民大学考察时指出,"为谁培养人、培养什么人、怎样培养人"始终是教育的根本问题。"我国有独特的历史、独特的文化、独特的国情,建设中国特色、世界一流大学不能跟在别人后面依样画葫芦,简单以国外大学作为标准和模式,而是要扎根中国大地,走出一条建设中国特色、世界一流大学的新路。"坚持党的领导,坚持马克思主义指导地位,坚持为党和人民事业服务,落实立德树人根本任务,把服务国家作为最高追求,无疑将成为建设中国特色、世界一流大学的必由之路。

二、擘画学校发展新蓝图

"创建一流大学和一流学科,必须坚持中国特色与世界水平双轮驱动,必须坚持学术导

---

① 习近平在2016年全国科技创新大会、两院院士大会、中国科协第九次全国代表大会上的讲话。

向与国家战略、经济社会发展的有效结合。"① 2018年7月26日,在学校2018年暑期工作研讨会上,付梦印校长在谈到学校发展的战略定位时指出:"中国的大学有近3000所,不外乎这两类:一类是综合性大学,一类是特色行业型大学,而我们的定位是特色高水平研究型大学。""我们要建设特色高水平研究型大学,远期要成为世界一流的特色研究型大学。"

2019年11月4日至6日,学校召开第十二次党代会。张骏书记代表党委作了题为《不忘初心,牢记使命,奋力开启建设特色鲜明世界一流大学新征程》的工作报告。报告指出,"当前,中国特色社会主义进入了新时代,我国正处于决胜全面建成小康社会和实现'两个一百年'奋斗目标的历史交汇期,这既是党和国家发展的大方位,也是学校逐梦前行的新坐标"。走进新时代,站在新起点,担当新使命,必须科学谋划未来,开启学校建设发展新征程。

报告分析了学校面临的新形势后,提出了学校百年办学目标,即到21世纪中叶建校一百周年之际,把南京理工大学建成特色鲜明世界一流大学。报告还提出了学校"三步走"的奋斗目标:到2025年,学科布局更加合理、优势更加突出,拔尖创新人才培养成效凸显,高端领军人才数量、科学研究水平显著提升,高水平开放办学格局基本形成,1~2个学科进入世界一流学科前列,2~3个学科进入世界一流学科行列,力争进入国家"世界一流大学"建设行列,陆海空天信融合发展特色基本形成,具备冲击特色鲜明世界一流大学的雄厚实力;到2035年,高端人才培养体系完善,拥有一批国际公认、水平一流的师资队伍,代表国家水平和具有国际学术影响力的研究成果不断涌现,2~3个学科进入世界一流学科前列,3~5个学科进入世界一流学科行列,陆海空天信融合发展特色更加突出,基本建成特色鲜明世界一流大学;到2053年,若干学科进入世界一流学科前列,一批学科进入世界一流学科行列,陆海空天信融合发展特色鲜明,全面建成特色鲜明世界一流大学,整体实力进入世界一流大学前列,成为知识创新的重要源头、杰出人才的汇聚高地和传播中华优秀文化的辐射源,办学声誉和学术影响力得到全球公认。

为实现学校办学目标,将重点实施一流创新人才培养、一流学科体系建设、一流科研水平提升、一流人才队伍引育、一流对外开放办学、一流办学环境优化等六大工程。

会议选举张骏为党委书记,付梦印、陈岩松、席占稳、许百涛为副书记;许百涛为纪委书记;选举付梦印、许百涛、张骏、陈钱、陈岩松、席占稳、廖文和为党委常委。

第二节 组织、思想、文化建设

"加快建设特色鲜明世界一流大学,关键在于坚持和加强党对学校工作的全面领导。"②

一、党史学习教育

2021年3月11日,学校召开党史学习教育动员部署会。在全党开展党史学习教育是以习近平同志为核心的党中央,立足党的百年历史新起点、统筹中华民族伟大复兴战略全局

---

① 2016年8月19日,付梦印在学校2016年暑期工作研讨会上的讲话《坚定信心,紧盯目标,抓住关键,为实现"十三五蓝图"筑牢坚实基础》。

② 2019年11月4日,张骏在校第十二次党代会上的报告。

和世界百年未有之大变局、为动员全党满怀信心投身全面建设社会主义现代化国家而作出的重大决策。

校党委书记张骏在动员讲话中指出，学校坚持"五结合五强化"，将党史学习教育与贯彻党中央决策部署、落实立德树人根本任务相结合，强化培根铸魂、启智润心的使命担当；与服务制造强国、网络强国战略、奋力谱写"强富美高"新江苏建设，推动陆海空天信融合发展相结合，强化扎根中国、心系未来的办学追求；与实现学校办学百年奋斗目标、建成特色鲜明世界一流大学相结合，强化勠力同心、奋发有为的进取精神；与破解综合改革发展难题、推进学校"双一流"建设等重点工作相结合，强化知重负重、攻坚克难的责任驱动；与提升基层党组织组织力、增强师生群众获得感幸福感安全感相结合，强化一心为公、真挚赤诚的为民情怀，以扎实的工作举措抓好学习教育，加强督促指导，以严格的工作标准抓实学习教育。

学校把党史学习教育纳入党员干部教育培训全过程、基层组织"三会一课"各环节，召开专题民主生活会和组织生活会，深入开展对党忠诚教育、党章党规党纪教育。在学习中，引导广大师生党员从党的百年伟大奋斗历程中汲取继续前进的智慧和力量，把党史蕴含的经验和智慧转化为攻坚克难、干事创业的务实举措，激发全校广大党员、干部、师生的奋斗热情和担当精神，进一步凝聚起奋进新时代、创建特色鲜明世界一流大学的磅礴力量，扎实推进特色鲜明世界一流大学建设。

学校以融聚师生力量、共促学习教育落地有声，融汇学习资源、共促学习教育走深走实，融合学校特色、共促学习教育生动出彩的"三融三促"推动党史学习教育走向深入[2]。组建师生党史宣讲团，结合学校 70 年发展史，突出学校特点特色，利用学校丰富的红色资源优势，发扬红色传统、赓续红色文化、拓宽红色阵地，让军工文化根植大地，让优良传统历久弥新。在广大学生中开展以"党史"学习为重点的"四史"学习教育，开展"党旗引领成长，红色点亮青春"主题教育活动，组织开展社会主义核心价值观、"我的中国梦"、脱贫攻坚精神等学习教育活动，用好榜样的力量，引领学生传承红色基因，践行使命文化、军工文化、奉献文化和暖心文化。

2022 年 1 月 7 日，学校召开了党史学习教育总结会议，全面回顾、系统总结了一年来学校党史学习教育开展的总体情况、特色亮点、成绩不足，并对巩固拓展党史学习教育成果作出了安排。

二、编制学校事业发展"十四五"总体规划；制定并实施《"文化引领行动"（2021—2023）实施方案》

2021 年，学校编制事业发展"十四五"总体规划、专项规划和教学科研单位规划，对照《落实第十二次党代会〈党委工作报告〉任务分解方案》，制定总体规划分年度落实方案。

2021 年 9 月，学校召开"完整准确全面贯彻新发展理念高质量编制十四五规划"研讨会，深入学习贯彻习近平总书记"七一"重要讲话精神，围绕学习第十二次党代会确立的百年目标和"三步走"发展战略，结合学校"十四五"发展规划编制工作，研讨学校"十四五"教育事业发展规划。"做好'十四五'规划要以目标为牵引，凝聚前进力量，时刻以'一流大学'作为开展和检验工作成效的标准和准则；要以问题为导向，找准奋斗方向，既要有发现问题的敏锐，更要有正视问题的清醒和解决问题的自觉；要以落实为抓手，实施有力举措，做到真落实、敢落实、善落实，实现学校高质量可持续发展；要以个人不懈奋斗，汇聚起强大合力，为建成特色鲜明世界一流大学,作出我们这一代南理工人应有的贡献。"①

为全面落实《南京理工大学"十四五"教育事业发展规划》,加快建设特色鲜明世界一流大学,2021年底,学校对《"十四五"规划》重点任务和主要指标进行了分解,明确了落实责任单位,和具体的任务、指标。

为充分发挥先进文化的引领凝塑作用,进一步统一发展共识、凝聚发展合力,引领学校各项事业科学发展、竞相发展、创新发展,同时为庆祝建校70周年营造浓厚氛围,学校还启动实施了"文化引领行动"(2021—2023),制定了《南京理工大学"文化引领行动"(2021—2023)实施方案》,大力推进一批彰显南理工特色、具有示范引领作用的文化精品项目,推进文明校园建设。

三、开展本科教育教学思想大讨论

2020年5月25日,学校新一轮本科教育教学思想大讨论拉开帷幕。这次大讨论主题是贯彻落实全国教育大会等会议精神,健全立德树人落实机制。讨论围绕思政育人、一流专业、一流课程、一流教师、一流学生五个内容展开,旨在创建具有南理工特色的一流本科教育。

大讨论启动后,学校邀请校内外专家进行专题交流,开展研讨,校领导、校长助理围绕一流本科人才培养作专题报告。各学院结合人才培养特色和重点工作开展不同主题的大讨论活动,15名教学院长畅谈思想,832名教师和6057名学生参与网络投票,为本科教育教学改革建言献策。教务处深入学院和职能部门,围绕人才培养方案研讨、公共基础课程改革、实践教学模式改革等主题开展专题研讨,组织教学成果培育、课程和教材建设培训,开展"我最喜爱的教师"评选活动,评选出15名最受欢迎的任课教师。教师教学发展中心聚焦教师教学能力提升,组织"紫金论坛"37期,线下参与教师1275人次,开设"一流本科教育大家谈"系列主题沙龙,在线视频关注量近4000人次,依托国家级教学名师建立"耕耘坊""知新坊""勤思坊""至善坊"等名师工作坊,积极营造教师善教、乐教的良好氛围。

大讨论前后历时七个月,在此基础上,学校制定出台了一流课程建设方案、教师本科教学质量综合评价办法、关于加强基层教学组织建设的实施意见、本科生导师制实施办法等一批重要文件。

在"十三五"收官、"十四五"即将开启的"关键时期"开展全校性的本科教育教学思想大讨论,为下一个五年识变局、谋大局、开新局蓄积了能量,奠定了坚实基础。

四、加大干部队伍建设力度

2019年以来,学校以干部换届为契机,贯彻落实上级党组织有关精神和要求,加强优秀年轻干部队伍建设,统筹选育管用各个环节,落实教育培养措施,探索"结构性人选"的选拔方式和推荐要求,着力优化队伍结构,推进干部工作体系建设。制定《南京理工大学关于激励干部担当作为的办法(试行)》,从严落实干部管理要求,加强干部日常管理,突出对遵守政治纪律、贯彻上级与学校部署情况的监督,努力培养忠诚干净担当的高素质干部,打造适

---

① 2021年9月14日,付梦印校长在学校"完整准确全面贯彻新发展理念 高质量编制十四五规划"研讨会上的讲话。

应新时代新要求和学校发展需要的中坚力量。

2021年11月,学校举行2019—2021年机关新进教职工能力提升培训班;2022年1月,举办处级领导干部深入学习贯彻党的十九届六中全会精神专题培训班。旨在促进学校领导干部在提高政治站位、增强政治能力、遵守政治规矩、加强工作作风等方面走在前、作表率,为建成特色鲜明世界一流大学贡献力量。

五、加强制度建设,健全长效机制

2019年以来,学校制定完善了党的建设、思想政治工作,以及学校教育、管理各方面的制度、规定,为推进长效治理,为特色鲜明世界一流大学建设提供制度保障。

在加强领导班子、领导干部队伍建设,完善决策制度化、科学化方面,制定了《中共南京理工大学委员会常务委员会会议议事规则》《南京理工大学校长办公会议议事规则》《中共南京理工大学委员会工作规则》《南京理工大学党委理论学习中心组学习实施细则》等。

在党的基层组织和干部队伍建设方面,制定完善了《南京理工大学关于激励干部担当作为的办法(试行)》《南京理工大学干部任职谈话实施办法》《南京理工大学二级单位领导班子和领导干部任期考核办法(试行)》《关于进一步加强教师党支部书记队伍建设的意见的通知》《关于加强对"一把手"和领导班子监督的实施方案》《关于开展二级党组织理论学习中心组示范点创建的实施方案》《南京理工大学青年马克思主义者培养工程实施方案》等。关于基层民主政治建设方面,还制定了《南京理工大学二级教职工代表大会工作细则》等。

在加强思想政治工作方面,制定了《关于加快构建思想政治工作体系的实施方案》《南京理工大学课程思政建设实施方案(修订)》《南京理工大学新时代劳动教育实施方案》《关于加强和促进新时代思想政治工作队伍融合发展的意见》。在文化、新闻、媒体建设方面,制定了《南京理工大学新媒体管理办法(试行)》等。

在加强作风建设和检查监督方面,制定了《南京理工大学全面从严治党评价办法(试行)》《"我为师生办实事"实践活动实施方案》《关于宣传贯彻"马上就办办就办好"机关作风要求的通知》《南京理工大学督查督办工作实施办法》《中共南京理工大学委员会巡察工作实施办法》《中共南京理工大学委员会巡察工作规程》《南京理工大学派驻纪检监察员工作暂行办法》《南京理工大学学术不端行为查处细则(试行)》《南京理工大学教师师德失范行为处理办法》《南京理工大学节假日期间公务用车管理规定》等。

在日常管理和评奖评优方面,制定了《南京理工大学行政工作规则》《南京理工大学印章管理规定》《南京理工大学教职工请销假管理规定》《南京理工大学党群奖励评选办法(2020版)》。

在经费管理、招投标方面,制定了《南京理工大学科研经费管理办法》《南京理工大学后勤大宗物资校内集中采购限额以上项目采购管理实施办法(暂行)》《大型仪器设备管理办法和仪器设备开放共享管理办法(修订)》《科研仪器设备采购管理暂行办法》《南京理工大学集中采购评审专家管理办法》《南京理工大学纵向科研项目间接费用管理实施细则》《南京理工大学国防科研试制费和国防科技工业科研经费管理实施细则》《南京理工大学江苏省科技计划项目经费管理实施细则》《南京理工大学教职工工资津贴发放管理办法》《南京理工大学有偿服务经费管理办法》等。

第三节　推进特色鲜明世界一流大学建设

学校第十二次党代会确立了建成特色鲜明世界一流大学的百年办学目标,开启了学校创建特色鲜明世界一流大学的新发展阶段。"必须按照世界一流大学的发展规律和建设路径,立足办学实际,依托'一校三区'的办学格局,形成陆海空天信融合发展的特色,在服务国防现代化、制造强国、网络强国等国家战略和'强富美高'新江苏建设中建成世界一流大学。"

面向 2053 年百年办学目标,对照创建中国特色世界一流大学的发展内涵和发展格局路径,张骏认为,在学校办学治校实践中,未来五年应该着重在陆海空天信融合发展、构建"一校三区"办学格局、完善"小综合"学科布局、学生的全面发展和自主选择、提升基础研究实现原始创新、扩大师资规模和高层次人才引育、高端国际合作办学、推动"院办校"改革、提高生源质量、丰富校园文化内涵等十个方面实现突破[1]。

一、实施一流学科体系建设工程

2019 年学校第十二次党代会提出"构筑高原高峰,实施一流学科体系建设工程"。描绘了到 21 世纪中叶建校一百周年之际,"三步走"建成特色鲜明世界一流大学的奋斗目标。

在建设上,要坚持"强势工科、特色理科、精品文科、新兴交叉、医工结合"多学科发展模式。围绕"1+3+6+N",提升陆海空天信融合发展的办学特色,推进多个学科进入世界一流学科建设行列的建设发展目标,稳步推进学科布局优化调整,持续深化学科资源配置机制改革,统筹各类资源、促进学科快速发展,形成"小综合"的学科支撑体系。

以强势工科为引领,促进工理文融合发展,加快推进"特色理科、精品文科"建设,为学校长远发展提供有力支撑。

面向材料、光学、电子、信息等前沿交叉领域,围绕大数据、人工智能、高端制造、储能技术、医工结合等领域中的基础科学问题,打造具有军工背景和满足行业需求的特色理科方向。

积极融入中国特色哲学社会科学学科体系、学术体系、话语体系建设,结合新中国工业史、制造强国和网络强国建设、军民融合深度发展、"一带一路"建设等,打造精品文科。第十二次党代会后,瞄准特色鲜明世界一流大学奋斗目标,学校加快推进学科专业布局调整。

2021 年 9 月,学校数学与统计学院揭牌成立。"这是学校主动服务国家重大战略、提升基础学科建设水平的重要一步,是落实立德树人根本任务、培养基础学科领域优秀人才的重要一步,是推进'双一流'建设、落实'特色理科'建设要求的重要一步。"①

2022 年 9 月 17 日,由中国电子科技集团、南京市人民政府和南京理工大学三方共建的微电子学院(集成电路学院)揭牌成立。成立微电子学院(集成电路学院)是学校主动支撑国家重大战略发展、布局新兴领域学科建设的重要举措。学院将面向国家科教兴国、人才强国、创新驱动、"长三角一体化"发展等重大战略需求,持续聚焦培养集成电路与微电子领域

---

① 2021 年 9 月 22 日,张骏书记在南京理工大学数学与统计学院揭牌成立仪式上的讲话。

科技英才,为加速解决我国集成电路"卡脖子"关键核心技术难题,有力支撑"中国芯"的研制提供更多科技与人才保障。

2019年以来,学校学科专业建设不断取得新突破。

2020年10月,学校成功入选2020年度国家知识产权试点示范高校。

2021年7月和11月,学校环境与生态学、物理学先后进入ESI全球前1%行列,至此,学校已有6个学科入围ESI前1%。

2021年10月,学校马克思主义理论、物理学2个一级学科博士学位授权点,以及电子信息、材料与化工2个博士专业学位授权点获得批准。电子信息、材料与化工是学校首次获批的博士专业学位授权点,实现了学校博士专业学位授权点"零"的突破,补齐了学校研究生学位授予体系中专业学位博士点的短板。

马克思主义理论一级学科博士学位授权点,优化了人文社科类博士学位点布局,助力精品文科建设,为学科发展注入新活力。物理学一级学科博士学位授权点,优化了基础学科博士学位点布局,将有力推进特色理科的建设,加强对世界一流学科建设的支撑作用。

二、打造一流本科教学平台,推进一流本科专业建设

为推进一流创新人才培养,学校突出铸魂育人导向,坚持工程精英和社会中坚的人才培养定位,持续加强内涵建设,深化培养模式改革,推进体制机制创新,"着力构建彰显南理工特色、充满生机活力、具有示范效应的创新人才培养体系,培养德才兼备、求真务实、具有家国情怀和国际竞争力、能引领未来的创新型精英人才"。①

(一)一流本科专业建设

2019年4月,教育部启动一流本科专业"双万计划",该行动面向各类高校,面向全部专业,在不同类型的普通本科高校建设一流本科专业,鼓励分类发展、特色发展,并且覆盖全部92个本科专业类,分年度开展一流本科专业点建设。计划利用3年的时间,建设1万个左右国家级一流本科专业点和1万个左右省级一流本科专业点。

至2022年,教育部3轮共认定11761个国家级一流本科专业建设点,15727个省级一流本科专业建设点。学校共有38个专业入选国家级一流本科专业建设点、11个专业入选省级一流本科专业建设点,一流专业建设点覆盖学校所有学科门类。

(二)制定新版人才培养方案

2021年,学校启动2022版本科人才培养方案制定工作;推动以专业为主导的一流专业、课程、教材、名师团队以及教学平台建设。

(三)一流课程建设

2019年11月30日,教育部发布了2019年度国家级一流本科课程认定结果,学校共有19门课程位列其中,入选课程总数位居全国38位,省内第3位。19门课程分布在线上、虚拟仿真实验、线下、线上线下混合和社会实践全部五大类型中,其中线上一流课程3门、虚拟仿真实验教学一流课程2门、线下一流课程6门、线上线下混合一流课程6门、社会实践一流课程2门;课程覆盖工科、经管、管理、艺术多个学科门类,涉及学科教育、专业教育多种课程类型,还有2门通识教育选修课程,体现出一流课程建设理念在学校各类课程的全面实践

---

① 2019年11月4日,张骏在校第十二次党代会上的报告。

和成效;课程团队既有国家级、省级教学名师,也有中青年教师骨干,体现出老中青结合、梯队式发展的良好态势。

学校历来重视课程建设,将一流课程建设作为深化教育教学改革的重要举措,出台《南京理工大学一流课程实施方案》等文件,通过立项建设、建立课程标准、提高课程奖励等多种方式,调动广大教师参与课程建设的积极性和主动性。依托教师教学发展中心,组织一流课程建设,开展研究导向型教学专项培训,提升了教师教学教研能力。学校将持续加大一流本科课程建设力度,不断创新教育教学模式,提高教师信息化素养,提升课程的高阶性、创新性和挑战度,提高人才培养质量。

2022年初,学校启动了对首批校级一流本科课程的认定工作。

2020年9月,学校组织开展了首批"专业核心课程群"建设申报工作。结合江苏省有关立项建设申报,学校组织开展了2022年本科高校产教融合型一流课程立项建设工作。

(四)持续推进双创基地建设

学校双创示范基地是2017年6月国务院办公厅公布的第二批国家双创示范基地之一,自入选以来,学校加强顶层设计,构建了完备的工作体系,出台了系列激励双创的政策举措,双创生态体系持续优化,先后获批"全国创新创业典型经验高校"等创新创业基地建设全部五项荣誉。2020年4月初,中国科学技术协会、国家发展改革委联合发布了《2019年双创示范基地建设与进展情况评估报告》,学校与清华大学、复旦大学、哈尔滨工业大学等高校一同入选高校类国家级示范基地前十强。2022年9月,学校创新创业教育学院入选首批国家级创新创业学院。

三、坚持"四个面向",提升科技创新能力

学校始终坚持"四个面向",紧扣国家重大战略需求和经济社会发展需要,把准科技创新的着力点,深耕国防现代化、"两个强国"领域,加强基础研究,加速关键核心技术攻关和成果转化,涌现出一批具有国际领先水平的科技成果。

2020年1月10日上午,2019年度国家科学技术奖励大会在北京人民大会堂隆重召开,学校共有四项科技成果荣获2019年度国家科学技术奖。徐胜元教授主持完成的"时延系统的鲁棒控制理论与方法"项目获国家自然科学奖二等奖;钱林方教授主持完成的"××理论与设计方法及应用"项目获国家技术发明奖二等奖;李振华教授、吴文教授等参与完成的项目获国家科学技术进步奖一等奖;唐金辉教授参与完成的"互联网视频流的高通量计算理论与方法"项目获国家自然科学奖二等奖。

2021年11月3日,2020年度国家科学技术奖励大会召开。学校再有三项科技成果荣获2020年度国家科学技术奖。其中,付梦印教授团队荣获国家科学技术进步奖一等奖,张合教授团队荣获国家技术发明奖二等奖,哈罗德·富克斯教授荣获中华人民共和国国际科学技术合作奖。2022年2月,徐胜元教授领衔的控制科学与工程教师团队荣获第二批全国高校黄大年式教师团队。

面向特色鲜明世界一流大学建设目标,学校党委充分认识到,培育产出重大原创性科学成果,是提升学校科学研究整体水平,支撑国家战略科技力量,实现特色鲜明世界一流大学目标的必由之路。

在科学研究中,坚持以国家重大基础研究计划等为主导,瞄准陆海空天信领域前沿开展

基础研究,承担各级各类重要基础研究课题;加大投入力度,建立扶持机制和政策,支持广大科技人员在新兴交叉、未来技术等领域开展前瞻性、基础性和前沿性科学研究;探索建立特殊的支持机制,尊重科学规律,给予优秀科研人员长期稳定支持,激发原始创新活力,产出更多从0到1的原创性成果。

(一)围绕国家科技创新体系改革,加强创新平台建设

瞄准未来建设发展目标,学校计划新增国家级科研平台1~2个。论证学校国防科技创新平台体系,与行业院所等共同筹建含能材料科学技术国家实验室,在现代弹道、发射动力学等领域方向论证建设国防科技重点实验室,在高动态导航、目标探测、微纳卫星、JY材料、辐射防护、感知器件、装备质量管理等学科方向论证建设国防重点学科实验室。

围绕行业发展重大需求和关键共性问题,制定先进微纳米材料及装备、社会公共安全协同创新中心江苏高校协同创新计划三期建设发展规划。

推进科研平台提升工程,开展公共平台运行改革,成立公共测试中心;推进光学、水中弹道、高动态导航、高端装备与智能制造等科研平台提升建设。

打造军民融合领域高水平智库和研究基地,推动军民融合深度发展,全面深化学校与军工集团、军民融合龙头企业合作。学校联合兵器行业优势单位,已获批建设吴运铎创新中心。

为推进复杂装备系统动力学科关键核心技术攻关,促进科技成果加速向军用和民用装备工程转化应用,集聚各类创新资源,高水平打造产学研用深度合作平台,持续服务地方经济社会高质量发展,2021年7月,学校举办了"复杂装备系统动力学科技活动周"。在活动周的开幕式上还举行了中国发射动力学学会(筹)成立、复杂装备系统动力学前沿科学中心建设、复杂装备系统动力学与技术创新中心筹建以及武器装备多体动力学分析软件应用推广等相关启动仪式活动。2021年12月,教育部印发《关于2021年度前沿科学中心立项建设的通知》,"复杂装备系统动力学前沿科学中心"获批立项建设,标志学校国家重大前沿交叉基础研究平台建设实现零的突破。

(二)加强科研团队建设

在人才引进、职称评审、博士生指标等方面给予全面支持,赋予科研团队更多管理自主权;围绕提升科技创新能力,建设培育一批科研创新团队。

学校还建设青年科学家工作室,支持青年人才快速成长。

(三)做好重大项目申报、国家级、省部级科技奖励的培育谋划

聚焦国家战略重大需求和科技创新前沿,加快关键核心技术攻关,力争获批国家级重大重点项目25项以上。推进国家知识产权示范高校建设,修订出台学校知识产权管理办法,新增专利成果转化项目150项以上。积极申报省部级奖励,加强教育部、一级学会奖励申报,拓宽报奖渠道,实现国家科技奖励主干学科全覆盖。

2020年学校年度科研活动经费首次突破20亿元。

2021年,在国家自然科学基金评审中,学校共获批150项,其中国家杰出青年科学基金2项、重点项目2项、面上项目64项、青年科学基金项目82项。

与此同时,学校人文社会科学研究也获得重要进展。2020年11月,学校公共事务学院季芳桐教授申报的"伊儒会通思想研究"获2020年度国家社科基金重大项目立项。2021年上半年,经济管理学院周小虎教授获批国家社科基金研究阐释党的十九届五中全会精神重

点项目,学校还获批教育部人文社会科学研究一般项目8项;在2021年国家社科基金评选中,学校共获批14项。2022年11月,学校马克思主义学院李俊奎教授申报的项目《人民兵工史文献整理与研究》被列入国家社科基金重大项目立项名单。

2021年,学校在航空航天技术研究方面再次取得新的进展。2021年10月14日18时51分,由学校自主研制的"田园一号"卫星在太原卫星发射中心由长征二号丁遥53运载火箭发射升空。19时06分,卫星星箭分离,进入预定轨道,开始在轨测试。"田园一号"是由学校机械工程学院微纳卫星研究中心自主研制的六单元技术试验与科普教育立方星,重量10千克,也是学校研制的第12颗微纳卫星。该卫星将进行国产元器件的在轨验证,提升我国空间元器件自主可控能力。星上还搭载了学校自主研制的新型固体推力器和高比冲冷气微推力器,将在太空中进行我国首次微纳卫星固体推进应用试验和轨道维持技术试验。冷气微推力器整体结构采用3D打印技术制造,一次整体成型,有效减重30%以上。

四、拓展办学空间,推进教育国际化

学校坚持对标和服务国家战略、工信部重大部署,紧紧围绕地方和企业的主导和优势产业,当地经济社会发展的实际需求,因地制宜差异化谋划推动校地校企合作发展。

(1) 在与行业开展合作方面。2020年1月15日,学校与中国电信江苏公司签署战略合作协议。双方围绕5G安全和技术创新领域的人才培养、项目合作、平台共建以及智慧校园建设开展深度合作。10月20日,与中国兵器工业集团有限公司签署全面战略合作框架协议。围绕战略研究、科技攻关、科研成果转化、创新平台建设、创新人才培养等领域深化战略合作。12月30日,再与中国电子科技集团有限公司签署全面战略合作协议。双方将围绕学科平台建设、人才队伍建设、科技协同创新、创新创业合作等领域深化战略合作。

(2) 在与地方合作方面。2020年9月11日,在南京理工大学江阴校区正式启用的同时,学校与江阴市人民政府签署长三角(江阴)数字创新港战略合作协议。以南京理工大学江阴校区为核心,高起点高水平谋划建设国际一流数字创新港。2020年10月30日,学校与南京市人民政府签署合作协议,共建长三角智能制造与装备创新港。围绕"智能兵器与装备"一流学科群建设、兵器科技国家级创新平台体系建设为基础,打造集"重大科技创新、科技成果转化、行业资源集聚、人才培养储备、聚才创业孵化"等功能于一体长三角智能制造与装备创新港。2020年9月30日,学校与厦门市人民政府签署战略合作协议,共建"南京理工大学厦门数字信息研究院"。依托学校信息类学科优势,以研究生培养为切入点,以高层次人才引进为抓手,深化校地融合发展。2022年9月6日,南京理工大学厦门数字信息研究院在厦门正式揭牌成立。2022年9月17日,南理工·秦淮数字经济创新湾举行揭牌仪式,创新湾以"聚力数字经济新赛道 共建数字产业新高地"为主题,荟聚南理工、中国电科集团与秦淮区优质创新资源,加速推进科教优势资源转化,培育更具活力的创新创业生态,促进大学科技园提档升级,合力推动"校地融合、共建共享、共促发展"。

2021年11月11日,南京理工大学盱眙产学研合作基地举行开工仪式,标志着学校在建设世界一流大学的新征程中迈出了关键的、坚实的一步。盱眙校区是学校"一校三区"的重要组成部分,聚焦国防科技创新和成果转化,为国防科研与试验提供有力支撑。盱眙校区项目也是淮安市重特大项目工程,总投资约12亿元,将于2023年7月竣工并投入使用。

(3)在国际交流与合作方面。"国际交流与合作是高校的基本职能,也是建设世界一流

学科和世界一流大学的必由之路。"[1]在国际交流合作与国际化办学方面,更加突出高端合作办学、师资国际化、就业国际化。

学校在保持对美合作基础上,大力拓展与"一带一路"沿线国家等的合作,提高国际交流合作渠道的多样性,拓展海外合作高校"朋友圈"。聚焦若干个战略合作伙伴,与高水平的国外高校建立更多的联合培养项目,巩固拓展全球合作网络,为学生出国深造创造条件。在加强学术交流合作的同时,积极举荐国际组织人才,结合学校学科专业优势,重点选派优秀学生赴联合国工业发展组织、世界知识产权组织、国际电信联盟等实习任职。

五、打造高端优势,实施一流人才引育工程

2019年召开的学校第十二次党代会,围绕创建特色鲜明世界一流大学建设目标,提出"打造高端优势,实施一流人才队伍引育工程"。要对标世界一流大学师资规模和层次,汇聚培育顶尖人才,构建灵活用人机制,实现高层次人才倍增和各支队伍协调发展,成为支撑世界一流大学建设的第一资源。

2021年11月18日,中国科学院、中国工程院2021年院士增选结果公布,材料科学与工程学院陈光教授当选中国科学院院士,导航、制导与控制专家付梦印教授、特聘教授王明洋当选中国工程院院士。

与此同时,学校28人入选国家高层次人才引进计划,2人入选国家高层次人才计划领军人才,7人入选青年人才;朱俊武、阚二军、张希等3人获国家杰出青年基金;邓寒玉等7人入选青年人才托举工程;袁军堂入选国家万人计划教学名师。还有一大批优秀人才或团队入选优青、卓青,江苏省"双创计划"、"青蓝工程"、青年基金,优秀科技创新团队等。

参 考 文 献

[1] 张骏.中国特色世界一流大学的格局与突破[EB/OL].(2021-03-10)[2022-08-16]. https://zs.njust.edu.cn/e0/da/c3552a254170/page.htm.
[2] 南京理工大学.以"三融三促"推动党史学习教育走向深入[EB/OL].(2021-05-25)[2022-08-16]. http://www.jsllzg.cn/lilunzhuanti/dsxxjy/xxdt/gx/202105/t20210525_7099090.shtml.

附　　录

附录1　历届学校党委和纪委

（军事工程学院）临时党委

成 立 时 间：1952年9月16日
党 委 委 员：陈　赓　徐立行　李懋之　张　衍　胡翔九　黄景文
临时党委书记：陈　赓

（军事工程学院）党委和纪委

成 立 时 间：1953年1月30日
党 委 委 员：陈　赓　徐立行　李懋之　张　衍　徐介藩　曾　焜　张文峰
　　　　　　　黄景文　赵唯刚　吴振挺　屈兴栋
党 委 书 记：陈　赓
纪 委 委 员：张　衍　李懋之　曾　焜　张文峰　吴振挺　贺　达　陈　怡
　　　　　　　邓易非　沙　克　安守田
纪 委 书 记：张　衍，副书记：贺　达

（军事工程学院）党的监察委员会

成 立 时 间：1956年1月
监 委 委 员：刘有光　张　衍　贺　达　李懋之　张子明　张文峰　于达康
　　　　　　　贺振新　邓易非　江洪涛　南敬之
监 委 常 委：刘有光　张　衍　贺　达　张子明　李懋之
监 委 书 记：刘有光，副书记：张　衍　贺　达

（军事工程学院）第一次党代会

召 开 时 间：1956年5月10~25日
选 举 结 果：
党 委 委 员：陈　赓　刘居英　刘有光　张　衍　张子明　徐立行　李懋之
　　　　　　　肖新春　李　焕　贺　达　张友亮　唐　铎　于达康　赵唯刚
　　　　　　　贺振新　黄景文　邓易非　徐介藩　江洪涛　唐　凯　张文峰
党 委 常 委：陈　赓　刘居英　刘有光　张　衍　张子明　徐立行　李懋之
党 委 书 记：陈　赓；第一副书记：刘居英，第二副书记：刘有光

监委委员：刘有光　贺　达　张子明　李　焕　陈　信　张复明　伊　阳
　　　　　刘东平　杨　川　戴其萼　苏广义　冯　捷　安守田　赵本源
　　　　　张广义
监委书记：刘有光，副书记：贺　达

（炮兵工程学院）临时党委

成 立 时 间：1960年6月4日
党 委 委 员：孔从周　廖成美　贺振新　黄延卿　林胜国　徐宗田　冷新华
　　　　　　祝榆生　杨国治　刘吉林　苏广义　曹　瑛　林　革
代理党委书记：孔从周，副书记：廖成美　贺振新

（炮兵工程学院）党委临时监察委员会

成 立 时 间：1961年1月3日
监 委 委 员：林胜国　冷新华　夏则然　韩星魁　阎发仓　谷同庭　王　海
临时监委书记：林胜国，副书记：冷新华

（炮兵工程学院）第一次党代会

召 开 时 间：1961年5月20—27日
会 议 代 表：正式代表101人，列席代表41人
会 议 内 容：总结建院以来的各项工作，检查学院对1960年10月军委扩大会议和军委炮兵党委扩大会议决议的执行情况，讨论今后三四年内的学院建设任务，选举学院第一届党的委员会。孔从洲代表学院临时党委作工作报告，廖成美代表大会主席团作总结。
选 举 结 果：
党 委 委 员：孔从洲　王　海　刘吉林　刘　乾　孙成才　冷新华　吕凤阁
　　　　　　李一林　李子寿　林胜国　林　革　苏广义　徐宗田　祝榆生
　　　　　　夏则然　曹　瑛　贺振新　黄延卿　冯缵刚　杨国治　廖成美
　　　　　　霍　光　谢惠民
党 委 常 委：孔从洲　冷新华　林胜国　贺振新　祝榆生　徐宗田　曹　瑛
　　　　　　黄延卿　廖成美
党委第一书记：廖成美；书记：孔从洲；
　　　　　　副书记：贺振新
监 委 委 员：林胜国　曹　瑛　刘　乾　杨万藻　阎发仓　马庭元　侯　淮
　　　　　　姚云峰　赵铁良
监委书记：林胜国，副书记：曹　瑛

（炮兵工程学院）第二次党代会

召 开 时 间：1964年1月5—11日
会 议 代 表：正式代表89人，候补代表10人，列席代表48人
会 议 内 容：会议认真检查与总结了学院首届党代会以来的工作，研究确定了今后

的工作任务,选举产生了学院第二届党的委员会。廖成美代表上届党委作了工作报告,孔从洲作了大会总结。

选举结果:

党委委员:孔从洲　王　海　王子才　李仲麟　吴植楷　林胜国　林　革
　　　　　祝榆生　徐宗田　曹　瑛　黄延卿　冯缵刚　廖成美　齐　陶
　　　　　刘　乾　刘金凯　刘金彩　苏广义

党委常委:孔从洲　齐　陶　李仲麟　林胜国　祝榆生　徐宗田　廖成美
　　　　　党委第一书记　廖成美,第二书记　孔从洲

监委委员:刘　乾　龙　飞　李子寿　范柏青　林胜国　马廷元　曹　瑛
　　　　　钟文综　张吉乡　闫发仓　解守仁

监委常委:林胜国　曹　瑛　龙　飞　马廷元　解守仁

监委书记:林胜国;副书记:曹　瑛

(华东工程学院)第三次党代会

召开时间:1973年5月15—18日

会议代表:正式代表140人;列席代表76人

会议内容:总结革委会和党的核心领导小组建立以来的工作,讨论确定学院今后的任务,选举产生学院第三届党的委员会。齐陶代表革委会党的核心小组作了工作报告。

选举结果:

党委委员:马振英　王方滋　王步达　王乃岩　龙　飞　冯缵刚　齐　陶
　　　　　刘东友　孙宣三　杨东保　张尔登　狄有命　吴运福　李奋程
　　　　　周光照　林连章　宫　善　钟文综　侯富生　徐尚信　董守仁

党委常委:马振英　王方滋　齐　陶　张尔登　吴运福　李奋程　周光照
　　　　　林连章　徐尚信

党委书记:齐　陶,副书记:李奋程

(华东工程学院)第四次党代会

召开时间:1979年12月24日—1980年1月3日

会议代表:正式代表269人;列席代表45人

会议内容:听取和审议了明朗题为《团结起来,加快我院工作着重点转移,为培养"又红又专"的国防现代化高级人才而奋斗》的党委工作报告。总结了与林彪、"四人帮"阴谋集团作斗争的经验教训,讨论了学院今后的工作,选举产生了学院第四届党的委员会和纪律检查委员会。

选举结果:

党委委员:王忠祥　王德臣　冯缵刚　刘东友　朱明友　许哨子　阮泽安
　　　　　孙灿文　李仲麟　迟书义　杜石生　邹积芳　苏永庆　余敬益
　　　　　杨鼎石　明　朗　林　革　林连章　周有智　宫　善　姜培桂
　　　　　胡宝善　晨　雷　潘承泮　霍宗岳

党委常委:冯缵刚　杜石生　李仲麟　林连章　林　革　明　朗　霍宗岳

党委书记：明　朗，副书记：霍宗岳　李仲麟　杜石生

纪委委员：霍宗岳　杜石生　林　革　宫　善　邵恒春　孙宣三　徐继祥　孙灿文
　　　　　蒋成维　高新蕴　向永进　张天成　高　斌

纪委书记：霍宗岳；副书记：杜石生　林　革

(华东工程学院)第五次党代会

召开时间：1984年7月2—4日

会议代表：正式代表285人

会议内容：汪寅宾代表上届党委作了工作报告。会议总结了上届党代会以来的工作经验，讨论了学院近期工作和学院远景规划，提出到1990年，要把学院办成一所理、工、管结合，以工为主，具有特色，机、电、光、化、数、理、文、管门类齐全，军民结合，结构合理的高水平全国重点国防工业院校。

选举结果：

党委委员：王泽山　王克冲　王德臣　冯缵刚　曲作家　何可人　邱凤昌　汪寅宾
　　　　　严世泽　邹积芳　陈英娟　陈源泉　李芳洁　李国荣　迟书义　陆洪新
　　　　　季晋辉　周新力　周炳秋　赵忠令　钱焕延　翟学文　潘承泮

党委常委：王德臣　冯缵刚　何可人　邱凤昌　汪寅宾　邹积芳　周炳秋

党委书记：汪寅宾，副书记：王德臣、何可人

纪委委员：于继武　王承宣　文德希　刘洪敏　何可人　陈　平　吴宗文　邹积芳
　　　　　杨亚范　庞来宝　张树元　高　斌　蒋成维

纪委书记：何可人，副书记：邹积芳

(华东工学院)第六次党代会

召开时间：1988年6月27—29日

会议代表：正式代表331人

会议内容：听取和审议了曲作家题为《加快和深化改革，为把我院建成适应社会主义建设需要的第一流大学而奋斗》的党委工作报告。会议提出今后四年学院的发展目标，强调要发挥军工优势，努力向通用科技领域拓宽，在民用专业的某些方面要创造条件，形成优势，把学院建成以工为主，理工结合，机电光化相互配套、理工文经管相互渗透，结构合理的综合性理工大学。

选举结果：

党委委员：邓子琼　包凤才　朱　云　华洪兴　曲作家　何可人　迟书义　邱凤昌
　　　　　李国荣　李鸿志　邹积芳　陈英娟　林根华　周炳秋　金惠娟　姜建中
　　　　　赵忠令　欧祥元　栗　炜　葛锁网　翟睦君

党委常委：曲作家　何可人　李鸿志　邹积芳　周炳秋　赵忠令　葛锁网

党委书记：曲作家，副书记：何可人　周炳秋

纪委委员：于继武　王庭彦　文德希　过企平　刘荆华　吴宗文　邹积芳　陆洪新
　　　　　项玉林　高　斌　辜家鑫

纪委书记：邹积芳，副书记：陆洪新

(华东工学院)第七次党代会

召开时间:1992年1月12—14日

会议代表:正式代表249人

会议内容:听取和审议了曲作家题为《迎接两个挑战,为在本世纪末把我院建设成为社会主义的一流理工大学而继续奋斗》的党委工作报告。提出了学院今后的发展目标。李鸿志院长就学院"'八五'规划和十年目标"作专题发言。

选举结果:

党委委员:于继武　华洪兴　朱崇荫　许学成　汤瑞峰　曲作家　李国荣　李鸿志　苏志明　邹积芳　陆继懋　金惠娟　周炳秋　张延教　姜建中　赵忠令　赵宝昌　柳光辽　栗　炜　郭　治　付清基

党委常委:曲作家　李国荣　李鸿志　苏志明　邹积芳　周炳秋　赵忠令

党委书记:曲作家,副书记:李国荣、赵忠令

纪委委员:王孟春　方贻宏　向永进　陈英娟　邹积芳　吴宗文　张南生　林根华　欧祥元　辜家鑫　董际东

纪委书记:邹积芳,副书记:林根华

(南京理工大学)第八次党代会

召开时间:1997年4月27—29日

会议代表:正式代表257人

会议内容:听取和审议了徐复铭题为《坚定信心、同心同德,深化改革、开拓进取,为实现学校"九五"建设目标而努力奋斗》的党委工作报告。校长李鸿志代表党委作了《关于学校"九五"规划和精神文明建设"九五"规划纲要》的说明。审议通过了《南京理工大学社会主义精神文明建设"九五"规划纲要》。会议明确具体实施"211工程"建设目标的战略部署。到2000年,办学体制有新的转变,教育改革取得明显成效,学科结构得到进一步优化,科学研究继续保持良好的发展势头,产业开发初步形成规模特色,办学条件明显改善,反映学校整体实力和水平的主要可比指标位居国内理工科院校的先进水平,为在21世纪初叶把学校建设成为社会主义一流多科性理工大学奠定坚实的基础。

选举结果:

党委委员:于广云　于本友　王孟春　王晓锋　尹　群　吕春绪　孙海波　苏志明　李相银　李鸿志　杨善志　杨静宇　邱勇夫　宋文煜　张友良　周彦煌　郑　亚　姜建中　徐学华　徐复铭　崔连昌

党委常委:吕春绪　苏志明　李鸿志　杨善志　宋文煜　郑　亚　徐复铭

党委书记:徐复铭,副书记:苏志明　郑　亚

纪委委员:马大庆　王　健　王裕民　韦志辉　李　茜　肖诗林　林根华　欧祥元　罗香莲　郑　亚　葛万年

纪委书记:郑　亚,副书记:林根华

(南京理工大学)第九次党代会

召开时间:2001年4月25—27日

会议代表:正式代表259人

会议内容:听取和审议了郑亚题为《努力开创新世纪南京理工大学建设与发展的新局面》的党委工作报告,校长徐复铭代表党委作《关于学校"十五"计划的说明》的报告。会议明确学校走跨越式发展道路。到"十五"末期,把学校建设成为培养高素质创新型人才的育人中心,应用基础及重大关键技术的研究开发中心,为国防和经济建设提供成果转化、决策咨询的服务中心;成为坚持党的基本路线和教育方针,建设社会主义精神文明的重要阵地;办学条件明显改善,办学质量明显提高,综合实力及可持续发展能力明显增强;成为以工为主,理、工、文、经、管、法、教协调发展,国防特色鲜明,知识创新和技术创新优势突出,国内一流,并具有一定国际影响的社会主义多科性理工大学。会议选举产生了学校第九届党委会和新一届纪律检查委员会。

选举结果:

党委委员:于广云 于本友 王孟春 王晓锋 马大庆 尹群 韦志辉 江鸿 吕春绪 刘丽华 孙海波 汪信 宋文煜 李相银 张春福 杨善志 郑亚 俞安平 宣益民 宫载春 徐复铭 钱林方 崔东明

党委常委:马大庆 王晓锋 刘丽华 杨善志 汪信 宋文煜 郑亚 宣益民 徐复铭

党委书记:郑亚,副书记:宋文煜 王晓锋

纪委委员:于院生 马大庆 王健 李茜 吴金山 周光华 柯玉贞 赵雪琴 葛万年

纪委书记:马大庆,副书记:吴金山

(南京理工大学)第十次党代会

召开时间:2007年7月2—4日

会议代表:正式代表256人

会议内容:听取和审议了陈根甫题为《凝心聚力,创新思路,开创南京理工大学发展的新阶段》的党委工作报告;提出今后五年学校要瞄准高水平研究型大学的建设目标,实施包括学科优化、英才培养、科技创新、人才强校、拓展开放、整合集成在内的六大战略,实现学科专业建设水平、人才培养质量提高、科技创新能力提升、师资队伍建设、学校国际化水平和知名度、办学资源使用效益、管理水平和效能等七项突破。会议选举产生了由23人组成的党委第十届委员会和由8人组成的新一届纪律检查委员会。通过了两委工作报告的决议。

选举结果:

党委委员:于院生 王连军 王贵农 王晓锋 韦志辉 尹群 朱日宏 刘中 刘刚 江鸿 李春宏 陈岩松 陈根甫 周长省 宫载春 项银康 袁军堂 钱林方 席占稳 廖文和 薄煜明

党委常委:马大庆 尹群 王晓锋 刘刚 宋文煜 陈根甫 项银康 宣益民 钱林方

党委书记:陈根甫,副书记:王晓锋　马大庆

纪委委员:王贵农　刘逶迤　张荣生　李　茜　周学铁　柯玉贞　项银康　陶应勇
龚建龙

纪委书记:项银康,副书记:李　茜

(南京理工大学)第十一次党代会

召开时间:2013年6月5—7日

会议代表:正式代表267人

会议内容:听取和审议了尹群题为《坚定信心,锐意进取,开启建设特色高水平研究型大学新征程》的党委工作报告。总结了第十次党代会以来取得的成就和基本经验,全面深入分析了学校当前面临的机遇和挑战,进一步明确了特色高水平研究型大学的内涵与外延,提出今后一个时期,学校的奋斗目标:到2020年,学校服务信息化武器装备系统和"两化"深度融合的办学特色更加鲜明,人才培养质量明显提高,学术水平显著提升,服务社会能力更加突出,学校文化长足进步,师生满意度和幸福感进一步增强,核心办学指标水平位次稳居全国高校前40位,建成特色高水平研究型大学;到2053年,即建校100周年时,步入国内一流、国际知名的高水平研究型大学行列。大会明确了学校未来的发展战略,提出今后五年重点实施质量提高、特色强化、创新攀登、拓展提升等四大工程,卓越管理、文化引领两个行动,以及青年教师成长助推计划。大会选举产生了学校党委第十一届委员会和新一届纪律检查委员会,通过了关于十届党委工作报告以及上一届纪委工作报告的决议。

选举结果:

党委委员:王　浩　王连军　王贵农　王晓锋　韦志辉　尹　群　付梦印　朱日宏
刘　中　刘　刚　李　茜　陈　钱　陈岩松　周长省　周学铁　柏连发
钟　秦　恢光平　宫载春　袁军堂　钱林方　席占稳　陶应勇　梅锦春
龚建龙　廖文和　薄煜明

党委常委:王连军　王贵农　王晓锋　尹　群　付梦印　刘　刚　陈岩松　钱林方
廖文和

党委书记:尹　群,副书记:王晓锋、陈岩松

纪委委员:马宏建　王贵农　刘逶迤　李　涛　李自勇　李新民　张小兵　赵雪琴
施　君　徐　峰　臧　强

纪委书记:王贵农,副书记:刘逶迤

(南京理工大学)第十二次党代会

召开时间:2019年10月4—6日

会议代表:正式代表267人

会议内容:听取和审议了张骏题为《不忘初心,牢记使命——奋力开启建设特色鲜明世界一流大学新征程》的工作报告。总结了第十一次党代会以来,学校党委在落实全面从严治党、推进"双一流"建设中取得的卓著成绩,深入分析了学校在新时代面临的新机遇和新挑战,确立了2025年、2035年、2053年"三步走"发展战略和建设特色鲜明世界一流大学奋斗目标,明确了"完成四份答卷""实施六大工程"的总体发展思路和实施路径。选举产生了

党委第十二届委员会和十二届纪律检查委员会,通过了关于十一届党委工作报告以及纪委工作报告的决议。

选举结果:

党委委员:于 雷　王国平　孔 捷　付梦印　朱建飞　朱俊武　庄志洪　许百涛
　　　　　李 涛　李 强　吴志林　何 勇　张 珩　张 骏　陈岩松　陈 钱
　　　　　陈 雄　易文斌　季卫兵　赵雪琴　柏连发　席占稳　陶应勇　曾华翔
　　　　　路贵斌　廖文和　薄煜明

党委常委:付梦印　许百涛　张 骏　陈岩松　陈 钱　席占稳　廖文和

党委书记:张 骏,副书记:付梦印　陈岩松　席占稳　许百涛

纪委委员:刘逶迤　许百涛　孙元鹏　吴清林　张小兵　张 强　陆 健　宗文干
　　　　　施 君　徐 峰　韩晓梅

纪委书记:许百涛,副书记:刘逶迤

附录2　历任学校党政领导

历任党委主要领导

学校发展阶段	姓名	职务名称	任职时间	届次
军事工程学院	陈 赓	临时党委书记	1952.09.16—1953.01.30	
		党委书记	1953.01.30—1958.05.01	
	谢有法	政治委员	1958.05.01—1960.07	
军事工程学院炮兵工程系	贺振新	系政委	1955(春)—1960.05	
武昌高级军械技术学校	廖成美	政治委员	1953.08—1960.05	
炮兵工程学院	孔从洲	临时党委书记	1960.06.07—1961.05.27	临时党委
	廖成美	党委第一书记	1961.05.27—1966.04.01	第一届、第二届
华东工程学院	李仲麟	党委书记	1966.04.01—1968.09	
	齐 陶	党的核心小组组长	1970.11.04—1973.05.15	
		党委书记	1973.05.15—1975.09.18	第三届
	周伯藩	党委书记	1975.09.18—1977.07.05	
	霍宗岳	党委书记	1977.07.05—1979.07.16	
	明 朗	党委书记	1979.07.16—1983.12.20	第四届
华东工程学院 华东工学院	汪寅宾	党委书记	1983.12.20—1988.01.30	第五届
华东工学院 南京理工大学	曲作家	党委书记	1988.01.30—1996.01.30	第六届、第七届

225

续表

学校发展阶段	姓名	职务名称	任职时间	届次
南京理工大学	徐复铭	党委书记	1996.01.30—2000.03.13	第八届
	郑亚	党委书记	2000.03.13—2006.02.09	第九届
	王晓锋	党委书记	2006.03.01—2006.12.18	
	陈根甫	党委书记	2006.12.18—2013.01.16	第十届
	尹群	党委书记	2013.01.16—2019.04.19	第十一届
	张骏	党委书记	2019.04.19—	第十二届

历任主要行政领导

学校发展阶段	姓名	职务名称	军衔或职称	任职时间
军事工程学院	陈赓	院长	大将	1952.07.11—1960.07
军事工程学院炮兵工程系	赵唯刚	系主任	大校	1952.12—1959.10
武昌高级军械技术学校	贾克	校长	大校	1954—1959
	黄延卿	校长	大校	1960.01—1960.07
炮兵工程学院	孔从洲	院长	中将	1960.06.07—1964.07.02
炮兵工程学院 华东工程学院	李仲麟	院长	少将	1964.07.22—1968.09.28
华东工程学院	齐陶	革委会主任		1968.09.28—1975.09.18
	周伯藩	革委会主任		1975.09.18—1977.07.05
	霍宗岳	革委会主任		1977.07.05—1979.07.16
华东工程学院	明朗	院长		1979.07—1981.01
华东工程学院	李仲麟	院长		1981.01—1983.04
华东工程学院 华东工学院	冯缵刚	院长	教授	1983.04.15—1988.01.26
华东工学院 南京理工大学	李鸿志	院(校)长	教授	1988.01.26—2000.03.13
南京理工大学	徐复铭	校长	教授	2000.03.13—2006.12.18
	王晓锋	校长	教授	2006.12.18—2015.06.01
	付梦印	校长	教授	2015.06.17—

历任纪委(监委)主要领导

学校发展阶段	姓名	职务名称	任职时间	届次
炮兵工程学院	林胜国	监委书记	1960.06—1965.11	第一届、第二届
华东工程学院	霍宗岳	纪委书记	1979.07.16—1983.05.18	第四届
华东工学院	何可人	纪委书记	1984.03.25—1985.08.15	第五届
	邹积芳	纪委书记	1985.08.15—1993.09.03	第六届、第七届

续表

学校发展阶段	姓名	职务名称	任职时间	届次
南京理工大学	郑亚	纪委书记	1996.11.22—2000.03.13	第八届
	马大庆	纪委书记	2000.03.13—2007.05.11	第九届
	项银康	纪委书记	2007.05.11—2012.03.01	第十届
	王贵农	纪委书记	2012.03.01—2017.11.01	第十一届
	许百涛	纪委书记	2017.11.01—	第十二届

历任党政领导

姓名	学校发展时期	担任职务	任职时间
陈赓	解放军军事工程学院	院长	1952.07.11—1952.09.16
		院长,临时党委书记	1952.09.16—1953.01.30
		院长兼政委,党委书记;哈军工第一届党委书记	1953.01.30—1958.05.01
		院长	1958.05.01—1960.06
谢有法	解放军军事工程学院	政委,党委常委,第二书记	1958.05.01—1960.06
赵唯刚	解放军军事工程学院炮兵工程系	系主任,系党委副书记	1952.12—1959.10
贾克	解放军高级炮兵技术学校	副校长	1953.11—1954
	解放军高级炮兵技术学校 解放军武昌高级军械技术学校	校长	1954—1959
孔从洲	炮兵工程学院	院长、临时党委书记	1960.06.07—1961.05.27
		院长、第一届党委书记	1961.05.27—1964.01.11
		院长、第二届党委第二书记	1964.01.11—1964.06.27
廖成美	解放军高级炮兵技术学校 解放军武昌高级军械技术学校	政治委员	1953.08—1960.06
	炮兵工程学院	副政治委员、党委副书记	1960.06—1961.05
		政治委员,第一届、第二届党委第一书记	1961.05.27—1966.04.01
黄延卿	解放军武昌高级军械技术学校	校长	1960.01—1960.06
	炮兵工程学院	党委委员、副院长,第一届党委常委	1960.06—1964.04.16
贺振新	解放军军事工程学院炮兵工程系	系副主任,系政委,系第二届、第三届党委书记	1954.08—1960.06
	炮兵工程学院	副院长、党委副书记,第一届党委副书记	1960.06—1963.04
任新民	解放军军事工程学院炮兵工程系	系副主任	1953.01—1956(冬)

续表

姓名	学校发展时期	担任职务	任职时间
刘吉林	解放军军事工程学院炮兵工程系	系副主任	1953.01—1960.06
沈正功	解放军军事工程学院炮兵工程系	系副主任	1953.01—1960.06
祝榆生	解放军军事工程学院炮兵工程系	系副主任	1958(冬)—1960.06
沙 克	解放军军事工程学院炮兵工程系	系副主任	1953.01—1958(冬)
刘君杰	解放军军事工程学院炮兵工程系	系副主任(1958年5月任系党委常委)	1958(冬)—1960.06
赵 阳	解放军军事工程学院炮兵工程系	系副政委	1955(春)—1960.06
陈沂	东北野战军后勤青年干部学校	校长	1948.12—1949.03
	第四野战军后勤青年干部学校	政治委员	1949.03—1949.05
康伯民	第四野战军后勤青年干部学校 第四野战军后勤干部学校 中南军区后勤干部学校 中南军区后勤军械学校	政治委员,党委书记	1949.06—1951.05
蒲运明	东北野战军后勤青年干部学校	政治委员	1948.12—1949.03
	第四野战军后勤青年干部学校	校长(代理)	1949.03—1949.05
	第四野战军后勤青年干部学校 第四野战军后勤干部学校 中南军区后勤干部学校 中南军区后勤军械学校	校长	1949.06—1951.05
李亚丁	东北野战军后勤青年干部学校 第四野战军后勤青年干部学校	副校长	1948.12—1949.08
傅德昌	东北野战军后勤青年干部学校	副校长	1948.12—
杨 立	解放军第四军械学校	校长	1951.05.24—1952.10.28
孙惠畴	解放军第四军械学校	副校长	1949.08—1951.07
杨廷昌	解放军第四军械学校	政治委员	1951.05.24—1952.10.28
徐青山	解放军高级炮兵技术学校	政治委员	1952.10.28—1953.08
陈亚藩	解放军高级炮兵技术学校	校长	1952.10.28—1953.11
林胜国	炮兵工程学院	党委委员、副政治委员,第一届党委常委,第二届党委常委、监委书记	1960.06—1965.11
冷新华	炮兵工程学院	政治部主任,临时党委委员,临时监委副书记,第一届党委常委;副政治委员	1960.06—1966.01
曹瑛	炮兵工程学院	党委委员、政治部副主任,第一届党委常委	1960.06—1964.03

续表

姓名	学校发展时期	担任职务	任职时间
徐宗田	炮兵工程学院	党委委员、教育长，第一届党委常委	1960.06—1963.02
		副院长,第二届党委常委	1963.02—1966.04
吴运福	华东工程学院	革委会副主任、第三届党委常委	1968.09.28—1975.09.18
张尔登	华东工程学院	革委会副主任、第三届党委常委	1973.05.15—1975.09.18
彭正山	华东工程学院	革委会副主任	1968.09.28—
张恩生	华东工程学院	革委会副主任	1968.09.28—1979.06.12
林天木	华东工程学院	党委常委、革委会副主任	1975.09.18—1979.06.12
耿柏青	华东工程学院	党委常委、革委会副主任	1975.09.18—1979.06.12
马振英	华东工程学院	第三届党委常委	1973.05.15—1977.09.12
		党委常委,革委会副主任	1977.09.12—1979.06.12
李浮泉	华东工程学院	革委会副主任,党的核心小组副组长	1970.11.04—
国 海	华东工程学院	革委会副主任,党的核心小组副组长	1972.07.07—
唐廷治	华东工程学院	革委会副主任,党的核心小组副组长	1971.12.07—
祝榆生	炮兵工程学院	党委委员、副教育长，第一届党委常委	1960.06—1962.02.23
		副院长,第二届党委常委、副院长	1962.02.23—1966.03.31
	华东工程学院	副院长	1966.04.01—1968.09.18
		革委会副主任	1975.09.18—1979
李奋程	华东工程学院	革委会副主任，第三届党委副书记	1973.05—1975.09.18
		党委副书记、革委会副主任	1978.01.11—1979.06.12
齐 陶	炮兵工程学院	政治部主任、党委常委,第二届党委常委,副政委兼政治部主任	1961.11.25—1966.03.31
	华东工程学院	党委副书记	1966.04.01—1968.09.28
		革委会主任	1968.09.28—1970.11.04
		革委会主任、党的核心小组组长	1970.11.04—1973.05.15
		革委会主任，第三届党委书记	1973.05.15—1975.09.18
周伯藩	华东工程学院	革委会主任、党委书记	1975.09.18—1977.07.05

续表

姓名	学校发展时期	担任职务	任职时间
明 朗	华东工程学院	党委书记、院长;第四届党委书记、院长	1979.07.16—1981.01.29
		党委书记	1981.01.29—1983.12.20
杜石生	华东工程学院	党委副书记,副院长;第四届党委副书记,副院长,纪委副书记	1979.07.16—1983.01.21
李仲麟	炮兵工程学院	副院长;党委常委、副院长;第二届党委常委、副院长	1961.07.26—1964.06.27
		院长	1964.06.27—1966.03.31
		院长兼党委书记	1966.04.01—1968.09
	华东工程学院	党委副书记、副院长;第四届党委副书记,副院长	1979.07.16—1981.01.29
		党委副书记、院长	1981.01.29—1983.04.15
霍宗岳	华东工程学院	党委副书记、革委会副主任	1975.09.18—1977.07.05
		党委书记、革委会主任	1977.07.05—1979.07.16
		党委副书记、副院长,第四届党委副书记,副院长,纪委书记	1979.07.16—1983.04.15
沈正功	华东工程学院	副院长	1980.05.29—1983.04.15
林连章	华东工程学院	革委会副主任;第三届党委常委、革委会副主任	1973.02.19—1977.09.12
		副院长,第四届党委常委,副院长	1979.07.16—1983.01.21
林 革	华东工程学院	第四届党委常委、纪委副书记	1980.01.03—1983.12.13
李子寿	华东工程学院	革委会副主任	1975.09.18—1977.09.12
		党委常委、革委会副主任	1977.09.12—1979.07.16
		副院长	1979.07.16—1983.01.21
邱凤昌	华东工程学院、华东工学院	党委常委、副院长,第五届党委常委、副院长	1983.04.15—1988.06.29
	华东工学院	第六届党委委员、副院长	1988.06.29—1991.12.28
王德臣	华东工程学院	党委常委、副院长	1981.01.29—1983.04.15
	华东工程学院、华东工学院	党委副书记,第五届党委副书记	1983.04.15—1985.04
何可人	华东工程学院	党委副书记	1983.04.15—1984.03.25
	华东工程学院、华东工学院	党委副书记、纪委书记;第五届党委副书记、纪委书记	1984.03.25—1985.08
	华东工学院	党委副书记,第六届党委副书记	1985.08—1990.03.24

续表

姓名	学校发展时期	担任职务	任职时间
汪寅宾	华东工程学院	党委常委、副院长	1983.04.15—1983.12.20
	华东工程学院、华东工学院	党委书记,第五届党委书记	1983.12.20—1988.01.30
冯缵刚	华东工程学院	副院长(第四届党委常委)	1980.05.29—1983.04.15
	华东工程学院、华东工学院	院长;第五届党委常委,院长	1983.04.15—1988.01.26
葛锁网	华东工学院	党委常委、副院长,第六届党委常委、副院长	1988.01.26—1992.01.22
周炳秋	华东工学院	第五届党委常委	1984.07.04—1985.08
		党委副书记	1985.08—1988.01.26
		党委副书记、副院长;第六届党委副书记、副院长	1988.01.26—1992.01.22
	华东工学院、南京理工大学	第七届党委常委、常务副院(校)长	1992.01.22—1994.08
郑振乐	华东工学院、南京理工大学	副院(校)长	1990.12.24—1996.01.30
朱崇荫	华东工学院、南京理工大学	副院(校)长;第七届党委委员、副院(校)长	1991.12.28—1996.01.30
邹积芳	华东工学院	第五届党委常委,纪委副书记	1984.07.04—1985.08
		纪委书记,第六届、第七届党委常委、纪委书记	1985.08—1993.09.03
李国荣	华东工学院	副院长,第五届、第六届党委委员	1984.08.07—1990.03.26
		党委常委、副院长	1990.03.26—1992.01.22
	华东工学院、南京理工大学	第七届党委副书记	1992.01.22—1996.01.30
曲作家	华东工程学院、华东工学院	党委常委、副院长	1984.08.07—1988.01.26
	华东工学院、南京理工大学	党委书记,第六届、第七届党委书记	1988.01.30—1996.01.30
赵忠令	华东工学院	第六届党委常委	1988.06.27—1990.03.24
	华东工学院	党委副书记	1990.03.24—1992.01.22
	华东工学院、南京理工大学	第七届党委副书记,副院(校)长	1992.01.22—1997.02.27
李鸿志	华东工学院、南京理工大学	党委常委、院(校)长;第六届、第七届、第八届党委常委、院(校)长	1988.01.26—2000.03.13
苏志明	华东工学院、南京理工大学	第七届党委常委,副院(校)长	1992.01.22—1997.05.05
	南京理工大学	第八届党委副书记,副校长	1997.05.05—1998.09.15
		党委常委、副校长	1998.09.15—2000.03.13

续表

姓名	学校发展时期	担任职务	任职时间
吕春绪	南京理工大学	党委常委、副校长； 第八届党委常委、副校长	1996.01.30—2003.11.05
徐复铭	南京理工大学	党委常委、副校长	1994.11.03—1996.01.30
		党委书记、副校长； 第八届党委书记、副校长	1996.01.30—1998.09.15
		党委书记	1998.09.15—2000.03.13
		第九届党委常委,校长	2000.03.13—2006.12.18
郑 亚	南京理工大学	党委副书记、纪委书记； 第八届党委副书记、纪委书记	1996.11.22—2000.03.13
		党委书记,第九届党委书记	2000.03.13—2006.02.09
汪 信	南京理工大学	党委常委、副校长， 第九届党委常委、副校长	1998.09.15—2007.07.02
		副校长	2007.07.02—2009.09.30
宋文煜	华东工学院、南京理工大学	党委常委、副院（校）长； 第八届党委常委、副校长	1993.05.31—1998.09.15
	南京理工大学	党委副书记兼副校长	1998.09.15—2000.03.13
		党委副书记,第九届党委副书记	2000.03.13—2002.04.19
		副校长,第十届党 委常委,副校长	2002.04.19—2009.09.30
杨善志	南京理工大学	党委常委、副校长；第八届、 第九届党委常委、副校长	1996.01.30—2007.05.11
		党委委员、副校长（正局级）	2008.01.16—2010.05.07
宣益民	南京理工大学	党委常委、副校长；第九届、 第十届党委常委、副校长	1998.09.15—2010.09.02
马大庆	南京理工大学	党委常委、纪委书记； 第九届党委常委,纪委书记	2000.03.13—2002.04.19
		党委副书记、纪委书记	2002.04.19—2007.05.11
		第十届党委副书记	2007.05.11—2010.02.26
项银康	南京理工大学	党委常委、纪委书记； 第十届党委常委、纪委书记	2007.05.11—2012.03.01
陈根甫	南京理工大学	党委书记,第十届党委书记	2006.12.18—2013.01.16
刘 刚	南京理工大学	党委常委、副校长；第十届、 第十一届党委常委、副校长	2007.05.11—2015.06.01

续表

姓名	学校发展时期	担任职务	任职时间
王晓锋	南京理工大学	党委副书记、副校长；第九届党委副书记、副校长	2000.03.13—2006.03.01
		党委书记	2006.03.01—2006.12.18
		校长；第十届、第十一届党委副书记,校长	2006.12.18—2015.06.01
钱林方	南京理工大学	第十届党委常委	2007.07.04—2009.09.29
		第十一届党委常委,副校长	2009.09.29—2019.08.16
刘丽华	南京理工大学	党委常委、副校长,第九届党委常委、副校长	1998.09.15—2007.05.11
		党委常委、副校长(正局级)	2015.06.01—2016.05.26
尹群	南京理工大学	第十届党委常委	2007.07.04—2009.09.29
		党委常委、副校长	2009.09.29—2013.01.16
		党委书记;第十一届党委书记	2013.01.16—2019.04.19
王贵农	南京理工大学	党委常委、纪委书记(正局级)；第十一届党委常委、纪委书记	2012.03.01—2017.11.01
王连军	南京理工大学	党委常委、副校长；第十一届党委常委、副校长	2010.09.02—2019.02.27
张骏	南京理工大学	党委书记,第十二届党委书记	2019.02.28—
付梦印	南京理工大学	党委常委、副校长；第十一届党委常委、副校长	2013.05.06—2015.06.17
		校长	2015.06.17—2017.07.24
		党委副书记、校长；第十二届党委副书记,校长	2017.07.24—
陈岩松	南京理工大学	党委副书记,第十一届、第十二届党委副书记	2010.09.02—2021.02.02
席占稳	南京理工大学	党委副书记,第十二届党委副书记	2015.06.01—
廖文和	南京理工大学	党委常委、副校长；第十一届、十二届党委常委、副校长	2010.09.02—2021.06.09
		党委副书记	2021.05.25—
陈钱	南京理工大学	党委常委、副校长；第十二届党委常委、副校长	2017.07.24—

续表

姓名	学校发展时期	担任职务	任职时间
许百涛	南京理工大学	党委常委、纪委书记	2017.09.30—2019.04.19
		党委副书记、纪委书记；第十二届党委副书记、纪委书记	2019.04.19—
路贵斌	南京理工大学	党委常委、副校长	2021.05.25—
何 勇	南京理工大学	党委常委、副校长	2021.05.25—

注：①表中资料（包括武昌高级军械技术学校早期领导、哈军工炮兵工程系领导、"文革"期间革委会、党的核心小组成员）主要来自学校校史、年鉴、档案馆馆藏资料等，仅为研究和了解校史提供参考，不作为任何任职依据。

②任职时间以上级部门批准的日期为准，无法确定批准日期，以文件成文日期或年鉴（纪事）、校史记录为准。

③表中排名不分先后。

④由于资料所限，个别早期领导的任职无法查询到准确的起（迄）时间，希望熟悉和了解的同志能提供信息。

附录3　组织机构沿革

党政办公室
（机关党委、信访工作办公室、法治与法务办公室合署）

1960年7月，成立炮兵工程学院，设办公室、政治部等。学院党委具体党务工作由政治部（下设秘书处、组织部、干部部、保卫部、宣传部、政教室。1963年3月1日，部改称处，撤销秘书处）的组织部负责。后政治部撤销，院党委日常工作由院办公室内部分工，专人分管。

——1964年6月，院办公室机构撤销，办公室工作划入军务处。

——1966年4月，炮兵工程学院集体转业，更名为华东工程学院，恢复院办公室。党委具体工作仍由政治部（下设组织部、宣传部、保卫部、干部部、马列主义教研室）的组织部负责。

——1968年9月24日，成立院革命委员会，办公室更名为办事组，政治部更名为政治工作组（下设组织组、宣传组、人事组、保卫组、直属队工作组）。

——1975年9月25日，撤销办事组，（恢复）成立院办公室（党委、革委会办公室）、政治部。

——1977年4月25日，院务部所属财务组、行政组和车管等，改属院办公室。

1979年6月28日，撤销政治部等，设立党委办公室，与院办公室为两块牌子，一套人马。

——1979年7月，办公室管理职能调整，综合档案室、外事工作等归属办公室。在院办公室设专人负责外事工作，使用外事办公室印章。

——1980年，财务机构由院办公室划出，成立财务处。

——1983年7月18日，以学院任命吴恩溥为党委办公室副主任为标志，党委办公室的业务即与院办公室分开。

——1983年12月22日，原总务处招待所划归院办公室领导。

——1984年10月,外事方面的工作由院办公室划出,成立外事办公室,为处级机构。

——1985年,车管事务(小车班)划归总务处。招待所改为接待科(负责招待所日常管理)。

——1988年12月7日,设立华东工学院北京办事处,办事处行政和组织关系挂靠院办公室。

——1990年5月19日,党委常委会研究决定,设立党委统战部,挂靠党委办公室。

1992年12月1日,党委办公室、统战部、院长办公室合并,成立院办公室。原院长办公室传达室划归保卫处,收发室划归总务办事部门。招待所与宾馆组建院接待中心。

——1992年12月6日,成立政策研究室,归院办公室管理。

——1993年4月,华东工学院更名为南京理工大学,院办公室更名为校长办公室(校办)。

——1993年12月14日,成立对外协作办公室,挂靠校办。

——1994年8月30日,校长办公室和党委办公室分开设置。成立政策研究室(正处级单位),与党委办公室合署;1996年5月24日,撤销政策研究室。

——1994年9月15日,档案馆从校办划出,单独建制。

2000年7月6日,撤销党委办公室、校长办公室,合并成立学校办公室(对外保留党委办公室、校长办公室名称)。党委统战部改与组织部、党校合署。

——2002年12月20日,在学校办公室增设保密科,保密科与综合科合署。

——2003年5月12日,设立北京办事处。

——2005年2月28日,成立校友工作办公室,作为学校办公室内设科级机构。

——2006年3月20日,成立保密办公室,为正处级行政管理机构。撤销学校办公室保密科。12月30日,保密办公室更名为保密处(办公室)。

——2008年3月27日,校办承担的法律法规管理与协调职责和人文学院承担的学校法律事务职责,一并调整到纪检监察与审计办公室负责。

——2009年12月17日,成立信访工作办公室,与学校办公室合署。

机关党委:
——1979年6月之前,院教务部、政治部、院务部各自建立党组织。

——1979年6月,撤销教务部、政治部、院务部等三大部后,在总务处、生产设备处单独设党总支,其余处、部合起来设一个党总支(机关党总支)。1979年12月22日启用印章。

——1988年4月25日,成立院机关二总支。负责领导院党委机关党的建设工作(负责管理党办、纪委办、组织部、宣传部、工会、团委、人武部等支部)。财务处党支部、基建处党支部、电教中心党支部归机关一总支领导。1989年3月18日,由于机构改革,人员精简,院党委常委会研究决定,撤销机关二总支,其党员归属机关一总支管理。

——1999年2月28日,机关党总支与党委办公室合署。

——2000年7月6日,撤销党委办公室、校长办公室,合并成立学校办公室(对外保留党委办公室、校长办公室名称)。机关党总支改与宣传部合署。2002年12月,撤销机关党总支,设立机关党委。

——2008年4月2日,原与宣传部合署的机关党委,改与学校办公室合署。

2012年10月9日,学校办公室更名为党政办公室(机关党委、信访工作办公室合署)。

——2015年12月31日,撤销南京理工大学北京办事处。

——2021年12月20日,成立法治与法务办公室,与党政办公室合署。

——2022年12月,党政办公室(机关党委、信访工作办公室、法治与法务办公室合署)。

党委组织部
(党委统战部、党校合署)

1960年7月,炮兵工程学院成立,设立政治部(下设秘书处、组织部、干部部、保卫部、宣传部、政教室。1963年3月1日,部改称处,撤销秘书处),党委具体工作由政治部的组织部(处)负责。

——1966年4月1日,炮兵工程学院集体转业,更名为华东工程学院,设政治部(下设组织部、宣传部、保卫部、干部部、马列主义教研室),党委具体工作仍由政治部的组织部负责。

——1968年9月,政治部改成政治工作组(下设组织组、宣传组、人事组、保卫组等)。

——1975年9月25日,撤销政治工作组,重新设立政治部。

1979年6月28日,撤销政治部。设立组织部,直属学院党委领导。

——1983年9月17日,设立老干部办公室,隶属组织部。

——1986年4月,学院成立业余党校。

——1990年5月19日,成立党委统战部、党校,思想政治教育教学研究室。三单位均为正处级机构,分别挂靠党委办公室、组织部、宣传部。撤销德育研究室、思想政治工作研究室、学生思想政治研究室。

——1992年12月,党校并入组织部。

——2000年7月6日,党委统战部由党委办公室改与组织部、党校合署。

——2022年12月,党委组织部(党委统战部、党校合署)。

党委宣传部
(社会主义精神文明建设办公室、新闻宣传中心挂靠)

1960年7月,炮兵工程学院成立,设立政治部(下设秘书处、组织部、干部部、保卫部、宣传部、政教室。1963年3月1日,部改称处,撤销秘书处),党委具体工作由政治部的组织部(处)负责,宣传工作由宣传部(处)负责。

——1966年4月,学院更名为华东工程学院,设政治部(下设组织部、宣传部、保卫部、干部部、马列主义教研室),宣传工作仍由宣传部负责。

——1968年9月,政治部改成政治工作组(下设组织组、宣传组、人事组、保卫组等)。

——1975年9月25日,撤销政治工作组,重新设立政治部。

1979年6月28日,撤销政治部。设立宣传部,直属学院党委领导。

——1980年4月14日,政治教研室改为马列主义教研室。

——1984年12月22日,宣传部广播台交团委管理。文化工作和大礼堂管理交工会。

——1990年5月19日,成立党委统战部、党校,思想政治教育教学研究室。三单位均为正处级机构,分别挂靠党委办公室、组织部、宣传部。撤销德育研究室、思想政治工作研究室、学生思想政治研究室。

——1992年12月,思想政治教育教学研究室作为教学研究单位,划归社会科学系。

——1997年5月4日,成立社会主义精神文明建设指导委员会,设办公室,挂靠宣传部。

——2000年7月6日,机关党总支由党委办公室改与宣传部合署。2002年12月,撤销机关党总支,设立机关党委。

——2008年4月2日,原与宣传部合署的机关党委,改与学校办公室合署。

新闻宣传中心:

——1980年6月24日,《华东工程学院报》试刊,9月1日正式出版第一期。

——1987年9月30日,华工电视台建成,举行开播仪式。1986年11月,学院批准投资电视台建设;1987年2月,建设工程开工。

——1992年12月6日,成立新闻电教中心,该中心由原教务处电教中心、宣传部校报编辑部、电视台合并组成,归口宣传部。

——1993年4月5日,学校决定,新闻电教中心下设电视电教部、校报编辑部。

——2005年2月28日,整合挂靠单位校报编辑部、校电视台,组建成立新闻宣传中心,挂靠宣传部。原由编辑出版中心承担的申报出版社的职责,由新闻宣传中心承担。

——2022年12月,党委宣传部(社会主义精神文明建设办公室、新闻宣传中心挂靠)。

纪委办公室
(监察处、党委巡察工作办公室合署)

1960年7月,炮兵工程学院成立,设立政治部(下设秘书处、组织部、干部部、保卫部、宣传部、政教室),党委具体工作由政治部的组织部负责。

——1961年1月3日,经炮兵党委批准,成立临时党委监察委员会。

——1961年5月20日至27日,学院召开第一次党员代表大会,选举产生了学院党的委员会和党的监察委员会。

——1964年1月5日至11日,学院召开第二次党员代表大会,选举产生了学院第二届党的委员会和党的监察委员会。

——1966年4月,学院更名华东工程学院,设政治部(下设组织部、宣传部、保卫部、干部部、马列主义教研室),党委具体工作仍由政治部的组织部负责。

——1968年,政治部改成政治工作组(下设组织组、宣传组、人事组、保卫组等)。

——1973年5月15日至18日,学院召开第三次党员代表大会,选举产生学院第三届党的委员会。1969年4月,党的九大通过的《中国共产党章程》取消了党的监察机关的条款,废止了党的纪律检查工作,因此,这次党代会没有选举产生新的监察委员会。

——1975年9月25日,撤销政治工作组,恢复成立政治部。

——1979年,撤销政治部。组织部负责党的建设和纪律检查工作。

1979年7月27日,建立纪律检查委员会。

——1979年12月24日至1980年1月3日,学院召开第四次党代会,选举产生了学院第四届党委和纪律检查委员会。

1983年7月,设置专职纪委副书记和纪委委员;9月17日,按照上级要求,设置独立的纪检工作机构——纪律检查委员会办公室。

——1987年12月26日,经济案件办公室与审计室合并成立监察审计室(正处级)。

——1988年10月6日,撤销监察审计室,成立监察审计处。

——1991年6月18日,撤销监察审计处,成立审计处;成立监察处,监察处与院纪委办公室合署。

——1993年1月,纪委办公室、监察处合并,成立纪检监察办公室。

——1994年12月28日,审计处更名为审计法规处。

——2007年9月14日,审计法规处与纪检监察办公室合署,成立纪检监察与审计办公室。

——2008年3月27日,学校对机关相关部门工作职责进行调整:学校办承担的法律法规管理与协调职责和人文学院承担的学校法律事务的职责,一并调整到纪检监察与审计办公室负责;财务处的各类经济合同审核职责调整到纪检监察与审计办公室。

2018年6月26日,撤销纪检监察与审计办公室(监察处、审计处),分别成立纪委办公室、审计处,监察处与纪委办公室合署办公。

——2019年5月28日,党委巡察工作办公室成立,与纪委办公室合署。

——2022年12月,纪委办公室(监察处、党委巡察工作办公室合署)。

审 计 处

1984年9月27日,成立院审计科,由院长直接领导,负责全院的审计工作。

——1986年1月3日,审计科更名为审计室。

1987年12月26日,撤销经济案件办公室、审计室,合并成立监察审计室(正处级)。

——1988年10月6日,撤销监察审计室,成立监察审计处。

——1991年6月18日,撤销监察审计处,成立审计处;成立监察处,监察处与院纪委办公室合署。

——1993年1月,纪委办公室、监察处合并,成立纪检监察办公室。

——1994年12月28日,审计处更名为审计法规处。

——2007年9月14日,审计法规处与纪检监察办公室合署,成立纪检监察与审计办公室。

——2008年3月27日,学校对机关相关部门工作职责进行调整:学校办承担的法律法规管理与协调职责和人文学院承担的学校法律事务的职责,一并调整到纪检监察与审计办公室负责;财务处的各类经济合同审核职责调整到纪检监察与审计办公室。

2018年6月26日,撤销纪检监察与审计办公室(监察处、审计处),分别成立纪委办公室、审计处。

——2022年12月,审计处。

发展规划处
(重点项目建设办公室,北京研究院挂靠)

2003年4月8日,成立发展规划处,为学校正处级管理部门。内设发展研究科、建设规划科。

——2005年2月28日,发展规划处建设规划科更名为综合规划科。

——2006年11月7日,校"211工程"办公室由原设在研究生院调整为设在发展规划处(1993年9月,"211工程"办公室成立);校学术委员会秘书单位由研究生院调整为发展规划处。发展规划处发展研究科更名为学科建设科,综合规划科更名为事业规划科。

——2011年2月28日,成立学科建设办公室,与发展规划处合署。

——2011年11月7日,成立"2011计划"工作领导小组及办公室,办公室挂靠发展规划处。

——2013年4月11日,撤销"2011计划"工作领导小组办公室,成立"2011计划"办公室,与发展规划处合署。

——2013年12月9日,高等教育研究所由原挂靠学术中心改为挂靠发展规划处;学科建设办公室由发展规划处改与研究生院合署。

——2020年1月19日,紫金战略研究院成立,高等教育研究所改挂靠紫金战略研究院。

——2020年6月19日,成立北京研究院,作为学校直属单位,运行初期挂靠发展规划处。

——2022年12月,发展规划处(重点项目建设办公室、北京研究院挂靠)。

教务处
(教师教学发展中心合署)

1953年9月,军事工程学院成立,在科学教育部下设教务处,炮兵工程系设教务科。1957年,炮兵工程系设教务处。

——1960年7月,炮兵工程学院成立,训练部下设教务处。

——1966年4月,炮兵工程学院更名为华东工程学院,机构设置为政治部、教务部、院务部和院办公室。在教务部下设教务处。

——1971年1月8日,学院体制调整,在教育革命组下设教务组。

——1975年9月25日,撤销教育革命组,恢复成立教务部。

1979年7月,院党委常委会研究决定,撤销教务部,设立教务处。

——1980年,在教务处设立师资研究生科,负责师资培养和研究生教育。

——1981年2月,师资培养工作归属院人事处。在原师资研究生科基础上成立研究生科。

——1983年12月22日,成立研究生部,撤销教务处研究生科。在教务处成立师资培训科、夜大函授科。

——1984年5月3日,成立高等教育研究室,挂靠教务处。

——1984年12月22日,教务处师资培训科划归人事处,更名师资科;教务处实验室科划归生产物资处,与生产物资处设备技安科的设备部分合并,成立实验设备科。成立电化教学中心,属处级单位。

——1985年9月27日,从教务处教材科分建出教学服务中心,属科级单位。

——1986年1月3日,成立继续教育部。教务处成人教育职能划归继续教育部。

——1987年12月5日,在教务处下组建成立教学服务中心,为副处级建制。

——1988年10月6日,撤销电化教育中心处级建制,归属教务处。
——1993年1月,撤销教学服务中心。高教研究室为学术研究单位,挂靠教务处。教务处微机中心划出与计算机科学系计算站合并成立计算中心,归口实验设备处管理。教务处电教中心与电视台合并成立新闻电教中心,归口宣传部管理。
——1993年11月8日,撤销高教研究室,成立高教研究所,该所为学术性机构,为校直属单位。
——2000年10月,无线电厂由电光学院划归教务处挂靠(1992年10月15日,由电子工程系和光电技术系合并组建电子工程与光电技术学院。同时,校工厂无线电车间划归电光学院)。2002年12月30日,无线电厂更名为电子实习教学培训中心。
——2006年9月26日,成立学校国家大学生文化素质教育基地建设领导小组,下设办公室,挂靠教务处。
——2007年1月24日,机电总厂教学实习培训中心与教务处电子实习教学培训中心合并,成立工程训练中心。
——2007年9月14日,教务处国家大学生文化素质教育基地办公室、宣传部艺术教育中心、学工处大学生活动中心管理办公室划出合并,成立文化艺术素质教育中心。
——2016年12月12日,教师教学发展中心成立,与教务处合署。
——2022年12月,教务处(教师教学发展中心合署)。

科学技术研究院
(出版中心、北京装备研究院挂靠)

1953年9月,军事工程学院成立,在科学教育部下设科研处。
——1960年7月,炮兵工程学院成立,设5个部(科学研究部、技术部、院务部、政治部和训练部)。科研部下设科学研究处、情报资料处等。
——1961年10月,学院组织机构调整,撤销科研部、技术部,在训练部下设科研处、技术处。1962年7月,迁驻南京后按照新的组织机构运行。
——1966年4月,炮兵工程学院更名为华东工程学院,由三部一处(训练部、政治部、物保部、军务处)调整为四部一室(政治部、教务部、院务部、基础课部、院办公室),在教务部下设科研处、技术处。
——1971年1月8日,学院体制调整,在教育革命组下设科研生产组。
——1975年9月25日,撤销教育革命组,恢复成立教务部。
1979年7月,院党委常委会研究决定,撤销教务部,设立科研处。
——1979年12月4日,成立院学术委员会。学术委员会办事机构设在科研处。
——1983年5月3日,成立情报研究室,由科研处领导。
——1983年9月17日,学院成立科学技术服务部。
——1984年3月30日,在科研处增设对外科技服务科,作为院科技服务部的办事机构。
——1984年9月5日,科学技术服务部独立办公,撤销科研处科技服务科。
——1984年12月22日,成立汤山试验场,属科级单位,由科研处领导。
——1986年1月3日,科研处增设成果、专利研究室,对外名称为专利事务所。

——1987年9月22日,科研处与科技服务部合并,合并后称科研处。

——1988年11月19日,科研处原科技服务部从科研处划出,整建制组建科技开发处;专利事务所从科研处划出,挂靠科技开发处。

——1989年2月17日,设立院知识产权研究室,与院专利事务所合署办公。

——1991年4月10日,学院对科技开发处体制和职能进行调整:将实验设备处生产科、三号门经营部和标准化计量室整建制调入科技开发处;专利事务所划入科技开发处管理,撤销专利事务所独立行政建制。科技开发处同时使用科技开发生产经营总部、科技开发中心名称。

——1991年4月23日,经兵器工业总公司教育局批复同意,学院成立科学研究院。7月16日,成立科学研究院办公室及科研处办公室,两办公室合署办公。

——1992年3月14日,科研处更名为科技处。科技开发处更名为产业开发处。原科技开发处专利事务所、技术市场部划归科技处;技术市场部与科技处民品开发科合并,成立技术贸易部。

——1992年11月6日,成立院信息中心,与科技处情报研究室合署。

——1993年3月2日,华东信息中心(科技处情报室)整建制从科技处划出,直接归院管理。

——1993年9月16日,撤销科技处技术贸易部。

——1999年3月24日,挂靠单位专利事务所更名为知识产权管理办公室。射击中心、兵器博物馆筹备办、汤山试验场合并成立射击、试验管理服务中心,挂靠实验室与设备管理处。

——2001年4月16日,成立南京理工大学科技园管理委员会。成立科技园管理中心,作为科技园的实体管理机构及管理委员会常设机构。

——2002年3月20日,科技园管理中心独立设置,为校机关正处级单位。科技处知识产权与民品科技项目管理职能划归科技园管理中心。

2005年7月1日,成立工程技术研究院,与科技处合署。

——2009年4月10日,成立工程技术研究院,为独立二级实体单位。

2010年7月15日,成立产学研基地管理办公室,代表学校负责校外产学研基地的管理。

——2011年4月14日,成立学校产学研工作领导小组,下设办公室,挂靠产学研基地管理办公室。

2011年2月28日,成立学术中心,为学校直属正处级单位。加挂高等教育研究所和科技工作者协会两块牌子。同时将学报(自然科学版)编辑部从科技处调整到学术中心。

2013年12月9日,科学技术研究院成立,加挂科学技术协会牌子,同时撤销科学技术处、工程技术研究院、产学研基地管理办公室、学术中心。成立出版中心,挂靠科学技术研究院。高等教育研究所由原挂靠学术中心改为挂靠发展规划处。

——2016年4月20日,成立北京装备研究院,挂靠科学技术研究院。

——2016年10月10日,成立学校产学研基地管理委员会(简称"基地管委会"),秘书单位为科研院。

——2020年3月21日,科学技术协会设置为校直属单位,不再作为科学技术研究院挂靠单位。科协承担学校学术委员会办公室、学术委员会学术道德与纪律监督委员会办公室职责。

——2022年12月,科学技术研究院(出版中心、北京装备研究院挂靠)。

人事处
(党委教师工作部、人才工作办公室、院士工作办公室合署)

1960年7月,炮兵工程学院成立,设政治部等5个部。政治部下设干部部(1962年7月,干部部更名为干部处),干部部(处)承担学院人事管理职能。

——1966年4月,炮兵工程学院更名为华东工程学院,在政治部下设干部部。

——1968年9月,学院体制调整,成立革委会,在政治工作组下,原人事组和组织组合并为人事组织组。1969年5月,人事组织组又分成为人事组和组织组。

——1975年9月25日,撤销政工组,重新成立政治部。

1979年7月,撤销政治部,设立人事处、组织部等。

——1980年,在教务处设立师资研究生科,负责师资培养和研究生教育。

——1981年2月,师资培养工作归属院人事处。在师资研究生科基础上成立研究生科。

——1983年12月22日,成立研究生部,撤销教务处研究生科。在教务处成立师资培训科、夜大函授科。

——1984年12月22日,教务处师资培训科划归人事处,更名师资科。

——1989年6月,学院人才交流中心成立,属学院行政职能部门。

——1991年7月16日,人才交流中心直属人事处(正科级)。

——1992年9月19日,人事处人才交流中心更名为人才开发中心。

——1992年12月,明确人事处师资办公室为科级。

——1994年5月10日,原总务办所属生活服务中心和人事处所属人才开发中心划归劳动服务公司统一管理。

——1999年2月28日,原劳动服务公司具有管理职能的全校临时工用工计划审批划归到人事处,人才开发中心挂靠人事处,其余划归后勤集团公司。

——2012年5月9日,在人事处成立校人才工作办公室(副处级)、校院士工作办公室,两机构合署办公。撤销人事处高层次人才科(2008年4月增设)。

——2015年3月24日,江苏人才发展战略研究院成立;5月28日,江苏人才发展战略研究院办公室成立,与人事处合署。

——2018年11月12日,成立党委教师工作部,与人事处合署。

——2020年1月19日,紫金战略研究院成立,江苏人才发展战略研究院改挂靠紫金战略研究院。

——2022年12月,人事处(党委教师工作部、人才工作办公室、院士工作办公室合署)。

研究生院
(党委研究生工作部合署)

1980年,在教务处设立师资研究生科,负责师资培养和研究生教育。

——1981年2月,师资培养工作归属院人事处。在师资研究生科基础上成立研究生科。

1983年12月22日,成立研究生部,撤销教务处研究生科。

——1989年2月17日,设立研究生部教务办公室,招生、分配办公室,学位与学科建设办公室。撤销研究生部办公室、研究生部招生办公室。

——1989年8月1日,研究生部设专职党总支书记。

——1993年9月,"211工程"办公室成立,挂靠研究生部。

——1993年12月23日,学校研究决定并经兵总教育局备案,成立研究生院(筹)。

——1997年11月3日,撤销研究生部党总支,成立党委研究生工作部。

2000年8月29日,成立研究生院,与党委研究生工作部合署。"211工程"办公室挂靠。

——2006年4月20日,研究生院毕业研究生就业指导与毕业派遣工作职责划归学生工作处,研究生院思想教育及就业指导办公室更名为研究生思想教育与管理办公室。

——2006年11月7日,学校"211工程"办公室由原设在研究生院调整为设在发展规划处;学校学术委员会秘书单位由研究生院调整为发展规划处。研究生院学位与学科建设办公室更名为校学位委员会办公室(副处级)。

——2013年12月9日,学科建设办公室由发展规划处改与研究生院合署(2011年2月28日,学科建设办公室成立,与发展规划处合署)。

——2022年12月,研究生院(党委研究生工作部合署)。

学生工作处(党委学生工作部)
(人民武装部合署)

人民武装部:

——1966年4月,炮兵工程学院更名为华东工程学院,在教务部下设人武部军训处(合署)。

——1968年9月,学院体制调整,院成立革委会,在教育革命组下设军事体育组(人武部)。

——1975年9月25日,撤销教育革命组,重新成立教务部,下设人民武装保卫部。

——1977年4月25日,人民武装保卫部分建为人民武装部和保卫部,隶属院党委领导。

——1977年10月21日,恢复基础课部,在基础课部重新组建体育教研室。1980年2月26日,体育教研室由基础课部划出,归院直接领导。1989年4月22日,体育教研室为处级建制,主任为正处级,副主任和党支部书记为副处级。1990年3月17日,体育教研室更名为体育部。

——1989年1月12日,学院成立军事教研室,与人武部合署,直属院领导。

——1993年1月,人武部、军教室与体育部合并,成立军体部。

1980年4月14日,设立学生工作部,直属党委领导。学生工作部与团委两块牌子、一套人马。

——1984年12月22日,撤销学生工作部,其工作分别由宣传部、团委承担。宣传部广播台交团委管理。从1985年下学期起,实行专职辅导员和兼职辅导员相结合的管理体制。

——1988年4月之前,本专科学生招生、分配由人事处学生科负责。

1988年4月30日,成立学生工作处(学生工作部),两个名称,一套班子。设招生科(招办)、分配科(毕业生分配办)、管理科和大学生心理健康咨询服务中心。

——1990年4月27日,学生工作处设立招生、分配科。

1996年2月29日,成立招生分配处、学生工作处(部)。

——1997年5月14日,成立勤工助学指导中心,挂靠学工处。

——1999年2月28日,招生分配处更名为招生就业指导处。

——1999年3月24日,学生工作处(部)挂靠单位大学生心理健康咨询服务中心、勤工助学指导中心、德育教研室合并成立文化素质教育中心。

2000年7月6日,撤销招生就业指导处,成立新的学生工作处(部)。撤销军体部,成立体育部。学生工作处(部)、人武部合署。

——2001年4月12日,撤销学生工作处(部)文化素质教育中心;成立南京理工大学文化素质教育办公室,为学生处内设机构。

——2005年2月28日,成立大学生心理健康教育服务中心,作为学工处内设机构,没有行政级别。

——2006年4月20日,研究生院毕业研究生就业指导与毕业派遣工作职责划归学生工作处,研究生院思想教育及就业指导办公室更名为研究生思想教育与管理办公室。

——2006年7月8日,学生工作处下设的文化素质教育办公室更名为大学生活动中心管理办公室。

——2007年9月14日,宣传部艺术教育中心,与设在教务处的国家大学生文化素质教育基地办公室,学生工作处内设机构大学生活动中心管理办公室划出合并,成立文化艺术教育中心。

——2007年12月5日,学校党委研究决定成立国防生学院,与人武部合署。12月28日国防生学院成立。

——2017年,撤销国防生学院。

——2022年12月,学生工作处(党委学生工作部,人民武装部合署)。

财务处
(招投标办公室挂靠)

1960年7月,炮兵工程学院成立,设院务部等5个部。院务部下设财务部(1961年10月,财务部更名为财务处)。

——1962年6月,学院组织机构调整为物资保障部等三部一处,在物资保障部下设财务处。

——1966年4月,炮兵工程学院更名为华东工程学院,学院机构由三部一处调整为院务部等四部一室,在院务部下设财务处。

——1968年9月24日,学院体制调整,成立革委会,在行政后勤组下设财务组。1972年9月,恢复成立院务组,在院务组下设财务组。

——1975年9月25日,撤销院务组,恢复成立院务部,下设财务组;撤销办事组,恢复成立院办公室(党委、革委会办公室)。

——1977年4月25日,院务部所属财务组、行政组和车管等,改属院办公室。

1980年10月30日财务工作由院办公室划出,成立财务处,11月10日开始工作,启用印章。

——1986年4月28日,财务处经营管理科对外称科学技术管理处。1988年11月24日,撤销财务处经营管理科建制,继续保留科学技术管理处。

——1996年7月,财务处设立国有资产管理科。

——1999年2月,成立国有资产管理办公室,挂靠财务处。

——2008年2月25日,撤销挂靠财务处的国有资产管理办公室。同时撤销实验室与设备管理处,成立国有资产与实验室管理处。

——2016年1月14日,招投标办公室成立,挂靠财务处。

——2022年12月,财务处(招投标办公室挂靠)。

保密处(保密办公室)

1953年9月,军事工程学院成立,设立保密处。炮兵工程系设立保密室,直属系领导。

——1960年7月,炮兵工程学院成立,院办公室下设保密室。

——1964年6月,院办公室机构撤销,办公室工作划入军务处。

——1966年4月,炮兵工程学院更名为华东工程学院。恢复设立院办公室,院办公室下设保密室。

——2002年12月20日,在学校办公室增设保密科,与学校办公室综合科合署。

2006年3月21日,成立保密办公室(正处级行政管理机构),撤销学校办公室保密科。12月30日,保密办公室更名为保密处(办公室)。

——2022年12月,保密处(保密办公室)。

国有资产与实验室管理处
(场馆管理中心挂靠)

1956年2月,武昌高级炮兵技术学校更名为武昌高级军械技术学校,设立物资保障部。

1953年9月,军事工程学院成立,设立物资保障部。炮兵工程系设器材科。

——1960年6月,军事工程学院炮兵工程系迁往武昌,与武昌高级军械技术学校合并成立炮兵工程学院。武高物资保障部与哈军工炮兵工程系器材科合并成立技术部,下设计划供应处、装备器材处和生产处。

——1962年7月,学院迁驻南京后机关、院系进行调整,撤销技术部。计划供应处更名技术处,隶属教务部。装备器材处并到院务部车辆管理处,成立军械车管处。

——1965年4月,军械装备器材处从院务部军械车管处分出,归属教务部技术处。

——1966年4月,炮兵工程学院更名为华东工程学院,在教务部下设技术处。

——1969年,科研生产组成立,原技术处工作归属该组。

——1974年,在教育革命组下设科研组、生产组和技术物资组。

——1979年8月,技术物资组和生产组与实习工厂合并,成立生产设备处。1979年8月28日,建立生产设备处临时党总支。

1980年3月,生产设备处与实习工厂分开,成立生产物资处。4月1日,启用生产物资处印章。

——1984年12月22日,教务处实验室科划归生产物资处,与生产物资处的设备技安科的设备部分合并,成立实验设备科,统管全院设备、仪器和固定资产等。生产物质处另设技安环保科。

——1985年3月28日,生产物资处更名为实验设备处。

——1990年9月11日,成立实验设备处军械危险品科;成立军械陈列馆,挂靠实验设备处军械危险品科。

——1992年12月,实验设备处物资工作职能纳入物资采购供应中心。教务处微机中心划出与计算机科学系计算站合并成立计算中心,归口实验设备处管理。

——1993年2月25日,成立物资中心。

——1996年7月15日,成立国有资产管理科。

——1996年11月8日,成立现代教育技术中心,挂靠实验设备处。1999年3月24日,现代教育技术中心从实验设备处剥离,成为学校直属单位。

——1999年2月28日,实验设备处更名为实验室与设备管理处。

——1999年3月24日,挂靠单位射击中心、兵器博物馆筹备办、汤山试验场合并成立射击、试验管理服务中心;成立设备采购供应部,挂靠实验室与设备管理处;撤销挂靠单位仪器设备维修站。

——2000年7月6日,实验室与设备管理处更名为设备管理处。

——2000年10月8日,设备管理处更名为实验室与设备管理处。

——2002年3月,原后勤集团公司东山仓库调整为实验室与设备管理处挂靠单位,其机构名称为东山仓库。

——2005年2月28日,成立兵器教学楼管理办公室,作为实验设备处挂靠单位。成立军工试验中心,作为实验设备处挂靠单位。撤销实验设备处挂靠的东山仓库。撤销实验设备处挂靠的射击试验服务中心。

——2008年1月10日,挂靠实验室与设备管理处的"军工试验中心"更名为独立运行单位"军工试验中心(筹)";11月26日,"军工试验中心(筹)"更名为"军工试验中心",对外名称"汤山科研试验中心"。

2008年2月25日,撤销实验室与设备管理处,撤销挂靠财务处的国有资产管理办公室,成立国有资产与实验室管理处。

——2015年5月28日,场馆管理中心成立,运行初期挂靠国有资产与实验室管理处。

——2022年12月,国有资产与实验室管理处(场馆管理中心挂靠)。

国际交流合作处(港澳台事务办公室)

1979年,在院办公室设专人负责外事工作,使用外事办公室印章。

1984年9月30日,外事办公室单列,为处级机构。

1993年3月16日,撤销外事工作办公室,成立国际交流合作处。

——1995年9月15日,国际交流合作处使用第二名称"港澳台事务办公室"。

——1999年11月5日,成立国际教育学院,挂靠国际交流合作处。

——2003年9月9日,撤销原挂靠在国际交流合作处的国际教育学院,成立独立设置的国际教育学院。国际教育学院不涉及行政级别。2005年6月7日,组建成立新的国际教育学院。学院设立直属党支部。

——2009年3月6日,国际交流合作处负责学生国际交流及短期来校留学生的管理工作职责调整到国际教育学院。

——2022年12月,国际交流合作处(港澳台事务办公室)。

校园管理与保卫处(部)

1960年6月,炮兵工程学院成立,设立政治部等,政治部下设保卫部(处)。

——1966年4月,学院更名为华东工程学院,政治部下设保卫部(处)。

——1967年10月,成立大联委。

——1968年9月,学院革委会成立,在政治工作组下设保卫组。

——1975年9月,撤销政工组,恢复成立政治部,在政治部下设人民武装保卫部。

1977年4月25日,人民武装保卫部分建为人民武装部和保卫部,隶属院党委领导。

——1989年2月17日,设立保卫处办公室、校卫队、消防安全组。设立院公安派出所办公室、内保组、治安组、消防组、校卫队,所设机构与保卫处相应机构合署。

——1989年4月21日,成立南京市公安局栖霞区分局华东工学院派出所。

——2013年12月19日,校园管理与保卫处(保卫部)成立,同时撤销保卫处。

——2022年12月,校园管理与保卫处(部)。

基 建 处

1960年6月,炮兵工程学院成立,设立西安建院筹备处,下设基建处等。1961年6月,西安基建下马。

——1962年9月,迁址南京后,在院务部设立改建办公室。

——1966年4月,学院更名华东工程学院。在院务部下设房产处。

——1968年9月,学院成立革委会。在行政后勤组下设房产组,改建任务划归房产组。

——1972年9月,学院机构调整,院务组下单独成立基建办公室。

——1975年9月,撤销院务组等,重新成立院务部等。院务部下设基建办、房产组等。

1979年6月,在基建办公室基础上成立基建处。

1992年11月23日,成立院总务办公室。

——1992年12月1日,总务办公室设立修建中心、物资采购供应中心等14个经营、服务实体。撤销基建处、总务处等机构。

——1993年3月20日,总务办修建中心更名为总务办建设中心。总务办物资采购供应中心更名为总务办物资中心。

1996年6月25日,撤销建设中心;成立规划基建处。

——1999年1月,总务办更名为总务管理处。

——1999年2月28日,规划基建处更名为基建处。

——1999年9月20日,撤销基建处,成立基建管理处。

——2000年4月5日,撤销总务管理处规划科,原总务管理处规划科人员和职责划归基建管理处;学校"校规划委员会办公室"及其职责划归基建管理处。

——2000年7月6日,基建管理处更名为基建规划处。
2007年9月14日,基建规划处更名为基建处。
——2022年12月,基建处。

离退休处

1983年9月17日,设立老干部办公室,隶属组织部。
——1984年4月,成立退休办公室,归院工会领导。
1988年4月27日,成立老干部处,同时建立党总支。
——1988年12月,组建退休职工党总支。
——1989年1月,成立离退休干部处。
——1989年10月10日,撤销离退休干部处,成立老干部处、退休教职工管理处。
——1992年5月23日,成立关心下一代工作委员会(简称关工委)。
——1992年12月1日,退休教职工管理处与老干部处合并,仍称老干部处。撤销老干部处党总支和退休教职工管理处党总支,成立老干部党委。
——1996年6月25日,撤销老干部处,成立离休处、退休处。
——1997年11月3日,撤销老干部处党委,成立党委离休处工作委员会和党委退休处工作委员会。
——1997年11月12日,离休处与退休处分别设立办公室机构。
2000年7月6日,撤销离休处、退休处,合并成立离退休处。2001年1月14日,成立离退休处党委。
——2013年1月14日,设立离退休处党的工作委员会,与离退休处合署;撤销离退休处党委。离退休处机关党支部划归学校机关党委。
——2022年12月,离退休处。

信息化建设与管理处
(现代教育技术中心挂靠)

1984年12月22日,成立电化教学中心,属处级单位。
——1988年10月6日,撤销电化教育中心处级建制,归属教务处。
——1992年12月6日,成立新闻电教中心,该中心由原教务处电教中心、宣传部校报编辑部、电视台合并组成,归口宣传部。
——1993年6月22日,成立现代教育技术研究室,挂靠教务处。
——1996年11月8日,成立现代教育技术中心,挂靠实验设备处。
1999年3月24日,现代教育技术中心从实验设备处剥离,成为学校直属单位。
——2002年12月20日,明确现代教育技术中心为副处级机构。
——2009年1月5日,现代教育技术中心升格为正处级单位。
2013年12月18日,信息化建设与管理处成立,现代教育技术中心挂靠。
——2022年12月,信息化建设与管理处(现代教育技术中心挂靠)。

工 会

1979年6月,院党委常委会研究决定,设立工会。

1980年11月28日至12月4日,院首届工会会员代表大会召开,选举产生了第一届工会委员会。

——1980年12月,院工会成立。

——1984年12月22日,宣传部文化工作和大礼堂管理交工会。

——1985年4月,学院首届教职工代表大会召开。

——2006年,设立正处级工会常务副主席。

——2022年12月,工会。

团　　委

1960年6月,炮兵工程学院成立。1963年5月,学院召开第一次团代会,成立共青团工作委员会。

1977年6月,学院召开第二次团代会,选举产生首届团委会。

——1980年4月14日,设立学生工作部,直属党委领导。学生工作部与团委两块牌子、一套人马。

——1984年12月22日,撤销学生工作部,其工作分别由宣传部、团委承担。宣传部广播台交团委管理。

——1993年12月15日,团委由副处级升为正处级单位。

——2022年12月,团委。

艺术与文化素质教育部

1985年6月,学生会成立学生组织——院大学生艺术团①。

1987年9月,成立美育教研室,隶属社会科学系。

——1988年5月4日,学院大学生艺术团成立。

——1989年3月10日,成立美育教研室,为院直属单位。

——1989年5月11日,成立华工艺术团,在院文化艺术委员会指导下开展工作,暂归宣传部领导,待条件成熟时归属美育教研室。

——1989年11月20日,成立院文化艺术委员会。成立文化艺术管理办公室,挂靠宣传部。

——1991年6月17日,成立院文学艺术部,挂靠社会科学系。下设语文和美育两个教研室,并对院文化艺术团进行业务指导。

——1997年11月27日,人文学院艺术团成立。

——2003年3月28日,人文学院艺术团划归宣传部管理,为宣传部挂靠单位。

1999年3月24日,学生工作处(部)挂靠单位大学生心理咨询中心、勤工助学指导中心、德育教研室合并成立文化素质教育中心。

——2001年4月12日,撤销学生工作处(部)文化素质教育中心;成立南京理工大学文化素质教育办公室,为学工处内设机构。

——2006年7月8日,学生工作处下设的文化素质教育办公室更名为大学生活动中心

---

① 1985年6月20日,华东工学院报,第4版.

管理办公室。

2006年9月26日,成立学校国家大学生文化素质教育基地建设领导小组,下设办公室,挂靠教务处。

2007年9月14日,宣传部艺术教育中心、教务处国家大学生文化素质教育基地办公室、学工处大学生活动中心管理办公室划出合并,成立文化艺术教育中心。

——2008年1月10日,文化艺术教育中心更名为文化艺术素质教育中心。

2011年2月28日,文化艺术素质教育中心更名为艺术与文化素质教育部。人文学院文化素质教育部整建制调整到艺术与文化素质教育部。

——2016年11月23日,在艺术与文化素质教育部成立军事教学与研究室。

——2022年12月,艺术与文化素质教育部。

工程训练中心

1953年9月,军事工程学院成立。在工程技术勤务部下设生产实习工厂,炮兵工程系设立工艺室。

——1960年6月,炮兵工程学院成立。哈军工炮兵工程系工艺室与武昌高级军械技术学校红旗工厂合并组建学院实习工厂,隶属训练部。

——1966年4月,学院更名为华东工程学院,工厂相应更名为华东工程学院工厂。

——1979年8月,技术物资组和生产组与实习工厂合并,成立生产设备处。

——1979年11月1日,无线电分厂、光学分厂和印刷厂归属生产设备处领导。印刷厂原下属的绘图室,归属教务处领导。

1980年3月,生产设备处与实习工厂分开,成立生产物资处,同时恢复工厂建制。

——1987年5月20日,工厂成立教学组。

——1988年5月30日,工厂成立实习教研室。

——1992年10月15日,由电子工程系和光电技术系合并组建电子工程与光电技术学院。同时,校工厂无线电车间划归电光学院,成立无线电厂。2000年10月,无线电厂由电光学院划归教务处挂靠。2002年12月30日,无线电厂更名为电子实习教学培训中心。

——1993年2月23日,成立工厂教学培训中心,同时撤销工厂实习教研室、教学车间等。

——1993年3月22日,工厂更名为机电总厂。

——1994年9月15日,机电总厂原有各车间调整为通用机械厂、粉末冶金齿轮厂、工业油泵厂和教学培训中心等。

2007年1月24日,机电总厂教学实习培训中心与教务处电子实习教学培训中心合并,成立工程训练中心。8月13日,成立工程训练中心直属党支部。

——2022年12月,工程训练中心。

体 育 部

1960年6月,炮兵工程学院成立,在训练部下设军事教研室,其中第四组负责体育教学①。

——1966年4月,炮兵工程学院更名为华东工程学院,在教务部下设人武部军训处(合署)。

——1968年9月,学院体制调整,成立革委会,在教育革命组下设军事体育组(人武部)。

——1977年10月21日,恢复基础课部,在基础课部重新组建体育教研室。

1980年2月26日,体育教研室由基础课部划出,归院直接领导。3月28日,学院成立体育运动委员会,日常工作由体育教研室负责。

——1989年4月22日,体育教研室为处级建制,主任为正处级,副主任和党支部书记为副处级。

1990年3月17日,体育教研室更名为体育部,仍为处级建制。

——1993年1月,人武部、军教室与体育部合并,成立军体部(1989年1月12日,学院成立军事教研室,与人武部合署,直属院领导)。

——2000年8月29日,撤销军体部,成立体育部。

——2022年12月,体育部。

南京校区汤山分部建设管理委员会办公室

1972年,学院在汤山征地209亩,建设汤山试验场(又称汤山试验站、汤山靶场)。

——1983年5月3日,汤山试验场由科研处划归弹道所代管,代号808试验场。其业务工作由科研处负责安排,党政工作归弹道所负责。

——1984年12月22日,成立汤山试验场,属科级单位,由科研处领导。

——1999年3月24日,实验室与设备管理处挂靠单位射击中心、兵器博物馆筹备办,与科研处挂靠单位汤山试验场合并成立射击、试验管理服务中心,挂靠实验室与设备管理处。

——2004年12月,学校在汤山试验场原址周边再次征地450亩,使汤山校区面积扩大至659亩。

——2005年2月28日,成立军工试验中心,作为实验设备处挂靠单位。撤销实验设备处挂靠的射击试验管理服务中心,其相关职责并入军工试验中心。

2007年9月14日,将挂靠实验设备处的军工试验中心划出,设为学校直属单位。

——2008年1月10日,军工试验中心更名为军工试验中心(筹)。11月26日,军工试验中心(筹)更名为军工试验中心,对外名称为汤山科研试验中心。

——2017年1月,学校与江宁区达成协议,在汤山现有校区南部再扩容约230亩土地,形成约900亩的整体地块。

——2019年6月,学校成立汤山校区规划建设工作领导小组,校长任组长,负责研究汤山校区建设重大事项,统筹协调资源配置。

2020年3月,在汤山校区规划建设工作领导小组基础上,成立南京校区汤山分部建设

---

① 《华东工学院年鉴》(1990),P88.(魏耀文《南京理工大学组织沿革(1953-1976)》:1960年在训练部下设体育教研室)。

管理委员会。设立南京校区汤山分部建设管理委员会办公室,作为学校二级管理机构,下设综合管理部、军工试验中心。军工试验中心不再作为学校二级机构。

——2022年12月,南京校区汤山分部建设管理委员会办公室。

图 书 馆

1953年9月,军事工程学院成立。1955年春,炮兵工程系设立图书资料室等。

1960年6月,炮兵工程学院成立。以哈军工炮兵工程系图书资料室和武昌高级军械技术学校图书馆为基础,筹建新图书馆,隶属训练部。

——1966年4月,学院更名为华东工程学院。图书馆隶属教务部。

——1968年8月,学院成立革委会。图书馆隶属教育革命组。1975年9月,恢复成立教务部。

1979年7月,院党委常委会研究决定,撤销教务部,图书馆独立设置。

——1989年11月30日,图书馆设专职支部书记(副处级)。

——2022年12月,图书馆。

档 案 馆
(校史馆合署,校史研究中心挂靠)

1983年5月3日,成立情报研究室,归科研处领导。

——1992年11月6日,成立院信息中心,与科技处情报研究室合署。

——1993年3月2日,华东信息中心(科技处情报室)整建制从科技处划出,直接归院管理。

1979年7月,院办公室设置综合档案室,负责文书档案管理。

——1983年1月,之前由科研处管理的科研档案转归院办公室管理。

——1983年12月,成立综合档案室,科级建制,隶属院办公室。负责统一管理全院文书档案和科技档案(包括教学、科研、基建、设备、外事、出版物、产品、电化教学等)。

——1989年12月11日,院综合档案室明确为副处级建制。仍隶属院办公室。

——1992年12月6日,综合档案室更名为综合档案馆。党委办公室、统战部、院长办公室合并,成立院办公室。原院长办公室所属展览馆并入归院办公室管理。

1994年9月15日,综合档案馆从校办划出,单独建制。

——1995年9月20日,综合档案馆更名为档案馆。

——1997年10月5日,档案馆和信息中心合并,成立信息档案中心,为学校直属业务单位。

2012年6月20日,信息档案中心科技情报与科技查新职能、人员和编制调整到图书馆,调整后的信息档案中心更名为档案馆。

——2012年10月23日,成立校史展览馆(与档案馆合署)。

——2021年4月2日,成立校史研究中心;校史展览馆更名为校史馆。校史研究中心挂靠档案馆(校史馆)。

——2022年12月,档案馆(校史馆合署,校史研究中心挂靠)。

对外联络与发展部
（教育发展基金会，董事会，校友会）

1993年12月14日，成立对外协作办公室，挂靠校办。

——1994年4月26日，召开学校董事会成立大会。

——2002年10月25日，经江苏省民政厅批复注册登记，校友会成为独立社会团体法人。2003年3月30日，学校举行校友会成立大会。

——2005年2月28日，成立校友工作办公室，作为学校办公室内设科级机构。

——2006年6月9日，江苏省教育厅批复同意学校成立教育发展基金会。2007年9月21日，举行学校教育发展基金会成立大会。

——2009年1月5日，成立教育发展基金会办公室和董事会办公室，挂靠学校办公室。

2010年3月19日，成立对外联络与发展部，为校正处级直属单位，加挂教育发展基金会、董事会和校友会等三块牌子。学校办公室相应职责划转至外联部。

——2022年12月，对外联络与发展部（教育发展基金会，董事会，校友会）。

医　　院

1949年，第四野战军青年干校医务室。

——1953年，武昌高级炮兵技术学校卫生所。

——1954年，武昌高级军械技术学校门诊部。

1960年6月，炮兵工程学院成立，在院务部下设卫生处及门诊部。

——1962年6月，学院机构调整，在物资保障部下设军需处、军械车管处、卫生处等。

——1966年4月，学院更名为华东工程学院，在院务部下设卫生处（医院）。

——1971年3月，医院归属行政后勤组。1972年9月，改属院务组。

——1975年9月25日，撤销院务组，恢复成立院务部。

——1979年6月，撤销院务部等，医院直属院领导。

——1987年9月22日，行政管理处与总务处合并，合并后称总务处。下设医疗卫生中心和膳食服务中心，均为副处级机构。9月29日，医疗卫生中心下设办公室、医院、预防保健科、计划生育委员会办公室、爱国卫生运动委员会办公室，均为科级建制。

1988年10月6日，撤销医疗卫生中心，医院归院直属（副处级建制）。

——1992年10月28日，医院第二门诊部设立并开始营业。同时，医院外科病房正式启用。

——2013年12月18日，医院院长由副处职调整为正处职。

——2022年12月，医院。

后勤服务中心

1960年6月，炮兵工程学院成立，院务部下设军需处、营管处、生产处、卫生处等。

——1962年6月，学院机构调整，物资保障部下设军需处、军械车管处、卫生处等。

——1966年4月，学院更名为华东工程学院。院务部下设生活管理处、行政管理处、房产处、卫生处等。

——1971年3月,学院机构调整,行政后勤组下设行政管理组、房产组、医院等。

——1972年9月,学院机构调整,院务组下设行政管理组、生活管理组、房产组、医院等。

——1975年9月25日,撤销院务组等,恢复成立院务部等。院务部下设行政组、房产组、基建办等。

——1977年4月25日,院务部所属财务组、行政组、生活组所属招待所,改属院办公室。

1979年6月,撤销院务部等,成立总务处等,为学院直属机构。

——1984年12月22日,恢复总务处统一管理行政工作的职责。由院长办公室管理的部分行政工作交回总务处。房产科分为房产管理科和房产维修科。

——1986年1月3日,成立行政管理处。

——1987年9月22日,行政管理处与总务处合并,合并后称总务处。下设医疗卫生中心和膳食服务中心,均为副处级机构。1988年10月6日,撤销医疗卫生中心,医院归院直属(副处级建制)。

——1990年9月11日,成立院行政办公室(副处级单位),挂靠总务处。总务处行政科更名为事务科。

——1992年11月23日,成立院总务办公室,作为学院职能部门(市容队、居委会、高压站挂靠)。撤销总务处、基建处、院办接待科等机构。11月28日,撤销总务处党总支,成立总务党总支委员会。12月2日学院召开总务办成立大会。

——1992年12月1日,总务办公室设立事务部、房地产服务部、大楼服务部、教室学生宿舍服务部、幼儿园、车辆运输服务部、水电服务部、综合服务部、后勤产业中心、生活服务中心、膳食中心、修建中心、物资采购供应中心、接待中心等14个经营、服务实体。撤销院行政办公室、基建处等机构。原院长办公室传达室划归保卫处,收发室划归总务办事部门。招待所与宾馆组建院接待中心。

——1993年3月20日,总务办修建中心更名为总务办建设中心。总务办物资采购供应中心更名为总务办物资中心。

——1999年2月28日,总务办更名为总务管理处。成立校区管理处。

——1999年3月24日,成立住宅区物业管理部,挂靠校区管理处。

——2000年7月6日,撤销校区管理处,与总务处合并成立新的总务管理处。

劳动服务公司

——1982年9月5日,经省高教局、南京市工商管理局批准,成立院劳动服务公司。

——1983年11月17日,设立劳动服务公司。

——1991年10月15日,成立集体企业管理处,与劳动服务公司合署办公。集体企业管理处是管理全院集体企业和服务行业的职能部门。1992年12月17日,成立学院集体企业董事会。1993年11月8日,撤销集体企业管理处。

——1992年9月19日,人事处人才交流中心更名为人才开发中心。

——1994年5月10日,原总务办所属生活服务中心和人事处所属人才开发中心划归劳动服务公司统一管理。

——1999年2月28日,原劳动服务公司具有管理职能的全校临时工用工计划审批划归到人事处,人才开发中心挂靠人事处,其余划归后勤集团公司。

附校办公室

——1960年6月,炮兵工程学院成立,设学院子弟小学。1962年,子弟小学随学院迁址南京。
——1971年,开办三年制戴帽初中班。
——1974年,开办高中班,同时组建附属中学。
——1975年,成立附校工作部(处),成立革委会和党的核心领导小组。核心领导小组后改为党总支委员会。
——1981年,创建附校校办工厂。
——1982年,创办职业技术学校,开设电子技术、机械电工、财会等专业。
——1986年5月13日,南京市教育局批复同意,学院举办南京市中等专业(走读)学校华东工学院分校。
——1987年11月10日,附校工作处更名为附属总校。
——1995年1月15日,撤销附属总校机构,成立附校办公室。
——1996年7月15日,幼儿园由总务办公室调整到附校办公室。
——1999年10月,附属中学移交玄武区政府。
——2000年4月28日,学校决定,停办附属职业学校。
——2002年1月1日,附属幼儿园整建制转入后勤集团。
——2005年2月28日,附校办公室撤销。原由附校办管理的附属小学划归后勤集团管理。
——2007年,附属小学停止招生,9月起结束一切办学活动,移交玄武区教育局。

1999年1月24日,成立后勤集团公司。

——1999年3月18日,后勤集团公司以模拟形式运行,下设商贸总公司、饮食服务总公司、接待旅游总公司、公共物业管理总公司、建筑安装总公司、水电安装维修总公司等6个行业公司。统一规范对外业务活动名称。
——2002年1月1日,附属幼儿园整建制转入后勤集团。
——2002年3月,原后勤集团公司东山仓库调整为实验室与设备管理处挂靠单位,其机构名称为东山仓库。

2008年2月25日,撤销总务管理处、后勤集团等。成立后勤管理服务中心,为学校直接管理的正处级直属单位。

——2008年3月27日,学校对机关相关部门工作职责进行调整:原总务管理处的学校公有房屋(住宅除外)、家具统一调配和管理职责,原国有资产管理办公室(挂靠财务处)全部职责,原实验室与设备管理处全部职责划入新成立的国有资产与实验室管理处。原总务管理处关于修缮工作的相关职责划入基建处。原后勤集团全部职责和原总务管理处除划归上述各部门职责以外的其他所有职责划入后勤管理与服务保障中心。
——2013年12月9日,后勤管理服务中心更名为后勤服务中心。成立能源管理办公室,挂靠后勤服务中心。
——2022年12月,后勤服务中心。

紫金战略研究院

1984年5月3日,成立高等教育研究室,挂靠教务处。

——1986年10月,学院成立软科学研究中心(原名软科学研究组)。

——1988年4月25日,以软科学研究中心为基础,成立院软科学研究所。

——1989年3月25日,高教研究室划归软科学研究所。

——1993年11月8日,撤销高教研究室,成立高教研究所,该所为学术性机构,为校直属单位。

——1999年5月4日,高教研究所更名为高等教育研究所。

——2011年2月28日,成立学术中心,为学校直属正处级单位。加挂高等教育研究所和科技工作者协会两块牌子。

——2013年12月9日,高等教育研究所由原挂靠学术中心改为挂靠发展规划处。

2015年3月24日,由学校与江苏省人才创新创业促进会联合成立江苏人才发展战略研究院。

——2015年6月8日,成立江苏人才发展战略研究院办公室,与人事处合署。

2020年1月19日,紫金战略研究院成立,为学校直属单位。高等教育研究所、江苏人才发展战略研究院、经济与国防协调发展研究院纳入。

——2022年12月,紫金战略研究院。

科学技术协会

1988年4月20日,学院科学技术协会成立,挂靠科研处。

——1988年7月2日,华东工学院科学技术协会举行首次代表大会。

——2011年2月28日,成立学术中心,为学校直属正处级单位。加挂高等教育研究所和科技工作者协会两块牌子。

——2013年12月9日,科学技术研究院成立,加挂科学技术协会牌子,同时撤销科学技术处、工程技术研究院、产学研基地管理办公室、学术中心。

2020年3月21日,学校科学技术协会(科协)设置为校直属单位,不再作为科学技术研究院挂靠单位。科协承担学校学术委员会办公室、学术委员会学术道德与纪律监督委员会办公室职责。

——2022年12月,科学技术协会。

资产经营有限公司

产业管理处:

——1983年10月,学院成立科学技术服务部,启用印章。

——1984年3月30日,在科研处增设对外科技服务科,作为院科技服务部的办事机构。

——1984年9月5日,科学技术服务部独立办公;撤销科研处科技服务科。

——1987年9月22日,科研处与科技服务部合并,合并后称科研处。

——1988年11月19日,以原科技服务部为基础,从科研处划出,重新组建科技开发处。专利事务所从科研处划出,挂靠科技开发处。

——1991年4月10日,学院对科技开发处体制和职能进行调整:将实验设备处生产科、三号门经营部和标准化计量室整建制调入科技开发处;专利事务所划入科技开发处管理,撤销专利事务所独立行政建制。科技开发处同时使用科技开发生产经营总部、科技开发中心名称。

——1992年3月14日,科技开发处更名为产业开发处。科研处更名为科技处。原科技开发处专利事务所、技术市场部划归科技处;技术市场部与科技处民品开发科合并,成立技术贸易部。

——1992年4月13日,成立生产经营管理委员会,并设立办公室。撤销产业开发处,成立产业开发中心,该中心为产业实体。

——1993年8月30日,成立学校科技发展总公司、校办产业总公司、科技贸易(进出口)公司。

——1994年12月3日,组建中共南京理工大学委员会产业工作委员会。

——1995年4月5日,原直属校党委的产业总公司党支部归属产业工委领导。

——1999年2月28日,生产经营管理办公室更名为产业管理处。校办实体公司优化重组后,成立具有独立法人资格的校产业集团总公司。

机电总厂:

——1953年9月,军事工程学院成立。在工程技术勤务部下设生产实习工厂,炮兵工程系设立工艺室。

——1960年6月,军事工程学院炮兵工程系迁往武昌,与武昌高级军械技术学校合并成立炮兵工程学院。武高红旗工厂与炮兵工程系工艺室合并组建成立实习工厂,隶属训练部。

——1962年7月,学院迁驻南京,工厂随学院迁至东山五号门外。

——1966年4月,炮兵工程学院更名为华东工程学院,工厂更名为华东工程学院工厂。1967年9月工厂成立革委会。

——1970年2月,原二系及基础课部部分教师归并工厂建制,更名为二大队,成立党的核心小组。

——1970年3月4日,经五机部批准,同意院办机械工厂和电子、光学两个分厂。

——1979年10月30日,技术物资组和生产组与工厂合并,成立生产设备处(即5328厂)。无线电分厂、光学分厂、印刷厂等三个单位归属工厂建制(生产设备处)。印刷厂原来下属的绘图室,归属教务处领导。

——1980年3月,生产设备处与实习工厂分开,成立生产物资处,同时恢复工厂建制。4月1日,启用工厂印章。

——1987年7月,校工厂光学车间划归光电技术系(九系)。

——1988年5月30日,工厂成立实习教研室,统筹实施金工、机工、无线电的教学实习任务。

——1988年四季度,印刷厂由工厂分出,划归教学服务中心。

——1989年4月26日,成立学院开发经营部,隶属工厂领导。

——1992年10月15日,由电子工程系和光电技术系合并组建电子工程与光电技术学院。同时,校工厂无线电车间划归电光学院。2000年10月,无线电厂由电光学院划归教务处挂靠。2002年12月30日,无线电厂更名为电子实习教学培训中心。

——1993年2月23日,成立工厂教学培训中心,同时撤销工厂实习教研室、教学车间等。

——1993年3月22日,工厂更名为机电总厂。

——1994年9月15日,机电总厂原有各车间调整为通用机械厂、粉末冶金齿轮厂、工业油泵厂和教学培训中心等。

——2007年1月24日,机电总厂教学实习培训中心与教务处电子实习教学培训中心合并,成立工程训练中心。

大学科技园管理中心:

——2001年4月6日,经南京市政府批准,南京理工大学科技园挂牌成立。科技园由南京理工大学和南京市白下区人民政府共同发起创办。

——2001年4月16日,成立南京理工大学科技园管理委员会。成立科技园管理中心,作为科技园的实体管理机构及管理委员会常设机构。

——2002年2月,科技园被批准为江苏省大学科技园。

——2002年3月20日,科技园管理中心独立设置,为校机关正处级单位。科技处知识产权与民品科技项目管理职能划归科技园管理中心。

——2002年5月,被科技部、教育部批准列入"国家大学科技园"建设序列。2003年7月,通过国家科技部、教育部专家组的评估和验收。2003年10月,国家科技部、教育部正式授予"南京理工大学国家大学科技园"铭牌。

2008年2月25日,撤销科技园管理中心,撤销产业管理处。成立资产经营有限公司。

——2008年3月27日,学校对部分机关部门工作职责进行调整:原产业管理处、科技园管理中心的全部职责划入资产经营有限责任公司。

——2008年5月4日,撤销机电总厂党总支委员会,隶属于原机电总厂党总支委员会党员的组织关系转入资产公司工委统一管理。

——2022年12月,资产经营有限公司。

附:原编辑出版中心:

——1977年10月,《华东工程学院学报》创刊,编辑部(室)隶属于教务部情报室。

——1978年1月7日,学院成立《华东工程学院学报》编审委员会。

——1979年7月,院党委常委会研究决定,撤销教务部,设立科研处,编辑部(室)改属科研处。

——1981年,《高教研究》创刊。《高教研究》原名《教学研究》,1986年更名为《高教研究》。

——1985年6月12日,兵器工业部教育局批复同意,学院编辑出版发行《兵工高等教育研究》《高教文摘》刊物,并设立编辑部(兵编部),编辑部代为编辑发行《教学研究》。1988年1月,《兵工高等教育研究》更名为《机械工业教育》,1990年又更名为《机电教育》。

——1987年12月21日,将兵编部与科研处学报编辑室合并,成立编辑出版部,为副处级建制。

——1988年10月,《华东工学院学报(哲学社会科学版)》创刊。

——1991年1月23日,江苏省教育委员会决定,《高教研究》并入《华东工学院学报(哲社版)》。
——1991年3月5日,编辑出版部升格为正处级业务机构。
——1991年3月27日,学院成立《华东工学院学报(哲学社会科学版)》编审委员会。
——1992年12月,原教学服务中心印刷厂与编辑出版部合并成立编辑出版中心。
——2005年2月28日,编辑出版中心撤销。原由编辑出版中心管理的印刷厂划归校产业部门直接管理。

附录4　学院(系)沿革

机械工程学院

1953年9月,军事工程学院成立,炮兵工程系(二系)设立弹药教授会,炮兵步兵兵器科(一科)、火箭科(五科)。1955年春,步兵兵器科从一科分出。1957年夏,组建弹药专科。

——1960年6月,军事工程学院炮兵工程系迁往武昌,与武昌高级军械技术学校合并成立炮兵工程学院,设立炮兵步兵兵器(一系)、炮兵弹药(二系)、火药炸药(三系)、仪器(四系)、雷达(五系)、火箭武器(六系)、军械勤务(七系)等七个系。

——1962年9月,学院迁驻南京后系和专业进行调整,步兵兵器调出学院,弹药(弹丸)、引信、非接触引信三个专业调整到一系,一系、二系合并更名为炮兵兵器系;火箭弹专业留在二系,与原六系合并更名为火箭武器系(二系)。

——1965年5月,弹丸、引信和非接触引信三个专业又调出一系,火箭发射装置和内弹道专业调入一系。同年9月,组建自动武器专业。

——1966年4月,炮兵工程学院更名为华东工程学院,设基础课部、一系(炮兵兵器系)、二系(火箭武器系)、三系(火炸药系)、四系(炮兵仪器系)、五系(留学生系)等。

——1971年1月8日,一系、二系相应调整为一大队、二大队。1972年8月21日,取消大队,恢复系体制。

——1971年7月,太原机械学院轻武器专业90余人调入一系、二系和基础课部。

——1976年5月,撤销基础课部。

——1978年8月,西北工业大学航炮专业22名教师调入一系。

制造工程学院

——1973年3月31日,金工金相、机械制造工艺两个教研室从工厂划归基础课部领导。

——1977年10月21日,恢复基础课部。10月22日,以从基础课部分出的机械制造工艺和金工金相两个教研室为基础,成立兵器制造系(五系)。

——1980年4月,按照国防科委指示,学院设置6个系21个专业。五系更名为机械制造工艺系(五系)。五系机械制造工艺与设备专业调整为机械制造工艺及设备自动化专业。

——1980年6月26日,基础课部的机械制图、机械原理与机械零件两个教研室调入五系。

——1985年9月27日,五系成立工业造型设计教研室,成立计算机集成制造系统研究所。

——1986年6月12日,机械制造工艺系更名为机械制造系(五系)。

——1992年7月16日,信息自动化与制造工程学院成立,学院由机械制造系(五系)、计算机科学与技术系(六系)、自动控制系(十系)组成。9月4日,学院成立大会召开。

——1995年3月,信息自动化与制造工程学院撤销,成立制造工程系,成立信息学院。

——1996年11月15日,以制造工程系为基础成立制造工程学院。

机械学院

——1980年4月,按照国防科委指示,学院设为机械工程系(一系)、飞行器工程系(二系)等6个系21个专业。一系火炮随动系统专业中分出自动控制专业,并调入到计算机与自动控制系(六系),留下部分教师组成一系液压传动与控制教研室。二系非接触引信专业并入电子工程与光电技术系(四系)。

——1981年4月,内、外弹道专业分别调出一系、二系,合并成立弹道研究所。

——1983年1月,一系成立振动中心实验室。

——1983年4月21日,由一系101教研室火炮专业的一个课题组为主,组建中间弹道教研室,归一系领导。同时,弹箭研究室由工厂划归弹道所,非电量测量研究室由基础课部划归弹道所,汤山靶场由科研处划归弹道所代管。

——1984年3月,以一系火炮、火箭发射装置和自动武器三个专业部分师资设备为基础,成立兵器制造工艺教研室。

——1989年3月6日,机械工程系(一系)更名为机械工程一系;飞行器工程系(二系)更名为机械工程二系

——1992年7月16日,信息自动化与制造工程学院成立。机械制造系(五系)机械原理与机械零件划入二系。

——1993年2月15日,机械工程一系与机械工程二系合并组建机械学院。3月13日,召开机械学院成立大会。

2001年7月9日,机械学院、制造工程学院合并成立机械工程学院。

——2010年7月17日,机械工程学院交通运输工程学科和交通工程专业调整到自动化学院。工业设计、艺术设计专业与人文学院广播电视新闻学专业合并,成立设计艺术与传媒学院。

——2022年12月,机械工程学院。

化学与化工学院

1953年9月,军事工程学院成立,炮兵工程系设立弹药炸药科(二科)、火炸药专业。

——1960年6月,军事工程学院炮兵工程系迁往武昌,与武昌高级军械技术学校合并成立炮兵工程学院,设立炮兵步兵兵器(一系)、炮兵弹药(二系)、火药炸药(三系)、仪器(四系)、雷达(五系)、火箭武器(六系)、军械勤务(七系)等7个系。火炸药系(三系)设火药、炸药、火工品、内弹道等4个专业和火箭火药、火炮火药、内弹道、炸药工艺、化工、火工、烟火、炸药理论、炸药装药等9个教研室。

——1962年9月,学院迁驻南京后系和专业进行调整,火炸药系(三系)4个专业调整为火药、炸药、内弹道3个专业,设立火药、炸药、内弹道、火工烟火、化工5个教研室。

——1965年5月,三系增设火工专业。基础课部化学教研室调入三系。三系的内弹道专业调往一系。

——1966年4月,炮兵工程学院更名为华东工程学院,设基础课部、一系(炮兵兵器系)、二系(火箭武器系)、三系(火炸药系)、四系(炮兵仪器系)、五系(留学生系)等。

——1971年1月8日,三系调整为三大队。1972年8月21日,取消大队,恢复系体制。

——1980年4月,按照国防科委指示,学院设为化学工程系(三系)等6个系21个专业。

——1981年,三系增设环境工程专业。

——1982年10月11日,经兵器工业部批准,建立兵器工业部民用爆破器材研究室(312教研室)。1985年4月3日,经兵器工业部批准,民爆研究室扩建为民用爆破器材研究所。

——1985年6月20日,化学工程系(三系)增设环境工程教研室。1985年,增设环境监测专业。

1988年7月23日,原国家机械工业委员会教育局批复同意成立化工学院。由化学工程系(三系)和民用爆破器材研究所合并组建成立。

——1988年10月29日,民爆研究所通过由国家技术监督局组织的审查验收,成为国家级检测中心。

——1988年12月3日,化工学院召开成立大会。学院下设化学工程系、应用化学系、环境科学与工程系、化学系、民爆器材质量检测中心等。

——2010年7月17日,以化工学院的环境科学与工程一级学科、生物化工二级学科和生物工程、环境工程、辐射防护与环境工程三个专业为基础,新组建环境与生物工程学院。

2021年4月22日,化工学院更名为化学与化工学院。

——2022年12月,化学与化工学院。

电子工程与光电技术学院

1953年9月,军事工程学院成立,炮兵工程系设立炮兵仪器科(三科)、炮兵雷达科(四科)。

——1960年6月,军事工程学院炮兵工程系迁往武昌,与武昌高级军械技术学校合并成立炮兵工程学院,设立炮兵步兵兵器(一系)、炮兵弹药(二系)、火药炸药(三系)、炮兵仪器(四系)、炮兵雷达(五系)、火箭武器(六系)、军械勤务(七系)等七个系。

——1962年9月,学院迁驻南京后系和专业进行调整,炮兵仪器系(四系)和炮兵雷达系(五系)合并组建炮兵仪器系,代号四系。设置军用光学仪器、指挥仪、夜视仪器、炮兵雷达、计算机等专业。

——1966年4月,炮兵工程学院更名为华东工程学院,设基础课部、一系(炮兵兵器系)、二系(火箭武器系)、三系(火炸药系)、四系(炮兵仪器系)、五系(留学生系)等。

——1971年1月8日,四系调整为四大队(电子仪器)和五大队(光学仪器)。1972年8月21日,取消大队,合并恢复四系体制。

——1979年5月,四系使用炮兵仪器系名称。1979年11月20日,四系电子计算机教研室(405教研室)及专业划出,组建计算机科学与工程系(六系)。四系更名为仪器系。

1980年6月26日,二系非接触引信教研室与基础课部无线电教研室调入四系,成立电子工程与光电技术系(四系)。与此同时,一系火炮随动系统教研室、四系指挥仪教研室与原计算机系合并,成立计算机与自动控制系(六系)。

1985年4月13日,电子工程与光电技术系(四系)分建为电子工程系(四系)和光电技术系(九系)。

——1987年7月6日,工厂光学车间归属光电技术系(九系)领导。1992年7月6日,九系光学车间更名为光学仪器厂。

——1987年8月24日,电工教研室由基础课部调出,并入十系建制。

1992年10月15日,电子工程系和光电技术系合并组建电子工程与光电技术学院。同时,校工厂无线电车间、八系近代光学技术应用研究所划归电光学院。10月29日,学院成立大会召开。1995年4月6日,近代光学研究所由电光学院整建制划归动力工程学院。2000年10月,无线电厂划归教务处。

——2001年12月29日,电光学院应用电子技术系与电子工程系合并成立新的电子工程系。撤销原应用电子技术系。

——2010年7月13日,自动化学院信息工程系、电工教研室划归电光学院,电路与系统二级学科、电子信息工程专业整合到电子工程与光电技术学院。

——2022年5月20日,成立南京理工大学微电子学院(集成电路学院),为学校二级教学科研机构。

——2022年12月,电子工程与光电技术学院

附:原先进发射武器系统协同创新中心

——2012年7月30日,先进发射武器系统协同创新中心成立。

——2013年9月7日,党委常委会研究决定,先进发射武器系统协同创新中心为学校直属单位。

——2014年2月24日,学校成立先进发射武器系统协同创新中心领导小组。

——2014年3月3日,先进发射武器系统协同创新中心被认定为首批工业和信息化部协同创新中心。

——2015年7月1日,校党委常委会研究决定,设立先进发射武器系统协同创新中心直属党支部。2018年11月30日,撤销中共南京理工大学先进发射武器系统协同创新中心直属党支部,成立中共南京理工大学先进发射武器系统协同创新中心总支部委员会。

2020年1月10日,先进发射武器系统协同创新中心并入电子工程与光电技术学院,不再作为学校独立二级机构。

——2020年3月11日,撤销先进发射武器系统协同创新中心党总支。

计算机科学与工程学院

1960年6月,炮兵工程学院成立。1962年9月,学院迁驻南京后系和专业进行调整,炮兵仪器系(四系)和炮兵雷达系(五系)合并组建炮兵仪器系,代号四系。设置军用光学仪

器、指挥仪、夜视仪器、炮兵雷达、计算机等专业。

——1966年4月,炮兵工程学院更名为华东工程学院,设基础课部、一系(炮兵兵器系)、二系(火箭武器系)、三系(火炸药系)、四系(炮兵仪器系)、五系(留学生系)等。

——1971年1月8日,四系调整为四大队(电子仪器)和五大队(光学仪器)。1972年8月21日,取消大队,合并恢复四系体制。

1979年11月20日,四系电子计算机教研室(405教研室)及专业、机房划出,组建计算机科学与工程系(六系)。设置计算机硬件(601教研室)和计算机软件(602教研室)两个专业,以及计算站等三个单位。

——1980年6月26日,一系火炮随动系统教研室、四系指挥仪教研室与原计算机系合并,成立计算机与自动控制系(六系)。

——1985年4月13日,原计算机与自动控制系(六系)分建为计算机科学与工程系(六系)和自动控制系(十系)。

1992年7月16日,信息自动化与制造工程学院成立,为信息自动化与制造工程学院计算机科学与工程系。

——1995年3月,信息自动化与制造工程学院撤销,成立信息学院,为信息学院计算机科学与工程系。

1997年8月29日,计算机科学与工程系更名为计算机系,为办学实体,成立系党总支委员会和系办公室。

——2002年4月,软件学院成立。

2005年12月19日,计算机系更名为计算机科学与技术学院。

——2005年12月30日,信息学院撤销。撤销软件学院。计算机学院内设机构调整为计算机系统理论与技术系(计算机系统理论与技术研究所)、计算机网络与通信工程系(计算机网络与通信工程研究所)、数字媒体理论与工程系(模式识别与机器智能研究所)、计算机基础教学部、计算机科学与技术实验中心,成立计算机应用研究所、信息处理及安全技术研究所等。

2012年5月18日,计算机科学与技术学院更名为计算机科学与工程学院。

——2018年6月26日,成立南京理工大学人工智能学院,与计算机科学与工程学院合署运行。

——2022年12月,计算机科学与工程学院。

经济管理学院

1980年2月9日,五机部决定,在学院组建企业领导干部进修系(干部培训系)。

——1981年,系更名为管理工程系(七系)。

——1983年3月4日,在管理工程系成立工业财会教研室(703)。

——1984年12月1日,七系成立工业统计教研室(704)、科技情报工程教研室(705)。

——1985年9月27日,七系成立对外经济贸易教研室。

——1986年3月8日,七系成立信息管理教研室。

——1989年1月12日,管理工程系更名为经济管理系。

1991年8月31日,以经济管理系为基础成立经济管理学院(1991年7月11日,兵器工业总公司教育局批复同意学院成立经济管理学院)。

——1991年10月15日,经济管理学院下设工业工程系、情报工程系、经济贸易系。

——1994年5月16日,成立贸易经济系、工商管理系、管理工程系、信息管理系。投资经济教研室和国际金融教研室暂为学院直属教研室,对外可使用金融与投资系(筹)。

——1997年3月31日,学院系级机构调整为工商管理系、信息管理系、管理工程系;贸易经济系更名为国际贸易系。成立投资金融系、会计系。

——1999年6月24日,撤销投资与金融系、工商管理系、会计系、国际贸易系;成立应用经济学系、企业管理系、会计学系、国际贸易学系。

——2001年9月18日,人力资源管理研究中心(原挂靠人文学院)、软科学研究所划归经济管理学院管理。其中,软科学研究所实行院所合一的管理模式。

——2011年4月12日,成立创业教育学院,挂靠经济管理学院。

——2022年12月,经济管理学院。

能源与动力工程学院

1953年9月,军事工程学院成立,炮兵工程系设立内、外弹道教授会(203)。

——1960年6月,军事工程学院炮兵工程系迁往武昌,与武昌高级军械技术学校合并成立炮兵工程学院,设立炮兵步兵兵器(一系)、炮兵弹药(二系)、火药炸药(三系)、炮兵仪器(四系)、炮兵雷达(五系)、火箭武器(六系)、军械勤务(七系)等七个系。炮兵弹药系(二系)设外弹道教研室、射击公算及外弹道专业;火药炸药系(三系)设内弹道教研室、内弹道专业。

——1962年9月,学院迁驻南京后系和专业进行调整,学院体制调整为三部、四系、一处。火箭武器系(二系)设外弹道教研室和外弹道专业,火药炸药系(三系)设内弹道教研室和内弹道专业。

——1965年5月,火药炸药系(三系)的内弹道教研室及专业调往炮兵兵器系(一系)。

1981年4月2日,五机部批复同意建立弹道研究所。弹道研究所为系(工程热物理与飞行力学系,八系)所合一的教学、科研机构。由一系内弹道教研室、二系外弹道教研室和气动力研究室组成。弹道所设立临时党总支。

——1982年6月2日,学院发文,公布弹道研究所(八系)于1982年6月2日正式成立。弹道所正式设立党总支。

——1983年5月3日,由一系101教研室火炮专业的一个课题组为主,组建中间弹道教研室,归一系领导。与此同时,弹箭研究室由工厂划归弹道所,非电量测量研究室由基础课部划归弹道所,汤山靶场由科研处划归弹道所代管。1984年2月,中间弹道教研室划归弹道所(804)。

——1990年11月,弹道实验室获批国防科技重点实验室。

1992年1月8日,弹道国防科技重点实验室建制独立,编制单列,行政党团关系挂靠八系。12月2日,举行成立典礼。

——1992年10月15日,由电子工程系和光电技术系合并组建电子工程与光电技术学院。同时,八系近代光学技术应用研究所划归电光学院。1995年4月6日,近代光学研究所由电光学院整建制划归动力工程学院。

1993年3月19日,由弹道研究所、八系和弹道国防重点实验室组建动力工程学院。4月27日,举行动力工程学院成立大会。原弹道研究所与动力工程学院为院所合一体制。新成立弹道国防重点实验室,挂靠动力工程学院,与动力工程学院合署办公。

——1994年8月22日,成立电力系统及其自动化教研室。

——1996年11月25日,成立电力工程系。

——2008年10月23日,成立发射动力学研究所,隶属于动力工程学院。

2010年7月17日,动力工程学院更名为能源与动力工程学院。同时,动力工程学院电气工程学科、电气工程及其自动化专业整合到自动化学院。

——2010年9月8日,能动学院机构设置调整为:内弹道教研室(801)、外弹道教研室(802)、建筑环境与设备工程教研室(803)、热工过程自动化教研室(804)、空气动力学教研室(805)、终点弹道教研室(806)、新能源科学与工程教研室(807)、热能工程教研室(808)等。11月8日,成立发射动力学教研室(810)。

——2014年6月12日,学校党委常委会研究决定,弹道国防科技重点实验室为学校正处级机构。

——2014年9月15日,成立弹道国防科技重点实验室直属党支部,原弹道国防科技重点实验室党支部不再挂靠能源与动力工程学院党委。

——2022年12月,能源与动力工程学院。

瞬态物理国家重点实验室

1953年9月,军事工程学院成立,炮兵工程系设立内、外弹道教授会(203)。

——1960年6月,军事工程学院炮兵工程系迁往武昌,与武昌高级军械技术学校合并成立炮兵工程学院,设立炮兵步兵兵器(一系)、炮兵弹药(二系)、火药炸药(三系)、炮兵仪器(四系)、炮兵雷达(五系)、火箭武器(六系)、军械勤务(七系)等七个系。炮兵弹药系(二系)设外弹道教研室、射击公算及外弹道专业;火药炸药系(三系)设内弹道教研室、内弹道专业。

——1962年9月,学院迁驻南京后系和专业进行调整,学院体制调整为三部、四系、一处。火箭武器系(二系)设外弹道教研室和外弹道专业,火药炸药系(三系)设内弹道教研室和内弹道专业。

——1965年5月,火药炸药系(三系)的内弹道教研室及专业调往炮兵兵器系(一系)。

1981年4月2日,五机部批复同意建立弹道研究所。弹道研究所为系(工程热物理与飞行力学系、八系)所合一的教学、科研机构。由一系内弹道教研室、二系外弹道教研室和气动力研究室组成。弹道所设立临时党总支。

——1982年6月2日,学院发文,公布弹道研究所(八系)于1982年6月2日正式成立①。弹道所正式设立党总支。

——1983年5月3日,由一系101教研室火炮专业的一个课题组为主,组建中间弹道教研室,归一系领导。与此同时,弹箭研究室由工厂划归弹道所,非电量测量研究室由基础课部划归弹道所,汤山靶场由科研处划归弹道所代管。1984年2月,中间弹道教研室划归弹

---

① 《华东工学院年鉴(1990)》,第59页:弹道研究所经原兵器工业部批准于1981年10月成立。

道所(804)。

1990年11月，经过专家评审，学院弹道实验室成为国防科技重点实验室(试行)。

1992年1月8日，弹道国防科技重点实验室建制独立，编制单列，行政党团关系挂靠八系。12月2日，举行成立典礼。

1993年3月19日，由弹道研究所、八系和弹道国防重点实验室组建动力工程学院。原弹道研究所与动力工程学院为院所合一体制。新成立弹道国防重点实验室，挂靠动力工程学院，与动力工程学院合署办公。

——1994年11月30日，弹道国防科技重点实验室通过国防科工委和兵器工业总公司组织的国家级验收。

——2008年10月23日，学校成立发射动力学研究所，隶属于动力工程学院。

——2010年7月17日，动力工程学院更名为能源与动力工程学院。同时，动力工程学院电气工程学科、电气工程及其自动化专业整合到自动化学院。

2014年6月12日，学校党委常委会研究决定，弹道国防科技重点实验室为学校正处级机构。

——2014年9月15日，成立弹道国防科技重点实验室直属党支部，原弹道国防科技重点实验室党支部不再挂靠能源与动力工程学院党委。2018年8月26日，校党委常委会研究决定，设立瞬态物理重点实验室党委。

——2022年12月，瞬态物理国家重点实验室。

自动化学院

1960年6月，军事工程学院炮兵工程系迁往武昌，与武昌高级军械技术学校合并成立炮兵工程学院。1962年9月，学院迁驻南京后系和专业进行调整，炮兵仪器系(四系)和炮兵雷达系(五系)合并组建炮兵仪器系，代号四系。设置军用光学仪器、指挥仪、夜视仪器、炮兵雷达、计算机等专业。

——1966年4月，炮兵工程学院更名为华东工程学院，设基础课部、一系(炮兵兵器系)、二系(火箭武器系)、三系(火炸药系)、四系(炮兵仪器系)、五系(留学生系)等。

——1971年1月8日，四系调整为四大队(电子仪器)和五大队(光学仪器)。1972年8月21日，取消大队，合并恢复四系体制。

——1979年11月20日，四系电子计算机教研室(405教研室)及专业、机房划出，组建计算机科学与工程系(六系)。设置计算机硬件(601教研室)和计算机软件(602教研室)两个专业，以及计算站等三个单位。

——1980年6月26日，一系火炮随动系统教研室、四系指挥仪教研室与原计算机系合并，成立计算机与自动控制系(六系)。

1985年4月13日，原计算机与自动控制系(六系)分建为计算机科学与工程系(六系)和自动控制系(十系)。

——1987年8月24日，电工教研室由基础课部调出，并入十系建制。

——1992年7月16日，信息自动化与制造工程学院成立，为信息自动化与制造工程学院自动控制系。

——1995年3月，信息自动化与制造工程学院撤销，成立信息学院，为信息学院自动控制系。

1997年8月29日，自动控制系更名为自动化系，为办学实体，成立系党总支委员会和系办公室。

2005年12月30日，撤销信息学院。自动化系更名为自动化学院。

——2006年3月1日，自动化学院机构调整为自动控制系（自动化研究所）、信息工程系（系统工程研究所）、电气工程系（测控技术研究所）、电工教研部、实验中心等。成立C3I系统研究所、过程控制研究所、智能控制研究所等。

——2010年7月13日，动力工程学院电气工程学科、电气工程及其自动化专业整合到自动化学院；机械工程学院交通运输工程学科和交通工程专业调整到自动化学院；自动化学院电路与系统二级学科、电子信息工程专业整合到电子工程与光电技术学院。

——2022年12月，自动化学院。

理 学 院

1953年9月，军事工程学院成立。在政治部下设政治教研室；在科学教育部（1958年后，为教务部）下设基础课教授会，设立高数、物理、化学、投影几何及制图、机械原理及零件、金属工艺学及金相学、机械工艺、理论力学、材料力学、电工原理、体育、外语等教研室；炮兵工程系设立公算教研室。

1960年6月，炮兵工程学院成立。训练部下设立数学、物理、化学、理论力学、材料力学、机械原理及零件、机械工艺、金工金相、电工、无线电、画法几何与制图、射击公算、外语、体育等基础课教研室。

1966年4月，炮兵工程学院更名为华东工程学院，设基础课部（含数学、物理、理论力学、机制工艺、金工金相、零件制图、电工、无线电、外语、公算等教研室）。以及一系（炮兵兵器系）、二系（火箭武器系）、三系（火炸药系）、四系（炮兵仪器系）、五系（留学生系）等5个系。

——1969年3月27日，基础课部与工厂合并。金工金相、机制工艺两教研室下放到工厂，属工厂建制。

——1971年7月，太原机械学院轻武器专业90余人调入一系、二系和基础课部。

——1972年9月，学院组织编制调整，重新独立设置基础课部，所属原10个教研室调整为6个：外语、数学公算、材料力学、理论力学、零件制图、电工无线电、物理，以及无线电车间。

——1973年3月31日，金工金相、机制工艺两教研室由工厂重新划归基础课部领导。

——1976年5月，撤销基础课部。7月14日，第一批物理、数学、外语、理论力学、材料力学、零件制图、电工、无线电等9个教研室的教员分配到各专业。

——1977年10月21日，恢复基础课部。基础课部恢复无线电、电工、制图、理论力学、机械原理及零件、外语、材料力学、数学、物理等教研室，原各教研室教员、实验员重新返回基础课部。原教务部射击公算教研室、体育教研室改属基础课部。10月22日，以从基础课部分出的机械制造工艺和金工金相两个教研室为基础，成立兵器制造系（五系）。

——1980年2月26日，体育教研室由基础课部划归学院直接领导。

——1980年6月26日，基础课部的机械制图、机械原理与机械零件两个教研室调到五系。二系非接触引信教研室与基础课部无线电教研室调到四系,成立电子工程与光电技术系(四系)。

1984年9月5日,基础课部更名为基础科学系(部)。

1986年1月3日,基础科学部分建成应用数学系(十一系)、应用力学系(十二系)、应用物理系(十三系)、科技外语系(十四系)。

——1987年8月24日,电工教研室由基础科学部调出,并入十系建制。

——1987年10月31日,院党委常委扩大会决定,撤销基础科学部,所属十一系、十二系、十三系、十四系由学院直接领导。十二系的学生归八系统一管理。

——1988年4月25日,撤销基础科学系党总支。十一系、十二系、十三系、十四系各成立一个党支部,直属院党委领导,支部书记政治待遇与系总支书记相同,工作量补助与系副主任相同。

1993年2月24日,成立理学院。学院由应用数学系、应用物理系、应用力学系组建。3月27日,理学院召开成立大会。

——1998年12月11日,校党委常委会研究决定,理学院系级领导岗位不再按处级岗位管理,其管理权限和办法与其他学院系级岗位干部管理方法相同。

——2001年5月21日,撤销理学院应用数学系、应用物理系、土木工程和力学系等机构,成立理学院应用数学系、信息与计算科学系、统计与金融数学系、应用物理系、信息物理与工程系、应用力学系、土木工程系、物理实验中心、土木工程与力学实验中心等机构。

——2020年12月23日,成立数学与统计学院(筹)。

——2022年12月,理学院。

外国语学院

1953年9月,军事工程学院成立。在科学教育部(1958年后,为教务部)下设基础课教授会,设立外语教研室等;炮兵工程系设立翻译室。

——1960年6月,军事工程学院炮兵工程系迁往武昌,与武昌高级军械技术学校合并成立炮兵工程学院。训练部下设立外语教研室等。

——1966年4月,炮兵工程学院更名为华东工程学院,在基础课部下设外语教研室等。

——1969年3月27日,基础课部与工厂合并。

——1972年9月,学院组织编制调整,重新独立设置基础课部,由原10个教研室调整为外语教研室等6个教研室。

——1976年5月,撤销基础课部。7月14日,外语教研室等第一批9个教研室的教员分配到各专业。

——1977年10月21日,恢复基础课部。在基础课部恢复外语等教研室,原教研室教员、实验员重新返回基础课部。

——1984年9月5日,基础课部更名为基础科学系(部)。

——1986年1月3日,基础科学部分建成应用数学系(十一系)、应用力学系(十二系)、应用物理系(十三系)、科技外语系(十四系)。

1987年10月31日,院党委常委扩大会决定,撤销基础科学部,所属科技外语系(十四系)等由学院直接领导。

——1988年4月25日,撤销基础科学系党总支。在科技外语系(十四系)等各成立一个党支部,直属院党委领导,支部书记政治待遇与系总支书记相同,工作量补助与系副主任相同。

——1994年3月7日,科技外语系更名外语系。

——2001年7月9日,人文学院、外语系合并成立文学院。2002年4月,文学院更名人文与社会科学学院。

2005年7月14日,由人文与社会科学学院划出,外语系作为学校直属系单独设置。

2010年7月17日,以外语系为基础成立外国语学院。

——2022年12月,外国语学院。

公共事务学院

1953年9月,军事工程学院成立。在政治部下设政治教研室。

1960年6月,炮兵工程学院成立,在政治部下设政治教研室。

——1966年4月,炮兵工程学院更名为华东工程学院,在政治部下设马克思列宁主义教研室。

——1971年3月,政治部调整为政治工作组,在政工组下设政治教研室。

——1975年9月25日,撤销政工组,恢复成立政治部。

——1979年6月,撤销政治部,成立马列主义教研室(政教室),直属院党委领导。

——1985年9月26日,成立社会科学教育党总支委员会。

1986年1月3日,成立社会科学系。由原马列主义教研室、共产主义思想品德教研室和原隶属七系的语言文学教研室组成。

——1986年3月8日,社会科学系设德育教研室、哲学教研室、中国革命史教研室、政治经济学教研室、语言文学教研室等。

1994年6月4日,撤销社会科学系,成立人文学院。人文学院下设哲学社会学系、法政系、大众传播、经济学系。

——1996年8月30日,人文学院大众传播系更名为新闻与传播学系。

——1997年12月12日,学院成立人力资源管理研究中心、文化发展研究中心。

——1999年1月20日,人文学院撤销法政系,成立法学系、政治学系。

2001年7月9日,人文学院、外语系合并成立文学院(1986年1月3日,基础科学系分建成应用数学系、应用力学系、应用物理系、科技外语系;1994年3月7日,科技外语系更名外语系)。7月11日,文学院内设机构设置为:社会工程系、政治理论教育系、法学系、文化素质教育部、英语系、大学外语教学部等。

2002年4月10日,文学院更名人文与社会科学学院。

——2002年7月13日,在人文与社会科学学院设立法律咨询中心。

——2005年7月11日,与省知识产权局合作共建成立知识产权学院。知识产权学院与人文与社会科学学院合署,不涉及行政级别和人员编制。

2005年7月14日,由人文与社会科学学院划出外语系单独设置。

——2005年12月30日,学校对人文与社会科学学院内部机构设置进行调整,调整后设政治学系(马克思主义理论教学研究部)、公共管理系、社会学系、法学系、新闻与传播学系、人文素质教学研究部等。

——2009年3月13日,在人文学院政治学系基础上成立马克思主义理论教学研究部,为独立正处级单位。2015年12月31日,撤销马克思主义理论教学研究部,在原马克思主义理论教学研究部基础上成立马克思主义学院,为学校直属的独立二级教学科研机构。

——2010年7月17日,以机械工程学院设计艺术学二级学科和工业设计、艺术设计两个专业,人文与社会科学学院传播学二级学科和广播电视新闻学专业为基础,新组建设计艺术与传媒学院。

——2013年9月6日,工业和信息化部、江苏省人民政府、国家知识产权局在北京正式签署共建南京理工大学知识产权学院协议。2013年10月14日,成立知识产权学院,作为学校二级学院。

2015年5月29日,人文与社会科学学院更名为公共事务学院。

——2022年12月,公共事务学院。

材料科学与工程学院

1960年6月,军事工程学院炮兵工程系迁往武昌,与武昌高级军械技术学校合并成立炮兵工程学院,在训练部设立金工金相教研室。

——1962年9月,学院迁驻南京后系和专业进行调整,在训练部设立金工金相教研室。

——1966年4月,炮兵工程学院更名为华东工程学院,设基础课部等。在基础课部设立金工金相教研室。

——1970年3月27日,基础课部与工厂合并,金工金相和机械工艺两个教研室划归工厂建制。1971年3月12日,学院体制调整,在二大队(火箭弹药大队)设立三队(金工金相教研室)。1973年3月31日,金工金相、机械制造工艺两个教研室从工厂重新划归基础课部领导。

——1976年5月,撤销基础课部。

——1977年10月,恢复基础课部。1977年10月22日,以从基础课部分出的机械制造工艺和金工金相两个教研室为基础,成立兵器制造系(五系)。1980年,兵器制造系更名为机械制造工艺系(五系)。1986年6月12日,机械制造工艺系更名为机械制造系(五系)。

1992年7月16日,以机械制造系相关教研室和专业为基础成立材料科学与工程系。

2010年7月17日,以材料科学与工程系为基础,成立材料科学与工程学院。

——2012年7月1日,成立格莱特纳米科技研究所。

2017年4月26日,在材料科学与工程学院和格莱特纳米科技研究所基础上成立材料科学与工程学院/格莱特研究院。

——2022年12月,材料科学与工程学院/格莱特研究院。

环境与生物工程学院

1981年,华东工程学院三系(火炸药系)增设环境工程专业。

——1985年6月20日,化学工程系(三系)增设环境工程教研室。

——1985年,增设环境监测专业。

——1988年7月23日,以化学工程系为基础成立化工学院。院内设环境工程系等。

——1993年4月12日,成立校生物工程研究所,挂靠化工学院。
——1997年4月,化工学院在原有机教研室基础上成立有机和生物化工教研室。
——2001年2月14日,化工学院成立生物工程教研室。
——2002年4月5日,化工学院撤销环境监测教研室和环境工程教研室建制,成立环境科学与工程教研室。
2010年7月17日,以化工学院的环境科学与工程一级学科、生物化工二级学科和生物工程、环境工程、辐射防护与环境工程三个专业为基础,新组建环境与生物工程学院。
——2022年12月,环境与生物工程学院。

设计艺术与传媒学院

1985年9月27日,机械制造工艺系(五系)成立工业造型设计教研室。1986年6月12日,机械制造工艺系更名为机械制造系(五系);1995年3月,成立制造工程系;1996年11月15日,以制造工程系为基础成立制造工程学院。
——2001年7月9日,机械学院、制造工程学院合并成立机械工程学院。
1994年6月4日,以社会科学系为基础,成立人文学院。人文学院下设哲学社会学系、法政系、大众传播系、经济学系。
——1996年8月30日,人文学院大众传播系更名为新闻与传播学系。
——2005年12月30日,学校对人文与社会科学学院内部机构设置进行调整,调整后设政治学系(马克思主义理论教学研究部)、公共管理系、社会学系、法学系、新闻与传播学系、人文素质教学研究部等。
2010年7月17日,以机械工程学院设计艺术学二级学科和工业设计、艺术设计两个专业,人文与社会科学学院传播学二级学科和广播电视新闻学专业为基础,新组建设计艺术与传媒学院。
——2022年12月,设计艺术与传媒学院。

钱学森学院

1991年,教务处设立培优班。
——1999年,设立优才计划班。
2012年10月24日,成立教育实验学院,作为与各学院平行的教育单位。
2017年9月27日,教育实验学院更名为钱学森学院。
——2018年8月26日,校党委常委会研究决定,设立钱学森学院、中法工程师学院、国际教育学院联合党委(简称"钱学森中法国际教育学院党委")。
——2022年12月,钱学森学院。

知识产权学院

1953年9月,军事工程学院成立。在政治部下设政治教研室。
1960年6月,炮兵工程学院成立,在政治部下设政治教研室。
——1966年4月,炮兵工程学院更名为华东工程学院,在政治部下设马克思列宁主义教研室。

——1971年3月,政治部调整为政治工作组,在政工组下设政治教研室。

——1975年9月25日,撤销政工组,恢复成立政治部。

——1979年6月,撤销政治部,成立马列主义教研室(政教室),直属院党委领导。

1986年1月3日,成立社会科学系。

——1986年3月8日,社会科学系设德育教研室、哲学教研室、中国革命史教研室、政治经济学教研室、语言文学教研室等。

1994年6月4日,撤销社会科学系,成立人文学院。人文学院下设哲学社会学系、法政系、大众传播系、经济学系。

——1999年1月20日,人文学院撤销法政系,成立法学系、政治学系。

——2001年7月9日,人文学院、外语系合并成立文学院。2002年4月10日,文学院更名人文与社会科学学院。

2005年7月11日,学校与省知识产权局合作共建成立知识产权学院。知识产权学院与人文与社会科学学院合署,不涉及行政级别和人员编制。

——2005年12月30日,学校对人文与社会科学学院内部机构设置进行调整,调整后设政治学系(马克思主义理论教学研究部)、公共管理系、社会学系、法学系、新闻与传播学系、人文素质教学研究部等。

——2013年9月6日,工业和信息化部、江苏省人民政府、国家知识产权局在北京正式签署共建南京理工大学知识产权学院协议。

2013年10月14日,成立知识产权学院,作为学校二级学院。

——2014年2月28日,知识产权学院第一届理事会会议暨学院揭牌仪式举行。

——2015年9月10日,在知识产权学院成立知识产权与区域发展协同创新中心。在知识产权学院成立国防知识产权研究中心。

——2016年1月12日,在知识产权学院成立江苏知识产权研究院。

——2016年9月2日,成立知识产权学院党总支委员会,直属校党委领导。2018年8月26日,校党委常委会研究决定,设立知识产权学院党委。

——2022年12月,知识产权学院。

马克思主义学院

1953年9月,军事工程学院成立。在政治部下设政治教研室。

1960年6月,炮兵工程学院成立,在政治部下设政治教研室。

——1966年4月,炮兵工程学院更名为华东工程学院,在政治部下设马克思列宁主义教研室。

——1971年3月,政治部调整为政治工作组,在政工组下设政治教研室。

——1975年9月25日,撤销政工组,恢复成立政治部。

——1979年6月,撤销政治部,成立马列主义教研室(政教室),直属院党委领导。

——1983年9月17日,设立共产主义思想品德教研室。

——1985年9月26日,成立社会科学教育党总支委员会。

1986年1月3日,成立社会科学系。由原马列主义教研室、共产主义思想品德教研室和原隶属七系的语言文学教研室组成。

——1986年3月8日,社会科学系设德育教研室、哲学教研室、中国革命史教研室、政治经济学教研室、语言文学教研室等。

1994年6月4日,撤销社会科学系,成立人文学院。人文学院下设哲学社会学系、法政系、大众传播系、经济学系。

——1999年1月20日,人文学院撤销法政系,成立法学系、政治学系。

——2001年7月9日,人文学院、外语系合并成立文学院。2002年4月10日,文学院更名人文与社会科学学院。2005年7月14日,由人文与社会科学学院划出外语系单独设置。

——2005年12月30日,学校对人文与社会科学学院内部机构设置进行调整,调整后设政治学系(马克思主义理论教学研究部)、公共管理系、社会学系、法学系、新闻与传播学系、人文素质教学研究部等。

2009年3月13日,在人文学院政治学系基础上成立马克思主义理论教学研究部,为独立正处级单位。

2013年12月19日,人文与社会学院党委书记兼马克思主义理论教学研究部主任。

2015年12月31日,撤销马克思主义理论教学研究部,在原马克思主义理论教学研究部基础上成立马克思主义学院,为学校直属的独立二级教学科研机构。

——2018年8月26日,校党委常委会研究决定,设立马克思主义学院党委。

——2022年12月,马克思主义学院。

国际教育学院

1999年11月5日,成立国际教育学院,挂靠国际交流合作处。

2003年9月9日,撤销原挂靠在国际交流合作处的国际教育学院,成立独立设置的国际教育学院。国际教育学院不涉及行政级别。

2005年6月7日,组建成立新的国际教育学院,负责留学生工作和中外联合办学项目的办学工作。学院设立直属党支部。2018年8月26日,校党委常委会研究决定,设立钱学森学院、中法工程师学院、国际教育学院联合党委(简称"钱学森中法国际教育学院党委")。

——2022年12月,国际教育学院。

中法工程师学院

2011年1月13日,南京理工大学中法工程师学院筹备办事处揭牌仪式举行。

2015年4月24日,教育部同意设立中法工程师学院。

2015年6月8日,成立中法工程师学院。为学校教学科研机构。10月22日,举行首届开学典礼。

——2018年8月26日,校党委常委会研究决定,设立钱学森学院、中法工程师学院、国际教育学院联合党委(简称"钱学森中法国际教育学院党委")。

——2022年12月,中法工程师学院。

创新创业教育学院

2011年4月12日,成立创业教育学院,挂靠经济管理学院。

2017年12月29日，成立南京理工大学创新创业教育学院。

——2022年12月，创新创业教育学院。

数学与统计学院

1953年9月，军事工程学院成立。在政治部下设政治教研室；在科学教育部（1958年后，为教务部）下设基础课教授会，设立高等数学等教研室；炮兵工程系设立公算教研室。

1960年6月，炮兵工程学院成立。训练部下设立高等数学、画法几何与制图、射击公算等基础课教研室。

1966年4月，炮兵工程学院更名为华东工程学院，设基础课部（含数学、公算等教研室）。

——1969年3月27日，基础课部与工厂合并。1972年9月，学院组织编制调整，重新独立设置基础课部，所属原10个教研室调整为数学公算等6个。

——1976年5月，撤销基础课部。数学等9个教研室的教员分配到各专业。1977年10月21日，恢复基础课部。基础课部恢复数学等教研室，原各教研室教员、实验员重新返回基础课部。原教务部射击公算教研室、体育教研室改属基础课部。

1984年9月5日，基础课部更名为基础科学系（部）。

1986年1月3日，基础科学部分建成应用数学系（十一系）等。6月12日，确定应用数学系下设高等数学教学研究室、函数论教研室、代数几何教研室、微分方程教研室、应用数学教研室等。

——1987年10月31日，院党委常委扩大会决定，撤销基础科学部，所属十一系、十二系、十三系、十四系由学院直接领导。

——1988年4月25日，撤销基础科学系党总支。十一系、十二系、十三系、十四系各成立一个党支部，直属院党委领导，支部书记政治待遇与系总支书记相同，工作量补助与系副主任相同。

1993年2月24日，成立理学院。学院由应用数学系、应用物理系、应用力学系组建。3月27日，理学院召开成立大会。应用数学系下设高等数学及应用数学教研室、计算数学教研室、公算（概率与统计）教研室、生物数学研究室（生物数学研究中心）等。

——1998年12月11日，校党委常委会研究决定，理学院系级领导岗位不再按处级岗位管理，其管理权限和办法与其他学院系级岗位干部管理方法相同。

——2001年5月21日，撤销理学院应用数学系、应用物理系、土木工程和力学系等机构，成立理学院应用数学系、信息与计算科学系、统计与金融数学系、应用物理系、信息物理与工程系、应用力学系、土木工程系、物理实验中心、土木工程与力学实验中心等机构。

——2020年12月23日，以理学院应用数学系、统计与金融数学系、大学数学基础教学中心、南京理工大学数学实验中心为基础，合并成立数学与统计学院（筹）。

——2021年7月11日，经学校6月29日第13次党委常委会会议研究决定，成立数学与统计学院，为学校教学科研机构。2021年9月11日，校党委常委会会议研究决定，设立数学与统计学院党委。

——2022年12月，数学与统计学院。

继续教育学院

1983年12月22日,在教务处成立夜大函授科。
——1986年1月3日,成立继续教育部。
1988年2月27日,原国家机械工业委员会教育局批复同意成立成人教育学院。
——1988年4月30日,成立成人教育学院党总支。
——1989年1月5日,确认成人教育学院具有和系级单位同等权限。
——1995年11月6日,与省外经贸委联合办学成立国际商学院。
——1999年1月8日,中国兵器工业总公司教育局批复同意,成立"南京理工大学高等职业技术学院"。
——1999年3月26日,省外贸学校、外贸职工大学并入,学校成立高等职业技术学院。高等职业技术学院与成人教育学院一套班子两块牌子。同时,撤销国际商学院建制。
2005年12月13日,成人教育学院更名为继续教育学院。
——2009年1月5日,成立校自学考试办公室,与继续教育学院合署。
——2022年12月,继续教育学院。

紫 金 学 院

1998年12月29日,中国兵器工业总公司批复,同意学校成立民办学院,作为学校二级学院。1999年2月12日,江苏省教育委员会批复,原则同意学校举办公有民办紫金学院,作为学校二级学院。
——1999年7月9日,学校下文,成立公有民办南京理工大学紫金学院,作为学校二级学院。
——2003年10月,紫金学院移址南京市仙林大学城新院区。
——2004年5月,教育部下发文件,正式批复确认南京理工大学紫金学院为独立学院。
——2022年12月,紫金学院。

泰州科技学院

2004年6月,教育部下文,正式批复学校与泰州高教园区建设发展有限公司合作试办南京理工大学泰州科技学院。7月20日,学院举行揭牌仪式。
——2022年12月,泰州科技学院。

江 阴 校 区

2017年11月,学校与江阴市人民政府、江阴市临港经济开发区签署南京理工大学江阴校区合作办学协议,建设南理工江阴国际化办学校区。
——2018年9月20日,江阴校区举行开工仪式。
——2020年9月,江阴校区正式启用。
——2022年12月,江阴校区。

网络空间安全学院:
——2016年2月,获得首批"网络空间安全"一级学科博士点授予权,同年网络空间安全专业正式开始招收硕士研究生、博士研究生。

——2018年9月,网络空间安全专业正式开始招收本科生。

——2019年11月6日,南京理工大学网络空间安全学院(筹)、工业互联网研究院(筹)成立。

——2020年6月21日,在江阴校区成立网络空间安全学院。

——2020年8月25日,成立工业互联网研究院,与网络空间安全学院合署。

智能制造学院:

——2020年6月21日,在江阴校区成立智能制造学院。

新能源学院:

——2020年6月21日,在江阴校区成立新能源学院。